C 언어 *for* Beginner 4판

지은이 **우재남** 5288893@hanafos.com

서강대학교에서 정보시스템 전공으로 석사 과정을 마친 후 다양한 IT 관련 분야에서 실전 업무를 수행했고, 대학에서 프로그래밍, 데이터베이스, 운영체제 등의 과목을 강의해왔다. 현재는 디티솔루션의 공간데이터베이스 연구소장으로 재직하고 있으며, 공간 정보와 IT의 융합 학문인 유시티 IT 분야의 공학박사 학위도 취득했다. 또한 한양사이버대학교 컴퓨터공학과와 삼성, LG, 현대, CJ, KT, SK, 대한상공회의소 등의 기업에서 인공지능 및 IT 전문 분야 관련 강의를 진행하고 있다. 직접 체험한 다양한 IT 실무 경험과 지식을 최대한 쉽고 빠르게 수강생과 독자에게 전달하는 것을 강의와 집필의 모토로 삼고 있다. 한빛미디어와 한빛아카데미에서 『뇌를 자극하는 Redhat Fedora: 리눅스 서버 & 네트워크』(2005)를 시작으로 지금까지 40권 이상의 책을 집필/번역했다.

- **비기너 카페:** https://cafe.naver.com/itCookBook

- **저서(한빛미디어/한빛아카데미)**

IT CookBook, 난생처음 파이썬 프로그래밍(2021)
IT CookBook, 파이썬 자료구조와 알고리즘 for Beginner(2021)
IT CookBook, Android Studio를 활용한 안드로이드 프로그래밍(6판)(2021)
이것이 우분투 리눅스다(개정판)(2020)
IT CookBook, 코틀린을 활용한 안드로이드 프로그래밍(2020)
이것이 MySQL이다(개정판)(2020)
이것이 리눅스다(개정판)(2020)
IT CookBook, 파이썬 for Beginner(2판)(2020)
IT CookBook, 리눅스 실습 for Beginner(2020)
이것이 MariaDB다(2019)
이것이 Fedora 리눅스다(2019)
IT CookBook, 데이터베이스 for Beginner(2019)
IT CookBook, 자바 프로그래밍 for Beginner(2018)
이것이 오라클이다(2018)
이것이 Windows Server다(2017)

C 언어 *for* Beginner 4판

초판발행 2022년 1월 3일
5쇄발행 2025년 3월 22일

지은이 우재남 / **펴낸이** 전태호
펴낸곳 한빛아카데미(주) / **주소** 서울시 마포구 연희로2길 62 한빛아카데미(주) 2층
전화 02-336-7112 / **팩스** 02-336-7199
등록 2013년 1월 14일 제2017-000063호 / **ISBN** 979-11-5664-570-2 93000

총괄 박현진 / **책임편집** 김성무 / **기획·편집** 정서린 / **교정** 이수희 / **진행** 박하나
디자인 표지 박정화 내지 윤혜원 / **전산편집** 김미현 / **제작** 박성우, 김정우
영업 김호철, 김태진, 김성삼, 이정훈, 임현기, 이성훈, 김주성, 심지연

이 책에 대한 의견이나 오탈자 및 잘못된 내용은 출판사 홈페이지나 아래 이메일로 알려주십시오.
파본은 구매처에서 교환하실 수 있습니다. 책값은 뒤표지에 표시되어 있습니다.

홈페이지 www.hanbit.co.kr / 이메일 question@hanbit.co.kr

Published by HANBIT Academy, Inc. Printed in Korea

C 언어 *for* Beginner 4판

우재남 지음

한빛아카데미
Hanbit Academy, Inc.

C 언어로 다지는 프로그래밍 기초 체력

이 책을 집필하면서 C 언어를 처음 만났을 때를 떠올려보았습니다. 난생처음 본 이상한 문장에 '뭐 이렇게 어려운 게 다 있지?'라고 생각했던 기억이 납니다. 독자 여러분도 이 책을 훑어보고 똑같은 생각을 했을지 모르겠습니다. 하지만 C 언어는 모든 스포츠 선수가 필수적으로 갖춰야 할 '기초 체력'과 같습니다. 기초 체력이 좋은 선수는 어떤 종목을 하더라도 금방 적응해서 좋은 결과를 내듯이 C 언어에 익숙해진다면 어떤 프로그래밍 언어를 만나도 쉽고 빠르게 익힐 수 있습니다. 필자 역시 몇 줄 안 되는 C 프로그램이 오류 없이 돌아가고 화면에 결과가 나타나는 경험을 수없이 반복하고 나니 이후 처음 접하는 프로그래밍 언어도 쉽고 친숙하게 느껴졌습니다.

이 책은 처음 C 언어를 접하는 독자를 위해 필자의 초보 시절을 떠올리며 이야기를 풀어나가듯 집필했습니다. 꼭 알아야 할 개념을 엄선하여 예제와 함께 구성했으며, 중요한 내용은 약간의 응용과 퀴즈 형식으로 반복 제시하여 독자의 뇌리에 박힐 수 있도록 조율했습니다. 그리고 머리만 복잡하게 만드는 것들은 되도록 간략하게 다루거나 과감히 생략했습니다. 최대한 쉽고 재미있게 쓰고자 했으니, 모든 문법을 배워야만 프로그램을 짤 수 있다는 생각은 버리고 일단 프로그램을 입력하고 실행해보는 것부터 시작해보길 바랍니다. 필자가 그랬던 것처럼 독자 여러분도 프로그래밍의 재미에 푹 빠지기를 간절히 기대합니다. 나아가 그러한 경험을 토대로 진정한 전문 프로그래머로 거듭난다면 제게는 더 없는 기쁨과 보람이 될 것입니다.

2008년에 출간된 초판과 개정판(2014년) 및 개정3판(2018년)은 교수님과 학생들에게 많은 관심과 사랑을 받았습니다. 이번에 개정4판을 내면서 그동안의 관심에 보답하고자 책의 내용을 더욱 쉽고 알차게 꾸미기 위해 노력했습니다. 개정4판은 무료로 사용 가능한 최신 버전의 Visual Studio Community를 기준으로 집필했습니다. 하지만 상용이든 무료이든 어떤 버전의 Visual Studio를 사용하더라도 문제없이 실습할 수 있도록 구성했습니다. 또한 가볍고 무료로 사용할 수 있는 Dev-C++로도 모든 내용을 실습할 수 있도록 수정했습니다.

책이 나오기까지 물심양면으로 지원해주신 한빛아카데미(주)의 임직원 여러분, 특히 전태호 대표님과 김성무 팀장님, 그리고 이번 개정4판을 기획·편집해준 정서린 대리님께 감사의 말을 전하고 싶습니다. 또한 제가 강의와 집필을 잘할 수 있도록 조언과 충고를 해주시는 주위의 교수님들께도 이 자리를 빌려 감사의 마음을 전합니다. 끝으로 함께하는 것만으로도 즐겁고 행복한 가족에게 무한한 사랑을 보냅니다.

저자 **우재남**

이 책의 사용 설명서

무엇을 다루는가?

❶ C 언어 맛보기(1~2장)

- C 언어의 역사와 특징
- C 프로그램의 구조
- C 프로그래밍 개발 환경

❷ C 언어 기본기 다지기(3~8장)

- 변수와 자료형, 표준 입출력, 배열
- 연산자(산술/관계/논리/비트)
- 제어문(조건문/반복문/흐름 제어)

❸ C 언어 고급 개념 익히기(9~14장)

- 포인터, 함수
- 구조체, 공용체, 열거형
- 전처리문, 예약어

❹ C 언어 실전 프로젝트(15장)

- 연락처 관리 프로그램
- 사진 편집 프로그램

연습문제 해답 안내

이 책은 대학 강의용 교재로 개발되었으므로 연습문제 해답을 제공하지 않습니다.

예제 소스

실습에 필요한 예제 소스는 다음 주소에서 내려받을 수 있습니다.

- http://www.hanbit.co.kr/src/4570
- https://cafe.naver.com/itCookBook

실습 환경

이 책의 실습에 필요한 환경은 다음과 같습니다.

- **운영체제: Windows 11**(Windows 10 이후라면 모두 사용 가능)
- **개발도구: Visual Studio Community 2022**(Visual Studio 2008 이후라면 모두 사용 가능)/Dev-C++(부록 참조)

학습에 유용한 사이트

- **소프트웨어공학연구소:** http://www.soen.kr/

  C 언어뿐만 아니라 C++, 윈도우 API를 공부할 수 있는 곳입니다.

- **Visual Studio:** https://visualstudio.com

  마이크로소프트 제품의 개발자를 위한 홈페이지로 다양한 정보를 얻을 수 있습니다.

이 책의 구성

이 책은 C 언어를 처음 접하는 독자를 위한 입문서입니다. 따라서 독자가 좀 더 쉽게 학습 방향을 잡고, 기본을 다지고, 실력을 기를 수 있도록 다양한 학습 장치로 구성되어 있습니다. 이 책이 제안하는 4단계 학습법을 통해 학습 능률을 올려 보세요.

1단계

워밍업 본격적인 학습을 시작하기 전에 배울 내용을 간추려 학습 방향을 제시합니다.

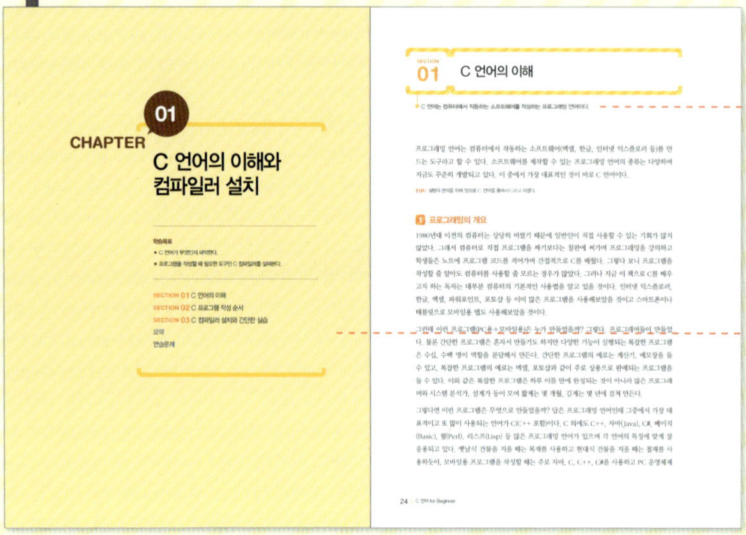

핵심 내용

해당 절에서 학습할 내용을 간략하게 정의하여 핵심을 쉽게 파악할 수 있습니다.

학습목표

학습 방향을 제시함으로써 무엇을, 왜 배워야 하는지 알려줍니다.

2단계

기본기 다지기 기본 예제로 개념을 이해한 다음 응용 예제로 실력을 키웁니다.

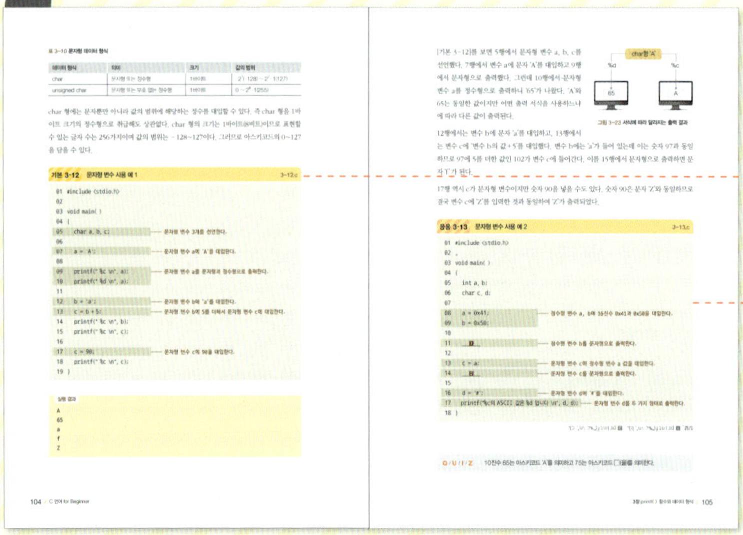

기본 예제

개념을 이해하게 도와주는 기본적인 예제입니다.

응용 예제

반복을 통해 응용력을 키워주는 예제로, 기본 예제의 일부를 변형 또는 확장하여 구성했습니다.

3단계
이해력 점검하기 셀프 스터디를 통해 이해력을 점검하고 예제모음을 통해 반복 연습합니다.

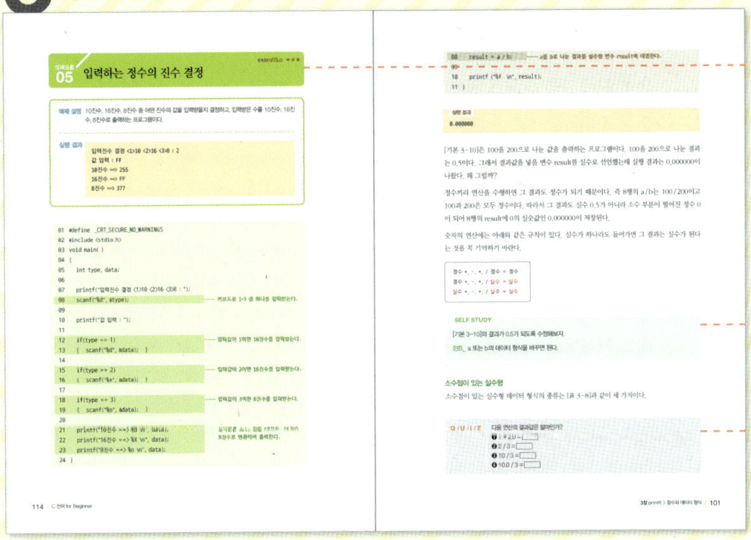

예제모음
학습자가 반복 연습을 할 수 있도록 다양한 예제를 모았습니다.

셀프 스터디
배운 내용을 학습자 스스로 확인할 수 있는 응용 문제입니다.

퀴즈
본문에서 설명한 주요 내용이나 핵심 개념을 퀴즈 형식으로 제시했습니다.

4단계
마무리하기 장별 요약과 연습문제를 통해 배운 내용을 정리하고 문제 해결력을 기릅니다.

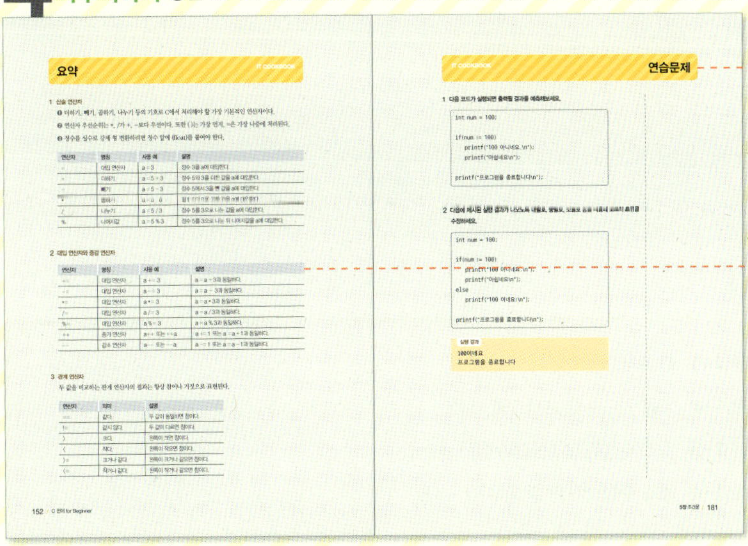

연습문제
핵심 내용을 문제 형식으로 풀어봄으로써 응용력을 키울 수 있습니다.

요약
각 장의 핵심 내용을 요약하여 세분화된 지식을 정리·종합할 수 있습니다.

목차

Chapter 01 C 언어의 이해와 컴파일러 설치 23

C 언어를 처음 만나는 장이므로 C 언어가 무엇인지 파악하고, 앞으로 프로그램을 작성할 때 필요한 도구인 C 컴파일러를 설치하는 방법을 살펴본다.

예/제/목/차

Chapter 02 일단 짜보는 그럴듯한 C 프로그램 55

1장에서는 C가 무엇인지 대략 파악하고 컴파일러 프로그램을 설치했다. 또한 프로그램을 어떻게 작성하고 실행하는지 간단하게 살펴보았다. 이 장에서는 한발 더 나아가 어느 정도 완성된 프로그램을 작성해본다.

예 / 제 / 목 / 차

Chapter 03 printf( ) 함수와 데이터 형식 75

이 장부터 C 문법을 차근차근 익혀나간다. C 문법을 배움으로써 고급 프로그래머에 조금씩 다가가게 될 것이다. C 문법은 간단히 설명하고 예제를 통해 체득할 수 있도록 구성했으니 직접 코딩해보기 바란다.

예 / 제 / 목 / 차

Chapter 04 C 연산자의 이해 123

C로 프로그램을 작성하다 보면 많은 계산을 해야 한다. 그럴 때 C에서 제공하는 연산자를 이용하면 편리하다. 이 장에서는 산술 연산자, 증감 연산자, 관계 연산자, 논리 연산자, 비트 연산자를 살펴본다. 이 내용은 다른 장에서도 많이 사용되니 잘 익혀두기 바란다.

예/제/목/차

Chapter 05 조건문 159

지금까지 배운 프로그램은 main( ) 함수 내의 첫 줄부터 순차적으로 실행되었다. 그러나 상황에 따라 실행되는 부분을 달리하거나 일련의 작업을 반복해야 하는 경우가 있는데, 이때 사용하는 것이 조건문이다. 이 장에서는 조건문 중 조건식의 결과에 따라 실행되는 내용이 달라지는 if문과 switch문에 대해 자세히 알아본다.

예 / 제 / 목 / 차

Chapter 06 반복문의 기본, for문 187

반복문은 동일한 기능이나 문장을 계속 반복해서 실행하는 프로그램을 만들 때 사용하는 매우 효율적인 구문이다. 반복문은 C에서 가장 많이 사용하는 구문 중 하나이다. 이 장에서는 for문의 동작과 사용법을 자세히 살펴본다.

예 / 제 / 목 / 차

Chapter 07 while문과 흐름 제어 227

앞 장에서는 반복문의 대표 격인 for문을 공부했다. 이제 for문이 등장하는 프로그램이 두렵지 않을 것이다. 이 장에서는 for문과 비슷한 기능을 하는 while문과 do~while문, 프로그램의 흐름을 조절하는 다양한 구문을 살펴본다.

예/제/목/차

Chapter 08 배열 255

배열은 실무에서 C 프로그래밍을 할 때 필수로 사용되는 중요한 개념이다. 배열이 없다면 반복적인 작업을 일일이 수행하는 수고를 피할 수 없을 것이다. 배열은 C에서는 물론 다른 프로그래밍 언어에서도 중요하게 쓰이므로 기초를 탄탄히 다져야 한다.

예 / 제 / 목 / 차

Chapter 09 배열과 포인터 293

8장에서 다룬 배열을 좀 더 실용적으로 사용하는 방법 그리고 배열과 아주 밀접한 관계가 있는 포인터에 대해 알아본다. 물론 여기서 배열과 포인터의 모든 것을 습득할 수는 없겠지만 이 장의 내용을 잘 익히면 C의 가장 어려운 관문을 넘을 수 있을 것이다.

Chapter 10 함수 327

이 장에서는 C뿐만 아니라 대부분의 프로그래밍 언어에서 중요하게 사용되는 함수를 다룬다. 먼저 프로그램의 효율성을 높여주는 함수의 개념, 함수의 사용 범위와 관계된 전역변수, 지역변수에 대해 살펴본다. 그리고 함수를 사용할 때 반드시 알아야 하는 반환값과 매개변수에 대해서도 알아본다.

예/제/목/차

Chapter 11 표준 입출력과 파일 입출력 363

C 프로그래밍을 할 때 입력과 출력을 빼놓을 수 없다. 우리는 지금까지 입력과 출력 작업을 큰 어려움 없이 잘 처리했다. 여기서는 키보드로 입력하고 모니터에 출력하는 기본적인 입출력 방법뿐만 아니라 파일을 통한 입출력 방법을 익힌다.

예/제/목/차

Chapter 12 고급 포인터 395

9장에서 포인터를 다루었는데 좀 더 알아야 할 것이 있다. 포인터는 C를 공부할 때 가장 어렵게 느끼는 부분이지만 고급 C 프로그래머가 되려면 반드시 넘어야 할 산이므로 차근차근 익힌다.

예 / 제 / 목 / 차

Chapter 13 구조체, 공용체, 열거형 421

이 장에서는 다양한 데이터형을 묶어서 사용할 수 있게 해주는 구조체와 공용체, 그리고 상수의 집합을 숫자로 나타내는 열거형을 살펴본다. 각각의 개념과 사용법이 그다지 어렵지 않으니 가벼운 마음으로 시작하자.

예 / 제 / 목 / 차

Chapter 14 고급 프로그램을 만들기 위한 C 457

본격적으로 고급 프로그래밍을 배우기 위해 알아두어야 할 몇 가지 내용이 있다. 아직 초급자에게는 어려울 수도 있지만 실무 프로그램에 자주 나오는 내용이니 꼭 이해하고 넘어가자.

예/제/목/차

Chapter 15 실전 프로젝트 485

이 장에서는 지금까지 단편적으로 학습한 내용을 종합하여 프로젝트 2개를 수행한다. 앞의 예제보다 코드가 더 길지만 대부분 본문에서 배운 내용이니 천천히 따라 하면 무리 없이 프로젝트를 수행할 수 있을 것이다.

부록 Dev-C++와 디버깅 513

01

CHAPTER

C 언어의 이해와 컴파일러 설치

학습목표

- C 언어가 무엇인지 파악한다.
- 프로그램을 작성할 때 필요한 도구인 C 컴파일러를 살펴본다.

SECTION 01

C 언어의 이해

C 언어는 컴퓨터에서 작동하는 소프트웨어를 작성하는 프로그래밍 언어이다.

프로그래밍 언어는 컴퓨터에서 작동하는 소프트웨어(엑셀, 한글, 인터넷 익스플로러 등)를 만드는 도구라고 할 수 있다. 소프트웨어를 제작할 수 있는 프로그래밍 언어의 종류는 다양하며 지금도 꾸준히 개발되고 있다. 이 중에서 가장 대표적인 것이 바로 C 언어이다.

TIP/ 설명의 편의를 위해 앞으로 C 언어를 줄여서 C라고 하겠다.

1 프로그래밍의 개요

1980년대 이전의 컴퓨터는 상당히 비쌌기 때문에 일반인이 직접 사용할 수 있는 기회가 많지 않았다. 그래서 컴퓨터로 직접 프로그램을 짜기보다는 칠판에 써가며 프로그래밍을 강의하고 학생들은 노트에 프로그램 코드를 적어가며 간접적으로 C를 배웠다. 그렇다 보니 프로그램을 작성할 줄 알아도 컴퓨터를 사용할 줄 모르는 경우가 많았다. 그러나 지금 이 책으로 C를 배우고자 하는 독자는 대부분 컴퓨터의 기본적인 사용법을 알고 있을 것이다. 인터넷 익스플로러, 한글, 엑셀, 파워포인트, 포토샵 등 이미 많은 프로그램을 사용해보았을 것이고 스마트폰이나 태블릿으로 모바일용 앱도 사용해보았을 것이다.

그런데 이런 프로그램(PC용+모바일용)은 누가 만들었을까? 그렇다. 프로그래머들이 만들었다. 물론 간단한 프로그램은 혼자서 만들기도 하지만 다양한 기능이 실행되는 복잡한 프로그램은 수십, 수백 명이 역할을 분담해서 만든다. 간단한 프로그램의 예로는 계산기, 메모장을 들 수 있고, 복잡한 프로그램의 예로는 엑셀, 포토샵과 같이 주로 상용으로 판매되는 프로그램을 들 수 있다. 이와 같은 복잡한 프로그램은 하루 이틀 만에 완성되는 것이 아니라 많은 프로그래머와 시스템 분석가, 설계가 등이 모여 짧게는 몇 개월, 길게는 몇 년에 걸쳐 만든다.

그렇다면 이런 프로그램은 무엇으로 만들었을까? 답은 프로그래밍 언어인데 그중에서 가장 대표적이고 또 많이 사용되는 언어가 C(C++ 포함)이다. C 외에도 C++, 자바(Java), C#, 베이직(Basic), 펄(Perl), 리스프(Lisp) 등 많은 프로그래밍 언어가 있으며 각 언어의 특징에 맞게 잘 응용되고 있다. 옛날식 건물을 지을 때는 목재를 사용하고 현대식 건물을 지을 때는 철재를 사용하듯이, 모바일용 프로그램을 작성할 때는 주로 자바, C, C++, C#을 사용하고 PC 운영체제나 PC 운영체제에서 작동되는 응용 프로그램을 작성할 때는 주로 C와 C++ 등을 사용한다(꼭 그런 것은 아니며 예외도 많다).

2 C의 특징

C는 1970년대 초에 유닉스(Unix) 운영체제를 만들기 위해 고안된 프로그래밍 언어로 40년이 훨씬 넘은 오래된 언어이다. 그동안 많은 프로그래밍 언어가 등장했지만 지금까지 명맥을 유지하고 있는 언어는 그리 많지 않으며 대부분 사라지거나 일부 특화된 분야에서만 사용되고 있는 실정이다. 이렇게 오래된 C가 그럼에도 불구하고 지금까지 인기를 끄는 이유는 다음과 같은 장점이 있기 때문이다.

이식성이 좋다

C로 프로그램 소스를 한 번 만들어놓으면 윈도우 운영체제뿐만 아니라 유닉스 등의 운영체제에서도 그대로 사용할 수 있다. 물론 상황에 따라 약간의 수정이 필요한 경우도 있기는 하다.

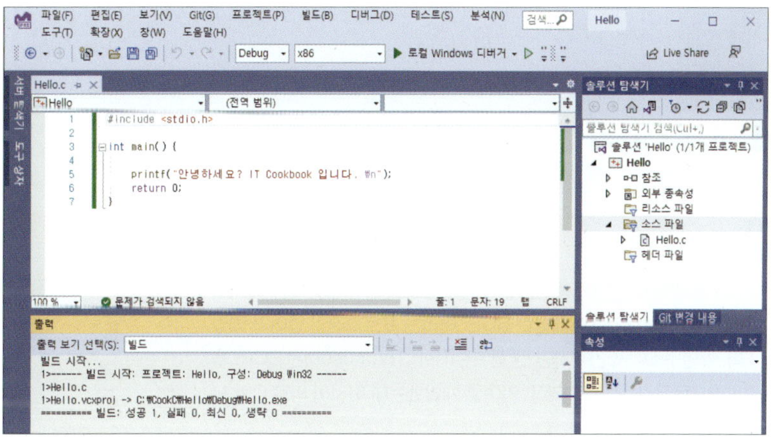

윈도우 계열

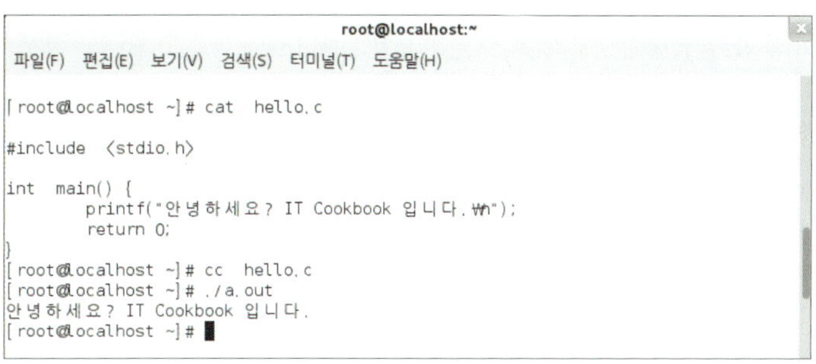

유닉스 계열

그림 1-1 윈도우 계열과 유닉스 계열의 코딩과 컴파일 비교

TIP/ 자바가 나오기 전에는 C가 가장 이식성이 좋다고 평가받았지만 현재는 C보다 자바가 더 이식성이 좋다는 것이 일반적인 평가이다.

하드웨어와 관련된 부분까지 접근할 수 있다

C는 시스템과 밀접한 부분까지 접근할 수 있어 하드웨어를 제어하거나 하드웨어에 접근하는 프로그래밍인 시스템 프로그래밍을 할 수 있다.

```
architecture Behavioral of Binary_Counter is
   signal Q : Integer range 0 to 255 : =0;
begin
                       ~ 중략 ~
      if(CLR = '0') then
         Q <= 0;
         LED <= not conv_std_logic_vector(Q, 8);
      elseif(CLK'EVENT and CLK = '1' and CE = '1' )
      then
         if(Q=256) then
            Q < =0;
            LED <= not conv_std_logic_vector(Q, 8);
         else
            Q <= Q+1;
            LED <= not conv_std_logic_vector(Q, 8);
         else if;
      end if;
```

그림 1-2 하드웨어(왼쪽)를 제어하는 C(오른쪽)

여기서 잠깐

C 탄생의 비밀

C가 탄생하기 전인 1960년대 후반에는 프로그래머인 마틴 리처즈(Martin Richards)가 개발한 BCPL이라는 프로그래밍 언어가 있었다. 벨연구소에서 근무하던 켄 톰프슨(Ken Thompson)은 BCPL을 기반으로 B라는 프로그래밍 언어를 개발했는데 이것이 바로 C의 모태이다.

이후 1970년대 초에 벨연구소에서 근무하던 데니스 리치(Dennis Ritchie)가 유닉스 운영체제를 개발하려고 C를 만들었다. 데니스는 B를 바탕으로 C에 많은 기능을 추가했는데, 이 때문에 B보다 한 단계 진보했다는 의미에서 알파벳의 B 다음인 'C'가 이름으로 붙었다.

이렇게 개발된 C는 유닉스 운영체제 개발의 90% 이상을 담당하며 전 세계적으로 가장 많이 사용되는 프로그래밍 언어가 되었다. 특히 1980년대 초에 ANSI(American National Standards Institute, 미국표준협회)에서 'ANSI-C'를 표준으로 제정함으로써 다양한 범용 컴파일러가 등장하여 일반 PC에서도 C를 많이 사용할 수 있게 되었다. 요즘에는 전통적인 C와 더불어 객체지향 개념이 추가된 C++도 많이 활용되고 있다.

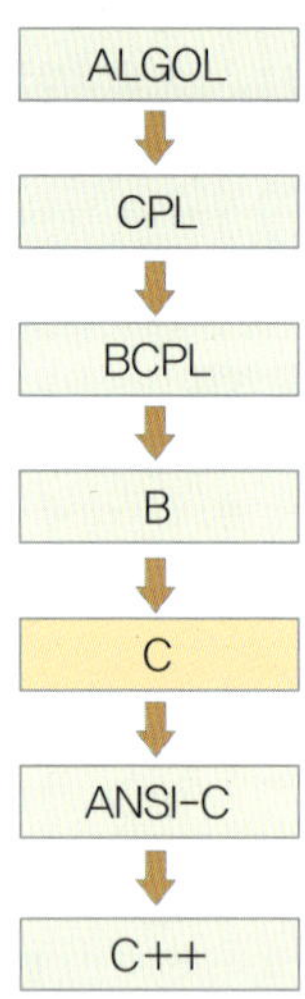

구문이 간결하고 명확하다

C는 간단한 구문을 사용하기 때문에 처음 접하는 초보자 입장에서는 어렵게 느껴지기도 하지만 어느 정도 C를 익히면 다른 프로그래밍 언어보다 훨씬 간결하고 편리하게 느껴진다.

TIP/ 최근에는 C의 영향을 받아 다른 프로그래밍 언어도 간결한 구문을 사용하는 추세이다.

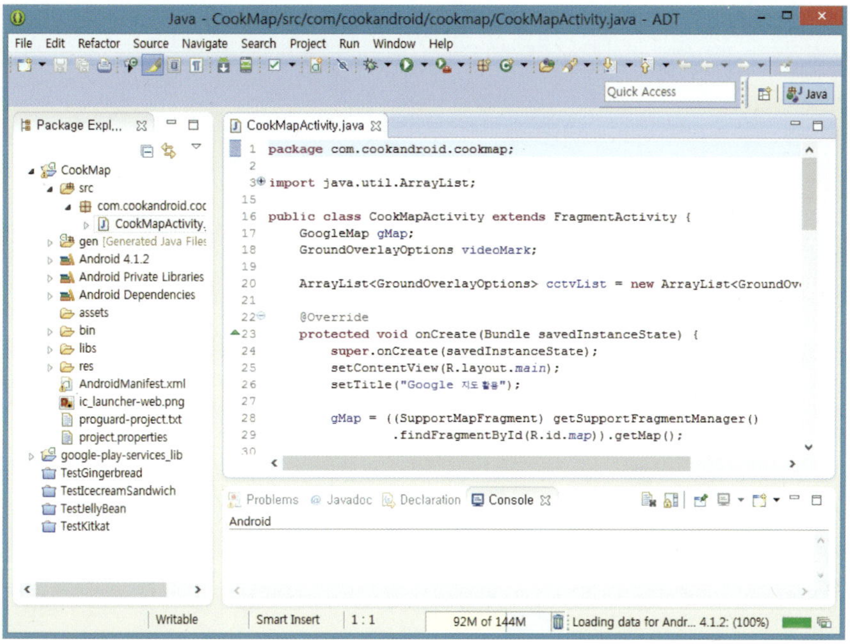

자바 프로그래밍 화면

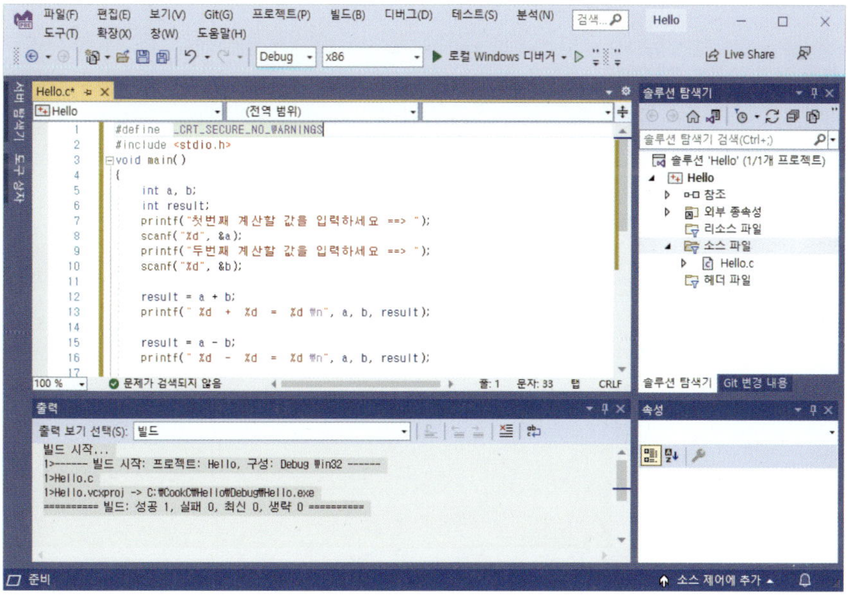

C 프로그래밍 화면

그림 1-3 자바와 C의 구문 비교

C를 익히면 다른 프로그래밍 언어도 쉽게 익힐 수 있다

필자는 이것이 C를 공부해야 하는 가장 큰 이유라고 생각한다. C를 잘하면 대부분의 다른 프로그래밍 언어도 쉽게 익힐 수 있다. 필자의 경험상 실무에서 프로그램을 짤 때 C를 모른 채 C#이나 자바를 1년 동안 배운 학습자보다 C를 안 상태에서 C#이나 자바를 서너 달 배운 학습자의 프로그램이 훨씬 좋았다.

TIP/ C#이나 자바를 공부하는 것이 나쁘다는 뜻이 아니다. C를 먼저 공부하면 다른 언어의 학습 시간이 많이 단축되어 도움이 된다는 의미로 받아들이기 바란다.

3 C 컴파일러의 종류

앞서 설명했듯이 C는 윈도우뿐만 아니라 유닉스 계열의 운영체제에서도 많이 사용된다. C 프로그래밍을 하려면 반드시 C 컴파일러가 필요한데 그 종류도 Turbo C, Turbo C++, Borland C++, MS C++, Visual C++, GCC, G++ 등 상당히 많다. 또한 요즘의 C 컴파일러는 C와 더불어 C++도 동시에 지원한다. 그러므로 컴파일러의 이름에 'C++'라는 이름이 들어가면 C와 C++를 모두 지원하는 것이다.

또한 C 컴파일러는 상용과 무료로 나뉜다. 유닉스 계열에서 가장 많이 사용되는 무료 컴파일러는 GCC이며 윈도우 계열에서는 상용 및 무료인 Visual C++(Visual Studio에 포함)가 가장 많이 사용된다. 이 책에서는 일반적으로 사용되는 C/C++ 컴파일러인 마이크로소프트의 Visual C++(줄여서 VC++)를 기준으로 학습할 것이다. Visual C++ 컴파일러의 설치 방법은 잠시 후에 살펴보겠다.

SECTION

02 C 프로그램 작성 순서

C는 프로그램을 코딩한 후에 컴파일과 링크 과정을 거쳐 생성된 실행 파일을 구동한다.

이 절에서는 C 프로그램이 어떻게 만들어지고 실행되는지 알아보자. 여기서 익힌 내용을 바탕으로 다음 절에서 Visual C++를 설치한 후 간단한 실습을 할 것이다.

C의 작성 방법을 요약하여 그림으로 나타내면 다음과 같다.

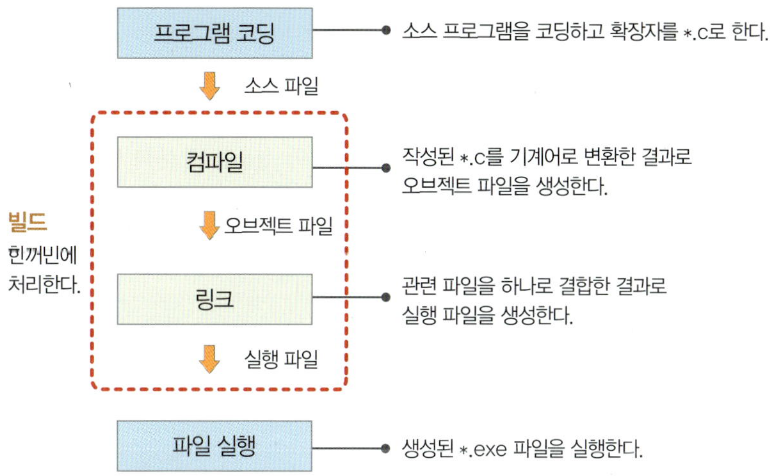

그림 1-4 C의 작성 방법

1 프로그램 코딩

코딩(coding)은 머릿속에 그려진 결과물을 만들기 위해 C 컴파일러가 이해할 수 있는 형식으로 문서를 작성하는 것을 의미한다. 한 예로 '100에서 50을 뺀 값을 계산하라'는 프로그램을 작성할 때 다음과 같이 코딩하면 컴퓨터는 알아듣지 못한다.

```
어이 컴퓨터~
100에서 50을 뺀 결과가 뭐지?
한번 모니터에 출력해봐.
```

이러한 코딩은 사람만 이해할 수 있으므로 컴퓨터(정확히는 C 컴파일러)가 알아들을 수 있는 C의 문법에 맞게 코딩해야 한다.

다음 예제를 살펴보자. 아직은 이 예제의 소스가 무슨 뜻인지 이해되지 않을 것이다.

기본 1-1 C 프로그램 맛보기 1-1.c

```
01 # include <stdio.h>
02
03 void main( )
04 {
05     int result;
06     result = 100 - 50;
07     printf(" %d ", result);
08 }
```

위의 예제는 100에서 50을 뺀 결과를 모니터에 출력하는 전형적인 C 프로그램이다. 아직은 눈에 잘 들어오지 않더라도 06행을 통해 100에서 50을 빼라는 의미 정도는 충분히 눈치챘을 것이다.

SELF STUDY

123과 456을 곱한 결과를 출력하도록 [기본 1-1]을 수정해보자.

2 컴파일과 링크

과연 컴퓨터는 우리가 작성한 [기본 1-1]을 알아볼 수 있을까? 컴퓨터가 이해할 수 있는 언어로 작성했으니 알아봐야겠지만 아직은 컴퓨터가 이해할 수 있는 형식이 아니다. 컴퓨터가 이해하는 것은 기계어로 작성된 코드뿐이기 때문이다. 그래서 [기본 1-1]을 컴퓨터가 이해할 수 있게 만들려면 [그림 1-5]와 같이 '컴파일(compile)'이라는 과정을 거쳐야 한다.

TIP / 기계어는 0과 1로만 구성된 이진 파일(binary file)이다.

컴파일된 결과 자체는 컴퓨터가 이해할 수 있지만 아직 실행할 수 있는 상태는 아니다. 컴파일 후에 링크(link)라는 과정을 거쳐야만 비로소 컴퓨터가 실행할 수 있는 실행 파일(*.exe)이 생성된다. 링크의 개념을 이해하기 위해 [그림 1-6]을 보자.

그림 1-5 컴파일의 개념

[그림 1-6]은 드라이버(최종 실행 파일인 *.exe)를 만드는 과정이다. 철과 나무(소스 파일인 *.c)는 어떤 종류의 작업(컴파일)을 거쳐서 드라이버의 몸통과 손잡이(오브젝트 파일인 *.obj)로 만들어진다.

이 몸통과 손잡이는 각각의 부품으로는 완성되었지만 아직 사용할 수 없다. 몸통과 손잡이를 결합(링크)해야 비로소 사용할 수 있는(실행 가능한) 드라이버(실행 파일인 *.exe)가 완성되는 것이다. 즉 여러 개의 오브젝트 파일을 하나의 실행 파일로 묶는 과정이 링크이다.

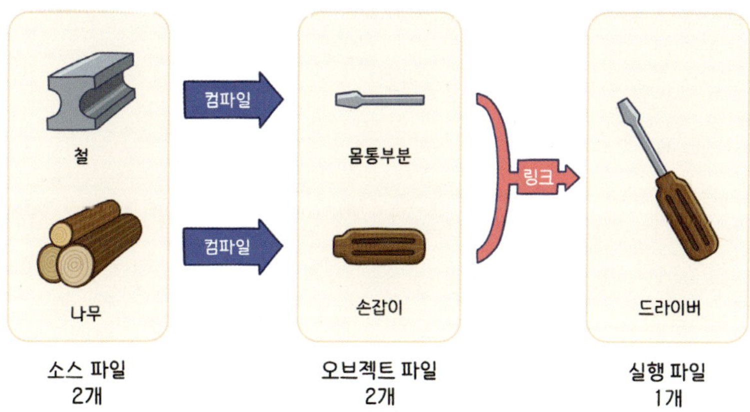

그림 1-6 컴파일과 링크의 개념

3 프로그램 실행

프로그램을 실행한다는 것은 [그림 1-6]에서 완성한 드라이버를 실제로 사용하는 것이라고 생각하면 된다. [기본 1-1]을 실행하면 다음과 같이 100에서 50을 뺀 결과가 모니터에 나타난다.

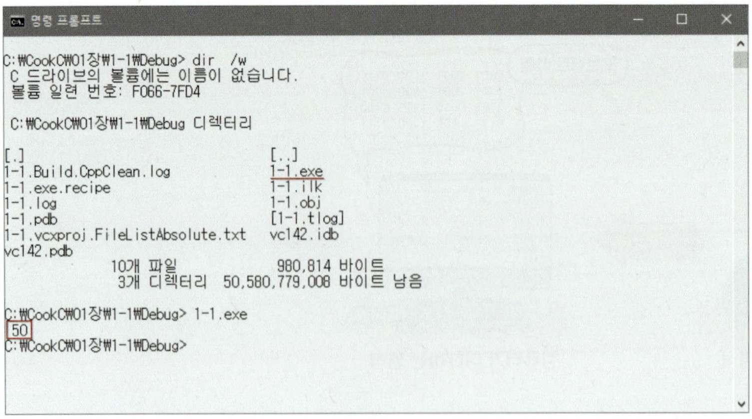

그림 1-7 컴파일과 링크가 완료된 1-1.exe 파일

Q / U / I / Z 소스 파일이 1개라면 꼭 링크 과정을 거치지 않아도 된다. (○ ×)

여기서 잠깐

빌드=컴파일+링크 컴파일과 링크는 소스 파일이 하나뿐이더라도 반드시 수행해야 한다. 대부분의 컴파일러는 컴파일과 링크 과정을 별도로 처리하지 않는다. 그래서 컴파일과 링크를 합쳐서 컴파일 또는 빌드(build)라고 한다. 필요에 따라 컴파일과 링크를 별도로 수행할 수도 있다.

SECTION

03 C 컴파일러 설치와 간단한 실습

Visual C++를 설치하고 사용해본다.

윈도우 환경에서 가장 많이 사용되는 C/C++ 컴파일러인 마이크로소프트의 Visual C++ 설치 방법을 살펴보자.

1 실습 가능한 Visual Studio 버전

마이크로소프트의 Visual C++는 별도의 제품으로 나와 있지 않고 Visual Studio라는 제품 안에 포함되어 있다. Visual Studio는 C++, C#, VB, F# 등의 다양한 언어를 포함하고 있는 개발 환경이다. 여기서는 Visual C++ 컴파일러만 사용할 것이다. Visual Studio는 다양한 버전이 있는데 유료와 무료 버전으로 나눌 수 있다. 이 책은 유료 버전이든 무료 버전이든 상관없이 Visual Studio를 학습할 수 있도록 구성했다. 사용하는 윈도우에 따라서 설치할 수 있는 Visual Studio는 다음과 같다.

표 1–1 윈도우에 설치 가능한 Visual Studio

운영체제	설치 가능한 유료 버전	설치 가능한 무료 버전
Windows 7(sp1) Windows 8 Windows 8.1	Visual Studio 2008, 2010, 2012, 2013, 2015, 2017, 2019	Visual Studio Express 2010 Visual Studio Express 2012, 2013, 2015 for Windows Desktop Visual Studio Community 2013, 2015, 2017, 2019
Windows 10 Windows 11	Visual Studio 2012, 2013, 2015, 2017, 2019, 2022	Visual Studio Express 2012, 2013, 2015 for Windows Desktop Visual Studio Community 2013, 2015, 2017, 2019, 2022

TIP/ Visual Studio Community는 유료 버전과 거의 동일한 기능을 제공하며 교육용으로, 또는 소규모 상용 개발자가 제한 없이 무료로 사용할 수 있다. 참고로 Express는 2015 버전을 마지막으로 더 이상 출시되지 않고 있다. 대신 유료와 동일한 기능의 무료 Community를 사용하도록 권장하고 있다.

유료 버전의 Visual Studio는 몇 개의 에디션이 있는데 기능이 많은 순서로 Enterprise, Professional 등이 있다. Professional 에디션이면 이 책을 학습하기에 충분하다. 정리하면 이 책에서는 무료이며 최신버전인 Visual Studio Community 2022 버전을 사용하지만 [표

1-1]의 어떤 버전을 사용해도 동일하게 실습할 수 있다. Visual Studio의 유료 평가판이나 무료 버전은 https://www.visualstudio.com에서 다운로드할 수 있다.

TIP/ Visual Studio는 설치 및 구동 시간이 오래 걸리는 상당히 무거운 프로그램이다. 컴퓨터 성능이 좋지 않다면 빠르고 가벼운 DEV-C++를 설치해도 동일하게 학습할 수 있다. DEV-C++의 설치 및 사용법은 부록을 참고한다.

2 Visual Studio Community 설치

Visual Studio Community를 설치해보자. 다른 윈도우용 프로그램과 마찬가지로 전혀 어렵지 않다. 이 책은 Windows 11 환경에서 실습을 진행하는데, Windows 10에서도 동일하게 진행할 수 있다.

TIP/ 이 책의 집필 시점에는 Visual Studio Community 2022가 최상위 버전이며, Windows 10/11에만 설치된다. Windows 7/8/8.1은 Visual Studio 2019를 설치해서 실습하면 되는데, 모든 파일은 자료실인 https://cafe.naver.com/itCookBook에서 다운로드하면 된다.

Visual Studio Community 설치 방법

01 https://visualstudio.com에서 Visual Studio Community 설치 파일을 다운로드한다.

그림 1-8 설치 파일 다운로드

02 다운로드한 파일을 실행한 뒤 〈계속〉을 클릭한다.

그림 1-9 설치 초기 화면

03 잠시 다운로드 및 설치가 진행된다.

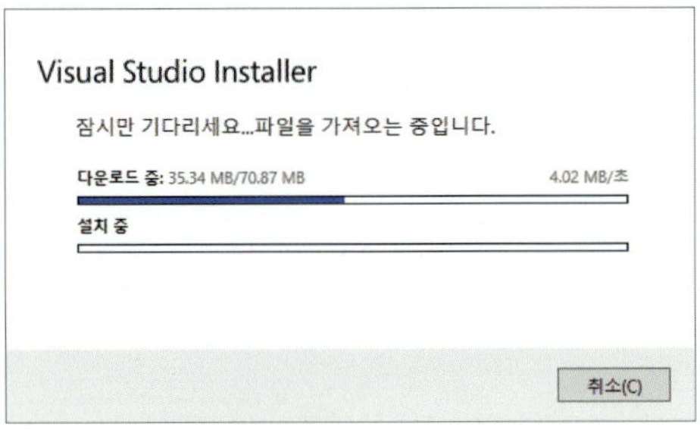

그림 1-10 설치 초기 진행

04 [워크로드]에서는 'C++를 사용한 데스크톱 개발'만 체크한 뒤 <설치>를 클릭한다. 프로그램을 설치하려면 10GB 정도의 하드디스크 여유 공간이 필요하다.

TIP/ 'C++을 사용한 데스크톱 개발' 항목이 보이지 않으면 화면을 아래로 스크롤한다.

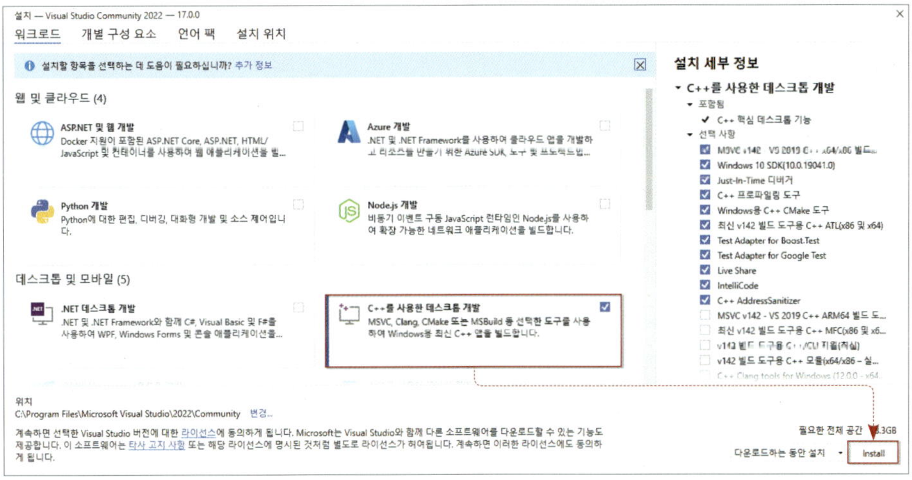

그림 1-11 설치할 기능 선택

05 '설치 후 시작'이 체크되어 있으면 설치 완료 후에 Visual Studio가 자동으로 시작된다.

TIP/ 설치하는 시점의 Visual Studio 세부 버전이 달라질 수 있다. [Visual Studio Community 2022 Current] 등으로 약간 다르게 나올 수도 있다.

그림 1-12 설치 후 자동 시작 체크

06 계속 설치가 진행된다. 컴퓨터 성능에 따라서 몇 분에서 수십 분이 걸린다.

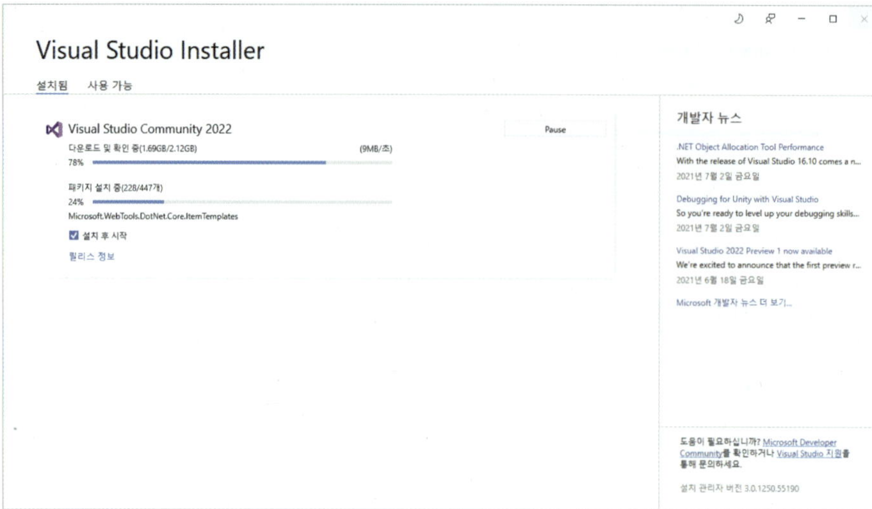

그림 1-13 설치 진행

07 설치 완료 후, 다시 부팅하라는 메시지 창이 나오면 컴퓨터를 재부팅한다.

08 윈도우의 [시작]을 클릭하고 〈모든 앱〉을 누른 후, V를 입력하면 나타나는 [Visual Studio 2022 Currents] 또는 [Visual Studio 2022]를 클릭해서 Visual Studio를 실행한다.

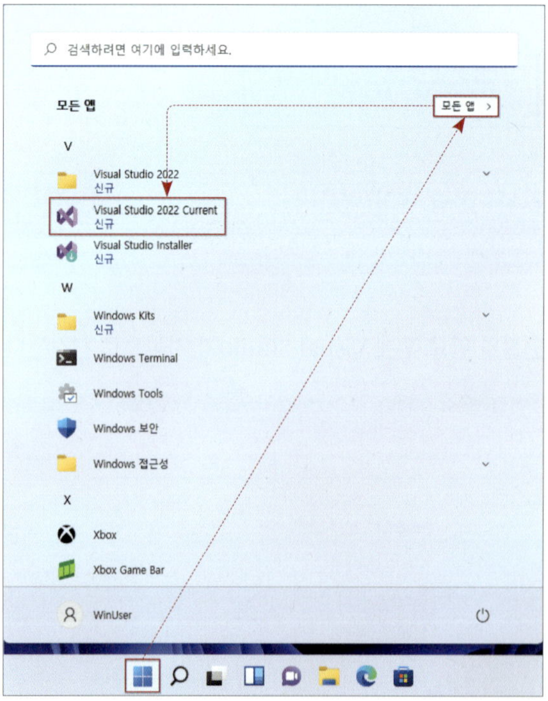

그림 1-14 Visual Studio 시작

09 [Visual Studio 로그인] 화면이 나오면 우선은 제일 아래 〈나중에 로그인〉을 클릭한다. 그러면 [친숙한 환경에서 시작] 창이 나오는데 원하는 화면 색상을 선택하고 〈Visual Studio 시작〉을 클릭한다.

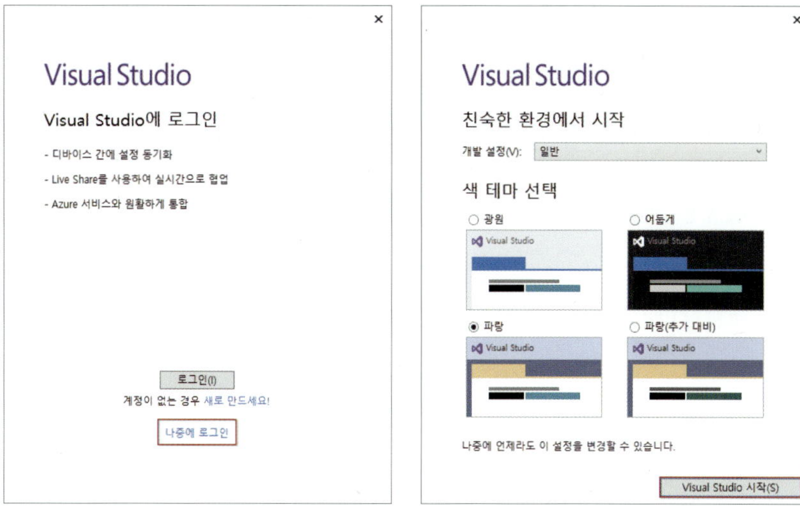

그림 1-15 로그인 및 친숙한 환경에서 시작

10 Visual Studio 초기 화면이 나온다.

그림 1-16 Visual Studio 초기 화면

11 Visual Studio Community는 마이크로소프트 계정으로 로그인해야 기간에 제한 없이 무료로 사용할 수 있다. 별도의 로그인 절차 없이 30일간 무료로 사용할 수 있으나, 30일이 지나면 다시 로그인해야 된다. 30일 후에 로그인 창이 나오면 〈로그인〉을 클릭하여 마이크로소프트 계정으로 로그인하거나, 계정이 없다면 '새로 만드세요'를 클릭해서 무료로 계정을 만들 수 있다.

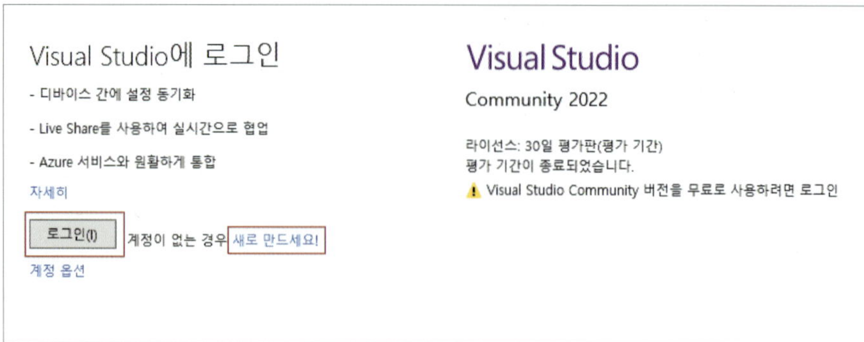

그림 1-17 [Visual Studio에 로그인] 화면

3 처음으로 작성해보는 간단한 프로그램

드디어 C 프로그램을 작성하고 컴파일할 수 있는 환경을 구축했다. 이제 이 책에서 반복하게 될 프로그램 작성 과정을 처음으로 진행해볼 것이다. 아직은 용어나 사용법을 쉽게 이해할 수 없겠지만 일단 똑같이 따라해보자. 여러 번 반복해서 이 장의 실습 과정을 잘 익혀두어야 이후의 실습 과정에서 어려움을 겪지 않는다.

앞서 설명한 C 프로그램을 실제로 작성하고 실행해보자. 메모장에서 직접 작성해도 상관없지만 여기서는 Visual Studio에서 제공하는 '통합 개발 환경'을 사용할 것이다. 메모장은 코드를 입력하는 단순한 기능만 제공하지만 Visual Studio는 우리가 코드를 입력할 때 실수로 잘못 입력한 글자를 찾아주고 클릭 한 번으로 컴파일과 링크를 해결해주는 강력하고 편리한 통합 개발 환경을 제공하기 때문이다.

여기서 잠깐

프로젝트와 소스 파일의 상관관계

단순한 C 컴파일러(예를 들어 Turbo C 등)를 사용한다면 C 소스 파일을 하나만 작성해서 컴파일과 링크를 수행하면 된다. 하지만 Visual C++로 프로그래밍을 하려면 단순히 소스 파일만 필요한 것이 아니라 프로젝트를 먼저 생성해야 한다.

프로젝트는 지금 공부하는 C뿐만 아니라 고급 프로그래밍에서 중요한 개념이다. 여기서는 이 프로젝트의 기능을 100% 사용하지 않겠지만 훗날 고급 프로그래밍을 하게 될 때를 대비해서 미리 사용법을 익혀두는 것도 좋다.

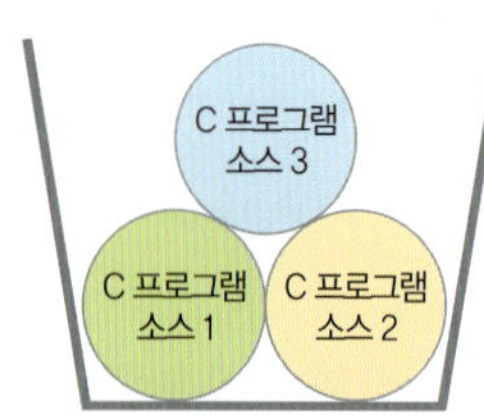

프로젝트

프로젝트의 개념은 오른쪽 그림과 같이 여러 개의 C 프로그램을 담아놓는 그릇이라고 보면 된다. 물론 하나의 프로젝트에 소스 파일이 하나만 있어도 된다. 이 책을 공부하기 위해 프로젝트를 사용하기는 하지만 그 자체가 중요한 것은 아니니 잘 이해되지 않아도 이어지는 실습을 따라해보자.

프로젝트 생성

01 이 책에서 작성할 프로젝트를 모아놓기 위해 'C:\CookC' 폴더를 미리 생성한다.

TIP/ 실습실에서 학습 중이라면 폴더 이름을 'C:\CookC(자기 이름)'과 같이 만들고 실습하는 것이 좋다.

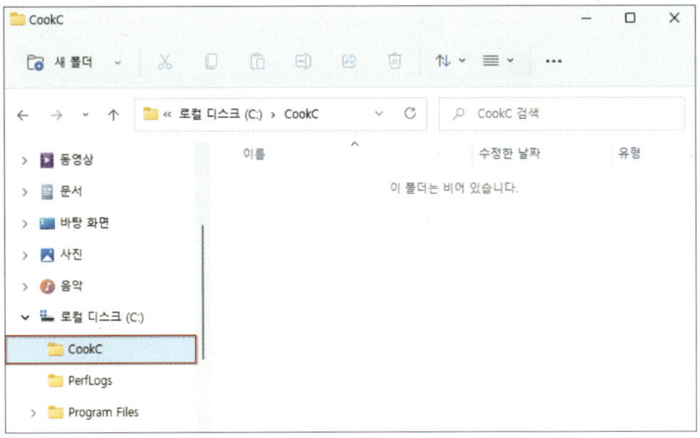

그림 1-18 폴더 생성

02 앞서 실행한 Visual Studio를 닫았다면 윈도우의 [시작]-[Visual Studio 2022]를 클릭해서 다시 실행한다.

03 C 프로그램을 작성하려면 먼저 프로젝트를 생성해야 한다. [시작 화면] 오른쪽 아래 [새 프로젝트 만들기]를 클릭한다.

그림 1-19 새 프로젝트 생성 1

04 [새 프로젝트 만들기] 창 오른쪽의 [모든 언어]를 [C++]로 선택하고, [Windows 데스크톱 마법사]를 선택한 후 〈다음〉을 클릭한다.

그림 1-20 새 프로젝트 생성 2

05 프로젝트 이름을 'First'로 입력하고, 위치는 앞에서 생성한 폴더인 'C:\CookC'를 입력하거나 선택한다. 그리고 '솔루션 및 프로젝트를 같은 디렉터리에 배치'를 체크한 뒤 <만들기>를 클릭한다.

TIP / '솔루션 및 프로젝트를 같은 디렉터리에 배치'의 체크는 안 해도 되지만 나중에 생성될 폴더가 많아져서 정리가 귀찮아지므로 체크를 해두는 것이다. 솔루션은 여러 개의 프로젝트를 묶은 큰 규모의 프로그램을 작성할 때 사용한다. 이 책에서는 하나의 솔루션에 하나의 프로젝트만 사용하므로 '솔루션=프로젝트'라고 보아도 무방하다.

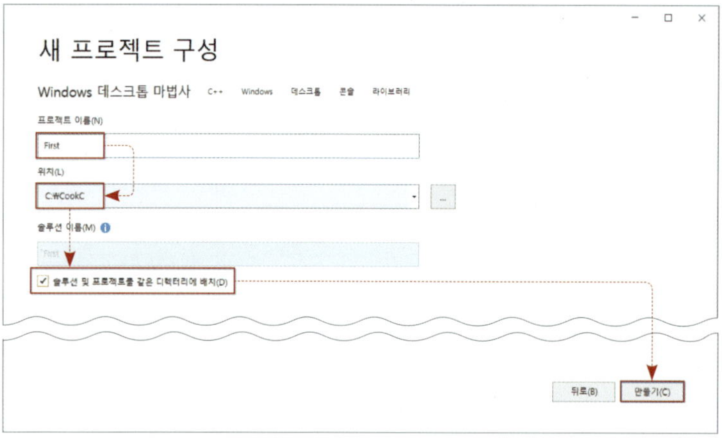

그림 1-21 새 프로젝트 생성 3

06 [Windows 데스크톱 프로젝트] 창에서 애플리케이션 종류는 '콘솔 애플리케이션(.exe)'으로 되어 있을 것이다. 추가 옵션에서 '빈 프로젝트'에 체크하고 <확인>을 클릭한다.

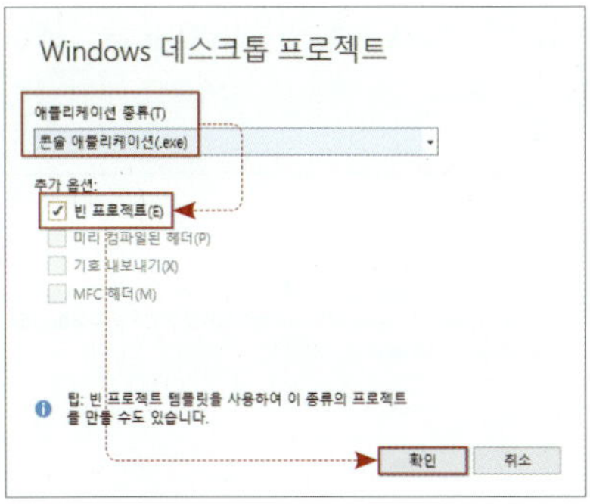

그림 1-22 설정

07 다음과 같이 빈 프로젝트가 완성되었다. 이제부터는 생성한 프로젝트에 C 소스를 추가하고 코딩하면 된다.

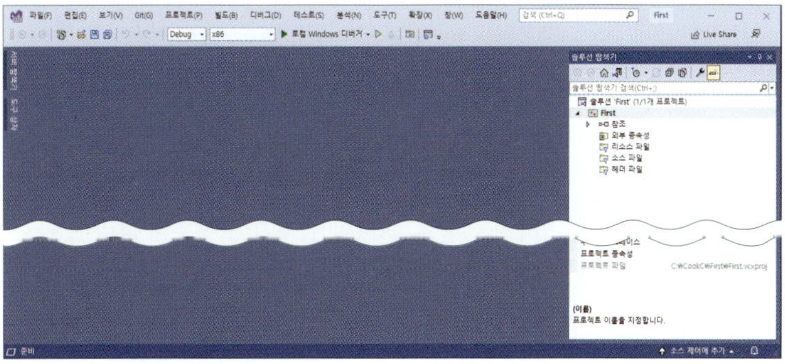

그림 1-23 프로젝트 생성 화면

C 프로그램 코딩

프로젝트를 생성했으니 이제 본격적으로 C 소스를 작성해보자.

01 오른쪽 [솔루션 탐색기]의 프로젝트 이름(현재 First) 아래 '소스 파일' 폴더에서 마우스 오른쪽 버튼을 클릭하여 [추가]-[새 항목]을 선택한다.

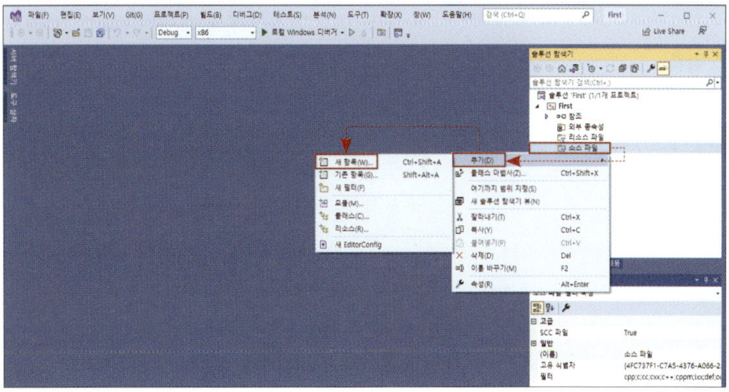

그림 1-24 프로젝트에 소스 파일 추가

02 [새 항목 추가] 창에서 왼쪽의 [Visual C++]를 선택하고, 'C++ 파일(.cpp)'을 선택한 뒤 이름에 'First.c'를 입력하고 <추가>를 클릭한다.

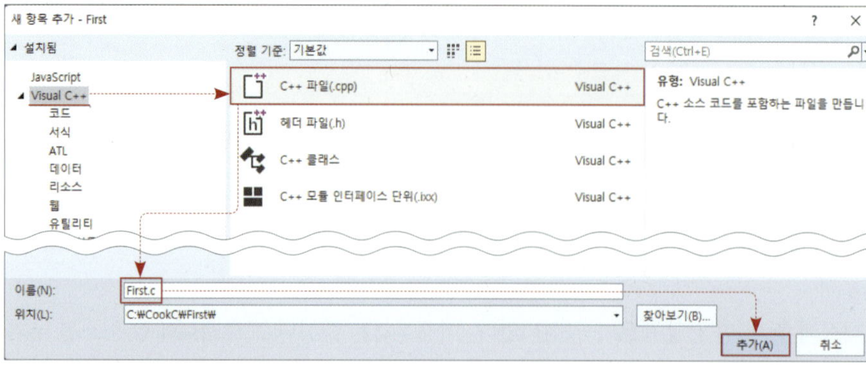

그림 1-25 First.c 파일 생성

TIP ❶ C 소스 이름을 꼭 First라고 할 필요는 없지만 되도록 프로젝트와 같은 이름을 사용하자. ❷ 확장자를 .c로 하면 C 소스가 되고 .cpp로 하면 C++ 소스가 된다. C++는 C의 문법을 거의 포함하므로 .cpp를 써도 되지만 우리는 C++가 아닌 C를 공부하고 있으므로 .c를 사용한다.

03 왼쪽에 빈 창이 나타날 것이다. [기본 1-2]의 소스를 코딩해보자. 문법을 이해하지 못해도 괜찮다. [그림 1-26]과 똑같이 입력하면 색깔로 표시된 글자가 보이는데 파란색 글자는 예약어(문법으로 약속된 글자)이다. 입력을 완료했으면 [파일]-[First.c 저장] 메뉴를 선택하거나 파일 저장 아이콘을 클릭한다.

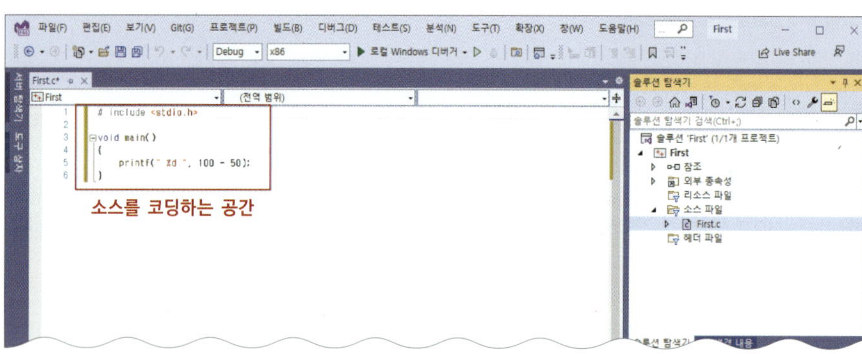

그림 1-26 C 소스 입력

기본 1-2 처음 만드는 C 프로그램 1-2.c

```
# include <stdio.h>

void main( )
{
    printf(" %d ", 100 - 50);
}
```

- `# include <stdio.h>` — 무조건 들어가는 부분이다(의미는 뒤에서 설명하겠다).
- `void main( )` — 프로그램의 시작 부분으로 항상 고정되어 있다.
- `{` — 실제 작동하는 프로그램을 { }로 묶어준다.
- `printf(" %d ", 100 - 50);` — 100-50의 값을 모니터에 출력하라는 의미이다.

빌드(컴파일 및 링크)

소스를 모두 입력했으니 이제 소스를 컴파일하고 링크해야 한다. 컴파일과 링크는 한번에 수행하는데 이 과정을 빌드라고 한다.

01 메뉴바의 [빌드]–[솔루션 빌드]를 선택한다. 단축키인 Ctrl+Shift+B를 눌러도 된다.

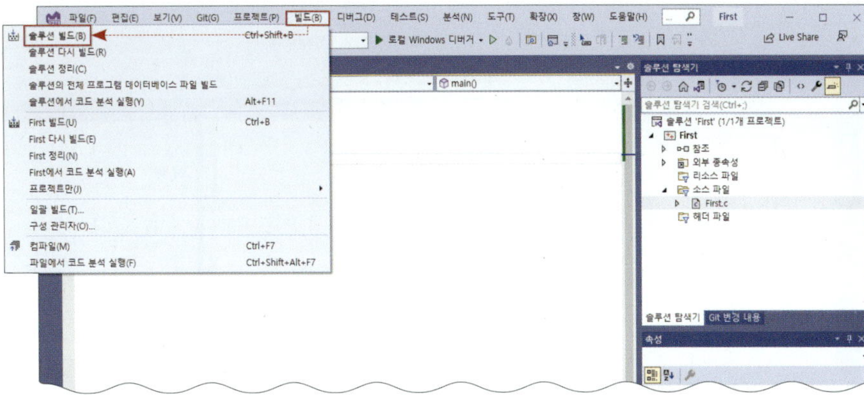

그림 1–27 빌드 실행

02 소스에 오류가 없다면 다음 화면과 같이 '빌드: 성공 1, 실패 0, 최신 0, 생략 0'이라는 메시지가 나타난다.

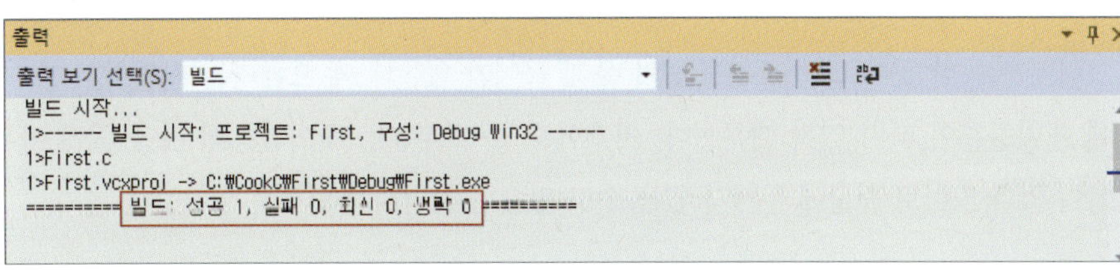

그림 1–28 빌드 결과: 이상 없음

03 초보 프로그래머가 가장 많이 하는 실수 중 하나를 살펴보자. [기본 1–2]의 5행에서 세미콜론(;)을 지우고 Ctrl+Shift+B를 눌러서 다시 빌드하도록 한다. [출력] 탭을 클릭하면 결과가 '빌드: 성공 0, 실패 1, 최신 0, 생략 0'으로 나타난다. 이런 오류의 원인은 대부분 소스가 틀렸기 때문이다.

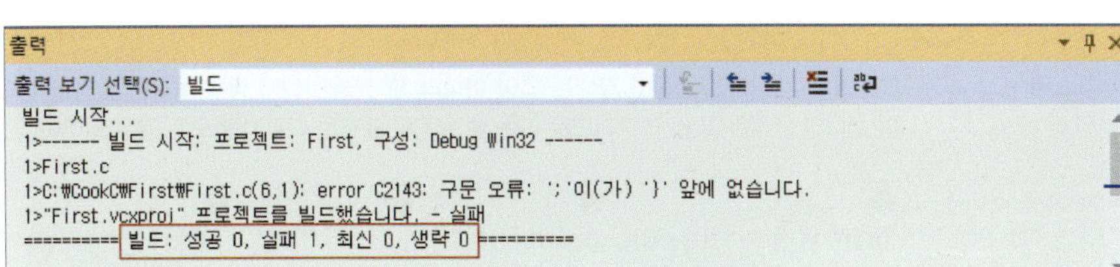

그림 1–29 빌드 결과: 오류 발생

04 이제 소스에서 틀린 곳을 찾을 차례이다. 지금은 잘못 작성한 곳을 알고 있고 소스도 몇 줄밖에 되지 않아 틀린 곳을 쉽게 찾을 수 있지만 향후에 실무 프로그램을 작성할 때는 수백 줄 이상의 코드를 마주해야 한다. 이때 첫 줄부터 오류를 찾아나가려면 시간이 많이 걸릴뿐더러 찾지 못할 확률도 크다. 하지만 Visual C++는 틀린 부분을 직접 알려준다. [오류 목록] 탭을 클릭한 다음, 오류가 있는 부분을 마우스로 더블클릭하면 해당 위치로 바로 이동한다.

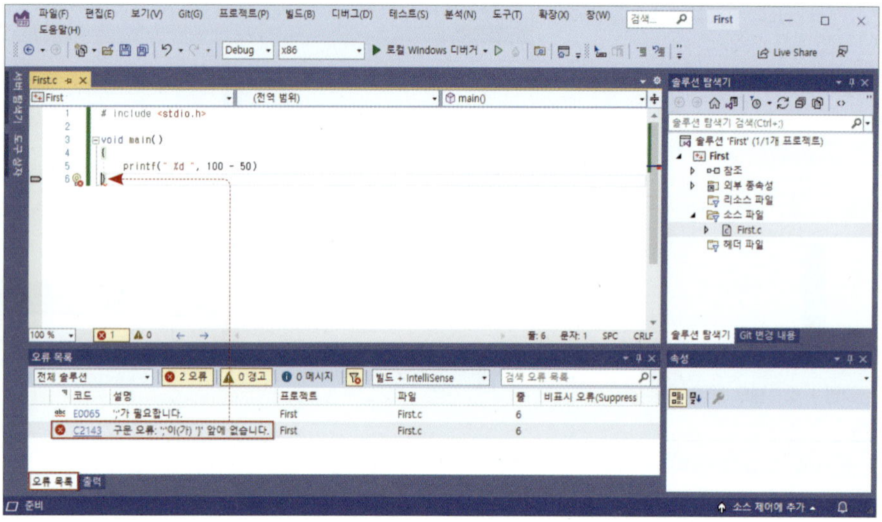

그림 1-30 소스에서 틀린 부분 찾기

그런데 이동한 곳에 닫는 중괄호(})가 옳게 들어가 있는데 왜 오류라는 것일까? 바로 윗줄에 세미콜론이 빠져 있기 때문이다. 차후에도 틀린 부분을 찾아갔는데 해당 줄에 아무 이상이 없다면 바로 윗줄에 문제가 있을 수도 있으니 천천히 확인해보기 바란다.

05 오류가 발생한 부분을 찾았으면 오류를 수정한다. 5행의 맨 뒤에 세미콜론을 넣은 후 파일을 저장하고 Ctrl + Shift + B를 눌러서 다시 빌드한다.

Q / U / I / Z 세미콜론이 빠지면 세미콜론이 빠진 줄에 오류가 표시된다. (○ ×)

여기서 잠깐

C 소스의 줄 바꿈

C는 줄을 바꾼다고 문장이 끝나는 것이 아니라 세미콜론(;)이나 닫는 중괄호(}) 등을 만나야 하나의 문장이 끝난다. 그러므로 다음 네 문장은 표현은 다르지만 모두 같은 의미이다.

❶	❷	❸	❹

`printf("%d", 100-50);`	`printf("%d",`
	`100-50);`
		`printf("%d",`
		`100-50)`
		`;`
			`printf`
			`("%d", 100-50);`

파일 실행

빌드까지 수행했으니 .exe 파일이 생성되었는지 확인하고 실행해보자. 실행 방법은 두 가지이다. 명령 프롬프트 창에서 *.exe 파일이 생성된 폴더로 이동하여 직접 명령을 입력하고 실행하는 방법과 Visual Studio에서 직접 실행하는 방법이다. 후자가 더 간편하지만 두 가지를 모두 알아두자.

명령 프롬프트 창에서 실행하는 방법

01 먼저 명령 프롬프트 창에서 직접 실행해보자. Windows키+R을 누른 후 cmd를 입력하고 Enter를 눌러 명령 프롬프트 창을 연다. 다음 명령을 차례대로 입력하여 실행 파일이 들어 있는 폴더로 이동한다('cd'는 폴더 이동 명령이며 대문자와 소문자의 구분이 없다).

```
cd  \
cd  CookC
cd  First
cd  x64
cd  Debug
dir
```

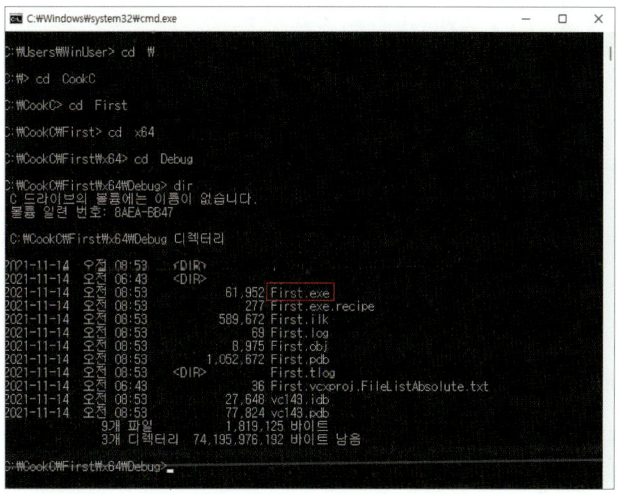

그림 1-31 명령 프롬프트 창에서 결과 확인

> **여기서 잠깐**
>
> **기본 도스 명령** 명령 프롬프트를 원활하게 사용하려면 자주 사용하는 도스 명령어를 익혀두는 것이 좋다.
>
> | 명령(대·소문자 구분 없음) | 설명 |
> |---|---|
> | DIR | 현재 폴더의 파일 목록을 보여준다. |
> | CD [폴더 이름] | 폴더로 이동한다. |
> | COPY [원본] [사본] | 원본 파일을 사본 파일로 복사한다. |
> | TYPE [파일 이름] | 텍스트 파일의 내용을 화면에 출력한다. |
> | DEL [파일 이름] | 파일을 삭제한다. |
> | MD [폴더 이름] | 새로운 폴더를 생성한다. |
> | RD [폴더 이름] | 폴더를 삭제한다(단, 폴더가 비어 있어야 한다). |
> | CLS | 화면을 깨끗이 지운다. |

이동하면 결과 실행 파일인 First.exe를 볼 수 있다. 실행 파일 이름인 'First'를 입력하고 실행하면 코딩의 결과인 50이 나온다.

실행 결과▼

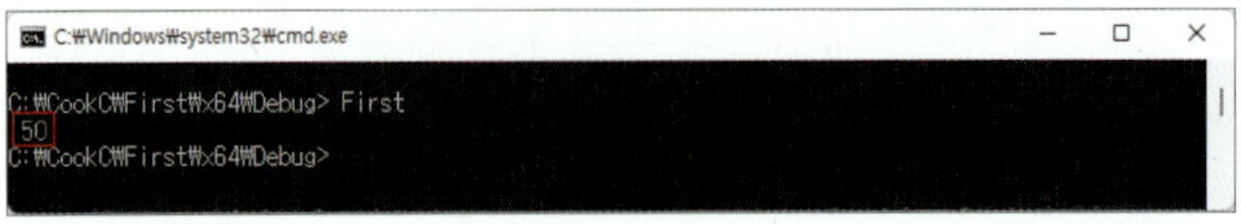

02 이번에는 소스를 약간 수정해서 100-50이 아니라 100-99의 결과가 나오도록 코딩해보자. [기본 1-2]를 그대로 사용하되 5행만 수정하면 된다. 결과는 1이 나와야 한다. 소스를 수정하고 Ctrl+S를 눌러서 저장한다.

기본 1-3 소스 수정하기(계산값 수정) 1-3.c

```
01 # include <stdio.h>
02
03 void main( )
04 {
05     printf(" %d ", 100 - 99);   ----- 100-99의 값을 모니터에 출력한다.
06 }
```

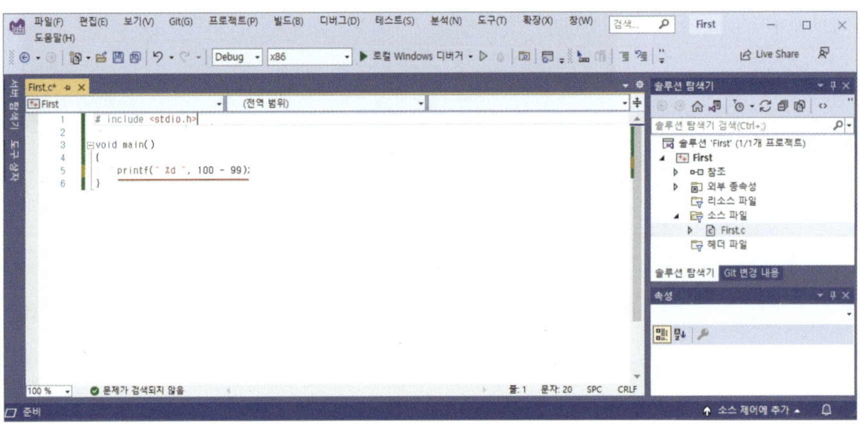

그림 1-32 소스 수정

03 새로운 결과를 보기 위해 다시 명령 프롬프트 창에서 실행해보자.

실행 결과▼

그런데 결과가 이전과 동일하게 50이 나왔다. 왜 1이 나오지 않았을까? 방금 수정한 소스를 빌드하지 않았기 때문이다. 즉, 50은 방금 수정한 소스를 실행한 결과가 아니라 앞에서 실행한 소스의 실행 결과이다. 소스에서 한 글자라도 변경했다면 반드시 다시 빌드를 해야 한다.

04 Visual Studio에서 [빌드]–[솔루션 빌드] 메뉴를 선택하거나 Ctrl + Shift + B 를 눌러서 다시 빌드한다. 출력 창에 '빌드: 성공 1, 실패 0, 최신 0, 생략 0'이라는 메시지가 나왔다면 다시 명령 프롬프트 창에서 실행해본다. 이번에는 원하는 결과인 1이 나올 것이다.

실행 결과▼

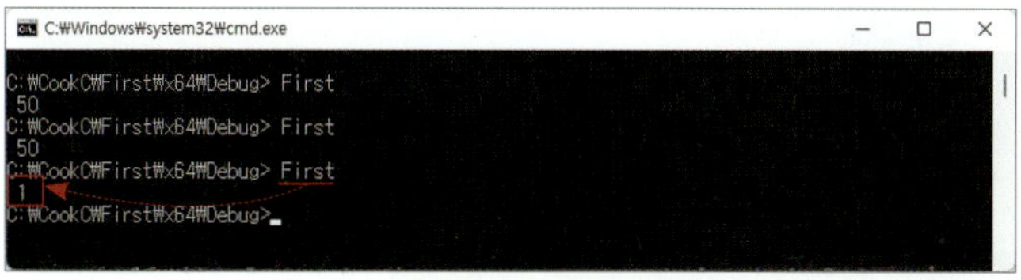

결과를 실행하는 방식이 좀 복잡하게 느껴졌을 것이다. 따라서 앞으로는 이렇게 명령 프롬프트를 사용하는 방법보다는 이어서 설명할 Visual Studio의 환경에서 바로 실행하는 방법을 사용할 것이다.

Visual Studio 환경에서 바로 실행하는 방법

Visual Studio에서 바로 실행하면 별도로 명령 프롬프트를 실행하거나 폴더를 이동하는 과정을 거치지 않아도 되므로 한결 수월하다.

01 빌드한 후 명령 프롬프트 창에서 바로 실행 결과를 보기 위해 메뉴의 [디버그]–[디버그하지 않고 시작]을 선택하거나, 단축키인 Ctrl + F5 를 눌러보자. 만약 프로젝트가 만료되었다는 창이 나오면 <예>를 클릭한다.

여기서 잠깐

실행 파일의 배포

만약 누군가가 100에서 50을 빼는 프로그램을 만들어달라고 요청한다면 지금 완료된 First.exe 파일만 주면 된다. 그러면 그는 자신의 PC에서 First.exe 파일을 실행하여 100에서 50을 뺀 결과를 얻을 수 있다(실제로 이렇게 간단한 프로그램을 주문하는 경우는 없을 것이다).

현재 판매되는 대부분의 소프트웨어(한글, 엑셀, 게임 등)는 여기서 실습해본 과정과 거의 동일한 방식으로 개발 및 판매된다. 판매자 쪽 프로그래머가 직접 소스 프로그램을 작성하고 빌드한 뒤 구매자에게는 확장자가 .exe인 실행 파일만 주는 것이다. 물론 실행 파일 외에 좀 더 필요한 파일이 있을 수 있지만 원칙적으로는 실행 파일(.exe)만 판매하고 원본 소스는 공개하지 않는다.

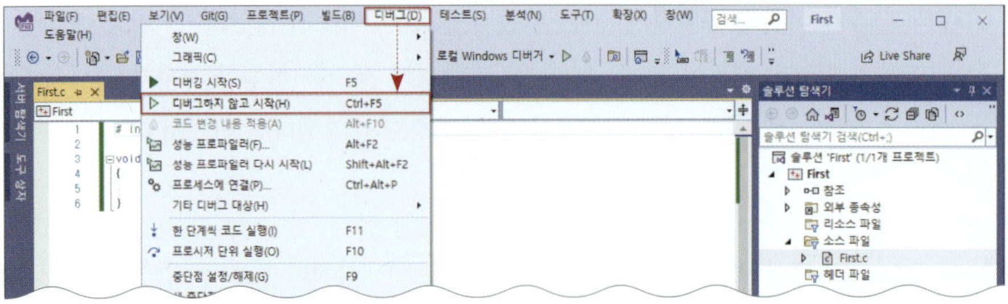

그림 1-33 Visual Studio에서 실행

02 명령 프롬프트 창이 나타나고 [기본 1-3]의 결과인 1이 보일 것이다. 그리고 결과 화면 메시지대로 아무 키나 누르면 결과 창이 없어질 것이다. 명령 프롬프트 창에서 실행하는 방법에 비해 아주 간편하다.

실행 결과▼

TIP/ 결과창에 1이 출력된 후에 줄이 넘어가고 'C:\C소스\First\Debug\First.exe(프로세스 0000개)이(가) 종료되었습니다.(코드 0개)' 메시지가 나올 수 있다. 별 의미 있는 메시지가 아니니 그냥 아무 키나 누르면 창이 닫힌다.

03 Visual Studio 버전에 따라서 결과가 출력된 후에 메시지가 바로 붙어서 나오는 경우도 있다. 이럴 때 결과값 다음 줄에 메시지가 나타나게 하려면 소스를 수정해야 한다. '%d'를 '%d \n'으로 수정한다. \n은 '다음 줄로 넘긴다'는 의미로 3장에서 자세히 살펴볼 것이다.

TIP/ \와 ₩는 같은 문자이다. 컴퓨터의 글꼴에 따라서 달리 보이는 것뿐이며 역슬래시(backslash)라고 읽는다.

기본 1-4 소스 수정하기(한 줄 띄우기) 1-4.c

```
# include <stdio.h>

void main( )
{
  printf(" %d \n", 100 - 99);   ----- 100-99의 값을 출력한 후 한 줄을 넘긴다.
}
```

04 수정한 소스를 저장하고 다시 Ctrl+F5를 눌러 실행한다. 결과값 다음에 빈 줄이 하나 더 추가되었다.

실행 결과▼

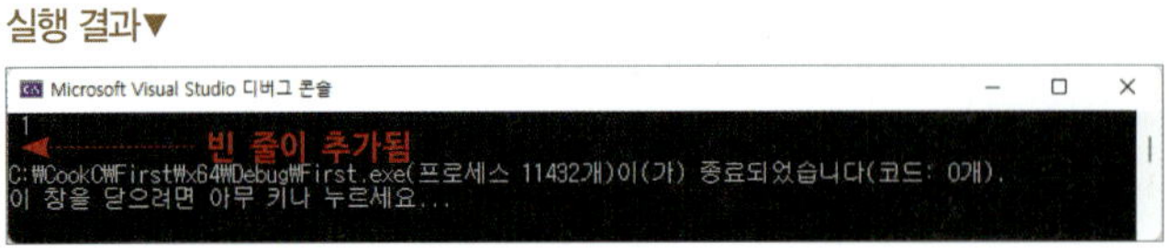

05 프로그램 작성 및 실행이 모두 끝났으면 메뉴의 [파일]–[솔루션 닫기]를 선택하여 현재 작업 중인 프로젝트를 종료한다.

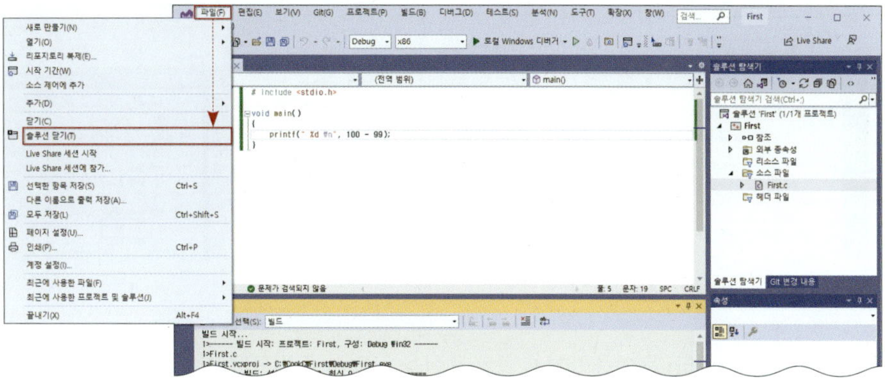

그림 1-34 프로젝트(솔루션) 닫기

06 [원하는 작업을 선택하세요] 화면이 나오면 오른쪽 위 〈x〉를 클릭해서 화면을 닫는다. 다시 Visual Studio가 나오면 메뉴의 [파일]–[끝내기]를 선택해서 종료한다.

기존의 C 소스 다시 열기

작성한 소스(First.c)를 다시 열어서 수정하고 싶을 때는 다음과 같이 진행한다.

01 Visual Studio를 실행하고 오른쪽 [시작] 부분의 [프로젝트 또는 솔루션 열기]를 선택한 후 앞서 작업했던 'C:\CookC\First' 폴더의 'First.sln' 파일을 선택한다.

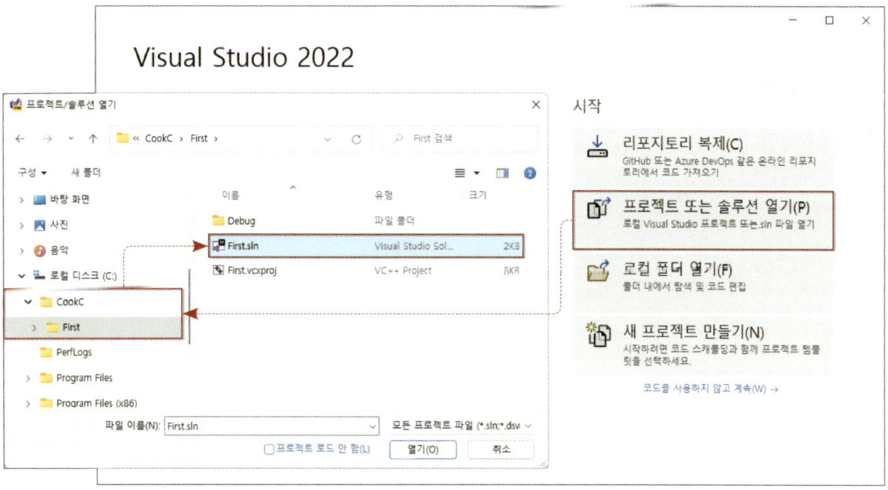

그림 1-35 기존 프로젝트 열기

02 이전에 작업한 First.c 파일이 보일 것이다. 만약 C 소스가 보이지 않으면 오른쪽 [솔루션 탐색기] 탭에서 '소스 파일'을 클릭하여 확장하고 'First.c'를 더블클릭한다.

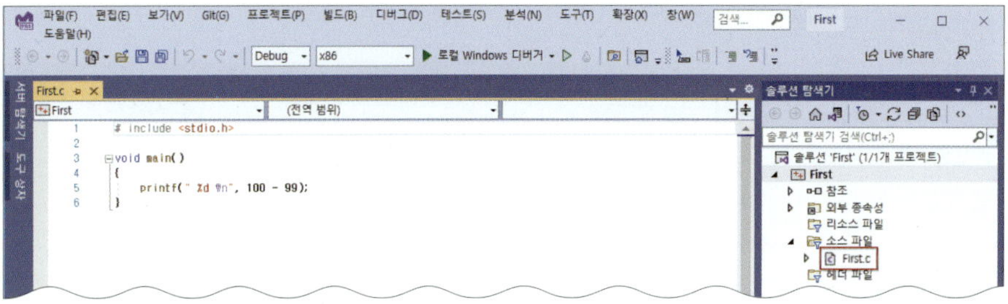

그림 1-36 기존 프로젝트 열기 완료

지금까지 Visual Studio를 이용하여 C 프로그램을 작성하고 빌드(컴파일/링크)한 뒤 실행하는 과정을 수행했다. 앞으로 이 책을 공부하기 위한 가장 기본적인 과정이므로 잘 이해되지 않는다면 몇 번이라도 반복 학습해서 자연스럽게 사용할 수 있도록 해야 한다. 이를 바탕으로 50줄, 500줄짜리 프로그램을 작성하는 연습을 꾸준히 하면 실력 있는 C 프로그래머로 성장할 수 있을 것이다.

SELF STUDY

[기본 1-2]를 1000 + 2000을 수행하도록 수정하고 실행해보자.

프로젝트 이름_ Test 소스 이름_ Test.c

여기서 잠깐

윈도우 11에서 파일의 확장명이 보이지 않는 경우

[파일 탐색기]를 실행하고 [레이아웃 및 보기 옵션] 아이콘을 클릭한 후, [표시] 〉〉 [파일 확장명]을 선택하면 된다.

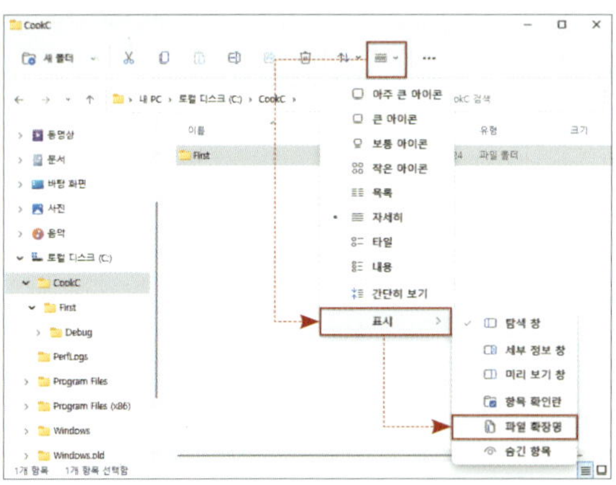

※참고로 윈도우 10에서는 [파일 탐색기]의 [보기]-[파일 확장명]을 체크하면 된다.

IT@COOKBOOK

요약

1 C의 특징

❶ 이식성이 좋다.

❷ 하드웨어와 관련된 부분까지 접근할 수 있다.

❸ 구문이 간결하고 명확하다.

❹ C를 익히면 다른 프로그래밍 언어도 쉽게 익힐 수 있다.

2 C 프로그램 작성 순서

프로그램 코딩 → 빌드(컴파일/링크) → 실행

❶ **프로그램 코딩**: C 컴파일러가 이해할 수 있는 형식으로 문서를 작성하는 것이다.

❷ **컴파일**: 소스 파일을 컴퓨터가 이해할 수 있는 오브젝트 파일로 변환하는 과정이다.

❸ **링크**: 여러 개의 오브젝트 파일을 하나의 실행 파일로 묶는 과정이다.

❹ **빌드**: 컴파일과 링크를 하나로 합친 개념이다.

❺ **실행**: 빌드한 결과인 .exe 파일을 작동하는 것이다.

3 Visual Studio(Visual C++)에서의 프로그램 작성 방법

❶ 단순한 C 컴파일러(예를 들어 Turbo C 등)를 사용한다면 C 소스 하나만 작성해서 컴파일과 링크를 수행하면 된다. 하지만 Visual Studio로 프로그래밍을 하려면 소스 파일보다 프로젝트(또는 솔루션)를 먼저 생성해야 한다. 프로젝트는 C 소스를 1개 이상 묶은 모음으로 Visual Studio는 이 프로젝트 단위로 빌드(컴파일/링크)를 한다.

❷ Visual Studio는 코드를 입력할 때 잘못 입력한 글자를 찾아주고 클릭 한 번으로 컴파일과 링크를 해결할 수 있는 강력하고 편리한 통합 개발 환경을 제공한다.

❸ 소스에서 한 글자라도 변경했다면 반드시 다시 빌드를 해야 한다.

4 실행 파일 확인 방법

❶ 명령 프롬프트 창을 띄우고 .exe 파일이 있는 폴더로 이동하여 실행한다.

❷ Visual Studio 환경에서 Ctrl + F5를 눌러서 실행한다.

연습문제

1 다음 중 C의 장점으로 알맞지 않은 것을 고르세요.

❶ 한번 만들어 놓으면 다른 운영체제에서 그대로 사용할 수 있다.

❷ 하드웨어를 제어하거나 접근하는 프로그램이 가능하다.

❸ 구문을 서술형으로 풀어서 사용하기 때문에 초보자도 쉽게 구문을 이해할 수 있다.

❹ C를 익히면 다른 프로그래밍 언어 학습에도 도움이 많이 된다.

2 다음 설명에 알맞은 용어를 보기에서 선택해 괄호를 채우세요.

> 프로그래밍, C++, C#, 프로그래머, 엑셀, Java, C,
> 실행, 컴파일, 링크, *.c, *.class, *.cs, *.cpp

❶ 1970년대 초 유닉스 운영체제를 만들기 위해서 고안된 언어: (   )

❷ 프로그램을 작성하는 사람: (   )

❸ 프로그래밍 언어의 종류 4가지: (   )

❹ 작성된 코드를 기계어로 변환하는 과정이며 결과로 오브젝트 파일이 생성됨: (   )

❺ 관련된 오브젝트 파일 여러 개를 묶어서 하나의 실행 파일이 생성됨: (   )

❻ C 프로그램의 확장자: (   ), C++ 프로그램의 확장자: (   )

3 다음 소스를 코딩하고 실행해서 결과를 확인해보세요. 프로젝트 이름과 소스 이름은 exer_2로 작성하세요.

```
# include <stdio.h>

void main()
{
  int num1 ;
  int num2 ;
  num1 = 5;
  num2 = 10;
  printf(" %d \n", num1*num2);
}
```

4 다음 중 문법상 오류가 발생하는 코드를 고르세요.

❶
```
printf("%d", 50);
```

❷
```
printf("%d",
        50);
```

❸
```
printf
        ("%d", 50);
```

❹
```
printf("%d", ; 50);
```

5 다음에 제시된 실행 결과와 같이 '100'이 출력된 후에 2칸을 비워두고, '200'이 출력되는 프로그램을 작성해보세요.

실행 결과

```
100
- 빈 줄 -
- 빈 줄 -
200
```

6 Visual Studio에서 기존의 프로젝트를 열 때, [파일]–[열기]–[프로젝트/솔루션]을 선택한 후 열어야 하는 확장명을 고르세요.

❶ *.cpp

❷ *.c

❸ *.sln

❹ *.dev

연습문제

IT@COOKBOOK

7 1234 + 4567 + 8900의 합계가 출력되는 C 코드로 알맞은 것을 고르세요.

❶
```
void main()
{
    printf("1234 + 4567 + 8900", 1234 + 4567 + 8900);
}
```

❷
```
void main()
{
    printf("%d +%d + %d", 1234 + 4567 + 8900);
}
```

❸
```
void main()
{
    printf("1234 + 4567 + 8900", %d + %d + %d);
}
```

❹
```
void main()
{
    printf("%d ", 1234 + 4567 + 8900);
}
```

CHAPTER 02

일단 짜보는 그럴듯한 C 프로그램

학습목표

- 프로그램의 작성 순서를 복습한다.
- 자주 쓰이는 scanf( ) 함수를 알아본다.

SECTION 01

프로그램 작성 순서 복습

- 프로그램을 작성할 때는 Visual Studio를 실행하고 Visual C++용 새 프로젝트를 생성한 후 소스 파일을 추가하는 순서로 진행한다.

개인에 따라 차이가 있지만 C를 사용해서 혼자 제대로 된 프로그램을 만들기까지는 최소한 한 달이 걸린다. 생각보다 많은 시간을 투자해야 한다니 부담스럽게 느껴질지도 모르겠다. 아직 마음의 준비가 되지 않은 독자도 있을 것이다. 하지만 축구 선수를 꿈꾸는 초등학생이 축구의 규정이나 기술을 모두 알아야 하는 것은 아니다. 우선 공을 몰고 무작정 운동장을 뛰어보는 것도 좋은 시작이지 않을까?

1장에서는 100에서 50을 빼는 아주 간단한 프로그램을 작성했다. 여기서는 좀 더 그럴듯한 프로그램을 만들어보자. '이제 겨우 컴파일러를 설치하고 간단한 프로그램을 하나 따라해본 것뿐인데 벌써 프로그램을 짠다고? 프로그램은 문법을 제대로 배워야 짤 수 있는 것 아닌가?' 하고 의아해하는 독자도 있을 것이다. 맞는 말이다.

문법을 제대로 배우면 프로그램을 짤 수 있는 기본적인 능력을 얻게 된다. 다만, 여기서 조금 그럴듯한 프로그램을 작성해보는 것은 이 책을 배워서 과연 무엇을 할 수 있는지 감을 잡아보자는 의미이다. 프로그램을 완전히 이해하지 못하더라도 잘 따라 할 수 있으면 이 장의 목표는 충분히 달성한 셈이다.

이 장에서는 더하기, 빼기, 곱하기, 나누기가 실행되는 간단한 계산기 프로그램을 작성할 것이다. 다시 말하지만 프로그램 문법은 신경 쓰지 말고 전반적으로 프로그램을 작성하는 순서에 집중하여 실습하기 바란다. 다음과 같은 순서로 프로그램을 만들 것이다.

프로젝트 만들기 → 프로그램 코딩 → 빌드(컴파일/링크) → 실행

그림 2-1 프로그램 작성 순서

1 두 번째 프로젝트 만들기

1장에서 배운 프로그램 작성 순서를 복습하면서 새로운 프로젝트를 만들어보자. 이번에 작성할 프로젝트의 이름은 'Second'이다.

01 Visual Studio를 실행한다.

02 프로젝트를 생성하기 위해 [시작 화면] 오른쪽 아래 [새 프로젝트 만들기]를 클릭한다. [새 프로젝트 만들기] 창 오른쪽의 [모든 언어]를 [C++]로 선택하고, [Windows 데스크톱 마법사]를 선택한 후 〈다음〉을 클릭한다.

[새 프로젝트 구성] 창이 나오면 프로젝트 이름을 'Second'로 입력하고, 위치는 앞에서 생성한 폴더인 'C:\CookC'를 입력하거나 선택한다. 그리고 '솔루션 및 프로젝트를 같은 디렉터리에 배치'에 체크하고 〈만들기〉를 클릭한다.

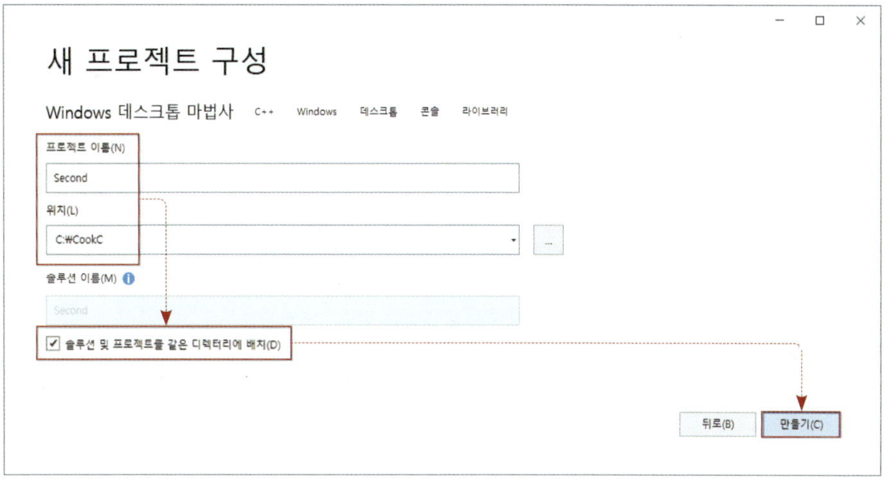

그림 2-2 새 프로젝트인 Second 생성

03 [Windows 데스크톱 프로젝트] 창에서 애플리케이션 종류는 '콘솔 애플리케이션(.exe)'을 선택하며, 추가 옵션으로 '빈 프로젝트'에 체크하고 〈확인〉을 클릭한다.

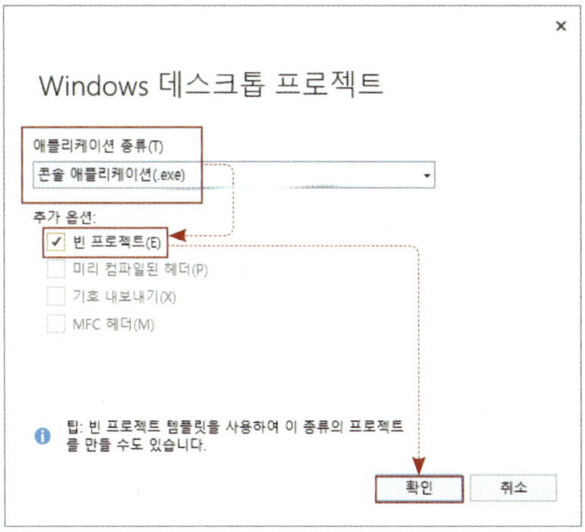

그림 2-3 응용 프로그램 설정

04 다음과 같이 빈 프로젝트가 완성되었다. 이 프로젝트의 이름은 'Second'이다.

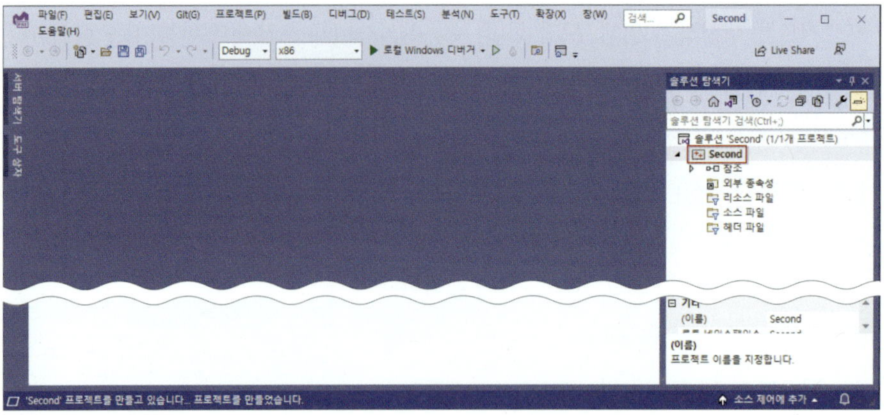

그림 2-4 **생성된 Second 프로젝트**

05 메뉴의 [파일]-[끝내기]를 선택하여 Visual Studio를 종료한다.

SELF STUDY

'Test2', 'Test3'이라는 이름의 프로젝트 2개를 빠른 속도로 만들어보자.

2 프로그램 코딩

01 Visual Studio를 실행한다.

02 Visual Studio의 오른쪽 [시작] 부분의 [프로젝트 또는 솔루션 열기]를 선택한 후 앞서 작업했던 'C:\CookC\Second' 폴더의 'Second.sln' 파일을 선택한다.

03 오른쪽 [솔루션 탐색기]의 프로젝트 이름(현재 Second) 아래 '소스 파일' 폴더에서 마우스 오른쪽 버튼을 클릭하여 [추가]-[새 항목]을 선택한다.

04 [새 항목 추가] 창의 왼쪽에서 [Visual C++]를 선택한 후, 오른쪽의 'C++ 파일(.cpp)'을 선택한 상태에서 이름에 'Second.c'를 입력하고 〈추가〉를 클릭한다.

05 왼쪽의 코드 편집 창에 100과 50의 더하기, 빼기, 곱하기, 나누기를 수행하는 프로그램을 [기본 2-1]과 같이 코딩한다.

기본 2-1 두 번째로 만드는 C 프로그램 2-1.c

```
01 #include <stdio.h>
02
03 void main( )
04 {
05   int a, b;                                ----- 계산할 두 수를 저장할 변수 a, b와
06   int result;                                    결과를 넣을 변수 result를 선언한다.
07
08   a=100;                                   ----- a에 100을, b에 50을 넣는다.
09   b=50;
10
11   result = a + b;                          ----- a와 b를 더한 결과를 result에 넣는다.
12   printf(" %d + %d = %d \n", a, b, result); ----- 모니터에 a, b, result를 출력한다.
13
14   result = a - b;                          ----- a와 b를 뺀 결과를 result에 넣는다.
15   printf(" %d - %d = %d \n", a, b, result); ----- 모니터에 a, b, result를 출력한다.
16
17   result = a * b;                          ----- a와 b를 곱한 결과를 result에 넣는다.
18   printf(" %d * %d = %d \n", a, b, result); ----- 모니터에 a, b, result를 출력한다.
19
20   result = a / b;                          ----- a와 b를 나눈 결과를 result에 넣는다.
21   printf(" %d / %d = %d \n", a, b, result); ----- 모니터에 a, b, result를 출력한다.
22 }
```

06 틀린 글자가 없는지 확인한 후 메뉴의 [파일]-[모두 저장]을 선택하여 저장한다.

[기본 2-1]에는 배우지 않은 내용이 많이 나오는데 하나씩 살펴보자. 우선 변수의 개념을 짚고 넘어가는 것이 좋겠다. 변수는 '값을 저장하는 그릇(또는 방)'이라고 생각하면 쉽게 이해될 것이다.

5행과 6행에서는 변수(그릇)가 3개 등장한다.

8행과 9행에서 a 그릇에는 100을 넣고 b 그릇에는 50을 넣는다.

그리고 11행에서는 a 그릇의 값과 b 그릇의 값을 더한 결과를 result 그릇에 넣는다.

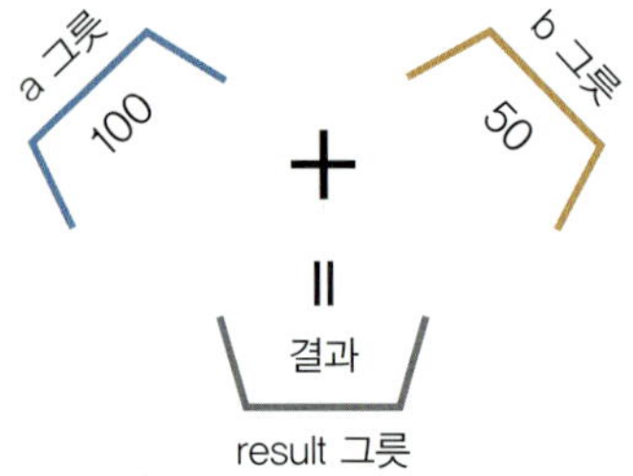

12행의 내용 중 printf( )는 괄호 안의 내용을 모니터에 출력하라는 의미이다. printf( )는 결과를 출력하기 위해 사용하는 함수로서 앞으로 프로그래밍을 하면서 수없이 사용하게 될 것이다. %d는 정수를 출력하는 데 필요하다고 생각하면 된다. 100, 50, 150은 모두 정수이므로 그에 대응하는 %d를 사용한 것이다. 맨 뒤에 있는 \n은 실제로 출력되지 않는 기호로서 다음 줄로 넘기라는 의미이다.

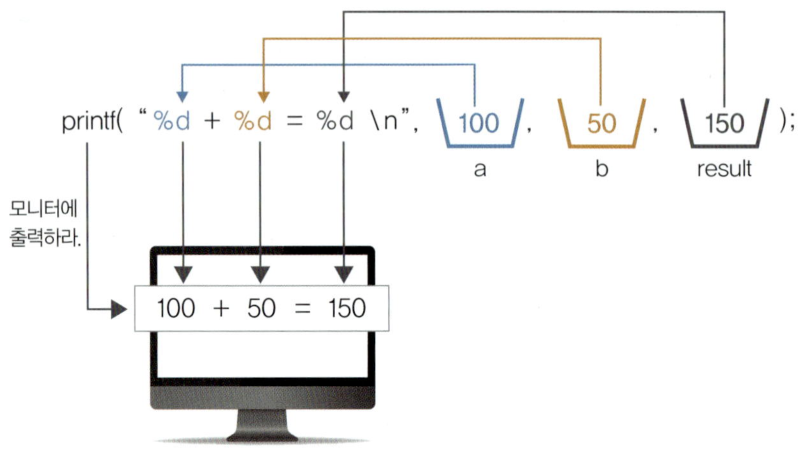

그림 2-5 printf( ) 함수의 의미

이후 14~21행은 연산자만 다를 뿐 11~12행과 같은 방식으로 수행된다.

3 빌드(컴파일/링크)

01 메뉴의 [빌드]-[솔루션 빌드]를 선택하여 프로젝트를 빌드한다.

> **여기서 잠깐**
>
> **변수와 그릇의 차이**
>
> 변수를 그릇에 비유하는 것이 좀 유치할 수 있으나 실제로도 크게 다르지 않다. 그릇과 변수의 차이점은, a 그릇과 b 그릇의 값인 100과 50은 없어지지 않고 그대로 있지만 실제 물이 담긴 그릇이라면 물이 없어진다는 것뿐이다.

02 문제가 없다면 다음 그림과 같이 '빌드: 성공 1, 실패 0, 최신 0, 생략 0'이 출력된다.

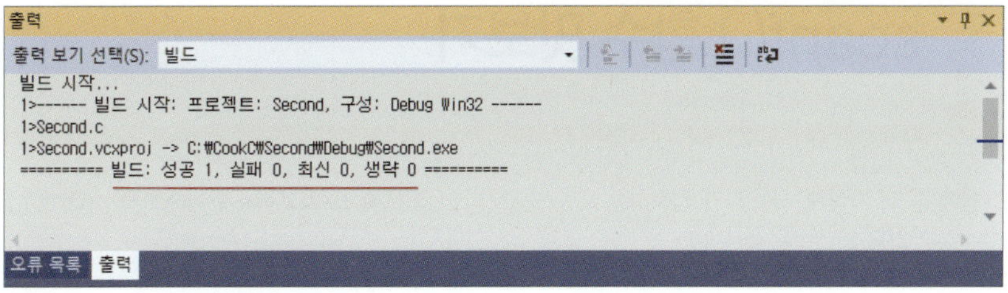

그림 2-6 프로젝트의 빌드 성공

03 만약 실패가 나오면 소스에 틀린 부분이 있다는 뜻이므로 소스에서 틀린 부분을 찾아 수정한 후 다시 빌드해야 한다.

4 실행

01 Ctrl + F5를 눌러서 실행한다. 실행 결과에서 더하기, 빼기, 곱하기, 나누기의 결과를 확인할 수 있다.

실행 결과▼

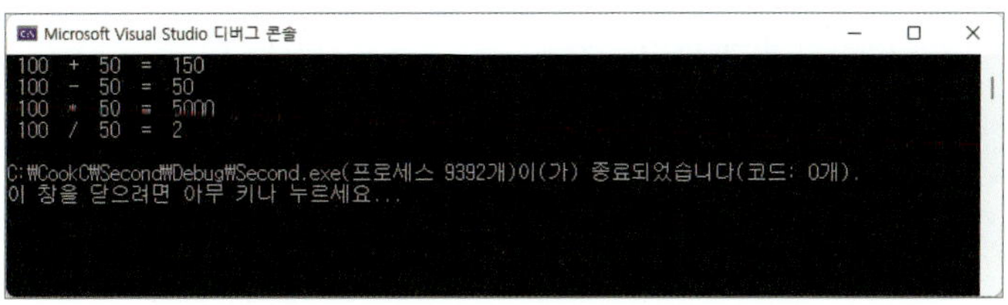

02 결과를 확인한 후 아무 키나 누르면 결과 창이 닫힌다.

SELF STUDY

[기본 2-1]을 수정하여 1234와 456의 더하기, 빼기, 곱하기, 나누기 결과를 확인해보자.

힌트_ 변수 a와 b에 대입하는 값을 변경하면 된다.

Q / U / I / Z

❶ 화면에 무엇인가를 출력할 때 사용하는 함수는 □□□□□□( )이다.

❷ a 그릇의 물을 b 그릇에 따르면 a 그릇의 물이 없어지듯이 변수 a의 값을 변수 b에 넣으면 변수 a의 값이 없어진다. (○ ×)

SECTION 02

scanf( ) 함수 맛보기

실무 프로그램에 좀 더 가깝게, 사용자가 입력하는 모든 숫자가 계산되도록 프로그램을 수정해보자. scanf( ) 함수를 사용하면 키보드로 값을 입력받을 수 있다.

앞에서 작성한 프로그램은 아무 이상 없이 실행되었지만 프로그램이라고 하기에는 뭔가 부족한 느낌이다. 이번에는 100과 50으로만 계산하는 것이 아니라 사용자가 입력한 두 수의 덧셈, 뺄셈, 곱셈, 나눗셈을 수행하도록 프로그램을 수정해보자.

우선 고려해야 할 것은 [기본 2-1] 8행과 9행의 변수 a와 b의 값이다. 지금처럼 직접 소스에서 값을 변경하면 값이 바뀔 때마다 컴파일과 링크를 다시 진행해야 한다. 만약 이 프로그램을 판매한다고 해보자. 완성된 실행 파일(Second.exe)이 100과 50에 대한 계산 결과이므로, 구매자가 200과 100의 계산 결과로 변경을 요청한다면 프로그램을 수정하고 빌드한 후 새로 생성된 실행 파일(Second.exe)을 다시 주어야 할 것이다.

즉 새로운 값으로 계산할 때마다 이 과정을 반복해야 한다. 따라서 소스를 수정하는 방법 대신 다른 방법이 필요하다.

1 값을 입력받는 scanf( ) 함수

변수의 내용을 매번 미리 입력해두는 [기본 2-1]과 달리 실행할 때마다 키보드로 값을 입력하는 방법은 어떨까? 즉 다음과 같이 하면 덧셈, 뺄셈, 곱셈, 나눗셈을 자유자재로 수행할 수 있다.

여기서 잠깐

scanf( )와 scanf_s( ) 함수

C에서는 전통적으로 값을 입력받기 위해 scanf( ) 함수를 사용해왔다. 하지만 마이크로소프트에서는 scanf( ) 함수 대신 scanf_s( ) 함수의 사용을 적극 권장한다. scanf( )와 scanf_s( ) 함수의 용도는 동일하지만 scanf( ) 함수가 사용되는 소스의 1행에는 #define _CRT_SECURE_NO_WARNINGS라는 코드를 추가해야 한다.

scanf_s( ) 함수의 단점은 Visual C++에서만 사용할 수 있으며 다른 C 컴파일러는 인식하지 못한다는 것이다. 이 책에서는 모든 C 컴파일러에서 작동하도록 scanf( ) 함수를 사용하겠다.

참고로 scanf_s( )와 같이 기존의 함수 이름에 '_s'가 붙은 새로운 함수는 보안이 한층 강화된 개선된 함수라고 생각하면 된다.

a에 100을 넣는다. ⇨ a에 입력할 값을 키보드로 입력받는다.
b에 50을 넣는다. ⇨ b에 입력할 값을 키보드로 입력받는다.

실행 결과 ▼

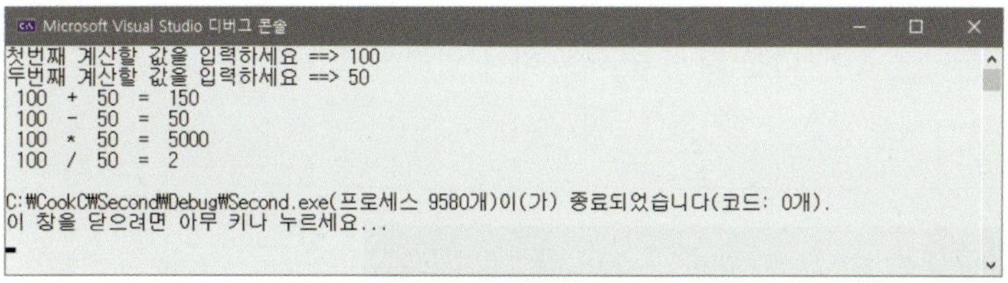

그림 2-7 사용자가 직접 값을 입력하는 프로그램

01 값을 입력받는 scanf( ) 함수를 사용해보자. [기본 2-1]의 8행과 9행을 다음과 같이 수정한다.

응용 2-2 소스 수정하기(키보드로 값을 입력받음) 2-2.c

```
01 #define _CRT_SECURE_NO_WARNINGS
02 #include <stdio.h>
03 void main( )
04 {
05   int a, b;
06   int result;
07
08   scanf("%d", &a);     ----- 키보드로 a에 들어갈 값을 입력받는다.
09   scanf("%d", &b);     ----- 키보드로 b에 들어갈 값을 입력받는다.
10
11   result = a + b;
12   ___1___(" %d + %d = %d \n", a, b, result);
13
14   ~~ 이하는 [기본 2-1]의 14~21행과 동일함 ~~
 ⋮
22 }
```

정답_ 1 printf

TIP/ 아직 scanf( ) 함수의 정확한 사용법을 몰라도 괜찮다. 키보드로 변수에 값을 입력하는 함수 정도로만 알고 있으면 된다. 그러나 변수 앞에 &를 붙여야 한다는 것은 꼭 기억하자.

02 Ctrl + F5를 눌러서 빌드와 실행을 동시에 진행한다. 그런데 실행 결과에서 커서만 깜박거리는 모습을 볼 수 있을 것이다.

실행 결과 ▼

03 숫자를 하나 입력하고 Enter를 누른 다음 다시 숫자를 하나 입력하고 Enter를 눌러본다.

실행 결과 ▼

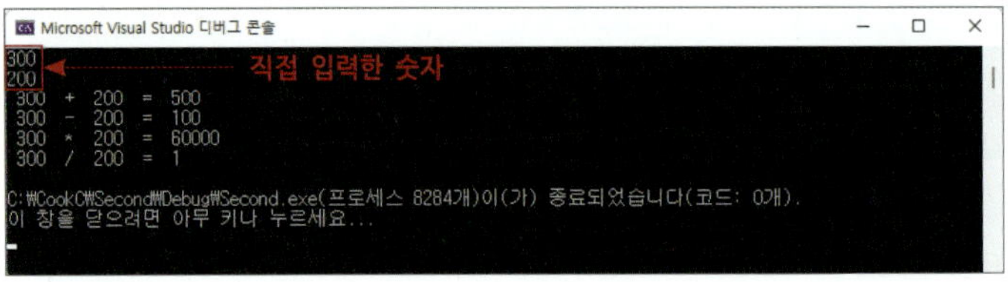

결과를 보니 처음에 입력한 300은 변수 a에 들어가는 값이고 그다음에 입력한 200은 변수 b에 들어가는 값으로 처리된 것을 확인할 수 있다. 즉, scanf("%d", &a); 코드를 만나면 커서가 깜박거리면서 변수 a에 들어갈 값이 입력되기를 기다리는 것이다.

일단 프로그램은 문제없이 돌아가지만 이 프로그램을 처음 사용하는 사람은 아무 설명 없이 하얀 화면만 나오니 무엇을 해야 할지 모를 것이다.

04 프로그램을 좀 더 편하게 사용하기 위해 다음과 같이 수정해보자.

응용 2-3 소스 수정하기(도움말 출력) 2-3.c

```
#define _CRT_SECURE_NO_WARNINGS
#include <stdio.h>
void main( )
{
  int a, b;
  int result;

  printf("첫 번째 계산할 값을 입력하세요 ==> ");   ----- 도움말을 화면에 출력한다.
  __1__("%d", &a);

  printf("두 번째 계산할 값을 입력하세요 ==> ");   ----- 도움말을 화면에 출력한다.
  __2__("%d", &b);

  result = a + b ;
  __3__(" %d  +  %d  =  %d \n",a ,b ,result);
```

```

~~~ 이하는 [기본 2-1]의 14~21행과 동일함 ~~~
⋮
}
```

정답_ 1 scanf 2 scanf 3 printf

05 다시 Ctrl+F5를 눌러서 빌드와 실행을 동시에 진행한다. 이제는 도움말에 따라 어떤 값이든 입력하기만 하면 즉시 결과값이 나올 것이다.

실행 결과 ▼

```
Microsoft Visual Studio 디버그 콘솔
첫번째 계산할 값을 입력하세요 ==> 300
두번째 계산할 값을 입력하세요 ==> 200
 300 + 200 = 500
 300 - 200 = 100
 300 * 200 = 60000
 300 / 200 = 1

C:\CookC\Second\Debug\Second.exe(프로세스 9408개)이(가) 종료되었습니다(코드: 0개).
이 창을 닫으려면 아무 키나 누르세요...
```

조금 그럴듯한 프로그램을 작성해보았다. 아직은 소스의 내용을 완전히 이해하지 못할 것이다. 하지만 지금까지 설명한 내용을 잘 기억해두면 학습에 많은 도움이 될 것이다.

[응용 2-3]까지 완성했다면 이제 실전에 가까운 프로그램을 작성할 준비를 마친 것이다. 다음 장부터는 본격적으로 C 문법을 익혀보자.

SELF STUDY

값을 3개 입력받아 덧셈과 곱셈을 수행하도록 [응용 2-3]을 수정해보자.

힌트_ 변수 a, b와 동일하게 새로운 변수 c를 사용한다.

Q / U / I / Z 키보드로 값을 입력받는 함수는 □□□□□( )이다. 이 함수의 괄호 안에 변수를 쓸 때는 꼭 그 앞에 □기호를 붙여야 한다.

여기서 잠깐

한번에 하는 저장, 빌드, 실행

Ctrl+F5는 변경된 코드의 저장, 빌드, 실행을 동시 진행하는 단축키이다. 그러므로 소스를 수정한 후 Ctrl+F5만 누르면 세 가지 기능이 한번에 적용된다. 이후로 Ctrl+F5를 누르라고 언급하지 않더라도 프로그램을 작성하거나 수정한 후에는 Ctrl+F5를 꼭 누르자.

예제모음 01

숫자 4개를 더하는 프로그램

exam01.c ★☆☆

예제 설명 숫자 4개를 입력받아 그 합을 구하는 프로그램이다.

실행 결과

```
첫 번째 계산할 값을 입력하세요 ==> 100
두 번째 계산할 값을 입력하세요 ==> 200
세 번째 계산할 값을 입력하세요 ==> 300
네 번째 계산할 값을 입력하세요 ==> 400
 100 + 200 + 300  + 400  =  1000
```

```
#define  _CRT_SECURE_NO_WARNINGS
#include <stdio.h>
void main( )
{
  int a, b, c, d;
  int result;

  printf("첫 번째 계산할 값을 입력하세요 ==> ");
  scanf("%d", &a);
  printf("두 번째 계산할 값을 입력하세요 ==> ");
  scanf("%d", &b);
  printf("세 번째 계산할 값을 입력하세요 ==> ");
  scanf("%d", &c);
  printf("네 번째 계산할 값을 입력하세요 ==> ");
  scanf("%d", &d);

  result = a + b + c + d;

  printf(" %d + %d + %d  + %d  =  %d \n", a, b, c, d, result);
}
```

- int a, b, c, d; — 입력받을 변수 4개를 선언한다.
- scanf("%d", &a); — 변수 a에 들어갈 값을 키보드로 직접 입력한다.
- scanf("%d", &b); — 변수 b에 들어갈 값을 키보드로 직접 입력한다.
- scanf("%d", &c); — 변수 c에 들어갈 값을 키보드로 직접 입력한다.
- scanf("%d", &d); — 변수 d에 들어갈 값을 키보드로 직접 입력한다.
- result = a + b + c + d; — 변수 a, b, c, d의 값을 모두 더해 변수 result에 입력한다.
- printf(...); — 변수 a, b, c, d와 result 값을 모니터에 출력한다.

예제모음 02

if문을 활용한 계산기

exam02.c ★★☆

예제 설명 if문으로 덧셈, 뺄셈, 곱셈, 나눗셈 중 하나를 선택하여 계산하는 프로그램이다. 5장에서 배울 if문이 미리 나와서 좀 어렵게 느껴지겠지만 직접 코딩하고 실행해보자.

실행 결과

```
첫 번째 계산할 값을 입력하세요 ==> 1000
<1>덧셈 <2>뺄셈 <3>곱셈 <4>나눗셈 ==> 2
두 번째 계산할 값을 입력하세요 ==> 122
 1000 - 122 = 878
```

```c
#define _CRT_SECURE_NO_WARNINGS
#include <stdio.h>
void main( )
{
  int a, b;
  int result;
  int k;

  printf("첫 번째 계산할 값을 입력하세요 ==> ");
  scanf("%d", &a);
  printf("<1>덧셈 <2>뺄셈 <3>곱셈 <4>나눗셈 ==> ");
  scanf("%d", &k);
  printf("두 번째 계산할 값을 입력하세요 ==> ");
  scanf("%d", &b);

  if(k == 1) {
   result = a + b;
   printf(" %d + %d = %d \n", a, b, result);
  }

  if(k == 2) {
   result = a - b;
   printf(" %d - %d = %d \n", a, b, result);
  }

```

- int k; — 계산 방식을 선택할 변수를 선언한다.
- scanf("%d", &a); — 계산할 수를 입력한다.
- scanf("%d", &k); — 연산자를 선택한다(1: 덧셈, 2: 뺄셈, 3: 곱셈, 4: 나눗셈).
- scanf("%d", &b); — 계산할 수를 입력한다.
- if(k == 1) { … } — 입력한 k가 1이면 덧셈을 수행한다.
- if(k == 2) { … } — 입력한 k가 2이면 뺄셈을 수행한다.

```
  if(k == 3) {
    result = a * b;
    printf(" %d * %d = %d \n", a, b, result);
  }

  if(k == 4) {
    result = a / b;
    printf(" %d / %d = %d \n", a, b, result);
  }
}
```

입력한 k가 3이면 곱셈을 수행한다.

입력한 k가 4이면 나눗셈을 수행한다.

IT 분야의 슈퍼스타 01

에이다 러브레이스(Ada Lovelace)

에이다 러브레이스는 컴퓨터 과학에 초석을 세운 인류 최초의 프로그래머이다. 그녀는 기계공학자 찰스 배비지와 차분기관이라 불리는 기계식 계산기를 연구하면서 큰 업적을 만들었다. 에이다는 설계도만 보고도 기계가 어떻게 작동하는지 추론했고 이를 바탕으로 명령문을 개발했다. 오늘날 프로그래밍 언어의 필수 개념인 반복문, 조건문, 서브 루틴 등도 그녀가 최초로 고안한 개념이다.

예제모음 03

오류 없는 계산기

exam03.c ★★★

예제 설명 [예제모음 02]는 0으로 나누면 오류가 발생하므로, 오류 없는 계산기 프로그램을 작성해보자. 연산자는 기호(+, −, *, /)를 사용해서 직접 입력하고 나머지값 연산자인 %를 추가한다.

실행 결과

```
첫 번째 계산할 값 ==> 100
+ - * / ==> /
두 번째 계산할 값 ==> 0
 0으로 나누면 안됩니다.
```

```c
#define  _CRT_SECURE_NO_WARNINGS
#include <stdio.h>
void main( )
{
  int a, b;
  int result;
  char k;

  printf("첫 번째 계산할 값 ==> ");
  scanf("%d", &a);
  printf("+ - * / % ==> ");
  scanf(" %c", &k);
  printf("두 번째 계산할 값 ==> ");
  scanf("%d", &b);

  if(k == '+') {
    result = a + b;
    printf(" %d  +  %d  =  %d \n", a, b, result);
  }

  if(k == '-') {
    result = a - b;
    printf(" %d  -  %d  =  %d \n", a, b, result);
  }

```

07행: 연산자를 입력받을 변수를 문자형으로 선언한다.

12행: %c의 앞에 공백이 있어야 한다.

```
    if(k == '*') {
      result = a * b;
      printf(" %d  *  %d  =  %d \n", a, b, result);
    }

    if(k == '/') {
      if(b != 0) {
        result = a / b;
        printf(" %d  /  %d  =  %d \n", a, b, result);
      } else
        printf(" 0으로 나누면 안됩니다. \n");
    }

    if(k == '%') {
      if(b != 0) {
        result = a % b;
        printf(" %d  %%  %d  =  %d \n", a, b, result);
      } else
        printf(" 0으로 나누면 나머지값이 안됩니다. \n");
    }
}
```

0으로 나누거나 나머지값을 구하면 처리하지 않고 오류 메시지를 보여준다.

0으로 나누거나 나머지값을 구하면 처리하지 않고 오류 메시지를 보여준다.

IT@COOKBOOK

요약

1 C 프로그램 작성 순서

프로젝트 만들기 → 프로그램 코딩 → 빌드(컴파일/링크) → 실행

2 변수의 개념

변수는 값을 저장하는 그릇과 비슷한 개념이다. 변수에 한번 들어간 값은 다른 값이 들어오기 전까지 그대로 유지된다.

3 scanf( ) 함수

키보드로 값을 입력할 때 사용하는 함수로, 변수에 값을 입력받으려면 반드시 변수 앞에 & 기호를 붙여야 한다.

연습문제

1 다음 보기에 제시된 단어를 프로그램 작성 순서에 맞게 나열하세요.

> 실행, 프로그램 코딩, 빌드, 프로젝트 생성

2 다음 코드의 실행 결과로 알맞은 res의 값을 쓰세요.

```
int n1=10, n2=5;
int res;
res = n1 * n2;
```

3 다음 코드의 실행 결과로 알맞은 값을 고르세요.

```
printf(" %d - %d = %d ", 10, 20, 10+20);
```

❶ 10–20 = 30

❷ 10–20 = –10

❸ 10–20 = 10+20

❹ 10–20 = 10

4 정수형 변수 num에 들어갈 값을 키보드로 입력 받기 위한 코드로 알맞은 것을 고르세요.

❶ scan("%d", num)

❷ scan("%d", &num)

❸ scanf("%d", num)

❹ scanf("%d", &num)

5 다음과 같은 실행 결과가 나올 수 있도록 코드의 빈칸을 채우세요.

실행 결과

```
첫 번째 값 ==> 9
두 번째 값 ==> 3
 9 + 3 = 12
 9 - 3 = 6
 9 * 3 = 27
 9 / 3 = 3
```

```
void main()
{
    int num1, num2;

    printf("첫 번째 값 ==> ");
    scanf("%d", &num1);
    printf("두 번째 값 ==> ");
    scanf("%d", &num2);

    printf(" %d  +  %d  =  %d \n", num1, num2, ___1___);
    printf(" %d  -  %d  =  %d \n", num1, num2, ___2___);
    printf(" %d  *  %d  =  %d \n", num1, num2, ___3___);
    printf(" %d  /  %d  =  %d \n", num1, num2, ___4___);
}
```

6 더하기 또는 곱하기를 선택한 후 정수 3개를 입력해서 결과를 출력하는 코드를 작성하세요.

실행 결과 예 1

```
연산 선택 ( + 또는 * ) ==> +
첫 번째 값 ==> 2
두 번째 값 ==> 3
세 번째 값 ==> 4
 2 + 3 + 4 = 9
```

실행 결과 예 2

```
연산 선택 ( + 또는 * ) ==> *
첫 번째 값 ==> 2
두 번째 값 ==> 3
세 번째 값 ==> 4
 2 * 3 * 4 = 24
```

연습문제

7 두 수의 나눗셈을 실행하는 코드를 작성하세요. 실행 조건은 0으로 나누면 입력을 다시 한 번 받도록 하고, 0을 연속해서 나누면 메시지와 함께 프로그램이 종료되도록 구성합니다.

실행 결과 예 1

```
## 두 수를 나누기 ##
첫 번째 값 ==> 10
두 번째 값 ==> 5
 10 / 5 = 2
```

실행 결과 예 2

```
## 두 수를 나누기 ##
첫 번째 값 ==> 10
두 번째 값 ==> 0
다시 입력하세요. 두 번째 값 ==> 5
 10 / 5 = 2
```

실행 결과 예 3

```
## 두 수를 나누기 ##
첫 번째 값 ==> 10
두 번째 값 ==> 0
다시 입력하세요. 두 번째 값 ==> 0
또 다시 입력하세요. 두 번째 값 ==> 0
0을 세 번 입력했습니다. 종료합니다.
```

03

CHAPTER

printf( ) 함수와 데이터 형식

학습목표

- printf( ) 함수를 알아본다.
- 어떤 값을 저장하기 위한 메모리 공간인 변수를 학습한다.
- 데이터 형식을 이해한다.

SECTION 01 printf( ) 함수의 기본 형태

printf( ) 함수는 모니터에 무언가를 보여주는 역할을 한다.

printf( ) 함수는 우리가 작성한 프로그램이 어떻게 돌아가는지 확인할 수 있게 해주는 함수로서, 앞으로 작성하는 프로그램에는 printf( ) 함수가 빠지지 않고 나올 것이다. 2장에서 잠깐 다루었지만 여기서는 printf( ) 함수의 기본적인 사용법을 다시 살펴보고 좀 더 보기 좋게 출력하기 위해 서식을 지정하는 방법도 익힌다.

1 printf( ) 함수의 기본 사용법(정수)

가장 기본적인 printf( ) 구문부터 살펴보자. 다음 구문은 모니터에 큰따옴표(" ") 안의 내용을 출력하라는 의미이다. 실행 결과는 다음과 같다.

```
printf("안녕하세요?");
```

실행 결과 ▶

```
안녕하세요?
```

이어서 다음 두 행의 실행 결과를 예상해보자.

```
printf("100");
printf("%d", 100);
```

실행 결과 ▶

```
100
100
```

위 구문의 실행 결과 100이 두 번 출력되었지만 둘은 완전히 다른 결과이다. 첫 번째 printf("100")의 결과로 나온 100은 '숫자 100(백)'이 아닌 '글자 100(일영영)'이다. 즉 printf( )에서 큰따옴표 안에 있는 값은 글자든 숫자 형태의 글자든 무조건 '글자'로 취급된다.

두 번째 printf("%d", 100)의 결과로 나온 100은 '숫자 100(백)'을 의미한다. 서식(%d)이 지정된 숫자는 숫자의 의미를 그대로 지니기 때문이다. 서식은 잠시 후에 살펴보고 다음 예제를 코딩한 후 그 결과를 예상해보자.

기본 3-1 printf( ) 함수 사용 예 1 3-1.c

```
01 #include <stdio.h>
02
03 void main( )
04 {
05    printf("100+100");        ----- 모두 글자로 취급한다.
06    printf("\n");
07    printf("%d", 100+100);    ----- 숫자를 계산해서 결과를 출력한다.
08    printf("\n");
09 }
```

실행 결과

```
100+100
200
```

예상한 결과인가? 5행은 글자 그대로 '100+100'을 출력하고, 7행은 숫자 100과 숫자 100을 더한 결과인 숫자 '200'을 출력한다.

여기서 printf( ) 함수의 서식을 정확히 이해하고 넘어가자. 우선 서식 앞에는 % 기호가 붙는다. [기본 3-1]에서 7행의 %d는 정수(decimal)를 의미한다. 코딩을 할 때는 서식의 개수와 큰따옴표 뒤에 나오는 숫자(또는 문자)의 개수가 같아야 한다.

이해한 내용을 바탕으로 다음 예제에서 잘못된 부분을 찾아보자.

기본 3-2 printf( ) 함수 사용 예 2 3-2.c

```
#include <stdio.h>

void main( )
{
   printf("%d", 100, 200);      ----- %d는 1개, 숫자는 2개이다.
   printf("\n");
   printf("%d  %d", 100);       ----- %d는 2개, 숫자는 1개이다.
   printf("\n");
}
```

실행 결과

```
100
100  3805219
```

5행에는 %d가 하나밖에 없는데 숫자가 2개(100, 200)이고, 7행에는 %d가 2개인데 숫자는 하나(100)밖에 없다. 숫자 2개를 출력하려면 %d 2개를 넣은 뒤 숫자 2개가 나와야 한다. 따라서 5행은 다음과 같이 고쳐야 한다.

```
printf("%d  %d", 100, 200);
```

그림 3-1 서식과 숫자의 대응

7행에서는 두 번째 %d에 대응할 숫자가 없어서 쓰레기 값이 출력되었으므로 %d를 하나 삭제해야 한다.

TIP/ 컴파일러에 따라서 쓰레기 값 대신에 정수형의 기본인 0이 나올 수도 있다.

SELF STUDY

100과 200을 더한 결과가 나오도록 %d를 3개 사용해서 printf( )문을 만들어보자. 또한 나눗셈의 결과도 나오게 해보자. 즉 다음과 같이 출력되게 해야 한다.

결과_ 100 + 200 = 300, 100 / 200 = 0.5

2 정수 외에 자주 사용되는 서식

이제 정수의 출력은 어느 정도 감을 잡았을 것이다. 하지만 세상에는 정수만 있는 것이 아니다. 다음 예제를 보고 출력 결과를 예상해보자.

기본 3-3 서식을 사용한 출력 예 1 3-3.c

```c
#include <stdio.h>

void main( )
{
    printf("%d / %d = %d", 100, 200, 0.5);   ----- %d가 3개, 숫자도 3개이다.
    printf("\n");
}
```

실행 결과

```
100 / 200 = 0
```

100 / 200 = 0.5를 기대했는데 계산 결과는 0.5가 아니라 0이다. 왜 그럴까? 결론부터 말하면 0.5는 실수(소수점이 있는 수)인데 출력을 보여주는 방식이 정수(소수점이 없는 수)이기 때문이다. 즉 결과를 출력하는 서식에 정수형(%d)을 사용했다는 의미이다.

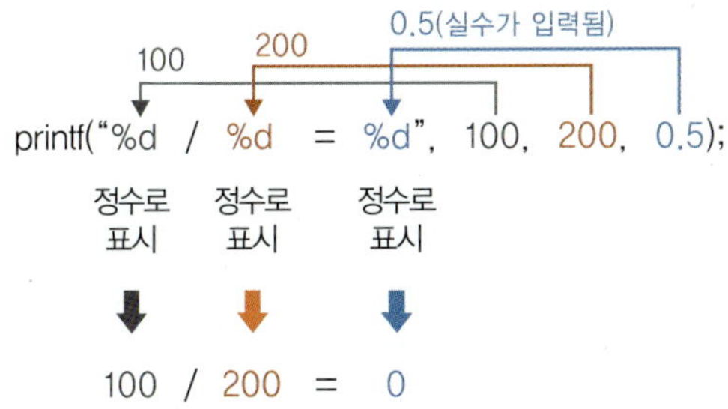

그림 3-2 서식과 숫자의 불일치

[그림 3-2]와 같이, 정수 100과 200은 그대로 출력되고 마지막 0.5에 대응되는 서식이 정수를 표현하는 %d이므로 0.5에서 소수 부분이 떨어져서 0만 출력되었다. 이처럼 서식에 따라 결과값이 달라지는데 printf( ) 함수에서 사용할 수 있는 대표적인 서식의 종류는 다음과 같다.

표 3-1 printf( ) 함수의 대표적인 서식

서식	서식값의 예	설명
%d, %x, %o	10, 100, 1234	정수(10진수), 정수(16진수), 정수(8진수)
%f 또는 %lf	0.5, 1.0, 3.14	실수(소수점이 있는 수)
%c	'a', 'b', 'F'	문자(한 글자이며 ' '로 둘러싸야 한다)
%s	"안녕", "abcdefg", "a"	문자열(한 글자 이상이며 " "로 둘러싸야 한다)

이때 문자와 문자열은 구분할 필요가 있다. 문자는 꼭 작은따옴표(' ') 안에 한 글자만 들어 있어야 하고 문자열은 큰따옴표(" ") 안에 한 글자 이상이 들어 있어야 한다.

TIP/ 문자열에 대해서는 할 얘기가 많으니 나중에 자세히 설명하겠다.

그렇다면 우리가 원하는 결과가 나오도록 [기본 3-3]의 어디를 고쳐야 할지 감을 잡았을 것이다.

SELF STUDY

[기본 3-3]이 제대로 출력되도록 수정한 후에 빌드하고 실행해보자.

이제는 다양한 서식을 응용하여 출력할 수 있다. [응용 3-4]를 보자.

응용 3-4 서식을 사용한 출력 예 2 3-4.c

```
01 #include <stdio.h>
02
03 void main( )
04 {
05   printf("%d / ___❶___ = ___❷___ \n", 100, 200, 0.5);   ---- 정수 2개와 실수 1개를 출력한다.
06   printf(" ___❸___ %c  \n", 'a', 'K');                ---- 문자 2개를 출력한다.
07   printf("%s %s  \n", "안녕", "c 언어");               ---- 문자열 2개를 출력한다.
08 }
```

정답_ ❶ %d ❷ %f ❸ %c

실행 결과

```
100 / 200 = 0.500000
a K
안녕 C 언어
```

5행에서는 0.5를 출력하기 위해 %f를 사용했다. 그렇지만 출력된 결과는 예상했던 0.5가 아닌 0.500000이다. 결과가 나오기는 했으나 조금 만족스럽지 못하다. 같은 값이기는 하지만 한눈에 들어오지 않는데 이 장의 후반부에서 이에 대해 자세히 살펴보겠다.

Q / U / I / Z 정수, 실수, 문자, 문자열을 구분해보자.

3 = [   ], 3.0 = [   ], '3' = [   ], "3" = [   ], "3.0" = [   ]

SECTION

02 printf( ) 함수의 서식 지정

printf( ) 함수는 처리한 결과를 모니터에 출력할 때 다양한 화면 출력 방법을 제공한다.

C에서 처리한 결과를 모니터에 출력하지 않고 끝낸다면 사용자는 이 프로그램이 어떤 일을 했는지 알 수 없을 것이다. 또한 printf( ) 함수로 무언가를 출력할 때 지저분한 모양보다는 사용자가 원하는 서식에 맞춰서 보기 좋게 출력하는 것이 더 바람직한 프로그램일 것이다. 여기서는 자릿수에 맞춰서 결과를 출력하는 방식과 다양한 기능의 서식 문자에 대해 살펴보자.

1 자릿수를 맞춘 출력

숫자를 출력할 때는 서식을 지정해서 출력할 수 있다. 다음 예제에서 서식의 한 종류인 자릿수를 맞추는 방법을 확인해보자.

기본 3-5 다양한 서식 활용 예 1 3-5.c

```
#include <stdio.h>

void main( )
{
   printf("%d\n", 123);
   printf("%5d\n", 123);
   printf("%05d\n", 123);

   printf("%f\n", 123.45);
   printf("%7.1f\n", 123.45);
   printf("%7.3f\n", 123.45);

   printf("%s\n", "Basic-C");
   printf("%10s\n", "Basic-C");
}
```

정수형 서식을 활용한다.

실수형 서식을 활용한다.

문자열형 서식을 활용한다.

TIP/ %d, %n, %s 등의 서식 문자를 유의하며 코드를 살펴보자.

실행 결과

```
123
  123
00123
123.450000
  123.5
123.450
Basic-C
   Basic-C
```

예제와 실행 결과를 보면 숫자에 서식을 지정하는 방법이 별로 어렵지 않다고 느껴질 것이다. 정수형 데이터를 출력하기 위한 5~7행의 서식은 [그림 3-3]과 같이 나타낼 수 있다.

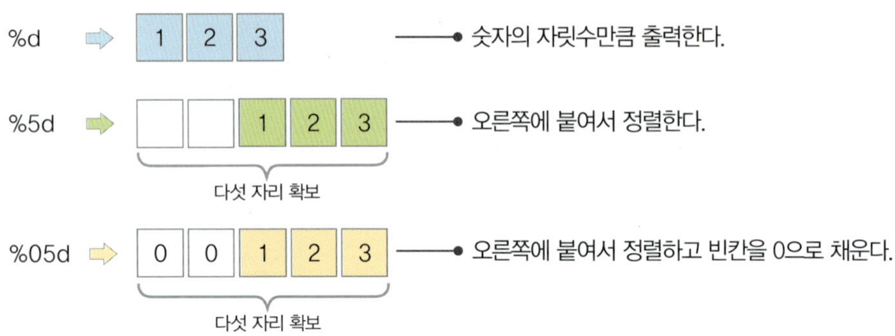

그림 3-3 정수형 데이터 서식 지정

9~11행 실수형 데이터의 서식 지정은 [그림 3-4]와 같다. 두 번째의 %7.1f는 소수점을 포함한 전체 자리인 일곱 자리를 확보한 후에 소수점 아래는 한 자리만 차지한다는 의미이다. 그러므로 소수점 위 정수 부분은 다섯 자리가 된다.

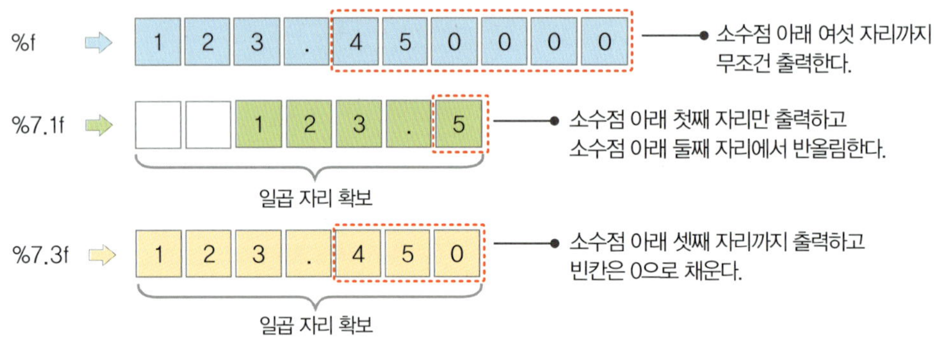

그림 3-4 실수형 데이터 서식 지정

13, 14행 문자열형 데이터의 서식도 오른쪽에 맞춰서 출력된다.

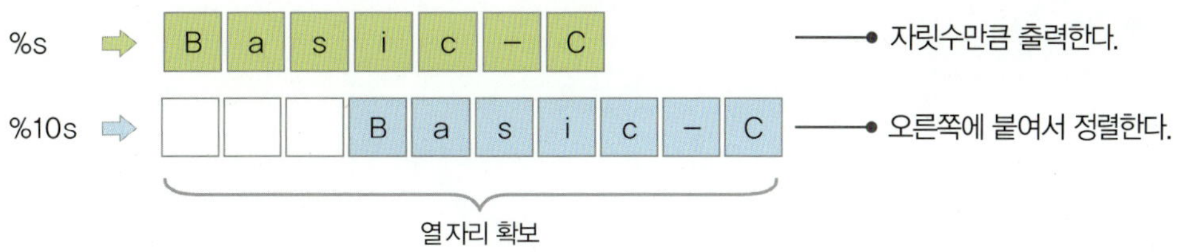

그림 3-5 문자열형 데이터 서식 지정

2 다양한 기능의 서식 문자

앞서 줄 바꿈의 역할을 하는 \n의 기능을 살펴보았다. 그 외에도 가끔 사용되는 서식 문자는 [표 3-2]와 같다. 서식 문자의 특징은 앞에 반드시 '\' 기호가 붙는다는 것인데 이런 문자를 탈출(escape) 문자라고도 한다.

표 3-2 다양한 서식 문자

서식 문자	역할	비고
\n	새로운 줄로 이동한다.	Enter를 누른 효과와 동일하다.
\t	다음 탭으로 이동한다.	Tab을 누른 효과와 동일하다.
\b	뒤로 한 칸 이동한다.	Back Space를 누른 효과와 동일하다.
\r	줄의 맨 앞으로 이동한다.	Home을 누른 효과와 동일하다.
\a	'삑' 소리를 낸다.	–
\\	\를 출력한다.	–
\'	'를 출력한다.	–
\"	"를 출력한다.	–

응용 3-6 다양한 서식 활용 예 2   3-6.c

```
#include <stdio.h>

void main( )
{
   printf("\n줄 바꿈\n연습 \n");
   printf("\t탭키\t연습 \n");
   printf("이것을\r덮어씁니다 \n");
   printf("\a\a\a삑소리 3번 \n");
   printf("글자가 \"강조\"되는 효과 \n");
   printf("\\\\\\ 역슬래시 세 개 출력 \n");
}
```

컴퓨터에 따라서 소리가 한 번만 날 수도 있다.

실행 결과

```
줄바꿈
연습
        탭키    연습
덮어씁니다
삐소리 3번
글자가 "강조"되는 효과
\\\ 역슬래시 세 개 출력
```

5행의 줄 바꿈 문자인 \n은 많이 사용해보았으니 이제 잘 알 것이다. 6행의 \t는 Tab에 지정된 만큼의 간격을 벌린다. 7행에서는 '이것을'이라는 문구를 출력했다가 \r을 만나서 다시 처음 위치로 돌아가 '덮어씁니다'를 출력한다.

그러므로 '이것을'이 지워져서 보이지 않는다. 8행에서는 '삐삐삐' 소리를 내며 9행에서는 강조라는 단어 앞뒤에 " "를 출력한다. 10행은 역슬래시(\) 하나를 출력하려면 \를 두 번 입력해야 한다는 것을 보여준다.

SECTION 03

변수의 이해

- 변수는 어떤 값을 저장하기 위한 메모리 공간이다.

변수는 어떤 값을 저장하기 위한 메모리 공간이다. 좀 어렵게 느껴진다면 그릇이라고 생각해도 괜찮다. 여기서는 변수를 선언하여 사용하는 방법을 좀 더 구체적으로 익히고 변수에 값을 대입할 때 주의해야 할 점도 살펴보자.

1 변수 선언

변수 선언은 그릇을 준비하는 것과 같다. 요리를 하기에 앞서 그릇을 준비하듯이 C 프로그램을 작성하려면 변수 선언을 먼저 수행해야 한다. 국그릇, 밥그릇, 반찬그릇 등 다양한 그릇이 있는 것처럼 변수의 종류도 다양하다.

우선 소수점이 없는 값과 소수점이 있는 값을 담는 변수를 선언해보자.

```
int a;
float b;
```

위의 두 문장으로 다음 그림과 같이 새로운 변수(그릇)를 2개 만든다. 변수(그릇)에 각각 정수와 실수를 담을 수 있다.

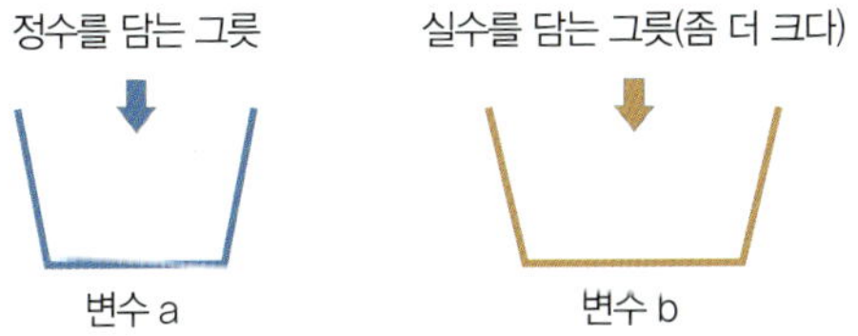

그림 3-6 정수형 변수와 실수형 변수의 개념

그런데 그림을 자세히 보니 변수 a보다 변수 b의 크기가 더 크다. 이는 밥그릇과 국그릇의 크기가 다르듯이 정수형 변수와 실수형 변수의 크기가 다르기 때문이다(데이터 형식의 크기는 뒤에서 살펴보겠다).

변수를 선언하는 방식은 다양하다. 만약 정수형 변수 a와 b를 선언하고 싶다면 다음과 같은 방식을 사용할 수 있다. 즉 변수의 종류가 같을 때는 변수를 개별적으로 선언해도 되고 콤마(,)를 사용하여 연속해서 선언해도 된다.

```
int a;
int b;
```

==

```
int a, b;
```

정수형 변수 a, 실수형 변수 b, 정수형 변수 c, 실수형 변수 d를 선언하는 기본적인 방식은 아래의 ❶과 같다. 그리고 ❷와 같이 두 문장으로 줄일 수 있으며, 변수를 만들 때는 차례를 지킬 필요 없이 필요한 변수를 먼저 선언해도 된다.

하지만 소스 한 줄에는 하나의 데이터 형식만 선언해야 하므로 ❸과 같은 형식으로는 변수를 만들 수 없다.

❶ 가능

```
int a;
float b;
int c;
float d;
```

==

❷ 가능

```
int a, c;
float b, d;
```

≠

❸ 불가능

```
int a, float b;
int c, float d;
```

정수와 실수 외에도 많은 데이터 형식이 있는데 나머지 데이터 형식은 다음 절에서 자세히 살펴보고, 여기서는 변수에 값을 대입하는 방법을 설명하겠다.

Q / U / I / Z 정수형 변수 a, b, c를 한 줄에 선언해보자.
int □; □□□ b; □□□ □;

여기서 잠깐

세미콜론을 사용한 줄 표현

한 줄에 하나의 데이터 형식만 선언할 수 있다고 했으나 엄밀하게 말하면 '한 줄'이 아니라 '한 문장'이라고 해야 옳다. ❷는 올바른 형식이다. 세미콜론(;)으로 구분된 것은 완전히 분리된 문장으로 취급되므로 ❶과 ❷는 같은 의미이다.

❶

```
int a;
float b;
int c;
float d;
```

❷

```
int a;  float b;
int c;  float d;
```

2 변수에 값을 담는 방법

변수(그릇)에 값(음식)을 대입하는 방법을 살펴보자.

기본적인 값의 대입

변수 a에 100을 대입하고 변수 b에 123.45를 대입하는 것을 그림으로 표현하면 다음과 같다.

그림 3-7 정수형 변수와 실수형 변수에 값 대입

100은 정수, 123.45는 실수이므로, 정수형 변수 a와 실수형 변수 b를 선언하고 변수에 값을 넣으려면 다음과 같이 나열하면 된다. 이때 변수를 선언한 후에 값을 대입해도 되고 변수를 선언하는 동시에 값을 대입해도 되는데, 이렇게 선언과 동시에 값을 대입하면 프로그램이 좀 더 간결해 보인다.

```
int a;
float b;
a = 100;
b = 123.45;
```

==

```
int a = 100;
float b = 123.45;
```

만약 변수 a, b가 모두 정수형 변수라면 형식이 동일하므로 한 줄로 해결할 수도 있다. 어떤 방법을 사용해도 결과는 동일하다.

```
int a;
int b;
a = 100;
b = 200;
```

==

```
int a = 100, b = 200;
```

변수에 값을 대입할 때는 지정된 데이터 형식만 대입해야 한다. 그렇지 않으면 다음 예제처럼 실행은 되지만 기대하는 정확한 결과를 얻을 수 없다.

기본 3-7 변수에 값 대입 예 3-7.c

```
#include <stdio.h>

```

```
03 void main( )
04 {
05     int a;                 ---- 정수형 변수 a를 선언한다.
06     float b;               ---- 실수형 변수 b를 선언한다.
07
08     a = 123.45;            ---- 정수형 변수에 실수를 대입한다. → 바람직하지 않다.
09     b = 200;               ---- 실수형 변수에 정수를 대입한다. → 바람직하지 않다.
10
11     printf("a의 값 ==> %d \n", a);
12     printf("b의 값 ==> %f \n", b);
13 }
```

실행 결과

```
a의 값 ==> 123
b의 값 ==> 200.000000
```

실행은 되었지만 8행에서 정수형 변수 a에 실수 123.45를 대입해 결과가 123만 나왔다. 이는 8행에서 [그림 3-8]과 같은 처리가 이루어졌기 때문이다.

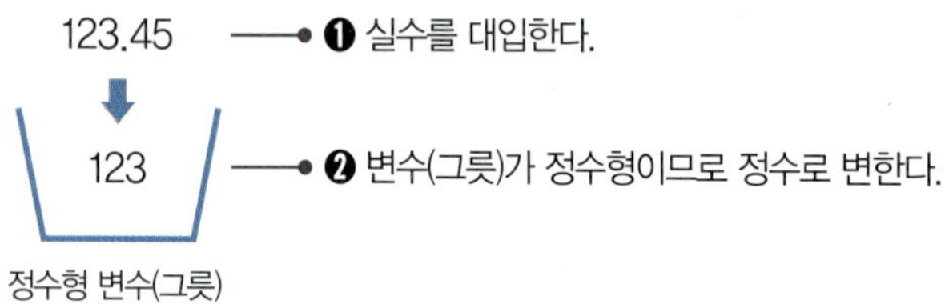

그림 3-8 정수형 변수에 실수 대입 시 처리 방식

실수(123.45)를 대입하더라도 그것을 담는 변수(그릇)가 정수형이므로 소수점 아래가 떨어져 나가고 정수(123)만 저장되어 결국 8행의 변수 a에는 123만 들어가게 된다.

이번에는 9행을 보자. 실수형 변수(그릇)에 정수를 담으면 [그림 3-9]와 같이 처리된다.

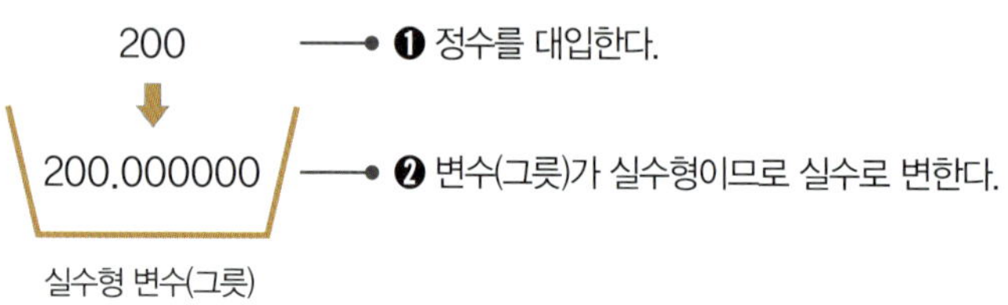

그림 3-9 실수형 변수에 정수 대입 시 처리 방식

대입된 정수(200)가 실수(200.000000)로 변했다. 200이나 200.00이나 정수 또는 실수라는 것만 다를 뿐 값의 크기는 차이가 없으므로 문제가 생기지 않는다.

하지만 변수의 데이터 형식과 실제 값의 종류가 다른 것은 그리 바람직하지 않으므로 정수형 변수에는 정수를 대입하고 실수형 변수에는 실수를 대입해야 한다. 즉 9행은 다음과 같이 고치는 것이 바람직하다.

```
b = 200.0;
```

다양한 값의 대입 방법

이번에는 변수에 값을 대입하는 것이 아니라 변수에 변수를 대입하는 방식에 대해 생각해보자.

응용 3-8 변수에 변수 대입 예 1 3-8.c

```
01 #include <stdio.h>
02
03 void main( )
04 {
05     int a, b;          ---- 정수형 변수 2개를 선언한다.
06     float c, d;        ---- 실수형 변수 2개를 선언한다.
07
08     a = 100;           ---- a에 정수 100을 대입한다.
09     ___1___            ---- b에 a 값을 대입한다.
10
11     c = 111.1f;        ---- c에 실수 111.1을 대입한다.
12     ___2___            ---- d에 c 값을 대입한다.
13
14     printf("a, b의 값 ==> %d , %d \n", a, b);
15     printf("c, d의 값 ==> %5.1f , %5.1f \n", c, d);
16 }
```

정답_ 1 b = a; 2 d = c;

TIP/ 실수를 선언하는 방식에는 float와 double이 있는데 11행에서 숫자 뒤에 f를 붙이지 않으면 컴퓨터는 float가 아닌 double 형으로 인식해서 컴파일할 때 약한 경고가 나온다. 큰 문제는 아니지만 float 형은 되도록 숫자 뒤에 f를 붙이는 것이 좋다. 이에 대해서는 잠시 후에 설명하겠다.

실행 결과

```
a, b의 값 ==> 100 , 100
c, d의 값 ==> 111.1 , 111.1
```

8행에서 정수형 변수 a에 100을 대입했다. 그런데 9행에서는 정수형 변수 b에 값 대신 a를 대입했다. 이때 9행은 [그림 3-10]과 같이 처리된다.

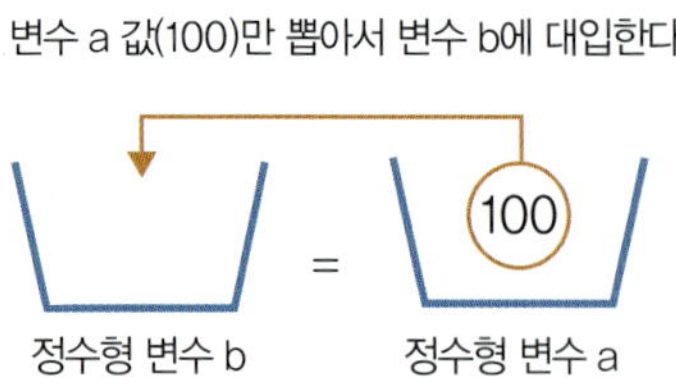

그림 3-10 변수에 변수 대입 시 처리 방식

오른쪽에 있는 변수 a의 값인 100이 변수 b에 들어간다. 결국 변수 a와 b는 같은 값인 100을 가지게 되므로 14행에서 같은 값을 출력한다. 15행의 실수도 동일한 결과를 출력한다. 이외에도 변수에 값을 대입하는 방법은 여러 가지이다.

응용 3-9 변수에 변수 대입 예 2 3-9.c

```
01 #include <stdio.h>
02
03 void main( )
04 {
05    int  a, b, c, d;
06
07    a = 100 + 100;          ----- a에 두 수의 계산 결과를 대입한다.
08    b = a + 100;            ----- b에 변수와 수의 계산 결과를 대입한다.
09    c = a + b - 100;        ----- c에 변수와 수의 계산 결과를 대입한다.
10    __❶__                   ----- d에 a, b, c의 덧셈 결과를 대입한다.
11    printf("a, b, c, d 의 값 ==> %d, %d, %d, %d \n", a, b, c, d);
12
13    __❷__                   ----- a, b, c, d에 모두 100을 대입한다(한 문장으로 처리한다).
14    printf("a, b, c, d 의 값 ==> %d, %d, %d, %d \n", a, b, c, d);
15
16    a = 100;
17    a = a + 200;            ----- a에 자신의 a 값과 200을 더한 값을 다시 대입한다.
18    printf("a 의 값 ==> %d \n", a);
19 }
```

정답 ❶ d = a + b + c; ❷ a = b = c = d = 100;

SELF STUDY

[응용 3-9]의 9행과 10행이 어떻게 처리되는지 그림으로 그려보자.

실행 결과

```
a, b , c , d 의 값 ==> 200 , 300 , 400 , 900
a, b , c , d 의 값 ==> 100 , 100 , 100 , 100
a 의 값 ==> 300
```

7~10행은 변수에 값을 대입하는 다양한 방법을 보여준다. 7행에서는 연산 결과를 변수에 대입했다.

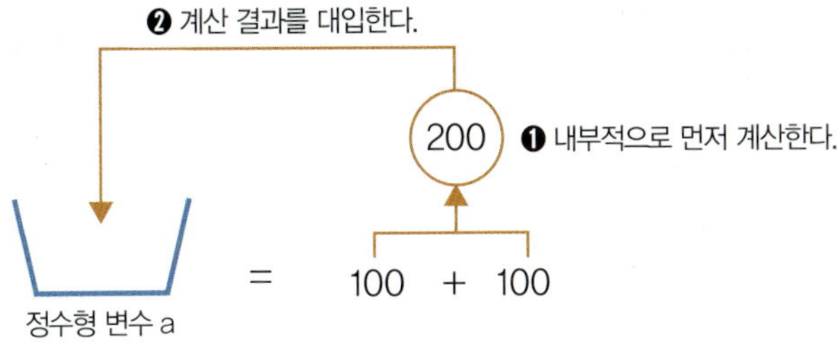

그림 3-11 **숫자끼리의 계산 결과를 대입하는 방식**

8행에서는 변수 a의 값과 100의 연산 결과를 변수 b에 대입했다.

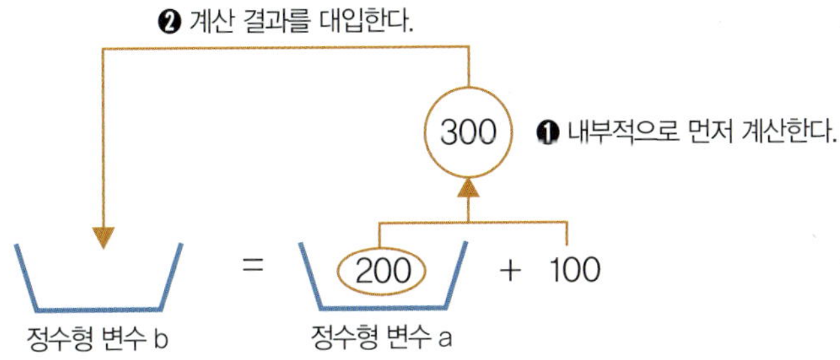

그림 3-12 **변수와 숫자의 계산 결과를 대입하는 방식**

9행과 10행도 비슷한 과정을 거치지만 13행은 좀 생소하게 보일 것이다. =는 맨 뒤부터 처리되는데 결국 13행은 다음과 같이 풀어 쓸 수 있다.

```
a = b = c = d = 100;
```

==

```
d = 100;
c = d;
b = c;
a = b;
```

즉 d에 100을 넣고 d의 값(100)을 c에, c의 값(100)을 b에, b의 값(100)을 a에 대입한다는 의미이다. 한 가지 유의할 점은 바로 전 단계(7~10행)의 a, b, c, d에 각각 200, 300, 400, 900이라는 값이 들어 있지만 그 값들은 무시하고 새로운 값으로 덮어쓴다는 것이다.

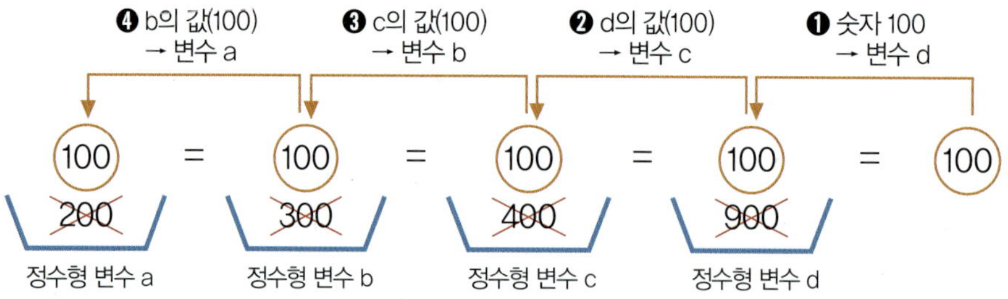

그림 3-13 연속된 값의 대입 방식

[그림 3-13]을 보면 대입 연산자(=)가 오른쪽에서 왼쪽 방향(←)으로 진행됨을 알 수 있다. 그러므로 변수 a, b, c, d에는 모두 100이 대입된다.

17행에서는 [그림 3-14]처럼 자신의 값으로 연산을 한 후 다시 자신에게 넣는다. 즉 연산할 때 자신의 값을 사용한다.

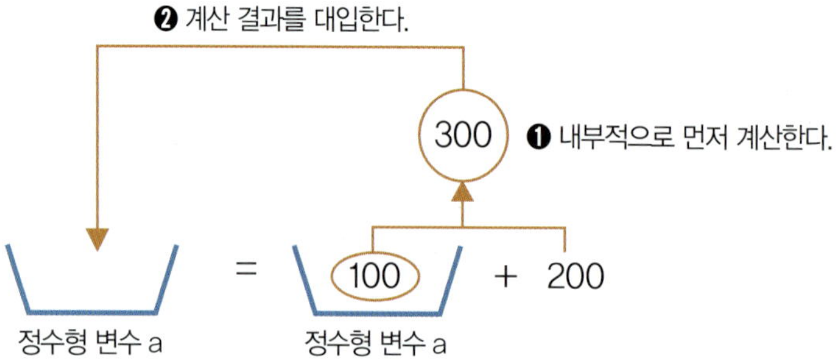

그림 3-14 자신의 값을 다시 계산 결과에 대입하는 방식

대입 연산자와 변수의 위치

지금까지 변수에 값을 대입하는 방법을 살펴보면서 직접 언급하지는 않았지만 꼭 지켰던 규칙이 하나 있다. 바로 '대입 연산자(=)를 사용하면 오른쪽의 것이 왼쪽에 대입된다'는 규칙이다. 이 규칙을 잘 생각해보면 대입 연산자(=)의 왼쪽에는 반드시 무엇을 담는 그릇인 변수만 온다는 것을 알 수 있다. [그림 3-11], [그림 3-12], [그림 3-13], [그림 3-14]는 모두 왼쪽에 변수(그릇)가 있다.

Q / U / I / Z

❶ 실수형 변수 a, b, c를 선언하고 'a = b = c = 123.45;' 문장을 실행하면 a, b, c에는 각각 어떤 값이 들어가는가?

❷ 정수형 변수 a, b, c를 선언하고 'a = b = c = 123.45;' 문장을 실행하면 a, b, c에는 각각 어떤 값이 들어가는가?

다음과 같은 경우를 생각해보자.

그림 3-15 값을 넣을 그릇이 없는 경우

이는 틀린 문장이다. 즉 오른쪽의 음식(100)을 그릇에 담아야 하는데 왼쪽에 그릇(변수)이 없기 때문이다. 따라서 이 문장은 다음처럼 바꿔야 한다(a는 정수형 변수).

그림 3-16 값을 넣을 그릇이 있는 경우

또한 '대입 연산자(=)의 오른쪽에는 상수(숫자), 변수, 계산값이 모두 올 수 있다'는 규칙도 적용되었다. 결론적으로 대입 연산자의 왼쪽에는 변수만 올 수 있고 오른쪽에는 상수, 변수, 계산값, 함수 등 무엇이든지 올 수 있다.

Q / U / I / Z

❶ 3 + 4 = 7;은 성립한다. (○ ×)
❷ a + 4 = 7;은 성립한다. (○ ×)
❸ printf("3") = 4;는 성립한다. (○ ×)

SECTION 04

데이터 형식과 배열

- 데이터 형식은 변수(그릇)의 종류 또는 값(음식)의 종류를 뜻한다.

데이터 형식을 알려면 몇 가지 기본적인 개념이 필요하다. 이 절에서는 먼저 비트, 바이트, 진수의 개념을 이해하고, 숫자를 입력하는 숫자형 데이터 형식과 문자를 입력하는 문자형 데이터 형식의 종류와 사용법을 살펴보자.

1 비트, 바이트, 진수

C를 사용하려면 비트와 바이트 단위에 대한 기본적인 이해와 더불어 진수에 대한 이해도 필요하다. 비트는 컴퓨터에서 표현하는 가장 작은 단위로 0과 1만 존재한다. 그래서 하나의 비트로 표현할 수 있는 가짓수는 0과 1, 두 가지이다.

비트

비트(bit)는 전기 스위치와 비슷한 개념이다. 전기 스위치에는 OFF와 ON만 있듯이 비트에도 0(OFF)과 1(ON)만 있다. 1비트라면 전기 스위치가 1개이고 2비트라면 전기 스위치가 2개인 것이다. 그렇다면 전기 스위치 2개로 표현할 수 있는 가짓수는 몇 개일까?

표 3-3 전기 스위치로 표현 가능한 가짓수

전기 스위치	의미	2진수(0, 1)	10진수
	꺼짐, 꺼짐	00	0
	꺼짐, 켜짐	01	1
	켜짐, 꺼짐	10	2
	켜짐, 켜짐	11	3

전기 스위치 2개(2비트)로 표현할 수 있는 가짓수는 4개이고 이를 2진수로 표현하면 각각 00, 01, 10, 11이다. 그리고 이를 10진수로 나타내면 0, 1, 2, 3이다. 이로써 다음을 유추할 수 있다.

```
전기 스위치 n개로 표현할 수 있는 가짓수 = 2ⁿ
```

즉 비트 3개로 표현할 수 있는 가짓수는 2^3=8개이고, 비트 4개로 표현할 수 있는 가짓수는 2^4=16개이다.

진수

지금까지 언급한 비트를 진수로 표현하면 2진수의 숫자 표기와 일치한다. 그런데 우리는 현재 10진수를 사용하고 있다. 10진수는 숫자 10개(0~9)로 모든 숫자를 표현한다. 그래서 9 다음에 표현할 숫자가 없어 앞의 한 자리를 올리고 그 자리에 가장 작은 수인 0을 넣어 10으로 표현하는 것이다. 마찬가지로 2진수는 숫자 2개(0, 1)로만 모든 수를 표현한다.

우선 0~15를 10진수, 2진수, 16진수로 비교해보자. 익숙하게 사용할 수 있도록 기억해두기 바란다.

표 3-4 10진수, 2진수, 16진수로 나타낸 0~15

10진수(0~9)	2진수(0, 1)	16진수(0~F)
00	0000	0
01	0001	1
02	0010	2
03	0011	3
04	0100	4
05	0101	5
06	0110	6
07	0111	7
08	1000	8
09	1001	9
10	1010	A
11	1011	B
12	1100	C
13	1101	D
14	1110	E
15	1111	F

TIP/ 이해를 돕기 위해 10진수 0은 00으로, 2진수 0은 0000으로 자릿수를 맞춰서 표현했다. 참고로 8진수는 활용도가 비교적 낮아 생략했다.

계산법은 의외로 간단하다. 10진수의 00은 2진수의 0000과 동일하고 10진수의 01은 2진수의 0001과 동일하다. 그런데 문제는 2부터이다. 10진수에는 2를 표현할 수 있는 '2'라는 숫자가 있지만 2진수에는 없다. 그래서 2진수 0001에서 한 자리를 올리고 그 자리에 가장 작은 숫자(0)를 넣어 0010으로 표현한다. 3의 경우도 10진수에는 '3'이 있지만 2진수로는 0010에 1을 더한 0011이다. 이런 방식으로 2진수로 변환할 수 있다.

16진수를 표현하는 방식도 이와 비슷하다. 0~9의 숫자 10개로 표현되는 10진수와 마찬가지로 16진수는 0~9, A~F의 총 16개 숫자로 표현된다. 16진수가 필요한 이유는 2진수의 네 자리와 16진수의 한 자리가 딱 맞아떨어지기 때문이다. 앞의 표를 보면 알 수 있듯이 10진수의 경우 10을 표현하려면 두 자리가 필요하지만 16진수의 경우 'A'라는 문자 하나로 표현한다. 즉 10진수의 10은 16진수의 A, 10진수의 11은 16진수의 B, 이런 식으로 생각하면 된다. 아직은 익숙지 않겠지만 앞으로 자주 보게 될 내용이니 자연히 익숙해질 것이다.

TIP/ 10이라는 숫자는 10진수인지 2진수인지 16진수인지 알 수가 없다. 그래서 진수를 구분할 필요가 있을 때는 2진수를 10_2, 10진수를 10_{10}, 16진수를 10_{16}으로 표기하기도 한다.

바이트

비트와 더불어 C에서 가장 많이 사용되는 단위는 바이트(byte)이다. 바이트는 비트 8개가 합쳐진 단위라고 생각하면 된다. 비트와 바이트의 크기에 따른 숫자의 범위는 다음과 같다.

표 3-5 비트와 바이트의 크기에 따른 숫자의 범위

비트 수	바이트 수	표현 개수	2진수	10진수	16진수
1		2^1=2	0~1	0~1	0~1
2		2^2=4	0~11	0~3	0~3
4		2^4=16	0~1111	0~15	0~F
8	1	2^8=256	0~11111111	0~255	0~FF
16	2	2^{16}=65536	0~11111111 11111111	0~65535	0~FFFF
32	4	2^{32}=약 42억	0~…	0~약 42억	0~FFFF FFFF
64	8	2^{64}=약 1800경	0~…	0~약 1800경	0~…

2진수와 16진수를 비교해보면 2진수의 1111이 16진수의 F에 해당되는 것처럼 네 자리마다 딱 맞아떨어진다. 즉 0과 1이 너무 많이 나와서 알아보기 힘든 2진수를 16진수로 깔끔하게 표현할 수 있다.

2 진수 변환 연습

10진수 변환

이제 진수 변환에 대해 살펴보자. 먼저 2진수를 10진수로 변환하는 방법은 [그림 3-17]과 같다.

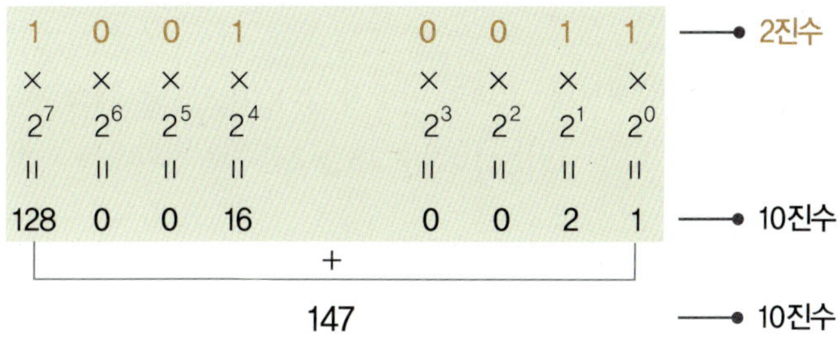

그림 3-17 2진수를 10진수로 변환하는 방법

위 그림은 2진수 1001 0011을 10진수로 변환하는 과정을 나타낸 것이다. 2진수를 10진수로 바꾸려면 2진수의 맨 뒤에서부터 각 자리에 해당하는 가중치인 2^0, 2^1, 2^2, …을 곱한 후 각 자리의 결과를 모두 합하면 된다.

이번에는 2진수를 16진수로 변환한 후 10진수로 변환해보자.

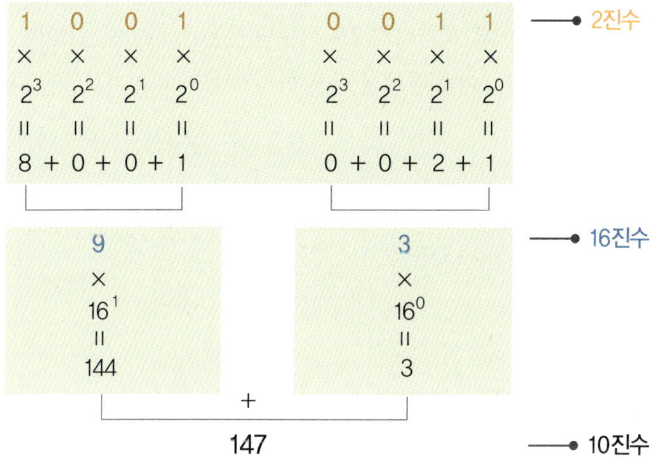

그림 3-18 2진수를 16진수로 변환한 후 10진수로 변환하는 방법

2진수의 네 자리는 16진수의 한 자리에 해당한다. 1001은 16진수로 9, 0011은 16진수로 3이므로 계산하면 16진수 93이 된다. 이 16진수를 10진수로 바꾸려면 맨 뒤에서부터 각 자리에 해당하는 가중치인 16^0, 16^1을 곱한 후 각 자리의 결과를 모두 합하면 된다.

컴퓨터는 사람이 계산하는 방식과 다른 원리로 계산하므로 진수라는 개념을 반드시 이해하고 다음 단계로 넘어가자. 16진수, 2진수, 10진수의 관계를 파악하고 2진수 변환 방법을 알아보자.

Q / U / I / Z

❶ 16진수 3A는 2진수로 얼마인가?

❷ 2진수 1010 1111은 16진수로 얼마인가?

2진수 변환

반대로 10진수를 2진수로 변환하는 방법을 살펴보자. 그다지 어렵지 않다. 10진수를 계속 2로 나누면서 그 몫과 나머지를 구하면 된다. [그림 3-19]는 10진수 13을 2진수로 변환하는 과정이다.

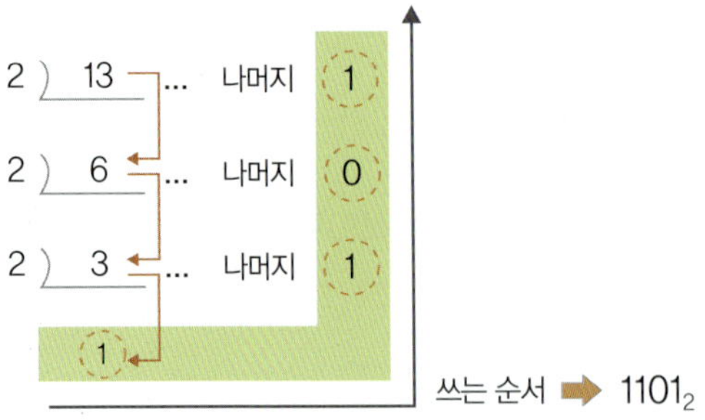

그림 3-19 10진수를 2진수로 변환하는 방법

처음에 13을 2로 나누면 몫은 6, 나머지는 1이고, 6을 다시 2로 나누면 몫은 3, 나머지는 0이다. 다시 3을 2로 나누면 몫은 1, 나머지는 1이다. 이렇게 해서 나온 마지막 몫과 나머지값들을 나열하면 2진수가 된다.

다음은 16진수 13을 2진수로 변환하는 과정이다. 16진수라는 것을 나타내기 위해 13_{16}으로 표현했다.

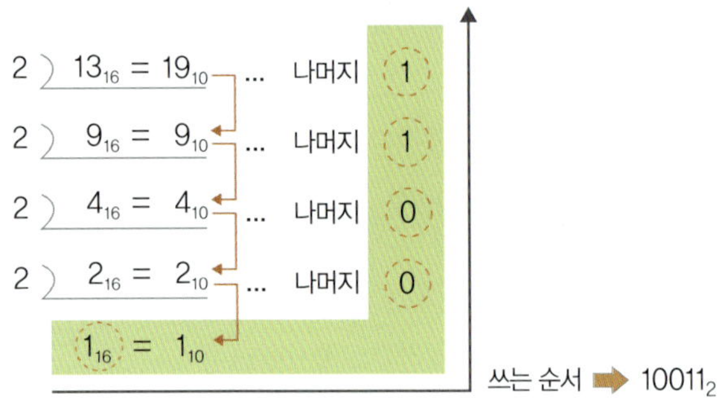

그림 3-20 16진수를 2진수로 변환하는 방법

TIP/ C에서 16진수를 표현할 때는 숫자 앞에 '0x' 또는 '0X'를 붙이면 된다. 예를 들어 'a=10'은 a에 10진수 10을 대입하라는 의미이지만, 'a=0x10'은 16진수 10(일영이라고 읽으며 10진수로는 16)을 대입하라는 의미이다.

13_{16}을 10진수로 바꾸면 19가 되고 이것을 2로 나누면 몫은 9, 나머지는 1이다. 이후 10진수와 동일하게 계산하면 13_{16}은 2진수 10011_2이 된다.

하지만 이보다 더 편리한 방식이 있다. 16진수 한 자리는 2진수 네 자리에 해당하므로 자릿수를 잘라서 계산하는 것이 더 빠르다. 또한 조금의 수고를 들여서 다음의 변환표를 외우면 16진수와 2진수 사이의 변환을 순식간에 해치울 수 있다.

표 3-6 16진수와 2진수

16진수	2진수	16진수	2진수
0	0000	8	1000
1	0001	9	1001
2	0010	A	1010
3	0011	B	1011
4	0100	C	1100
5	0101	D	1101
6	0110	E	1110
7	0111	F	1111

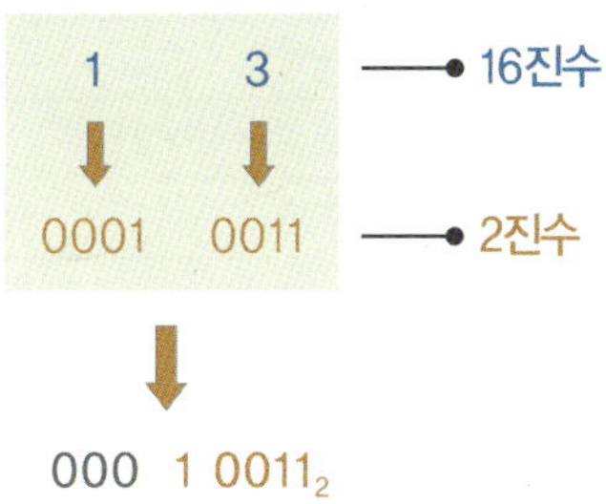

그림 3-21 16진수를 2진수로 변환하는 간편한 방법 1

위 그림과 같이 각각의 자릿수를 2진수로 변환한 후 그 결과를 나열하기만 하면 끝난다. 맨 앞의 000은 없어도 되므로 떼어버렸다. 이런 방법으로 길이가 긴 16진수도 간편하게 2진수로 변환할 수 있다.

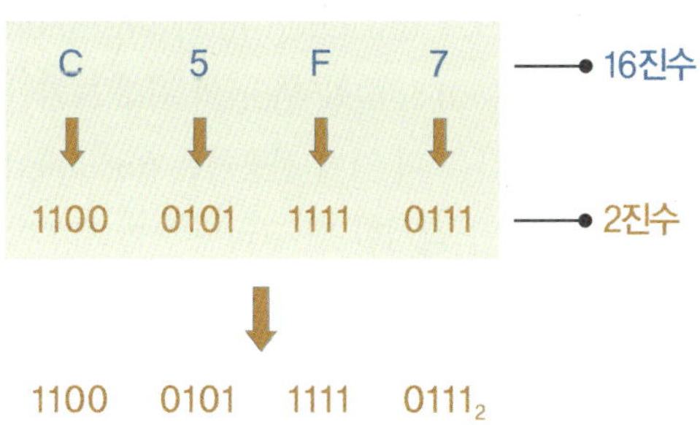

그림 3-22 16진수를 2진수로 변환하는 간편한 방법 2

TIP/ 16진수 $C5F7_{16}$을 10진수로 바꾸면 50679이지만 필요한 경우가 아니라면 굳이 10진수로 계산할 필요가 없다.

Q / U / I / Z

❶ 10진수 20은 2진수로 얼마인가?

❷ 16진수 F7A는 2진수로 얼마인가?

3 숫자형 데이터 형식

앞에서도 언급했지만 숫자형 데이터 형식은 소수점의 유무에 따라 크게 정수형과 실수형으로 나눌 수 있다. 정수형과 실수형은 다시 조금씩 다른 데이터 형식으로 구분된다.

소수점이 없는 정수형

정수형 데이터 형식은 [표 3-7]과 같이 여섯 가지로 구분할 수 있다.

표 3-7 정수형 데이터 형식

데이터 형식	의미	크기	값의 범위
short	작은 정수형	2바이트	-2^{15}(-32768) ~ $2^{15}-1$(32767)
unsigned short	부호 없는 작은 정수형	2바이트	0 ~ $2^{16}-1$(65535)
int	정수형	4바이트	-2^{31}(약 -21억) ~ $2^{31}-1$(약 21억)
unsigned int	부호 없는 정수형	4바이트	0 ~ $2^{32}-1$(약 42억)
long int(또는 long)	큰 정수형	4바이트	-2^{31} ~ $2^{31}-1$
unsigned long	부호 없는 큰 정수형	4바이트	0 ~ $2^{32}-1$

TIP/ 32비트와 64비트 컴파일러에서는 int와 long이 모두 4바이트 크기이다. 참고로 64비트 컴파일러의 경우 8바이트 정수형인 long long 데이터 형식도 지원한다.

정수형은 말 그대로 소수점이 없는 데이터를 입력하기 위해 사용하는 데이터 형식이다. 예를 들어 나이, 연도, 통장 잔고에는 소수점을 넣지 않으므로 정수형으로 사용할 수 있다.

그리고 unsigned가 붙은 데이터 형식은 마이너스(-) 값이 없는 경우에 사용된다. 예를 들어 나이나 연도를 표현할 때는 마이너스 값이 있을 수 없으므로 unsigned int나 unsigned short를 사용하면 된다. 하지만 나이나 연도의 최댓값이 절대 unsigned short의 최대 크기인 65535를 넘을 리가 없으므로 unsigned int보다는 저장 공간을 더 적게 사용하는 unsigned short를 사용하는 것이 효율적이다(이런 것은 실무 프로그램을 작성할 때 고려해야 할 사항이지만 미리 알아두면 좋다).

기본 3-10 소수점이 없는 정수형 사용 예 3-10.c

```
#include <stdio.h>

void main( )
{
    int a=100, b=200;   ---- 정수형 변수 a와 b에 값을 지정한다.
    float result;       ---- 실수형 변수 result를 선언한다.

```

```
08    result = a / b;    ----- a를 b로 나눈 결과를 실수형 변수 result에 대입한다.
09
10    printf("%f \n", result);
11 }
```

실행 결과

```
0.000000
```

[기본 3-10]은 100을 200으로 나눈 값을 출력하는 프로그램이다. 100을 200으로 나눈 결과는 0.5이다. 그래서 결과값을 넣을 변수 result를 실수로 선언했는데 실행 결과는 0.000000이 나왔다. 왜 그럴까?

정수끼리 연산을 수행하면 그 결과도 정수가 되기 때문이다. 즉 8행의 a/b는 100/200이고 100과 200은 모두 정수이다. 따라서 그 결과도 실수 0.5가 아니라 소수 부분이 떨어진 정수 0이 되어 8행의 result에 0의 실숫값인 0.000000이 저장된다.

숫자의 연산에는 아래와 같은 규칙이 있다. 실수가 하나라도 들어가면 그 결과는 실수가 된다는 것을 꼭 기억하기 바란다.

```
정수 +, -, *, / 정수 = 정수
정수 +, -, *, / 실수 = 실수
실수 +, -, *, / 실수 = 실수
```

SELF STUDY

[기본 3-10]의 결과가 0.5가 되도록 수정해보자.

힌트_ a 또는 b의 데이터 형식을 바꾸면 된다.

소수점이 있는 실수형

소수점이 있는 실수형 데이터 형식의 종류는 [표 3-8]과 같이 세 가지이다.

Q/U/I/Z 다음 연산의 결과값은 얼마인가?

❶ 1 + 2.0 = □
❷ 2 / 3 = □
❸ 10 / 3 = □
❹ 10.0 / 3 = □

표 3-8 실수형 데이터 형식

데이터 형식	의미	크기	값의 범위
float	실수형	4바이트	약 $-3.4\times10^{38} \sim 3.4\times10^{38}$
double	큰 실수형	8바이트	약 $-1.79\times10^{308} \sim 1.79\times10^{308}$
long double	큰 실수형	8바이트	약 $-1.79\times10^{308} \sim 1.79\times10^{308}$

대부분의 컴파일러에서는 double 형과 long double 형 간에 별 차이가 없지만 일부 컴파일러에서는 double 형에 8바이트, long double 형에 10바이트 또는 16바이트를 할당하는 경우도 있다.

float 형과 double 형을 구분해서 사용해야 하는 경우는 그리 흔치 않지만 아예 없는 것은 아니다. 공학 계산과 같이 정밀한 소수 계산이 필요하다면 float 형보다는 double 형을 사용하는 것이 좋다. float 형은 대개 소수 아래 일곱 자리까지의 정밀도를 나타내지만 double 형은 소수점 아래 열여섯 자리 정도까지의 정밀도를 나타낼 수 있기 때문이다.

[기본 3-11]에서 실수형 데이터 형식을 더 알아보자.

기본 3-11 소수점이 있는 실수형 사용 예 3-11.c

```c
#include <stdio.h>

void main( )
{
   float  a = 0.1234567890123456789012345f;
   double b = 0.1234567890123456789012345;

   printf("%30.25f \n", a);
   printf("%30.25lf \n", b);
}
```

- float 형 변수 a에 정밀도 스물다섯 자리 실수를 입력한다(맨 뒤의 f는 빼도 된다).
- double 형 변수 b에 소수점 아래 스물다섯 자리 실수를 입력한다.
- a와 b를 소수점 아래 스물다섯 자리까지 출력하는데 float는 %f로, double은 %lf로 출력한다.

실행 결과

```
0.1234567910432815551757812
0.1234567890123456773698862
```

TIP/ 컴파일러에 따라서 소수점 아래 열여덟 자리부터 0이 나올 수도 있다.

Q/U/I/Z float, double, long double 형의 크기는 각각 □바이트, □바이트, □바이트이다.

결과를 보면 float 형은 소수점 아래 일곱 자리까지는 잘 나왔으나 그 이후에는 엉뚱한 값이 나왔다. 즉 일곱 자리까지만 신뢰할 수 있고 그 이후의 값은 출력되더라도 신뢰할 수 없는 값이다. 이와 달리 double 형은 열일곱 자리까지 입력한 값이 그대로 출력되었다. 이렇게 소수점 아래 일곱 자리 이상의 정밀도가 필요하다면 반드시 double 형을 사용해야 한다.

4 문자형 데이터 형식

일반 글자를 표현할 수 있는 데이터 형식에는 문자형과 문자열이 있다. 문자열은 별도의 데이터 형식이 아니며 문자의 집합 정도로 생각하면 된다.

아스키코드

문자를 이해하기 전에 먼저 아스키코드(ASCII code)에 대해 알아둘 필요가 있다. 쉽게 말해 아스키코드는 컴퓨터에서 표현하는 문자(특히 키보드에 있는 영문자, 기호, 숫자 등)를 0~127에 대응한 코드이다. 활용 빈도가 높으며 형식은 [표 3-9]와 같다.

표 3-9 아스키코드

아스키코드	10진수	16진수
0 ~ 9	48 ~ 57	0x30 ~ 0x39
A ~ Z	65 ~ 90	0x41 ~ 0x5A
a ~ z	97 ~ 122	0x61 ~ 0x7A

TIP/ 아스키코드의 0~127은 기본적으로 알파벳만 해당되며 한글은 해당되지 않는다. 또한 영문 한 글자를 표현하려면 1바이트가 필요하지만 한글로 한 글자를 표현하려면 최소 2바이트가 필요하다.

아스키코드를 모두 외울 필요는 없지만 숫자 0은 48, 대문자 A는 65, 소문자 a는 97이라는 점은 기억해두면 유용하다. 이를 바탕으로 나머지도 쉽게 유추할 수 있기 때문이다. 한 예로 F는 A에서부터 다섯 번째 자리이므로 65에 5를 더한 값인 70(65+5=70)이다.

조금 헷갈릴 수 있는 점은, C에서는 숫자를 문자로도 표현한다는 것이다. [표 3-9]에서 a를 97이라고 했는데 이를 문자형으로 표현하면 'a'가 된다는 얘기이다. 따라서 아래 두 문장은 동일하다(이에 대해서는 잠시 후에 살펴보겠다).

```
char ch = 'a';
```

==

```
char ch = 97;
```

한 글자를 뜻하는 문자형

문자형은 문자 또는 기호 하나를 저장하는 형식을 말하며, 한 글자를 사용하기 위한 문자형 데이터 형식은 다음과 같다.

표 3-10 문자형 데이터 형식

데이터 형식	의미	크기	값의 범위
char	문자형 또는 정수형	1바이트	$-2^7(-128) \sim 2^7-1(127)$
unsigned char	문자형 또는 부호 없는 정수형	1바이트	$0 \sim 2^8-1(255)$

char 형에는 문자뿐만 아니라 값의 범위에 해당하는 정수를 대입할 수 있다. 즉 char 형을 1바이트 크기의 정수형으로 취급해도 상관없다. char 형의 크기는 1바이트(8비트)이므로 표현할 수 있는 글자 수는 256가지이며 값의 범위는 −128~127이다. 그러므로 아스키코드의 0~127을 담을 수 있다.

기본 3-12 문자형 변수 사용 예 1 3-12.c

```
#include <stdio.h>

void main( )
{
    char a, b, c;              ---- 문자형 변수 3개를 선언한다.

    a = 'A';                   ---- 문자형 변수 a에 'A'를 대입한다.

    printf(" %c \n", a);       ---- 문자형 변수 a를 문자형과 정수형으로 출력한다.
    printf(" %d \n", a);

    b = 'a';                   ---- 문자형 변수 b에 'a'를 대입한다.
    c = b + 5;                 ---- 문자형 변수 b에 5를 더해서 문자형 변수 c에 대입한다.
    printf(" %c \n", b);
    printf(" %c \n", c);

    c = 90;                    ---- 문자형 변수 c에 90을 대입한다.
    printf(" %c \n", c);
}
```

실행 결과

```
A
65
a
f
Z
```

[기본 3-12]를 보면 5행에서 문자형 변수 a, b, c를 선언했다. 7행에서 변수 a에 문자 'A'를 대입하고 9행에서 문자형으로 출력했다. 그런데 10행에서 문자형 변수 a를 정수형으로 출력하니 '65'가 나왔다. 'A'와 65는 동일한 값이지만 어떤 출력 서식을 사용하느냐에 따라 다른 값이 출력된다.

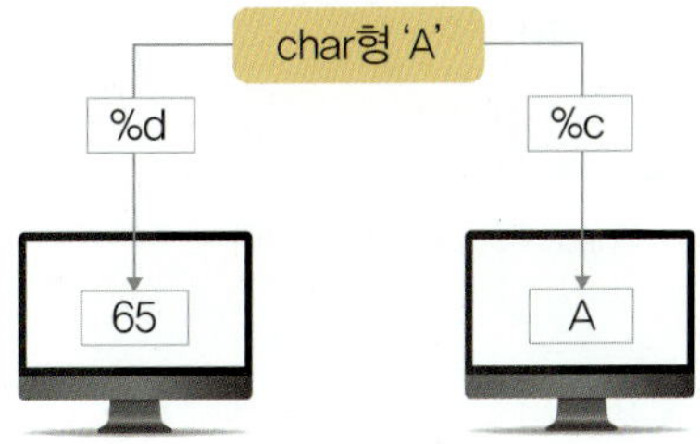

그림 3-23 서식에 따라 달라지는 출력 결과

12행에서는 변수 b에 문자 'a'를 대입하고, 13행에서는 변수 c에 '변수 b의 값+5'를 대입했다. 변수 b에는 'a'가 들어 있는데 이는 숫자 97과 동일하므로 97에 5를 더한 값인 102가 변수 c에 들어간다. 이를 15행에서 문자형으로 출력하면 문자 'f'가 된다.

17행 역시 c가 문자형 변수이지만 숫자 90을 넣을 수도 있다. 숫자 90은 문자 'Z'와 동일하므로 결국 변수 c에 'Z'를 입력한 것과 동일하여 'Z'가 출력되었다.

응용 3-13 문자형 변수 사용 예 2 (3-13.c)

```
#include <stdio.h>

void main( )
{
   int a, b;
   char c, d;

   a = 0x41;     ----- 정수형 변수 a, b에 16진수 0x41과 0x50을 대입한다.
   b = 0x50;

   ___1___       ----- 정수형 변수 b를 문자형으로 출력한다.

   c = a;        ----- 문자형 변수 c에 정수형 변수 a 값을 대입한다.
   ___2___       ----- 문자형 변수 c를 문자형으로 출력한다.

   d = '#';      ----- 문자형 변수 d에 '#'를 대입한다.
   printf("%c의 ASCII 값은 %d 입니다 \n", d, d); ----- 문자형 변수 d를 두 가지 형태로 출력한다.
}
```

정답_ 1 printf("%c \n", b); 2 printf("%c \n", c);

Q/U/I/Z 10진수 65는 아스키코드 'A'를 의미하고 75는 아스키코드 □(을)를 의미한다.

실행 결과

```
P
A
#의 ASCII 값은 35 입니다
```

[응용 3-13]의 8행과 9행에서는 a와 b에 16진수 값을 대입하기 위해 0x 형식을 사용했다. 즉 0x를 앞에 붙이면 10진수가 아닌 16진수가 된다. 11행에서 정수형 변수 b를 문자형으로 출력했는데 별 문제없이 0x50의 아스키코드 값인 'P'가 출력되었다.

즉 입력하려는 값이 0~127이라면 정수형 변수(int)도 문자형으로 출력할 수 있다. 13행에서는 정수형 변수 a의 값을 문자형 변수 c에 대입했다. 즉 변수형이 동일하지 않더라도 일부 변수 사이에는 대입할 수 있다. 16행과 17행은 '#'의 아스키코드 값을 알아보기 위한 것이다. 이 결과로 문자형 변수 d는 문자형과 정수형으로 출력할 수 있다는 것을 알 수 있다.

5 여러 글자가 모인 문자열과 배열

여러 개의 글자를 저장하는 문자열에 대해 알아보자. 문자열은 '문자형 집합'의 개념으로 "문자열"이라는 데이터 형식이 따로 존재하지 않는다. 문자형 데이터 형식 char는 한 글자만 저장할 수 있다고 했으며, 문자열은 한 문자가 여러 개 이어진 것이라고 생각하면 된다.

문자열의 기본 형식

"Hanbit"이라는 글자가 저장되는 구조를 살펴보자.

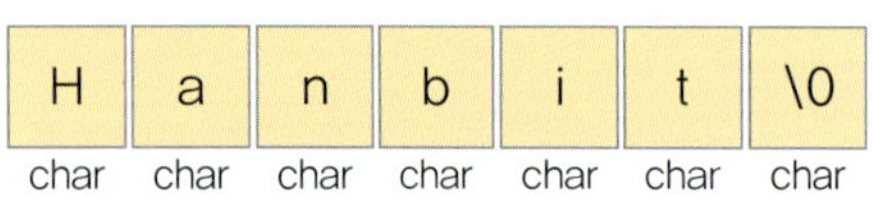

그림 3-24 문자열의 기본 구조

문자열은 문자형(char)의 집합이므로 "Hanbit"이라는 문자열을 저장하기 위해서는 문자 6개가 나란히 있으면 된다. 그런데 [그림 3-24]에서는 문자가 6개가 아니라 7개인데 이를 주의해야 한다. 문자열을 저장하려면 최소한 문자열의 길이에 1을 더한 자릿수가 필요하다. 즉 여섯 글자를 저장하려면 최소한 일곱 자리가 필요하다는 뜻이다(일곱 자리를 초과해도 된다). 그 이유는 이 문자열이 끝난다는 것을 표시하는 널(null) 문자('\0')가 끝에 들어가야 하기 때문이다.

널 문자는 문자열의 끝을 알려주는 중요한 역할을 한다. '\'와 '0'을 합친 널 문자는 하나의 문자로 취급하지만 화면에는 출력되지 않는다. 그러므로 [그림 3-24]의 "Hanbit\0"을 출력하면 화면에는 'Hanbit'만 출력된다(널 문자가 왜 필요한지는 뒤에서 설명하겠다).

여기서 잠깐

올바른 문자 표현

문자는 반드시 ' '로 감싸야 하며 한 글자만 올 수 있다. 아래 ❶~❸은 모두 틀린 표현이다.

```
char a;
❶ a = 'Ab';
❷ a = "A";
❸ a = "Ab";
```

문자열을 저장하는 변수는 문자형을 연속적으로 나열한 것을 의미하는 배열 형태가 되어야 한다. 배열은 단순히 한 자리씩 할당된 데이터 형식을 연속적으로 나열한 공간이라고 생각해보자. [그림 3-24]에서는 문자형 7개를 나열하여 배열로 만들었다. 이것을 문법적으로는 다음과 같이 정의한다(변수 이름은 문자열 string을 의미하는 str이라고 붙였다).

```
char str[7] ;
```

[ ] 안에는 필요한 문자의 개수를 쓰면 된다. 이렇게 정의한 배열의 형태는 [그림 3-25]와 같다.

그림 3-25 배열로 표현한 문자열

위 그림을 보면 str 자체는 전체 배열을 대표하는 이름이다. 즉 전체 배열의 이름은 str이고 각각의 이름은 str[0]~str[6]이다. 주의할 점은 배열이 0부터 시작하므로 마지막은 str[7]이 아닌 str[6]이라는 것이다. 이때 [ ] 안에 들어가는 번호를 '첨자'라고 한다.

이번에는 str 배열에 "Basic"이라는 문자열을 대입해보자. 다른 데이터 형식은 대입 연산자(=)를 사용해서 대입했으나 문자열은 특별히 strcpy( ) 함수를 사용해야 한다. 개념적으로는 대입 연산자와 비슷하다. 오른쪽의 Basic 문자열을 왼쪽의 str 배열에 대입하면 그 결과는 [그림 3-26]과 같다.

TIP / strcpy는 string copy의 약자이다.

Q / U / I / Z 문자 100개를 저장하려면 최소 ______ 자리의 char 형이 필요하다.

```
strcpy(str, "Basic");
```

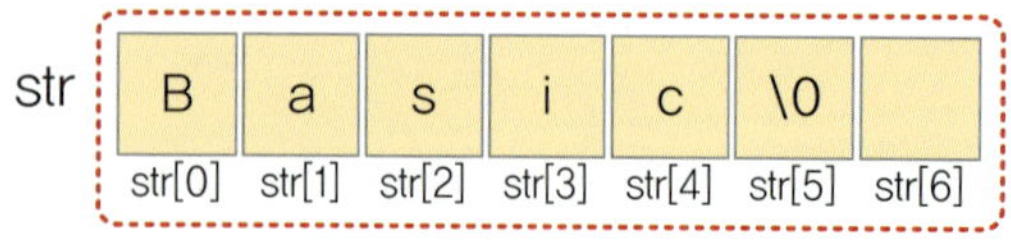

그림 3-26 str 배열에 문자열 대입

TIP/ Visual Studio에서는 strcpy( ) 함수가 아닌 strcpy_s( ) 함수 사용을 권장한다. strcpy( ) 함수를 경고 없이 사용하려면 다음 2개 행을 추가하면 된다.

1. #define _CRT_SECURE_NO_WARNINGS
2. #include <string.h>

다섯 글자인 "Basic"이 입력되고 마지막에는 문자열의 끝을 의미하는 널 문자('\0')가 자동으로 입력된다. 이제 이 문자열을 출력해보자. 문자열을 출력하려면 %s와 문자열을 대표하는 배열 이름인 str을 사용해야 한다.

```
printf("%s", str);
```

문자열을 선언하고 대입하고 출력하는 방식을 어느 정도 익혔으니 예제를 통해 학습한 내용을 확인해보자.

기본 3-14 문자열 형식 사용 예 1 3-14.c

```
#define _CRT_SECURE_NO_WARNINGS
#include <string.h>
#include <stdio.h>
void main( )
{
    char str1[10];
    char str2[10];
    char str3[10] = "CookBook";

    strcpy(str1, "Basic-C");
    strcpy(str2, str3);

    printf("str1 ==> %s \n", str1);
    printf("str2 ==> %s \n", str2);
    printf("str3 ==> %s \n", str3);
}
```

- 문자형 배열 str1과 str2를 선언한다.
- 문자형 배열 str3을 선언함과 동시에 문자열을 대입한다.
- str1에 문자열을 대입한다.
- str3의 값을 str2에 복사한다.
- 문자형 배열 str1, str2, str3을 출력한다.

실행 결과

```
str1 ==> Basic-C
str2 ==> CookBook
str3 ==> CookBook
```

[기본 3-14]의 6행과 7행에서는 각각 문자형 배열 10개를 선언했다. 8행에서는 선언과 동시에 "CookBook"이라는 문자열을 대입했다. 배열을 선언한 후에 다른 행에서 str3 = "CookBook"과 같이 사용하는 것은 허용되지 않지만, 8행과 같이 배열을 선언하는 동시에 대입 연산자를 사용하여 문자열을 대입하는 것은 괜찮다.

10행에서는 str1에 "Basic-C"를 대입하고, 11행에서는 str3의 내용인 "CookBook"을 str2에 복사했다. 13~15행에서는 %s를 사용하여 문자형 배열의 내용을 출력했다. 이를 그림으로 표현하면 다음과 같다.

그림 3-27 [기본 3-14]의 문자열 선언 상태

문자열과 배열의 뒷이야기

다음 예제를 통해 배열 시 필요한 문자의 개수보다 왜 한 자리를 더 잡는지, 즉 널 문자가 왜 필요한지 살펴보자. 또한 문자열 전체가 아닌 일부 글자에만 접근하는 방법도 알아보자.

Q / U / I / Z char t[5] ="ABCD";를 선언했을 때 'C'를 가리키는 첨자는 t[□]이다.

응용 3-15 문자열 형식 사용 예 2 3-15.c

```
01 #include <stdio.h>
02
03 void main( )
04 {
05    char str[10] = "0123456789";          ----- 열 자리의 str 배열에 글자 10개를 대입한다.
06
07    printf("str ==> %s \n", str);         ----- str의 내용을 출력한다.
08
09    str[0] = 'I';                         ----- str 배열에 글자 6개와 널 문자를 입력한다.
10    str[1] = 'T';
11    str[2] = 'C';
12    str[3] = 'o';
13    str[4] = 'o';
14    str[5] = 'k';
15    str[6] = '\0';
16
17    printf("str ==> %s \n", str);         ----- str의 내용을 출력한다.
18    printf("str[7] ==> %c \n", __❶__ );   ----- str[7]의 한 글자를 출력한다.
19    printf("str[50] ==> %c \n", __❷__ )   ----- str[50]의 한 글자를 출력한다.
20 }
```

정답_ ❶ str[7] ❷ str[50]

실행 결과

```
str ==> 0123456789儆儆儆?x?缸
str ==> ITCook
str[7] ==> 7
str[50] ==> ?
```

[응용 3-15]의 5행에서 자릿수를 10으로 잡고 글자 10개를 입력하여 문자열의 마지막을 의미하는 널 문자를 입력하지 못했다. 이 상태로 7행에서 출력을 하니 맨 뒤에 이상한 글자가 출력되었다(이 결과는 컴파일러와 컴퓨터의 상황에 따라서 조금씩 다르다). [그림 3-28]을 보며 왜 이렇게 출력되었는지 알아보자.

5행에서 char str[10]을 선언하여 메모리 공간에 10칸을 확보하고 그 자리에 "0123456789"를 대입했다. 비록 널 문자를 넣을 공간은 없지만 이때까지는 문제가 되지 않는다. 그런데 7행의 printf( ) 함수로 문자열을 출력할 때 문제가 발생한다. %s는 널 문자를 만날 때까지 출력을 수행한다. [그림 3-28]을 보면 str 배열에 널 문자가 없으므로 그 이후에(그림에서는 ???로 표시) 무엇이 들어 있는지 알 수 없지만 일단은 널 문자를 만날 때까지 계속 출력한다. 쉽게 말해 널 문자는 문자열을 출력할 때 자동차의 브레이크와 같은 역할을 하므로, 이 경우는 브레이크가 없어서 계속 달릴 수밖에 없는 상황인 것이다.

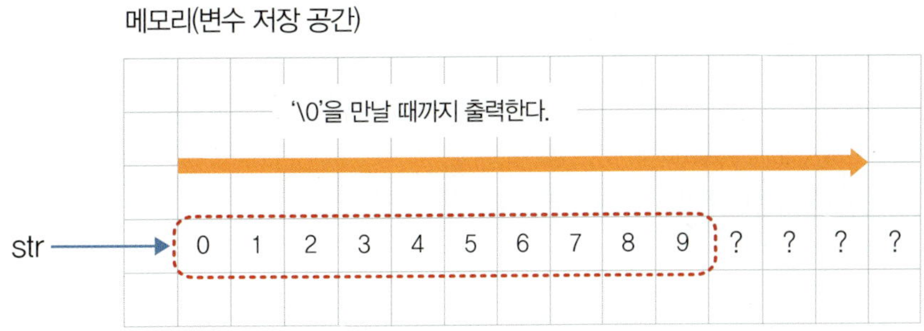

그림 3-28 [응용 3-15]의 str 배열 내용 1

9~15행은 str 배열에 strcpy( ) 함수를 이용하여 값을 대입하지 않고 한 글자씩 직접 대입한 것이다. 즉 [그림 3-29]와 같이 첨자(str[n]과 같은 형식)를 이용하면 한 자리씩 접근할 수 있다.

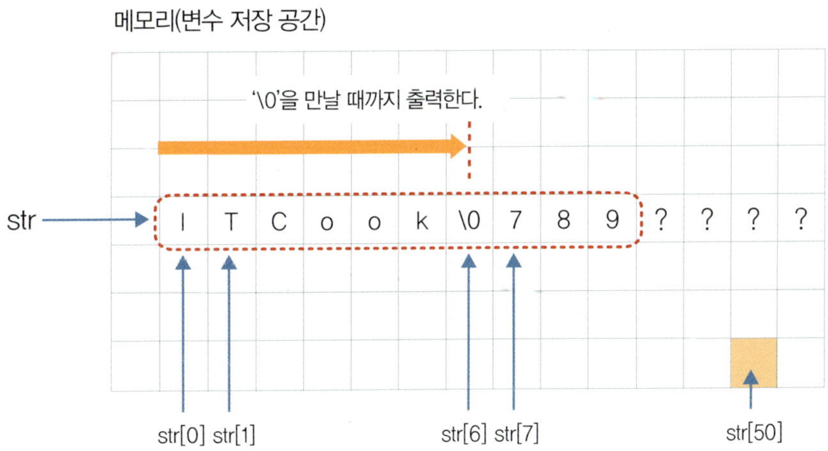

그림 3-29 [응용 3-15]의 str 배열 내용 2

17행에서는 str 배열에서 널 문자를 만날 때까지 출력한다. str[6]에 널 문자가 들어 있으므로 'ITCook'이라는 글자까지 출력된다.

여기서 주의할 곳이 18행이다. 17행에서 str을 출력하면 str 배열의 총 글자 수인 열 자리 중에서 널 문자를 만나기 전의 글자 6개만 출력된다. 그런데 남은 네 자리 중 str[6]에는 널 문자가 들어 있으니 나머지 세 자리인 str[7], str[8], str[9]는 비어 있다고 생각할 수 있지만 [그림

3-29]를 보면 5행에서 대입한 789가 그대로 있다. 이 값을 '쓰레기 값(garbage value)'이라고 한다. 즉 전에 사용한 값이 지워지지 않고 있는 것이다. 이 점을 꼭 기억해둘 필요가 있다.

마지막으로 19행을 보자. str은 이미 5행에서 str[10]으로 선언했으므로 출력 범위는 str[0]~str[9]이다. [그림 3-29]에서는 str[50]의 메모리상 위치를 대략 표시했지만 C에서는 선언한 범위를 넘어서는 첨자도 사용할 수 있다. 물론 출력된 값은 예상할 수 없는 이상한 값일 것이다.

SELF STUDY

[응용 3-15]를 수정하여 "Hello World"라는 글자를 대입하고 출력해보자.

힌트_ strcpy( ) 함수를 사용하지 말고 한 글자씩 대입한다.

Q / U / I / Z char t[10];을 선언하고 t[11]에 접근하면 컴파일러 오류가 발생한다. (○ ×)

여기서 잠깐

논리적 오류가 있어도 컴파일은 된다

[응용 3-15]가 조금 어렵게 느껴졌을 것이다. str[10]으로 선언했다면 50번째 자리에 접근하는 것은 논리적으로 틀리니 컴파일러가 오류를 발생시키면 좋을 것 같지만 C 컴파일러는 아무 이상이 없는 것으로 여기고 컴파일을 한다. 또 결과값이 이상하더라도 출력한다. 이것이 문제가 될 수도 있지만 오히려 하드웨어 접근과 같은 고난이도 프로그래밍을 가능하게 하는 역할도 한다.

즉 C는 프로그래머에게 융통성을 제공하는 언어이지만 세심하게 프로그래밍하지 않으면 문제가 발생할 수 있다는 것을 기억해야 한다.

예제모음 04

정수형을 출력하는 프로그램

exam04.c ★☆☆

예제 설명 정수를 하나 입력받아 10진수, 16진수, 8진수로 출력하는 프로그램이다.

실행 결과

```
정수를 입력하세요 ==> 9999
10진수 ==> 9999
16진수 ==> 270F
8진수 ==> 23417
```

```
#define _CRT_SECURE_NO_WARNINGS
#include <stdio.h>
void main( )
{
    int data;

    printf("정수를 입력하세요 ==> ");
    scanf("%d", &data);

    printf("10진수 ==> %d \n", data);
    printf("16진수 ==> %X \n", data);
    printf("8진수 ==> %o \n", data);
}
```

int data; ----- 정수형 변수를 선언한다.

scanf("%d", &data); ----- 키보드로 정수를 입력받는다.

printf(...) ----- 10진수(%d), 16진수(%X), 8진수(%o)를 출력한다.

예제모음 05

입력하는 정수의 진수 결정

exam05.c ★★★

예제 설명 10진수, 16진수, 8진수 중 어떤 진수의 값을 입력받을지 결정하고, 입력받은 수를 10진수, 16진수, 8진수로 출력하는 프로그램이다.

실행 결과

```
입력진수 결정 <1>10 <2>16 <3>8 : 2
값 입력 : FF
10진수 ==> 255
16진수 ==> FF
8진수 ==> 377
```

```c
#define _CRT_SECURE_NO_WARNINGS
#include <stdio.h>
void main( )
{
   int type, data;

   printf("입력진수 결정 <1>10 <2>16 <3>8 : ");
   scanf("%d", &type);

   printf("값 입력 : ");

   if(type == 1)
   {   scanf("%d", &data);   }

   if(type == 2)
   {   scanf("%x", &data);   }

   if(type == 3)
   {   scanf("%o", &data);   }

   printf("10진수 ==> %d \n", data);
   printf("16진수 ==> %X \n", data);
   printf("8진수 ==> %o \n", data);
}
```

- 키보드로 1~3 중 하나를 입력받는다.
- 입력값이 1이면 10진수를 입력받는다.
- 입력값이 2이면 16진수를 입력받는다.
- 입력값이 3이면 8진수를 입력받는다.
- 입력받은 data 값을 10진수, 16진수, 8진수로 변환하여 출력한다.

예제모음 06

데이터형의 크기 확인

exam06.c ★★☆

예제 설명 sizeof( ) 함수를 사용해서 각 데이터형의 크기를 확인하는 프로그램이다.

실행 결과

```
int 형의 크기                    ==> 4
unsigned int 형의 크기            ==> 4
short 형의 크기                  ==> 2
unsigned short 형의 크기          ==> 2
long int 형의 크기                ==> 4
unsigned long int 형의 크기       ==> 4
float 형의 크기                  ==> 4
double 형의 크기                 ==> 8
long double 형의 크기             ==> 8
char 형의 크기                   ==> 1
unsigned char 형의 크기           ==> 1
```

```c
#include <stdio.h>

void main( )
{
    printf("int 형의 크기\t\t\t ==> %d\n", sizeof(int));
    printf("unsigned int 형의 크기\t\t ==> %d\n", sizeof(unsigned int));
    printf("short 형의 크기\t\t\t ==> %d\n", sizeof(short));
    printf("unsigned short 형의 크기\t ==> %d\n", sizeof(unsigned short));
    printf("long int 형의 크기\t\t ==> %d\n", sizeof(long int));
    printf("unsigned long int 형의 크기\t ==>
      %d\n", sizeof(unsigned long int));
    printf("float 형의 크기\t\t\t ==> %d\n", sizeof(float));
    printf("double 형의 크기\t\t ==> %d\n", sizeof(double));
    printf("long double 형의 크기\t\t ==> %d\n", sizeof(long double));
    printf("char 형의 크기\t\t\t ==> %d\n", sizeof(char));
    printf("unsigned char 형의 크기\t\t ==> %d\n", sizeof(unsigned char));
}
```

sizeof( ) 함수로 각 데이터형의 크기(바이트 수)를 출력한다. 이때 컴파일러에 따라서 long double 형은 16바이트 크기일 수도 있다.

exam07.c ★★★

예제모음 07 입력된 문자열을 반대 순서로 출력

예제 설명 열 글자 미만의 문자열을 입력받고, 입력받은 문자열을 반대 순서로 출력하는 프로그램이다(아직 배우지 않은 내용이 나오지만 나중을 위해 미리 살펴보자).

실행 결과

```
문자열을 입력 ==> ABCDEFG
GFEDCBA
```

```c
#define _CRT_SECURE_NO_WARNINGS
#include <stdio.h>
void main( )
{
  char str[10]=" ";
  int i;

  printf("문자열을 입력 ==> ");
  scanf("%s", str);

  for(i = sizeof(str) - 1; i >= 0; i--)
  {
    printf("%c", str[i]);
  }
  printf("\n");
}
```

- char str[10]=" "; ---- 문자열을 입력받을 str 배열을 준비한다.
- int i; ---- 첨자를 준비한다.
- scanf("%s", str); ---- 문자열을 입력받는다.
- for 문 ---- str 배열에 들어 있는 문자열을 맨 뒤의 str[9]부터 str[0]까지 출력한다. 즉 입력한 순서의 반대로 출력되는 것이다.

요약

1 printf( ) 함수

❶ 모니터에 무언가를 출력하는 역할을 한다.

❷ **형식**: printf("서식", 인자 …)

❸ 정수는 %d, 실수는 %f, 문자는 %c, 문자열은 %s 서식을 사용한다.

2 printf( ) 함수의 서식

❶ %5d는 다섯 자리로 정수를 출력한다.

❷ %7.3f는 전체 일곱 자리에 소수점 아래 세 자리의 실수를 출력한다.

❸ \n은 새로운 줄로 이동, \t는 다음 탭으로 이동, \\는 \를 출력 등 다양한 서식 문자가 있다.

3 변수에 값을 대입하는 방법

'10=100'과 같이 왼쪽에 상수가 오면 안 되고 'a=100'과 같이 왼쪽에는 반드시 변수가 와야 한다. 그러나 오른쪽에는 상수, 변수, 계산값 등 무엇이든지 올 수 있다.

4 데이터 형식

❶ 컴퓨터에서 내부적으로 사용되는 것은 2진수이며, 2진수 네 자리를 묶은 것이 16진수이다.

❷ 정수 데이터 형식에는 short, int, long 등이 있으며 부호 없이 사용하려면 앞에 unsigned를 붙여야 한다.

❸ 실수 데이터 형식에는 float, double 등이 있다.

❹ 한 글자를 저장하기 위한 문자 데이터 형식은 char이고 여러 글자를 저장하기 위한 문자열 데이터 형식은 문자 데이터 형식의 배열을 사용한다. 단, 문자열의 끝을 표시하는 널 문자를 저장하기 위해 '실제 문자열 길이+1'로 크기를 선언한다.

연습문제

1 다음 코드의 실행 결과를 예측해보세요.

❶ `printf("C 언어");`

❷ `printf("200+300");`

❸ `printf("%d", 200+300);`

2 다음 코드의 실행 결과를 예측해보세요.

❶ `print("%d %d %d %d", 100, 200, 300)`

❷ `print("%d %d", 100, 200, 300)`

❸ `print("%d", 100, 200, 300)`

3 다음 코드의 실행 결과로 알맞은 것을 고르세요.

```
printf("%d  /  %d  =  %d", 10, 20, 10/20);
```

❶ 10 / 20 = 10/20

❷ 10 / 20 = 0.5

❸ 10 / 20 = 0

❹ 10 / 20 = 0.0

4 다음 보기에 해당하는 서식을 골라 적으세요.

```
%x    %d    %f    %c    %s    %o
```

❶ 실수

❷ 16진수 정수

❸ 문자열

❹ 8진수 정수

5 다음 각 코드의 실행 결과로 알맞은 것을 고르세요.

```
• printf("%05d", 4321);
• printf("%7.1f", 4321.7890);
• printf("%5s", "Cook");
```

❶ 4321, 4321, Cook

❷ 04321, 4321, Cook

❸ 4321, 4321.7, Cook

❹ 04321, 4321.8, Cook

6 다음에 해당하는 탈출 문자를 골라 적으세요.

```
\n   \t   \b   \r   \a   \\   \"   \'
```

❶ '삑' 소리를 출력

❷ 줄의 제일 앞쪽으로 이동

❸ 다음 탭으로 이동

❹ 작은따옴표를 출력

7 다음은 변수의 선언 방법입니다. 문법상 틀린 것을 고르세요.

❶ `char a; int b; float c;`

❷ `char a, b; int c;`

❸ `char a, b, c;`

❹ `char a, int b, float c;`

8 다음 코드는 a, b, c에 모두 10을 대입한 후 세 변수의 곱셈을 res에 구하는 코드입니다. 빈칸에 알맞은 코드를 한 문장으로 적으세요.

```
void main()
{
  int a, b, c, res;

  _______1_______ ;
  res = a * b * c;
  printf("a,b,c 의 곱셈 값 ==> %d \n", res);
}
```

연습문제

9 다음은 2진수를 16진수로 변환한 결과입니다. 틀린 것을 고르세요.

❶ $0000\ 0010_2$ ⇨ 10_{16}

❷ $0111\ 0011_2$ ⇨ 73_{16}

❸ $1000\ 1000_2$ ⇨ 88_{16}

❹ $1010\ 1010_2$ ⇨ AA_{16}

10 다음 중 가장 큰 숫자를 저장하는 데이터 형식을 고르세요.

❶ unsigned short

❷ unsigned int

❸ long int

❹ unsigned long

11 다음과 같이 문자형 데이터를 선언했을 때, 문법상 틀린 것을 고르세요.

```
char ch1 = 'A', ch2 = 'B' , ch3 = 'C';
```

❶ `ch1 = ch2 = 100;`

❷ `ch1 = ch2 = 'T';`

❸ `ch1 = ch2 = 200;`

❹ `ch3 = ch1 - ch2;`

12 다음과 같이 배열을 선언했을 때, 적절하지 않은 것을 고르세요.

```
char mystr[3] = "AB";
```

❶ `mystr[0] = 'C';`

❷ `mystr[1] = 66;`

❸ `mystr[2] = 100-30;`

❹ `mystr[3] = 'C';`

13 다음과 같은 실행 결과가 나오도록 빈칸에 코드를 채우세요.

```
void main()
{
   char str[10]="VisualC++";
   int i;
   for( _______1_______)
   {
         _______2_______
   }
}
```

실행 결과

```
VsaC+
```

14 다음 코드의 실행 결과를 예상하시오.

❶

```
printf("f111");
printf("111+222");
printf("%d", 111+222);
```

❷

```
float a = 123.45;
printf("%08.3f", a);
```

❸

```
float a = 123.45, b;
int c; c = a;
b = c;
printf("%6.2f", b);
```

연습문제

IT@COOKBOOK

15 다음 코드의 실행 결과를 예상하시오.

❶

```
#include <stdio.h>
int main( )
{
   int a = 111.22;
   float b = 300;

   printf("a의 값 = = > %d \n", a);
   printf("b의 값 = = > %f \n", b);
}
```

❷

```
#include <stdio.h>
int main( )
{
   int a = 0x41, b= 0x61;

   int tol;

   tol = b - a;

   printf("%c를 소문자로 표시하면 %c이며 \n", 'K', 'K'+tol);
   printf("%c를 대문자로 표시하면 %c이며 \n", 'z', 'z'-tol);
}
```

CHAPTER 04

C 연산자의 이해

학습목표

- 산술 연산자, 증감 연산자, 관계 연산자, 논리 연산자, 비트 연산자를 살펴본다.
- 연산자 우선순위를 파악하여 계산 순서를 이해한다.

SECTION 01

산술 연산자

더하기, 빼기, 곱하기, 나누기 등의 기호를 산술 연산자라고 한다. C에서 처리해야 할 가장 기본적인 계산을 위한 연산자이므로 꼭 알아두어야 한다.

C에서는 가장 기본적인 계산을 하기 위해 산술 연산자를 사용한다. 대표적인 산술 연산자는 우리가 일반적으로 사용하는 더하기(+), 빼기(–), 곱하기(*), 나누기(/)이며, 이외에도 몇 가지가 더 있다. 2개 이상의 산술 연산자가 동시에 나오는 경우 어떤 것을 먼저 계산해야 하는지를 결정해야 하는데, 이때 '우선순위'라는 개념이 필요하다.

1 기본 산술 연산자

C에서 사용되는 기본 산술 연산자는 다음과 같다.

표 4-1 산술 연산자

연산자	명칭	사용 예	설명
=	대입 연산자	a = 3	정수 3을 a에 대입한다.
+	더하기	a = 5 + 3	정수 5와 3을 더한 값을 a에 대입한다.
–	빼기	a = 5 – 3	정수 5에서 3을 뺀 값을 a에 대입한다.
*	곱하기	a = 5 * 3	정수 5와 3을 곱한 값을 a에 대입한다.
/	나누기	a = 5 / 3	정수 5를 3으로 나눈 값을 a에 대입한다.
%	나머지값	a = 5 % 3	정수 5를 3으로 나눈 뒤 나머지값을 a에 대입한다.

나누기(/)와 나머지값(%)만 주의하면 별로 어려울 것이 없다.

기본 4-1 산술 연산자 사용 예 4-1.c

```
#include <stdio.h>

void main( )
{
  int a, b = 5, c = 3;

  a = b + c;
```

더하기 연산을 해서 a에 대입한다.

```
08   printf(" %d + %d = %d  \n", b, c, a);
09
10   a = b - c;                              ----- 빼기 연산을 해서 a에 대입한다.
11   printf(" %d - %d = %d  \n", b, c, a);
12
13   a = b * c;                              ----- 곱하기 연산을 해서 a에 대입한다.
14   printf(" %d * %d = %d  \n", b, c, a);
15
16   a = b / c;                              ----- 나누기 연산을 해서 a에 대입한다.
17   printf(" %d / %d = %d  \n", b, c, a);
18
19   a = b % c;                              ----- 나머지값 연산을 해서 a에 대입한다.
20   printf(" %d %% %d = %d  \n", b, c, a);
21 }
```

실행 결과

```
5 + 3 = 8
5 - 3 = 2
5 * 3 = 15
5 / 3 = 1
5 % 3 = 2
```

[기본 4-1] 16행의 나누기에서 5를 3으로 나누면 약 1.6667이 나오는데 실행 결과로는 1이 나왔다. 앞에서도 언급했듯이 정수끼리의 연산 결과는 정수가 되기 때문에 5 / 3의 결과인 실수 1.6667에서 소수점 아래가 떨어져 나간 정수 1이 된 것이다. 나머지값 연산자인 %는 5를 3으로 나눈 뒤 남은 나머지인 2를 실행 결과로 내놓았다.

SELF STUDY

[기본 4-1]의 17행의 결과가 실수가 되도록 수정해보자.

힌트_ [응용 4-2]를 참고한다.

2 연산자 우선순위와 강제 형 변환

다음 예제를 통해 어떤 연산자가 먼저 계산되는지 살펴보자. 그리고 강제로 데이터 형식을 변환하는 방식도 익힌다. [응용 4-2]에서는 변수를 먼저 선언하고 연산을 실행한다. 이 과정에서 강제 형 변환이 어떻게 발행하는지를 유의하자.

응용 4-2 연산자 우선순위와 강제 형 변환 예 4-2.c

```
01 #include <stdio.h>
02
03 void main( )
04 {
05    int a = 2, b = 3, c = 4;               ----- 정수형 변수를 선언한다.
06    int result1, mok, namugi;
07    float result2;                          ----- 실수형 변수를 선언한다.
08
09    result1 = a + b - c;                    ----- 더하기와 빼기 연산을 동시에 수행한다.
10    printf(" %d + %d - %d = %d  \n", a, b, c, result1);
11
12    result1 = a + b * c;                    ----- 더하기와 곱하기 연산을 동시에 수행한다.
13    printf(" %d + %d * %d = %d \n",  a, b, c, result1);
14
15    result2 = a * b / (float) c;            ----- 정수 c를 실수로 강제 형 변환한 후 연산한다.
16    printf(" %d * %d / %d = %f \n", a, b, c, result2);
17
18 ___1___ = c / b;                          ---- 몫을 구한다.
19    printf(" %d / %d 의 몫은 %d \n", c, b, mok);
20
21 ___2___ = c % b;                          ----- 나머지를 구한다.
22     printf(" %d %% %d 의 나머지는 %d  \n", c, b, namugi);
23 }
```

정답_ 1 mok 2 namugi

실행 결과

```
2 + 3 - 4 = 1
2 + 3 * 4 = 14
2 * 3 / 4 = 1.500000
4 / 3 의 몫은 1
4 / 3 의 나머지는 1
```

간단한 연산자 우선순위

[응용 4-2]의 5행과 6행에서 정수형 변수를 선언하고 7행에서 실수형 결과를 저장할 실수형 변수 result2를 선언했다. 9행에서는 더하기와 빼기가 연속해서 나오는데 더하기와 빼기 중 어떤 것이 먼저 계산될까? 다음 중 어떤 방식으로 계산될지 유추해보자.

```
❶ result1 = (a + b) - c;
❷ result1 = a + (b - c);
```

답은 ❶이지만 덧셈과 뺄셈의 경우에는 계산되는 순서(연산자 우선순위)가 동일하므로 어떤 것을 먼저 계산하든 결과가 같다. 괄호가 없을 때는 왼쪽에서 오른쪽 방향으로 계산한다.

다음으로 덧셈과 곱셈이 같이 있는 12행을 보자. 무엇을 먼저 계산하느냐에 따라 결과가 다르게 나온다.

```
❶ result1 = (a + b) * c; → (2 + 3) * 4 → 5 * 4 → 20
❷ result1 = a + (b * c); → 2 + (3 * 4) → 2 + 12 → 14
```

실행 결과는 ❷의 결과인 14이다. 덧셈(또는 뺄셈)과 곱셈(또는 나눗셈)이 함께 있을 때는 곱셈(또는 나눗셈)을 먼저 계산한 후 덧셈(또는 뺄셈)을 계산하기 때문이다. 그러므로 괄호가 없어도 ❷와 같이 계산되어 14가 나온다.

연산자 우선순위는 괄호가 가장 우선이고 곱셈(또는 나눗셈)이 그다음, 덧셈(또는 뺄셈)이 가장 마지막이다. 그리고 덧셈(또는 뺄셈)끼리 나오거나 곱셈(또는 나눗셈)끼리 나오면 왼쪽에서 오른쪽으로 계산이 진행된다. 그 외 연산자 우선순위는 5절에서 살펴보겠다.

데이터 형식의 강제 형 변환

[응용 4-2]의 15행에서는 강제로 데이터 형식을 변환했다. 곱셈과 나눗셈은 연산자 우선순위가 동일하므로 왼쪽에서 오른쪽으로 계산된다. 즉 강제 형 변환을 사용하지 않으면 [그림 4-1]과 같은 결과가 나올 것이다.

Q / U / I / Z 덧셈, 곱셈, 뺄셈, 나눗셈 중에서 ______, ______의 우선순위가 가장 높다.

여기서 잠깐

괄호를 사용한 연산자 우선순위

덧셈, 뺄셈, 곱셈, 나눗셈이 함께 나와 연산자 우선순위가 혼란스러울 때는 괄호를 사용한다. 괄호를 사용하면 무조건 괄호부터 먼저 계산되므로 혼란을 피할 수 있을 것이다. 다음 ❶과 ❷는 동일한 결과를 출력하지만 ❷가 더 나은 코딩이라고 할 수 있다.

```
❶ a = b + c * d ;
❷ a = b + ( c * d );
```

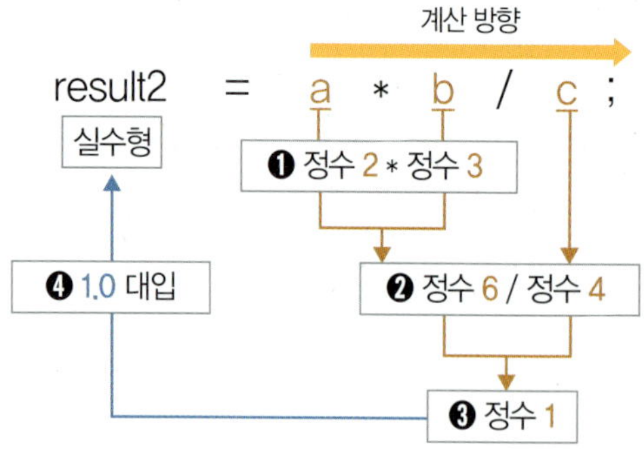

그림 4-1 강제 형 변환을 하지 않았을 때의 결과

연산자 우선순위에 의해 왼쪽 a * b가 먼저 계산되어 6이 나온다. 그리고 6을 c 값인 4로 나누면 1.5가 되는데 6과 4가 정수이므로 정수끼리의 연산은 정수가 되어 결국 최종 계산 결과(❸)는 정수 1이다. 이것을 실수형 변수 result2에 넣어도 1.0이 될 뿐 기대한 결과인 1.5가 되지는 않는다.

만약 실수인 1.5가 결과로 나오게 하려면 15행에서처럼 c를 실수형으로 강제로 바꿔줘야 한다. 이런 강제 형 변환을 하려면 변수 또는 상수 앞에 '(형식 이름)'을 넣으면 된다. [그림 4-2]에서는 (float)를 써서 변수 c를 실수형으로 잠깐 변환하여 '정수 / 실수 = 실수'로 계산하게 만들었다.

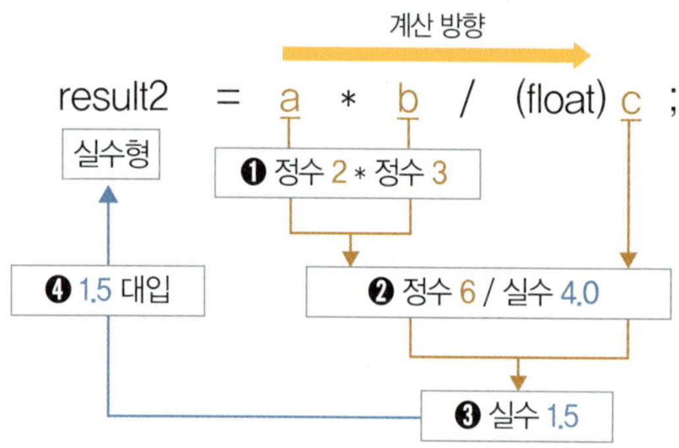

그림 4-2 강제 형 변환을 했을 때의 결과

그 결과 16행에서 1.500000가 출력되었다. 만약 실수형을 정수형으로 변환하려면 마찬가지 방식으로 변수 또는 상수 앞에 (int)를 넣으면 된다.

TIP / 강제 형 변환을 해주는 (float)와 (int)를 '캐스트 연산자(cast operator)'라고 부른다.

[응용 4-2]의 18행과 21행에서는 '정수 / 정수 = 정수'의 특성을 활용하여 몫과 나머지를 계산했다. 즉 어떤 수를 나눈 값에서 소수점을 떼어내면 몫이 되므로 18행에서 3 / 2=1.5가 아닌 3 / 2=1이 되어 몫을 구할 수 있었다. 21행에서는 나머지 연산자를 사용했다.

3 대입 연산자와 증감 연산자

C에서는 대입 연산자 = 외에도 +=, −=, *=, /=, %=를 사용할 수 있다. 그리고 값을 1씩 증가시키는 역할을 하는 ++ 연산자와 1씩 감소시키는 역할을 하는 −− 연산자도 있다. 대입 연산자와 증감 연산자를 정리하면 다음과 같다.

표 4-2 대입 연산자와 증감 연산자

연산자	명칭	사용 예	설명
+=	대입 연산자	a += 3	a = a + 3과 동일하다.
−=	대입 연산자	a −= 3	a = a − 3과 동일하다.
*=	대입 연산자	a *= 3	a = a * 3과 동일하다.
/=	대입 연산자	a /= 3	a = a / 3과 동일하다.
%=	대입 연산자	a %= 3	a = a % 3과 동일하다.
++	증가 연산자	a++ 또는 ++a	a += 1 또는 a = a+1과 동일하다.
−−	감소 연산자	a−− 또는 −−a	a −= 1 또는 a = a−1과 동일하다.

첫 번째 대입 연산자 a += 3은 'a에 3을 더해서 다시 a에 넣어라'라는 의미로 a = a + 3과 동일한 식이다. 나머지 −=, *=, /=, %=도 마찬가지이다. a++ 또는 ++a 연산자는 'a 값을 1 증가시켜라'라는 의미로 a = a + 1과 동일한 식이다. 표현이 간결해서 a = a + 1보다 자주 사용된다.

기본 4-3 대입 연산자와 증감 연산자 사용 예 4-3.c

```
#include <stdio.h>

void main( )
{
   int a = 10;

   a++;                                  ---- a = a + 1과 동일하다.
   printf(" a ++ ==> %d \n", a);

   a--;                                  ---- a = a - 1과 동일하다.
   printf(" a -- ==> %d \n", a);

   a += 5;                               ---- a = a + 5와 동일하다.
   printf(" a += 5 ==> %d \n", a);

   a -= 5;                               ---- a = a - 5와 동일하다.
   printf(" a -= 5 ==> %d \n", a);

```

```
    a *= 5;                          —— a = a * 5와 동일하다.
    printf("a *= 5 ==> %d \n", a);

    a /= 5;                          —— a = a / 5와 동일하다.
    printf("a /= 5 ==> %d \n", a);

    a %= 5;                          —— a = a % 5와 동일하다.
    printf("a %%= 5 ==> %d \n", a);
}
```

실행 결과

```
a ++ ==> 11
a -- ==> 10
a += 5 ==> 15
a -= 5 ==> 10
a *= 5 ==> 50
a /= 5 ==> 10
a %= 5 ==> 0
```

실행 결과를 보면 a는 10에서 시작하여 프로그램이 진행될수록 값이 누적되는 것을 확인할 수 있다.

다음으로 a++와 ++a의 차이점을 살펴보자. a++는 'a가 있고 a 값을 1 증가시켜라'라는 의미이고, ++a는 'a 값을 1 증가시키고 a가 있다'라는 의미이다. 결과적으로는 같은 뜻이지만 다음 예제에서는 조금 다른 결과가 나온다.

TIP/ ++a를 전치 증가 연산자, --a를 전치 감소 연산자, a++를 후치 증가 연산자, a--를 후치 감소 연산자라고도 한다.

응용 4-4 증감 연산자 사용 예 4-4.c

```
#include <stdio.h>

void main( )
{
    int a = 10, b;

    b = a++;                         —— b=a를 수행한 후 a를 1 증가시킨다.
    printf(" %d \n", b);

    __[1]__                          —— a를 1 증가시킨 후 b=a를 수행한다.
```

```
11    printf(" %d \n", b);
12  }
```

정답_ ❶ b = ++a;

실행 결과

```
10
12
```

[응용 4-4]의 7행과 10행은 [그림 4-3]과 같이 각각 다르게 수행되었다.

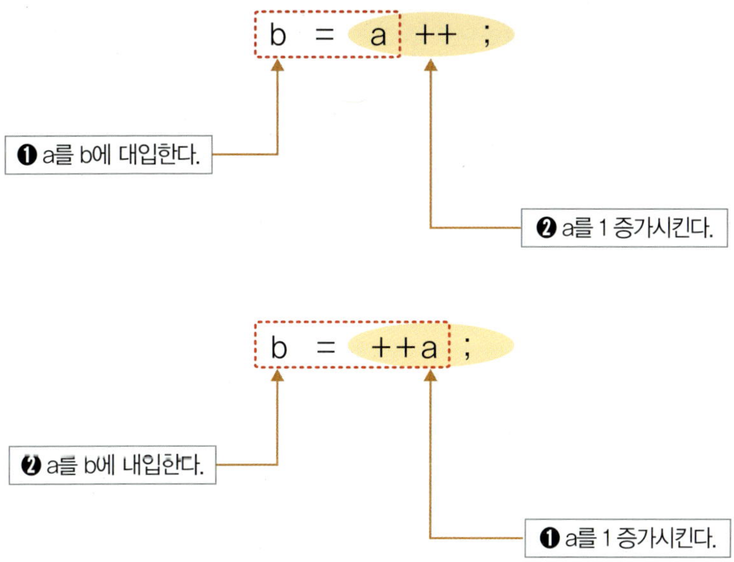

그림 4-3 a++와 ++a의 차이

위 그림에서 보이듯이 b=a++는 먼저 b=a를 수행한 후 a++를 수행한다. 즉 b에 10이 들어간 후 a가 11로 증가한다. 한편 b=++a는 먼저 ++a를 수행한 후 b=a를 수행한다. 즉 a를 12로 증가시킨 후 b에 넣는다.

Q/U/I/Z

❶ 정수 / 정수 = □□, 정수 / 실수 = □□, 실수 / 실수 = □□이다.

❷ a에 −10이 들어 있을 때 a++를 수행하면 [　　　](이)가 되고 그 결과에 다시 a−−를 수행하면 [　　　](이)가 된다.

SECTION

02 관계 연산자

두 값을 비교하는 관계 연산자의 결과는 항상 참이나 거짓으로 표현된다.

관계 연산자(또는 비교 연산자)는 어떤 것이 큰지, 작은지, 같은지를 비교하는 것으로 그 결과는 참(true)이나 거짓(false) 중 하나이다. 그러므로 주로 조건문(if)이나 반복문(for, while)에서 사용하며 단독으로 사용하는 경우는 드물다. 일반적으로 참은 1로, 거짓은 0으로 표시한다.

TIP/ 조건문인 if는 5장에서, 반복문인 for, while은 6장, 7장에서 자세히 다룰 것이다.

$$a < b = \begin{cases} \text{참: } 1 \\ \text{거짓: } 0 \end{cases}$$

그림 4-4 관계 연산자의 기본 개념

관계 연산자의 개념은 간단하다. [그림 4-4]를 예로 들어, 변수 a에 들어 있는 값이 변수 b에 들어 있는 값보다 작으면 참이 되고 그렇지 않으면 거짓이 되는 것이다. 프로그램에 사용할 수 있는 관계 연산자의 종류는 [표 4-3]과 같다.

표 4-3 관계 연산자

연산자	의미	설명
==	같다.	두 값이 동일하면 참이다.
!=	같지 않다.	두 값이 다르면 참이다.
>	크다.	왼쪽이 크면 참이다.
<	작다.	왼쪽이 작으면 참이다.
>=	크거나 같다.	왼쪽이 크거나 같으면 참이다.
<=	작거나 같다.	왼쪽이 작거나 같으면 참이다.

기본 4-5 관계 연산자 사용 예 4-5.c

```
#include <stdio.h>

void main( )
{
   int a = 100 , b = 200;
```

```
06
07   printf(" %d  == %d 는  %d  이다.\n", a, b, a == b);   ---- 관계 연산자 '같다'
08   printf(" %d  != %d 는  %d  이다.\n", a, b, a != b);   ---- 관계 연산자 '같지 않다'
09   printf(" %d  > %d 는  %d  이다.\n",a, b, a > b);      ---- 관계 연산자 '크다'
10   printf(" %d  < %d 는  %d  이다.\n",a, b, a < b);      ---- 관계 연산자 '작다'
11   printf(" %d  >= %d 는  %d  이다.\n", a, b, a >= b);   ---- 관계 연산자 '크거나 같다'
12   printf(" %d  <= %d 는  %d  이다.\n", a, b, a <= b);   ---- 관계 연산자 '작거나 같다'
13
14   printf(" %d  =  %d 는 %d  이다.\n", a, b, a=b);       ---- 관계 연산자가 아닌
15 }                                                       대입 연산자를 수행한다.
```

실행 결과

```
100  == 200 는   0  이다.
100  != 200 는   1  이다.
100  >  200 는   0  이다.
100  <  200 는   1  이다.
100  >= 200 는   0  이다.
100  <= 200 는   1  이다.
200  =  200 는 200  이다.
```

[기본 4-5]의 7행은 100이 200과 같다는 의미이므로 결과로 거짓(0)이 나왔다. 8~12행도 같은 방식으로 살펴보면 된다. 데이터 형식에서 배웠듯이 %d는 정수를 출력해야 함을 의미한다. 이미 5행에서 a는 정수 100, b는 정수 200이라고 선언을 했기 때문에 출력값 역시 정수형이어야 한다.

이 예제에서는 14행의 끝을 주의해서 보라. 사용되는 경우는 아주 드물지만 프로그래머들이 자주 실수하는 유형이다. 7행처럼 값이 같은지 여부를 확인하기 위해 == 연산자를 사용하려다가 실수로 =를 사용한 것인데 ==와 =는 완전히 다른 기호이므로 주의해야 한다. ==는 관계 연산자로서 값이 같은지 여부를 확인하는 것이고, =는 대입 연산자로서 오른쪽의 값을 왼쪽에 대입하라는 의미이다.

이러한 이유로 7행은 거짓을 의미하는 0이 출력되고 14행은 200이 출력된다.

그렇다면 어떻게 해서 '200 = 200은 200이다.'가 출력되었는지 [그림 4-5]를 통해 살펴보자.

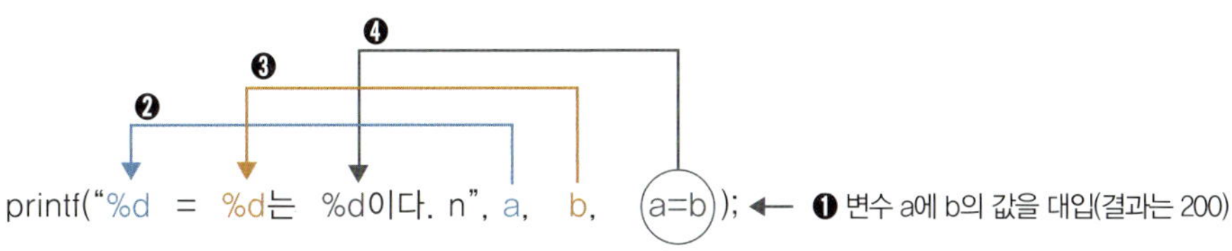

그림 4-5 대입 연산자의 작동

➊의 a=b는 b의 값을 a에 대입하라는 의미이다. 현재 b에는 200이 들어 있으므로 a에도 200이 대입된다. 그 결과 a=b의 위치에는 200이라는 값이 들어간다. ➋의 a에는 현재 200이 들어 있으므로 첫 번째 %d에는 200이 대입된다. ➌의 b에도 현재 200이 들어 있으므로 두 번째 %d에도 200이 대입된다. ➍의 a=b는 200이므로 세 번째 %d에도 200이 대입되어 결국 '200 = 200는 200이다.'가 출력된다. 이는 의도한 것이 아니라 실수로 인한 경우가 대부분이다.

Q / U / I / Z 관계 연산자에는 '같다'를 의미하는 □□, '같지 않다'를 의미하는 □□, '크거나 같다'를 의미하는 □□, '작거나 같다'를 의미하는 □□(이)가 있다.

SECTION

03 논리 연산자

두 가지 이상의 조건을 표현하는 경우에는 논리 연산자를 사용한다. 예를 들어 'a도 참이어야 하고 b도 참이어야 한다'를 표현할 때 사용한다.

논리 연산자는 주로 여러 가지 조건을 복합적으로 사용하며 &&(그리고), ||(또는), !(부정)가 쓰인다. 예를 들어 a라는 값이 100과 200 사이에 들어 있어야 한다면 'a는 100보다 크다. 그리고 a는 200보다 작다.'라고 표현할 수 있다. C에서는 이를 다음과 같이 표현한다.

```
(a > 100 ) && (a < 200)
```

위의 식이 참이 되려면 (a > 100)도 참이 되어야 하고 (a < 200)도 참이 되어야 한다. 즉 a가 100과 200 사이에 있어야만 두 조건 모두 참이 된다. 논리 연산자의 종류와 관련 예제는 다음과 같다.

표 4-4 논리 연산자

연산자	의미		사용 예	설명
&&	~이고	그리고(AND)	(a > 100) && (a < 200)	둘 다 참이어야 참이다.
||	~이거나	또는(OR)	(a > 100) || (a < 200)	둘 중 하나만 참이어도 참이다.
!	~아니다	부정(NOT)	!(a == 100)	참이면 거짓, 거짓이면 참이다.

기본 4-6 논리 연산자 사용 예 1 4-6.c

```
#include <stdio.h>

void main( )
{
   int a = 99;

   printf(" AND 연산 : %d \n", (a >= 100) && (a <= 200));
   printf(" OR 연산  : %d \n", (a >= 100) || (a <= 200));
   printf(" NOT 연산 : %d \n", !(a==100));
}
```

- 07행: AND 연산을 사용한다.
- 08행: OR 연산을 사용한다.
- 09행: NOT 연산을 사용한다.

실행 결과

```
AND 연산 : 0
OR 연산  : 1
NOT 연산 : 1
```

[기본 4-6]의 7행에서는 a가 100과 200 사이에 있는지를 물었다. 즉 'a가 100보다 크거나 같다. 그리고 a가 200보다 작거나 같다.'를 의미하는데, a는 99이므로 (a >= 100)은 거짓, (a <= 200)은 참이다. '거짓 AND 참'이므로 그 결과는 거짓(0)이다.

8행에서는 a가 100보다 크거나 같아도 되고, a가 200보다 작거나 같아도 된다. 즉 둘 중 하나만 참이어도 참이다. 역시 a는 99이므로 (a >= 100)은 거짓, (a <= 200)은 참이다. '거짓 OR 참'이므로 그 결과는 참(1)이다.

9행에서는 a가 99이므로 (a == 100)은 거짓이지만 '거짓의 부정은 참'이라 1이 출력된다.

응용 4-7 논리 연산자 사용 예 2 — 4-7.c

```
#include <stdio.h>

void main( )
{
   int a = 100, b = -200;

   printf(" 상수의 AND 연산 : %d \n", a && b);     ----- AND 연산을 사용한다.
   printf(" 상수의 OR  연산 : %d \n", ___1___);    ----- OR 연산을 사용한다.
   printf(" 상수의 NOT 연산 : %d \n", ___2___);    ----- NOT 연산을 사용한다.
}
```

정답_ 1 a || b 2 !a

실행 결과

```
상수의 AND 연산 : 1
상수의 OR  연산 : 1
상수의 NOT 연산 : 0
```

Q / U / I / Z 논리 연산자에는 OR를 의미하는 □□, AND를 의미하는 □□, NOT을 의미하는 □(이)가 있다.

[응용 4-7]의 7행은 '100 그리고 −200'을 뜻하여 참(1)이다. 여기서 기억할 점은 0을 제외한 모든 수는 참을 의미한다는 것이다. 그러므로 어떤 수를 AND 연산하든 둘 다 거짓(0)이 아니라면 '참(100) AND 참(−200)'이므로 결과는 참(1)이 된다.

8행도 마찬가지이다. '100 또는 −200', 즉 '참(100) OR 참(−200)'을 의미하므로 결과는 참(1)이다. 9행은 '100이 아니다', 즉 '참(100)이 아니다'를 의미하므로 거짓(0)이 출력된다.

Q / U / I / Z 상수에서는 □(을)를 제외하고는 무조건 참으로 취급한다.

SECTION
04 비트 연산자

비트 연산자는 정수나 문자 등을 2진수로 변환한 후 각 자리의 비트끼리 연산을 수행한다. 비트 연산자에는 &, |, ^, ~, 《, 》가 있다.

비트 연산자를 이해하기 위해서는 먼저 2진수와 16진수의 개념과 변환 방법을 명확히 알아야 한다. 3장에서 2진수와 16진수의 기본 개념과 진수 간의 변환 과정에 대해 설명했으니 아직 진수를 이해하지 못했다면 3장을 다시 공부하기 바란다. 여기서는 2진수에서 사용되는 0과 1을 나타내는 단위인 비트의 연산을 다룬다.

비트 연산자는 정수나 문자 등을 2진수로 변환한 후 각 자리의 비트끼리 연산을 수행한다. 비트 연산자의 종류는 다음과 같다.

표 4-5 비트 연산자

연산자	명칭	설명
&	비트 논리곱(AND)	둘 다 1이면 1이다.
|	비트 논리합(OR)	둘 중 하나만 1이면 1이다.
^	비트 배타적 논리합(XOR)	둘이 같으면 0, 둘이 다르면 1이다.
~	비트 부정	1은 0으로, 0은 1로 변경한다.
《	비트 왼쪽 시프트(이동)	비트를 왼쪽으로 시프트(이동)한다.
》	비트 오른쪽 시프트(이동)	비트를 오른쪽으로 시프트(이동)한다.

비트 논리곱(&) 연산자

10 && 7의 결과는 참(1)이라는 것은 이미 배워서 알고 있다. &&는 AND를 의미하는데 0을 제외하고 모두 참이므로 10 && 7의 결과도 참이다. 그렇다면 10 & 7은 어떤 결과가 나올까? &&는 그 결과가 참(1) 또는 거짓(0)으로 나오지만 &는 비트 논리곱을 수행한 결과가 나온다.

[그림 4-6]에서 보이듯이 10진수를 2진수로 변환한 후 각 비트마다 AND 연산을 수행해보았다. 그 결과 2진수 0010_2이 되고 이는 10진수로 2이다.

A	B	A & B
0	0	0
0	1	0
1	0	0
1	1	1

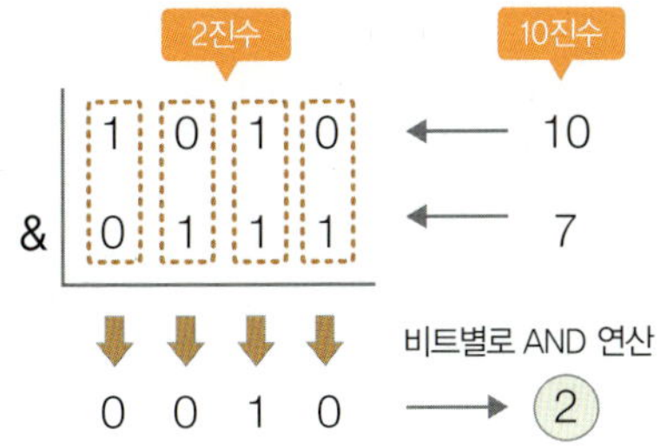

그림 4-6 비트 논리곱의 예

기본 4-8 비트 논리곱 연산자 사용 예 4-8.c

```
01 #include <stdio.h>
02
03 void main( )
04 {
05    printf(" 10 & 7 = %d \n", 10 & 7);             ----- 10과 7의 비트 논리곱을 수행한다.
06    printf(" 123 & 456 = %d \n", 123 & 456);       ----- 123과 456의 비트 논리곱을 수행한다.
07    printf(" 0xFFFF & 0000 = %d \n ", 0xFFFF & 0000);
                                                     └---- 16진수 FFFF와 0의 비트 논리곱을 수행한다.
08 }
```

실행 결과

```
10 & 7 = 2
123 & 456 = 72
0xFFFF & 0000 = 0
```

[기본 4-8] 5행의 10과 7의 연산은 [그림 4-6]과 동일하다. 6행에서는 123의 2진수인 1111011_2과 456의 2진수인 111001000_2의 비트 논리곱 결과가 1001000_2이므로 10진수로 72이다.

만약 두 수의 자릿수가 다를 때는 빈자리에 0을 채운 후 비트 논리곱 연산을 수행하면 된다. 예를 들어 2진수 11_2과 111_2은 011 & 111로 계산된다. 7행에서는 16진수 FFFF(2진수로는 1111 1111 1111 1111)와 0000(2진수로는 0000 0000 0000 0000)의 비트 논리곱 결과인 0이 출력된다. 0과 비트 논리곱을 수행하면 무조건 0이 나온다는 것을 기억하라.

비트 논리합(|) 연산자

10 || 7의 결과는 참(1)이라는 것은 이미 배웠다. ||는 OR를 의미하는데, 10 || 7은 '참 OR 참'이 되므로 결과가 참이다. 그렇다면 비트 논리합 10 | 7은 어떻게 될까? [그림 4-7]을 통해 살펴보자.

A	B	A | B
0	0	0
0	1	1
1	0	1
1	1	1

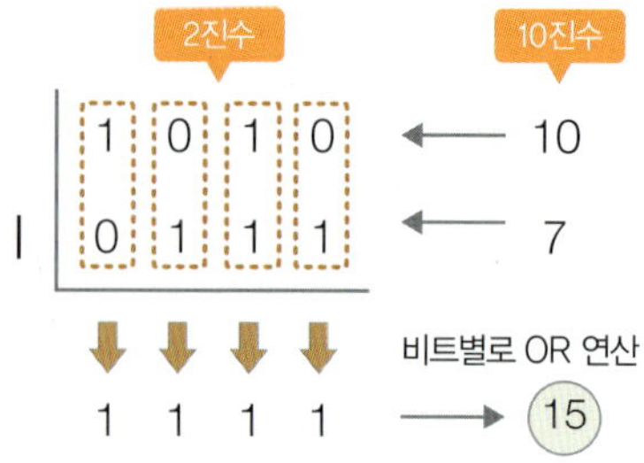

그림 4-7 비트 논리합의 예

각 비트의 논리합 결과는 2진수 1111_2이며 이는 10진수로 15이다.

기본 4-9 비트 논리합 연산자 사용 예 4-9.c

```
01 #include <stdio.h>
02
03 void main( )
04 {
05     printf(" 10 | 7 = %d \n", 10 | 7);
06     printf(" 123 | 456 = %d \n", 123 | 456);
07     printf(" 0xFFFF | 0000 = %d \n ", 0xFFFF | 0000);
08 }
```

- 05: 10과 7의 비트 논리합을 수행한다.
- 06: 123과 456의 비트 논리합을 수행한다.
- 07: 16진수 FFFF와 0의 비트 논리합을 수행한다.

실행 결과

```
10 | 7 = 15
123 | 456 = 507
0xFFFF | 0000 = 65535
```

[기본 4-9]의 5행과 6행에서는 주어진 수의 비트 논리합 연산을 수행했다. 7행에서는 0xFFFF와 0000의 비트 논리합이 0xFFFF이므로 16진수 $FFFF_{16}$는 10진수로 65535이다. 이때 16진수로 출력하고 싶다면 7행의 %d를 %x로 변경하면 된다.

비트 배타적 논리합(^) 연산자

비트 배타적 논리합(^)은 두 값이 다르면 1, 같으면 0이 된다. 즉 '참(1) ^ 참(1)'이나 '거짓(0) ^ 거짓(0)'이면 결과가 거짓(0)이고, '참(1) ^ 거짓(0)'이나 '거짓(0) ^ 참(1)'이면 결과가 참(1)이다. 예를 들어 10 ^ 7의 결과는 [그림 4-8]과 같다.

A	B	A^B
0	0	0
0	1	1
1	0	1
1	1	0

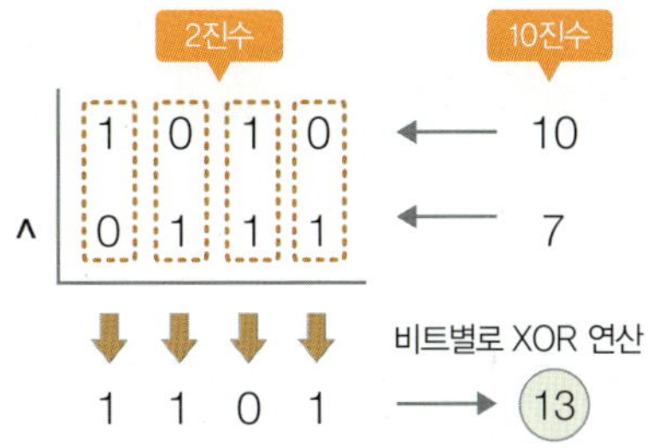

그림 4-8 비트 배타적 논리합의 예

각 비트의 배타적 논리합 결과는 2진수 1101_2이며 이는 10진수로 13이다.

기본 4-10 비트 배타적 논리합 연산자 사용 예 4-10.c

```
01 #include <stdio.h>
02
03 void main( )
04 {
05     printf(" 10 ^ 7 = %d \n", 10 ^ 7);          ---- 10과 7의 비트 배타적 논리합을 수행한다.
06     printf(" 123 ^ 456 = %d \n", 123 ^ 456);    ---- 123과 456의 비트 배타적 논리합을 수행한다.
07     printf(" 0xFFFF ^ 0000 = %d \n ", 0xFFFF ^ 0000);
                                                   └--- 16진수 FFFF와 0의 비트 배타적 논리합을 수행한다.
08 }
```

실행 결과

```
10 ^ 7 = 13
123 ^ 456 = 435
0xFFFF ^ 0000 = 65535
```

[기본 4-10]의 5행은 [그림 4-8]의 결과와 같고 6행과 7행 또한 직접 계산해보면 실행 결과와 같은 값이 나올 것이다. 비트 연산을 활용하는 예제를 하나 더 살펴보자.

응용 4-11 비트 연산에 마스크를 사용한 예 4-11.c

```
#include <stdio.h>

void main( )
{
    char a = 'A', b, c;
    char mask = 0x0F;          ---- 마스크 값(0000 1111₂)을 설정한다.

```

```
08   printf(" %X & %X = %X \n", a, mask, a & mask); ---- 'A'와 0x0F의 비트 논리곱을 수행한다.
09   printf(" %X | %X = %X \n", a, mask, a | mask)  ---- 'A'와 0x0F의 비트 논리합을 수행한다.
10
11   mask = 'a' - 'A';                              ---- 'a'와 'A'의 차이는 32이다.
12
13   b = __1__                                      ---- 'A'와 마스크(32)의 비트 배타적 논리합을 수행한다.
14   printf(" %c ^ %d = %c \n", a, mask, b);
15   a = __2__                                      ---- 'a'와 마스크(32)의 비트 배타적 논리합을 수행한다.
16   printf(" %c ^ %d = %c \n", b, mask, a);
17 }
```

정답_ 1 a ^ mask; 2 b ^ mask;

실행 결과

```
41 & F = 1
41 & F = 4F
A ^ 32 = a
a ^ 32 = A
```

[응용 4-11]은 마스크(mask) 방식에 대한 예제로, 마스크는 무엇을 걸러주는 역할을 한다고 생각하면 된다. 우선 6행에서 마스크 값을 16진수 $0x0F_{16}$로 선언했는데 이는 2진수로 0000 1111_2이다. 비트 논리곱 연산을 진행하면 앞의 4비트는 모두 0000이 되고 뒤의 4비트는 A의 원래 값이 그대로 남는다.

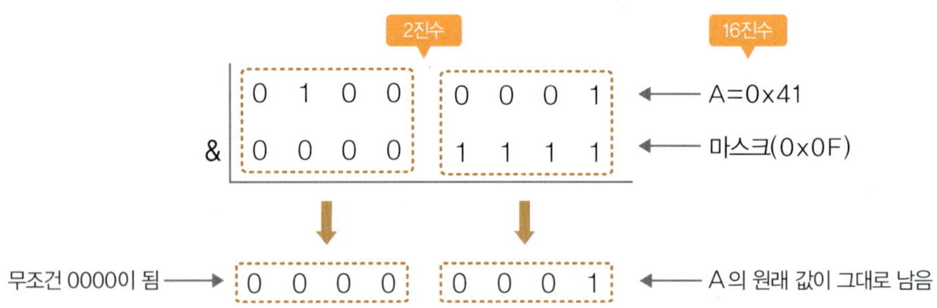

그림 4-9 마스크 0x0F를 사용한 비트 논리곱의 예

반면 9행의 0x0F로 비트 논리합 연산을 하면 [그림 4-10]과 같이 앞의 4비트는 A의 원래 값이 그대로 남고 뒤의 4비트는 무조건 1111이 된다.

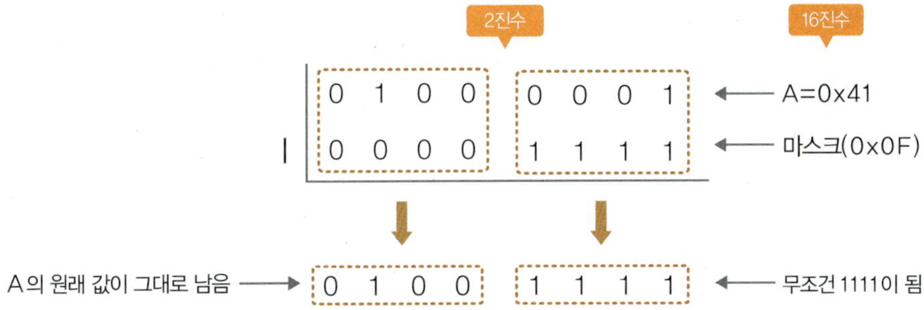

그림 4-10 마스크 0x0F를 사용한 비트 논리합의 예

11행에서는 마스크 값을 소문자('a')와 대문자('A')의 차이로 선언했다. 이때 'a'는 0x61이고 'A'는 0x41이므로 두 값의 차이는 0x20인데, 이는 10진수로 32, 2진수로 $0010\ 0000_2$이다. 13행에서 'A'와 32($0010\ 0000_2$)의 비트 배타적 논리합을 수행하면 'a'로 변경되고, 15행에서 다시 'a'와 32($0010\ 0000_2$)의 비트 배타적 논리합을 수행하면 'A'로 원상 복귀된다.

비트 부정(~) 연산자

비트 부정 연산자(또는 보수 연산자)는 두 수를 연산하는 것이 아니라 하나의 수를 가지고 각 비트를 반대로 만드는 연산자이다. 즉 모든 0은 1로, 모든 1은 0으로 바꾼다. 이렇게 반전된 값을 '1의 보수'라고 하며, 그 값에 1을 더한 값을 '2의 보수'라고 한다.

비트 부정 연산자는 어떤 수의 음숫값을 찾고자 할 때 사용한다. 정수에 비트 부정을 수행한 후 1을 더하면 그 수의 음숫값을 얻을 수 있다.

TIP/ 2의 보수를 구하는 예를 하나 보자. 7은 2진수로 0111_2이 된다. 이것을 1의 보수로 바꾸면 1000_2이 되고, 여기에 1을 더한 1001_2이 7의 2의 보수가 된다.

기본 4-12 비트 부정 연산자 사용 예 4-12.c

```
#include <stdio.h>

void main( )
{
   int a = 12345;

   printf(" %d \n", ~a + 1);
}
```

----- 2의 보수(a 값)를 구한다.

실행 결과

```
-12345
```

비트 왼쪽 시프트(<<) 연산자

비트 왼쪽 시프트 연산자는 나열된 비트를 왼쪽으로 시프트(shift)하는 연산자이다. 예를 들어 10진수 26을 2진수로 나타내면 $0001\ 1010_2$인데 이것을 왼쪽으로 두 칸 시프트해보자.

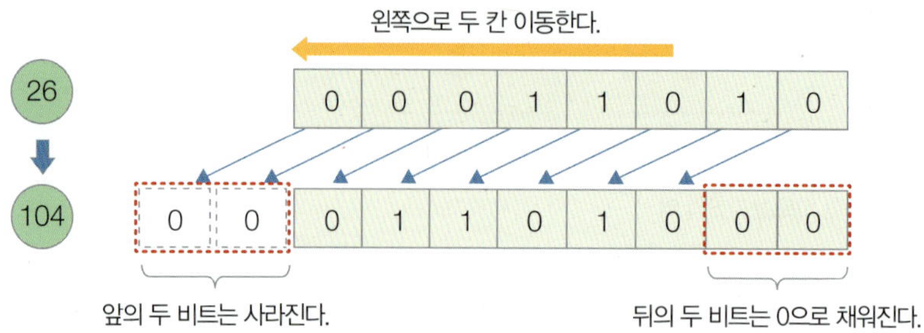

그림 4-11 26을 왼쪽으로 두 칸 시프트한 결과

왼쪽으로 두 칸 이동했으므로 앞의 두 00이 떨어져 나가고 비어 있는 뒤의 두 칸에는 00이 채워진다. 따라서 결과가 26에서 104로 바뀌었다. 이는 왼쪽 시프트를 할 때마다 2^n을 곱한 효과가 있기 때문이다. 즉 왼쪽으로 1회 시프트할 때는 2^1을, 2회 시프트할 때는 2^2을, 3회 시프트할 때는 2^3을 곱하는 셈이다.

기본 4-13 비트 왼쪽 시프트 연산자 사용 예 4-13.c

```c
#include <stdio.h>

void main( )
{
   int a = 10;
   printf("%d 를 왼쪽 1회 시프트하면 %d 이다.\n", a, a << 1);
   printf("%d 를 왼쪽 2회 시프트하면 %d 이다.\n", a, a << 2);
   printf("%d 를 왼쪽 3회 시프트하면 %d 이다.\n", a, a << 3);
}
```

왼쪽으로 시프트한 결과를 출력한다.

실행 결과

```
10 를 왼쪽 1회 시프트하면 20 이다.
10 를 왼쪽 2회 시프트하면 40 이다.
10 를 왼쪽 3회 시프트하면 80 이다.
```

시프트할 때마다 $10 \times 2^1 = 20$, $10 \times 2^2 = 40$, $10 \times 2^3 = 80$의 결과가 나온다.

비트 오른쪽 시프트(>>) 연산자

비트 오른쪽 시프트 연산자는 나열된 비트를 오른쪽으로 시프트하는 연산자이다. 예를 들어 10진수 26을 2진수로 나타내면 $0001\ 1010_2$인데 이것을 오른쪽으로 두 칸 시프트해보자.

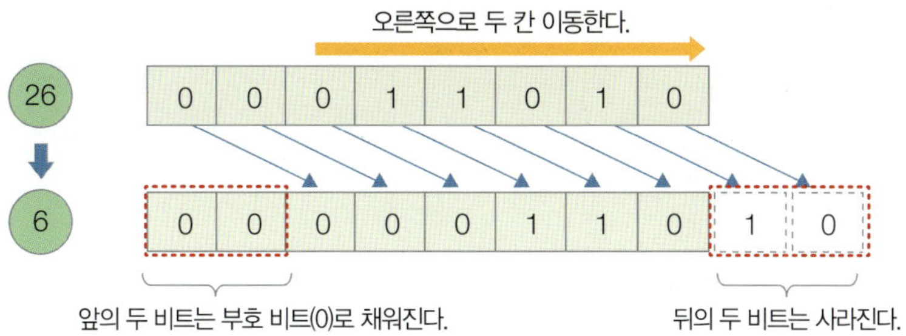

그림 4-12 26을 오른쪽으로 두 칸 시프트한 결과

결과를 보면 뒤의 두 비트는 떨어져 나가고 앞의 두 비트에는 부호 비트(양수는 0, 음수는 1)가 채워진다. 이는 2^n으로 나눈 효과를 낸다. 시프트 연산은 정수만 연산하므로 몫만 남는다($26 / 2^2 = 6$). 즉 오른쪽으로 1회 시프트할 때는 2^1으로, 2회 시프트할 때는 2^2으로, 3회 시프트할 때는 2^3으로 나누는 셈이다.

기본 4-14 비트 오른쪽 시프트 연산자 사용 예 4-14.c

```c
#include <stdio.h>

void main( )
{
   int a = 10;
   printf("%d 를 오른쪽 1회 시프트하면 %d 이다.\n", a, a >> 1);
   printf("%d 를 오른쪽 2회 시프트하면 %d 이다.\n", a, a >> 2);
   printf("%d 를 오른쪽 3회 시프트하면 %d 이다.\n", a, a >> 3);
   printf("%d 를 오른쪽 4회 시프트하면 %d 이다.\n", a, a >> 4);
}
```

오른쪽으로 시프트한 결과를 출력한다.

실행 결과

```
10 를 오른쪽 1회 시프트하면 5 이다.
10 를 오른쪽 2회 시프트하면 2 이다.
10 를 오른쪽 3회 시프트하면 1 이다.
10 를 오른쪽 4회 시프트하면 0 이다.
```

시프트할 때마다 $10 / 2^1 = 5$, $10 / 2^2 = 2$, $10 / 2^3 = 1$, $10 / 2^4 = 0$의 결과가 나온다.

[응용 4-15]에는 아직 배우지 않은 반복문(for)도 나오는데 맛보기로 미리 살펴보자.

TIP/ for문은 6장에서 다룰 것이다.

응용 4-15 비트 왼쪽 시프트, 비트 오른쪽 시프트 연산자 사용 예 4-15.c

```c
#include <stdio.h>

void main( )
{
  int a = 100, result;
  int i;

  for(i = 1; i <= 5; i ++)
  {
    result = ___❶___
    printf("%d << %d = %d\n", a, i, result);
  }

  for(i = 1; i <= 5; i ++)
  {
    result = ___❷___
    printf("%d >> %d = %d\n", a, i, result);
  }
}
```

- 08~12행: 왼쪽 시프트 연산을 5회 반복해서 출력한다.
- 14~18행: 오른쪽 시프트 연산을 5회 반복해서 출력한다.

정답_ ❶ a << i; ❷ a >> i;

실행 결과

```
100 << 1 = 200
100 << 2 = 400
100 << 3 = 800
100 << 4 = 1600
100 << 5 = 3200
100 >> 1 = 50
100 >> 2 = 25
100 >> 3 = 12
100 >> 4 = 6
100 >> 5 = 3
```

Q/U/I/Z 2진수 0011_2을 왼쪽으로 1비트 시프트하면 10진수로 □이다.

8행의 for문은 9~12행을 5회(i 값은 1~5) 반복한다. 그래서 결과가 $100 \times 2^1 = 200$, $100 \times 2^2 = 400$, …의 순으로 출력된 것이다. 마찬가지로 14~18행은 $100 / 2^1 = 50$, $100 / 2^2 = 25$, …의 순으로 출력되었다.

SELF STUDY

[응용 4-15]를 수정하여 3을 왼쪽으로 10번 시프트하는 프로그램을 작성해보자.

힌트_ for문의 반복 횟수를 수정한다.

Q / U / I / Z 2진수 0011_2을 오른쪽으로 1비트 시프트하면 10진수로 □이다.

SECTION
05 연산자 우선순위

C에서는 여러 연산자가 동시에 나올 때 어떤 연산자를 먼저 계산할지 이미 결정되어 있다. 이처럼 미리 결정된 계산 순서를 연산자 우선순위라고 한다.

지금까지 배운 연산자가 하나씩 나오면 상관없지만 동시에 여러 개의 연산자가 나오면 어떤 연산을 먼저 처리할지 고려해야 한다. 다음 표는 C에서 동시에 여러 개의 연산자가 나올 때 처리되는 우선순위를 보여준다. 다 외우기는 어렵겠지만 대략적으로라도 알아두는 것이 좋다. 특히 괄호는 최우선순위이며, 곱셈과 나눗셈이 덧셈과 뺄셈보다 우선한다는 것과 대입 연산자는 가장 늦게 처리된다는 것을 꼭 기억하기 바란다. 그 외에는 필요할 때마다 참고하면서 익히자.

표 4-6 연산자 우선순위

<table>
<tr><th>우선순위</th><th>연산자</th><th>명칭</th><th>순위가 같을 경우 진행 방향</th></tr>
<tr><td>1</td><td>() [] . -></td><td>1차 연산자</td><td>→</td></tr>
<tr><td>2</td><td>+ - ++ -- ~ ! * &</td><td>단항 연산자(변수 또는 상수 앞에 붙음)</td><td>←</td></tr>
<tr><td>3</td><td>* / %</td><td>산술 연산자</td><td>→</td></tr>
<tr><td>4</td><td>+ -</td><td>산술 연산자</td><td>→</td></tr>
<tr><td>5</td><td><< >></td><td>비트 시프트 연산자</td><td>→</td></tr>
<tr><td>6</td><td>< <= > >=</td><td>비교 연산자</td><td>→</td></tr>
<tr><td>7</td><td>== !=</td><td>동등 연산자</td><td>→</td></tr>
<tr><td>8</td><td>&</td><td>비트 연산자</td><td>→</td></tr>
<tr><td>9</td><td>^</td><td>비트 연산자</td><td>→</td></tr>
<tr><td>10</td><td>|</td><td>비트 연산자</td><td>→</td></tr>
<tr><td>11</td><td>&&</td><td>논리 연산자</td><td>→</td></tr>
<tr><td>12</td><td>||</td><td>논리 연산자</td><td>→</td></tr>
<tr><td>13</td><td>?:</td><td>삼항 연산자</td><td>→</td></tr>
<tr><td>14</td><td>= += -= *= /= %=
&= ^= |= <<= >>=</td><td>대입 연산자</td><td>←</td></tr>
<tr><td>15</td><td>,</td><td>콤마 연산자</td><td>→</td></tr>
</table>

TIP/ 연산자 우선순위 중 2위인 +와 –는 더하기와 빼기가 아니라 숫자나 변수 앞에 붙는 플러스, 마이너스 부호를 의미한다.

Q/U/I/Z ( ), =, +, *를 연산자 우선순위대로 나열하면 □, □, □, □이다.

예제모음 08

입력된 두 실수의 산술 연산

exam08.c ★☆☆

예제 설명 실수를 입력받아 두 수의 다양한 연산을 출력하는 프로그램이다.

힌트_ 나머지를 구할 때는 강제 형 변환을 사용한다.

실행 결과

```
첫 번째 계산할 값을 입력하세요 ==> 10
두 번째 계산할 값을 입력하세요 ==> 20
 10.00 + 20.00 = 30.00
 10.00 - 20.00 = -10.00
 10.00 * 20.00 = 200.00
 10.00 / 20.00 =  0.50
 10 % 20 = 10
```

```
#define _CRT_SECURE_NO_WARNINGS
#include <stdio.h>
void main( )
{
    float a, b;                                  ----- 실수형 변수를 선언한다.
    float result;

    printf("첫 번째 계산할 값을 입력하세요 ==> ");
    scanf("%f", &a);                             ----- 실수를 입력받는다.
    printf("두 번째 계산할 값을 입력하세요 ==> ");
    scanf("%f", &b);                             ----- 실수를 입력받는다.

    result = a + b;                              ----- 실수의 덧셈을 수행한다.
    printf(" %5.2f + %5.2f = %5.2f \n", a, b, result);
    result = a - b;                              ----- 실수의 뺄셈을 수행한다.
    printf(" %5.2f - %5.2f = %5.2f \n", a, b, result);
    result = a * b;                              ----- 실수의 곱셈을 수행한다.
    printf(" %5.2f * %5.2f = %5.2f \n", a, b, result);
    result = a / b;                              ----- 실수의 나눗셈을 수행한다.
    printf(" %5.2f / %5.2f = %5.2f \n", a, b, result);
    result = (int)a % (int)b;  ----- 나머지 연산을 위해 실수를 정수로 강제 형 변환한다.
    printf(" %d %% %d = %d \n", (int)a, (int)b, (int)result);
}
```

예제모음 09

동전 교환 프로그램

exam09.c ★★☆

예제 설명 입력된 액수만큼 500원, 100원, 50원, 10원짜리 동전으로 교환해주는 프로그램이다.

❶ 동전의 총 개수를 최소화한다. ❷ 고액의 동전을 먼저 바꿔준다.

실행 결과

```
## 교환할 돈은 ? 7777

오백 원짜리 ==> 15 개
백 원짜리   ==> 2 개
오십 원짜리 ==> 1 개
십 원짜리   ==> 2 개
바꾸지 못한 잔돈 ==> 7 원
```

```c
#define _CRT_SECURE_NO_WARNINGS
#include <stdio.h>
void main( )
{
    int money, c500, c100, c50, c10;

    printf(" ## 교환할 돈은 ? ");
    scanf("%d", &money);

    c500 = money / 500;
    money = money % 500;

    c100 = money / 100;
    money = money % 100;

    c50 = money / 50;
    money = money % 50;

    c10 = money / 10;
    money = money % 10;

    printf("\n 오백 원짜리 ==> %d 개 \n", c500);
    printf(" 백 원짜리   ==> %d 개 \n", c100);
    printf(" 오십 원짜리 ==> %d 개 \n", c50);
    printf(" 십 원짜리   ==> %d 개 \n", c10);
    printf(" 바꾸지 못한 잔돈 ==> %d 원 \n", money);
}
```

- int money, c500, c100, c50, c10; — 입력한 돈과 각 동전의 개수를 저장하는 변수이다.
- scanf("%d", &money); — 동전으로 교환할 액수를 입력한다.
- c500 = money / 500; — 500원짜리 동전의 개수를 계산한다.
- money = money % 500; — 500원짜리 동전으로 바꾼 후 나머지 금액이다.
- c100 = money / 100; — 100원짜리 동전의 개수를 계산한다.
- money = money % 100; — 100원짜리 동전으로 바꾼 후 나머지 금액이다.
- c50 = money / 50; — 50원짜리 동전의 개수를 계산한다.
- money = money % 50; — 50원짜리 동전으로 바꾼 후 나머지 금액이다.
- c10 = money / 10; — 10원짜리 동전의 개수를 계산한다.
- money = money % 10; — 10원짜리 동전으로 바꾼 후 나머지 금액이다.
- printf(" 바꾸지 못한 잔돈 ==> %d 원 \n", money); — 바꾸지 못한 나머지 돈은 money에 들어 있다.

예제모음 10

윤년 계산 프로그램

exam10.c ★★★

예제 설명 입력된 연도가 윤년인지 계산하는 프로그램이다.

❶ 4로 나누어 떨어지고 100으로 나누어 떨어지지 않으면 윤년이다.

❷ 400으로 나누어 떨어지는 해도 윤년에 포함된다.

실행 결과

```
연도를 입력하세요. : 2024
2024 년은 윤년입니다.
```

```c
#define _CRT_SECURE_NO_WARNINGS
#include <stdio.h>
void main( )
{
   int year;

   printf("연도를 입력하세요. : ");
   scanf("%d", &year);                    ----- 계산할 연도를 입력한다.

   if( ((year % 4 == 0) && (year % 100 != 0 )) || (year % 400 == 0) )
      printf("%d 년은 윤년입니다. \n", year);
   else
      printf("%d 년은 윤년이 아닙니다. \n", year);
}
```

윤년은 입력한 연도가 4로 나누어 떨어지고 100으로는 나누어 떨어지지 않아야 한다. 또는 400으로 나누어 떨어져도 된다.

요약

1 산술 연산자

❶ 더하기, 빼기, 곱하기, 나누기 등의 기호로 C에서 처리해야 할 가장 기본적인 연산자이다.

❷ 연산자 우선순위는 *, /가 +, −보다 우선이다. 또한 ( )는 가장 먼저, =은 가장 나중에 처리된다.

❸ 정수를 실수로 강제 형 변환하려면 정수 앞에 (float)를 붙여야 한다.

연산자	명칭	사용 예	설명
=	대입 연산자	a = 3	정수 3을 a에 대입한다.
+	더하기	a = 5 + 3	정수 5와 3을 더한 값을 a에 대입한다.
−	빼기	a = 5 − 3	정수 5에서 3을 뺀 값을 a에 대입한다.
*	곱하기	a = 5 * 3	정수 5와 3을 곱한 값을 a에 대입한다.
/	나누기	a = 5 / 3	정수 5를 3으로 나눈 값을 a에 대입한다.
%	나머지값	a = 5 % 3	정수 5를 3으로 나눈 뒤 나머지값을 a에 대입한다.

2 대입 연산자와 증감 연산자

연산자	명칭	사용 예	설명
+=	대입 연산자	a += 3	a = a + 3과 동일하다.
−=	대입 연산자	a −= 3	a = a − 3과 동일하다.
*=	대입 연산자	a *= 3	a = a * 3과 동일하다.
/=	대입 연산자	a /= 3	a = a / 3과 동일하다.
%=	대입 연산자	a %= 3	a = a % 3과 동일하다.
++	증가 연산자	a++ 또는 ++a	a += 1 또는 a = a + 1과 동일하다.
−−	감소 연산자	a−− 또는 −−a	a −= 1 또는 a = a − 1과 동일하다.

3 관계 연산자

두 값을 비교하는 관계 연산자의 결과는 항상 참이나 거짓으로 표현된다.

연산자	의미	설명
==	같다.	두 값이 동일하면 참이다.
!=	같지 않다.	두 값이 다르면 참이다.
>	크다.	왼쪽이 크면 참이다.
<	작다.	왼쪽이 작으면 참이다.
>=	크거나 같다.	왼쪽이 크거나 같으면 참이다.
<=	작거나 같다.	왼쪽이 작거나 같으면 참이다.

4 논리 연산자

두 가지 이상의 조건을 표현하는 경우에 사용하며 복잡한 조건을 표현할 수 있다.

연산자	의미		사용 예	설명
&&	~ 이고	그리고(AND)	(a > 100) && (a < 200)	둘 다 참이어야 참이다.
||	~ 이거나	또는(OR)	(a > 100) || (a < 200)	둘 중 하나만 참이어도 참이다.
!	~ 아니다	부정(NOT)	!(a == 100)	참이면 거짓, 거짓이면 참이다.

5 비트 연산자

정수나 문자 등을 2진수로 변환한 후 각 자리의 비트끼리 연산을 수행한다.

연산자	명칭	설명
&	비트 논리곱(AND)	둘 다 1이면 1이다.
|	비트 논리합(OR)	둘 중 하나만 1이면 1이다.
^	비트 배타적 논리합(XOR)	둘이 같으면 0, 둘이 다르면 1이다.
~	비트 부정	1은 0으로, 0은 1로 변경한다.
<<	비트 왼쪽 시프트(이동)	비트를 왼쪽으로 시프트(이동)한다.
>>	비트 오른쪽 시프트(이동)	비트를 오른쪽으로 시프트(이동)한다.

연습문제

1 다음 각 산술 연산의 결과로 num에 저장된 값을 적어보세요.

❶ `num = 10 + 3`

❷ `num = 10 * 3`

❸ `num = 10 / 3`

❹ `num = 10 % 3`

2 다음 연산의 결과로 res에 저장된 값을 적어보세요.

```
int n1 = 5, n2 = 4, n3 = 3;
float res;
```

❶ `res = n1 + n2 * n3`

❷ `res = (n1 + n2) * n3`

❸ `res = n1 / n2 * n3`

3 실수를 정수로 강제 형 변환하는 방법으로 알맞은 것을 고르세요.

```
float fnum = 3.14;
```

❶ `int inum = int fnum;`

❷ `int inum = int * fnum;`

❸ `int inum = int(fnum);`

❹ `int inum = (int)fnum;`

4 다음 코드를 실행하면 출력되는 값으로 알맞은 것을 고르세요.

```
int num = 100;
num ++;
printf("%d", num);
++ num;
printf("%d", num);
printf("%d", num ++);
printf("%d", ++ num);
```

❶ 100, 102, 102, 104

❷ 101, 102, 102, 104

❸ 101, 102, 103, 104

❹ 101, 102, 104, 104

5 다음은 관계 연산자에 대한 코드입니다. 보기 중 참(true)인 것을 모두 고르세요.

```
int num1 = 100;
int num2 = 200;
```

❶ num1 < num2

❷ num1 > num2

❸ num1 == num2

❹ num1 != num2

6 다음은 논리 연산자에 대한 코드입니다. 보기 중 참(true)인 것을 모두 고르세요.

```
int num1 = 100;
int num2 = 200;
```

❶ (num1 < num2) && (num1 > num2)

❷ (num1 < num2) || (num1 > num2)

❸ (num1 == num2) && (num1 != num2)

❹ (num1 == num2) || (num1 != num2)

7 다음 보기의 결괏값을 10진수로 적어보세요.

❶ 11 & 6

❷ 11 | 6

❸ 6 << 2

❹ 11 >> 2

8 다음에 제시된 연산자를 우선순위가 높은 순서로 나열하세요.

```
+=    &    >>    &&    ?:    ( )    ++    %
```

연습문제

9 다음 코드의 실행 결과를 예상해보세요.

```
void main()
{
  float a = 2.0f, b=3.0f, c=4.0f;
  float result;

  result = a + b + c;
  printf(" %5.2f + %5.2f = %5.2f \n", a, b, result);
  result = a - b - c;
  printf(" %5.2f - %5.2f = %5.2f \n", a, b, result);
  result = a * b * c;
  printf(" %5.2f * %5.2f = %5.2f \n", a, b, result);
}
```

10 다음과 같이 금액을 입력하면 5만 원, 1만 원, 5천 원, 1천 원 지폐로 교환해주는 코드를 작성하세요.

실행 결과

```
## 지폐로 교환할 돈은 ? 777777

 오만 원짜리 => 15 장
 만 원짜리   => 2 장
 오천 원짜리 => 1 장
 천 원짜리   => 2 장
 지폐로 바꾸지 못한 잔돈 => 777 원
```

11 다음 코드의 실행 결과를 고르세요.

```
#include <stdio.h>

int main( )
{
   int a = 100;

   printf(" %d \n", ++a);
   printf(" %d \n", a++);
   printf(" %d \n", --a);
}
```

12 다음은 입력된 값이 100과 같으면 '100입니다.'를, 그렇지 않으면 '100이 아닙니다.'를 출력하는 프로그램입니다. 하지만 항상 '100입니다.'를 출력하는데, 잘못된 부분을 찾아 고치시오.

```
#include <stdio.h>

int main( )
{
   int a;

   printf("값을 입력하세요. : ");
   scanf("%d", &a);

   if (a = 100)
      printf("100입니다.\n");
   else
      printf("100이 아닙니다.\n");
}
```

실행 결과

```
값을 입력하세요. : 200
100입니다.
```

연습문제

IT@COOKBOOK

13 다음 시프트 연산의 실행 결과를 예상하시오.

```
#include <stdio.h>

int main( )
{
    int a = 0x1F;
    printf("%d \n", a >> 4);
    printf("%d \n", a << 1);
}
```

CHAPTER 05

조건문

학습목표

- 조건이 참일 때와 거짓일 때 각각 다른 일을 수행하는 if문을 알아본다.
- 중첩 if문이 쓰이는 경우를 학습한다.
- 중첩 if문 대신 쓰이기도 하는 switch~case문을 알아본다.

SECTION 01

if문

if문은 조건이 참일 때와 거짓일 때 각각 다른 일을 수행한다.

조건문(선택 제어문)에는 if문과 switch문이 있는데 둘 다 조건에 따라서 다른 내용이 실행되도록 실행의 흐름을 제어하는 명령문이다. 'if'라는 단어의 사전상 의미는 '만약 ~라면'으로, C에서도 '만약'이라는 어떤 조건을 내세울 때 if문을 사용한다. if문에서 내세우는 조건의 결과는 참 또는 거짓, 두 가지뿐이다.

1 기본 if문

'참'일 때는 무엇을 실행하고 '거짓'일 때는 아무것도 하지 않는 가장 단순한 형태의 if문이다. 조건식이 참이면 '실행할 문장'을 실행하고 조건식이 거짓이면 실행하지 않는다.

```
if(조건식)
  실행할 문장;
```

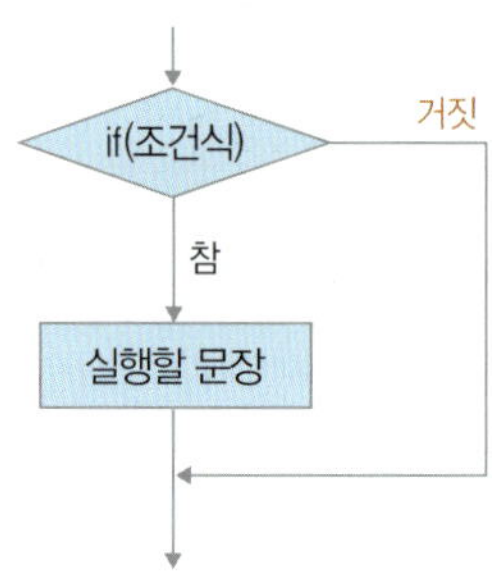

그림 5-1 if문의 형식과 순서도

if문을 그림으로 표현할 때는 주로 마름모 형태로 나타낸다. [그림 5-1]과 같이 'if(조건식)'에서 조건식이 참이면 '실행할 문장'이 실행되고, 거짓이면 아무것도 실행하지 않고 프로그램을 종료한다.

기본 5-1 기본 if문 사용 예 1 — 5-1.c

```
#include <stdio.h>

void main( )
{
```

```c
    int a = 99;

    if(a < 100)
      printf("100보다 작군요..\n");
}
```

----- a가 100보다 작으므로 참이다.

실행 결과

```
100보다 작군요..
```

현재 a에 99가 들어 있어 조건식 'a < 100'이 참이므로 if문 안의 문장을 실행한다. [기본 5-1]을 그림으로 나타내면 다음과 같다.

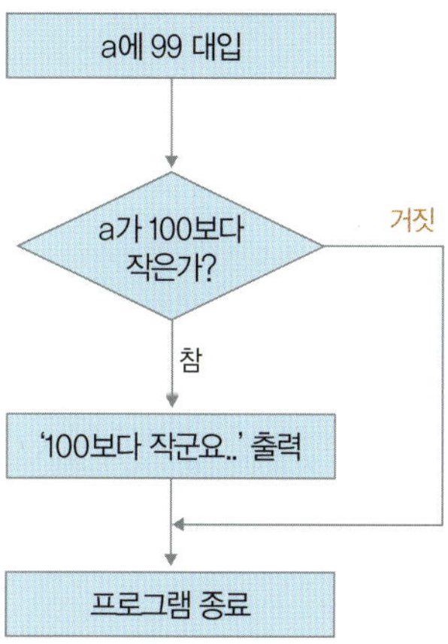

그림 5-2 [기본 5-1]의 실행 과정

이번에는 조건이 참일 때 실행할 문장이 2개인 경우를 살펴보자.

기본 5-2 기본 if문 사용 예 2 5-2.c

```c
01 #include <stdio.h>
02
03 void main( )
04 {
05    int a = 200;
06
07    if(a < 100)
08       printf("100보다 작군요..\n");
09       printf("거짓이므로 이 문장은 안 보이겠죠?\n");
10
```

----- 7행이 참일 경우에 수행할 것으로 예상된다.

```
11    printf("프로그램 끝! \n");
12 }
```

7행이 거짓이면 8~9행을 수행하지 않고 11행만 수행할 것으로 예상된다.

실행 결과

```
거짓이므로 이 문장은 안 보이겠죠?
프로그램 끝!
```

그런데 실행 결과가 조금 이상하다. 5행의 a가 200이므로 7행의 조건식은 거짓이 되어 8~9행을 건너뛰고 11행을 실행할 것으로 예상했는데 9행도 실행되었다. 이는 바로 '행 바꿈의 함정' 때문이다. 다음과 같이 행 바꿈을 수정해서 다시 실행해보자.

```
01 #include <stdio.h>
02
03 void main( )
04 {
05    int a = 200;
06
07    if(a < 100)
08       printf("100보다 작군요..\n");
09
10    printf("거짓이므로 이 문장은 안 보이겠죠?\n");
11    printf("프로그램 끝! \n");
12 }
```

행 바꿈만 수정한 것이므로 실행 결과는 바뀌지 않는다. 하지만 이전과 달리 조건식이 거짓일 때 맨 아래 두 문장이 실행된다는 점이 명확히 보일 것이다. 이처럼 행 바꿈에 따라 마치 결과가 다른 것처럼 예측되지만 실제로는 동일한 결과가 나오는 이유는 조건식이 참인 경우(또는 거짓인 경우)에는 바로 아래에 있는 한 문장만 실행하기 때문이다. 즉 7행의 조건식이 거짓이므로 그 아래 문장인 8행만 건너뛰고 9행부터 실행하는 것이다. 따라서 if문에서 두 문장 이상을 실행하고 싶다면 [기본 5-3]처럼 여러 개의 구문을 하나로 만드는 블록({ })을 사용해야 한다.

Q / U / I / Z □□문은 조건이 참일 때와 거짓일 때 각각 다른 일을 수행한다.

기본 5-3 기본 if문 사용 예 3 5-3.c

```
01 #include <stdio.h>
02
03 void main( )
04 {
05    int a = 200;
06
07    if(a < 100)
08    {
09       printf("100보다 작군요..\n");
10       printf("거짓이므로 앞의 문장은 안 보이겠죠?\n");
11    }
12
13    printf("프로그램 끝! \n");
14 }
```

7행이 참이면 블록으로 감싼 부분이 모두 수행된다.

실행 결과

```
프로그램 끝!
```

[기본 5-3]을 다시 살펴보면 a가 200이므로 조건식은 거짓이다. 그래서 블록({ })으로 감싼 부분(8~11행)을 건너뛰고 13행이 실행되어 '프로그램 끝!'이 출력된다.

SELF STUDY

[기본 5-3]의 7행을 9행과 10행이 실행되도록 수정해보자.

2 if~else문

참일 때 실행하는 문장과 거짓일 때 실행하는 문장이 다른 경우 if~else문을 사용한다. 조건식이 참이라면 '실행할 문장 1'을 실행하고, 그렇지 않으면 '실행할 문장 2'를 실행한다.

Q / U / I / Z if문에서 여러 개의 문장을 하나의 문장처럼 취급하려면 □□(으)로 묶어야 한다.

```
if(조건식)
  실행할 문장 1;
else
  실행할 문장 2;
```

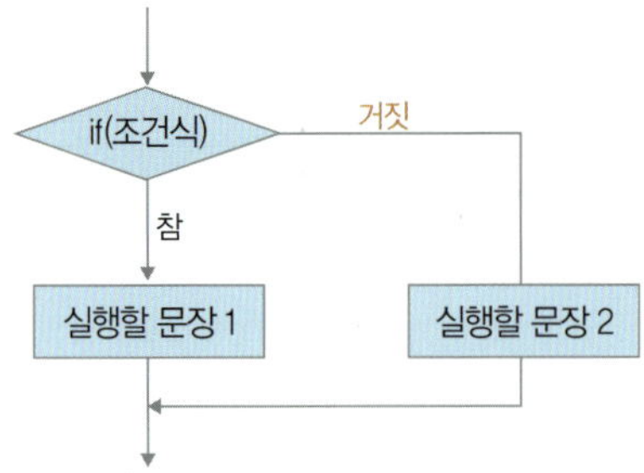

그림 5-3 if~else문의 형식과 순서도

[그림 5-3]을 보면 조건이 참일 때 실행할 문장과 거짓일 때 실행할 문장이 다르다는 것을 알 수 있다.

기본 5-4 if~else문 사용 예 (5-4.c)

```
01 #include <stdio.h>
02
03 void main( )
04 {
05   int a = 200;
06
07   if(a < 100)
08     printf("100보다 작군요..\n");   ----- 7행이 참이면(a가 100보다 작으면) 실행된다.
09   else
10     printf("100보다 크군요..\n");   ----- 7행이 거짓이면(a가 100보다 크거나 같으면) 실행된다.
11 }
```

실행 결과

```
100보다 크군요..
```

[기본 5-4]에서는 a가 200이므로 7행의 조건식은 거짓이 되어 9행의 else 아래에 있는 10행이 실행된다.

Q / U / I / Z 조건식의 결과에 따라 실행할 내용이 다를 때는 if ~ □□□□문을 사용한다.

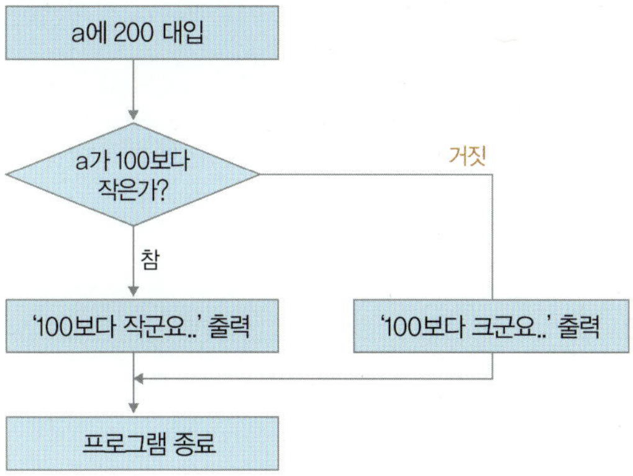

그림 5-4 [기본 5-4]의 실행 과정

만약 참일 때 실행할 문장도 여러 개이고 거짓일 때 실행할 문장도 여러 개라면 블록({ })으로 묶도록 한다.

기본 5-5 블록을 활용한 if~else문 사용 예 1 5-5.c

```
01 #include <stdio.h>
02
03 void main( )
04 {
05    int a = 200;
06
07    if(a < 100)
08    {
09       printf("100보다 작군요..\n");
10       printf("참이면 이 문장도 보이겠죠?\n");
11    }
12    else
13    {
14       printf("100보다 크군요..\n");
15       printf("거짓이면 이 문장도 보이겠죠?\n");
16    }
17
18    printf("프로그램 끝! \n");
19 }
```

----- 7행이 참이면(a가 100보다 작으면) 실행된다. (8~11행)

----- 7행이 거짓이면(a가 100보다 크거나 같으면) 실행된다. (13~16행)

실행 결과

```
100보다 크군요..
거짓이면 이 문장도 보이겠죠?
프로그램 끝!
```

[기본 5-5]에서는 a가 200이므로 7행은 거짓이 되어 else에 해당하는 13~16행까지 실행된다. 그리고 마지막에 있는 18행도 실행된다(18행은 참이든 거짓이든 실행된다).

[응용 5-6]은 if~else문을 응용해 입력한 숫자가 짝수인지 홀수인지 계산하는 프로그램을 짜 본 것이다.

응용 5-6 블록을 활용한 if~else문 사용 예 2 5-6.c

```
01 #define _CRT_SECURE_NO_WARNINGS
02 #include <stdio.h>
03 void main( )
04 {
05    int a;
06
07    printf("정수를 입력하세요 : ");
08    scanf("%d", &a);                      ---- 정수를 입력받는다.
09
10    if(__1__ == 0)                        ---- 입력된 값을 2로 나눈 나머지값이 0일 경우
11    {                                     ---- 짝수이면(2로 나눈 나머지값이 0이면) 실행된다.
12       printf("짝수를 입력했군요..\n");
13    }
14    else
15    {                                     ---- 홀수이면(2로 나눈 나머지값이 0이 아니면) 실행된다.
16       printf("홀수를 입력했군요..\n");
17    }
18 }
```

정답_ 1 a%2

실행 결과

```
정수를 입력하세요 : 125
홀수를 입력했군요..
```

8행에서 정수를 입력받아 10행에서 입력된 수를 2로 나눈 나머지값이 0이면 짝수, 그렇지 않으면 홀수로 처리된다.

SECTION 02 중첩 if문

기본 if문은 참과 거짓을 선택하는 과정이 한 번뿐이었지만 두 번 이상의 과정이 필요할 때는 if문을 중첩하여 프로그램을 작성한다.

앞에서는 if문이 하나만 나오는 경우를 살펴보았다. 하지만 조건을 검사하는 과정이 두 번 이상인 경우도 있다. 예를 들어 강의실에 있는 학생 중 20세 이상의 남자가 몇 명인지 구하는 프로그램을 작성한다고 가정해보자. 그러면 일단 학생이 남자인지 여자인지 구별하고, 다시 남학생 중에서 20세 이상 여부를 구별해야 한다. 이처럼 if문을 한 번 실행하고 그 결과에 다시 if문을 실행하는 것을 '중첩 if문(또는 중복 if문)'이라고 한다.

중첩 if문은 if문 안에 또 다른 if문이 있는 것이라고 생각하면 된다. 조건식이 여러 개일 때는 조금 헷갈릴 수도 있으므로 [그림 5-5]와 같이 블록을 사용해서 명확히 하는 것이 좋다. '조건식 1'이 참이면 'if(조건식 2)'를 실행하고 '조건식 2'가 참이면 '실행할 문장 1'을 실행하는 식이다.

```
if(조건식 1){
  if(조건식 2)
     실행할 문장 1;
  else
     실행할 문장 2;
}
else
     실행할 문장 3;
```

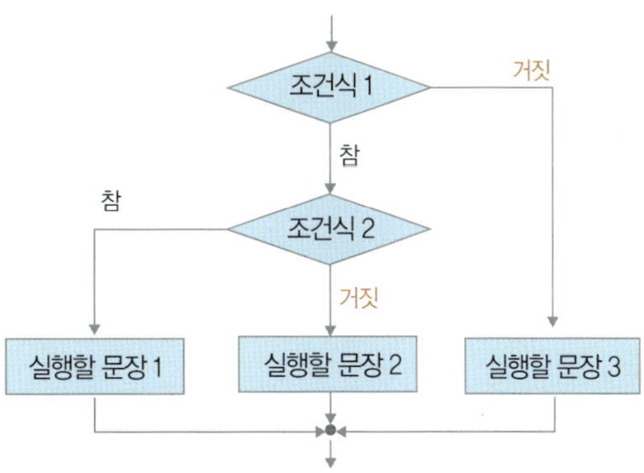

그림 5-5 중첩 if문의 형식과 순서도

기본 5-7 중첩 if문 사용 예 1 5-7.c

```
#include <stdio.h>

void main( )
{
   int a = 75;

```

```
07    if(a > 50)
08    {
09       if(a < 100)
10       {
11          printf("50보다 크고 100보다 작군요..\n");
12       }
13       else
14       {
15          printf("와~ 100보다 크군요..\n");
16       }
17    }
18    else
19    {
20       printf("에게~ 50보다 작군요..\n");
21    }
22 }
```

- 8~17행: 7행이 참이면(a가 50보다 크면) 실행된다.
- 10~12행: 7행이 참이고(a가 50보다 크고) 9행이 참이면(a가 100보다 작으면) 실행된다.
- 14~16행: 7행이 참이고(a가 50보다 크고) 9행이 거짓이면(a가 100보다 크거나 같으면) 실행된다.
- 19~21행: 7행이 거짓이면(a가 50보다 작거나 같으면) 실행된다.

실행 결과

```
50보다 크고 100보다 작군요..
```

[기본 5-7]의 7행에서 a가 50보다 크면 참이므로 블록 안(8~17행)의 내용을 실행한다. 블록 안에서 a가 100보다 작으면 11행을 출력하고 그렇지 않으면 15행을 실행한다. 만약 7행에서 a가 50보다 작거나 같으면 18행으로 바로 넘어가서 20행을 실행한다.

다음 예제는 중첩 if문의 실례를 보여준다. 점수를 입력받아 90점 이상은 A, 80점 이상은 B, 70점 이상은 C, 60점 이상은 D, 그 외는 F로 처리하는 프로그램이다. 좀 복잡해 보일 수 있으나 자주 사용되는 경우이니 잘 살펴보자.

응용 5-8 중첩 if문 사용 예 2 5-8.c

```
#define _CRT_SECURE_NO_WARNINGS
#include <stdio.h>
void main( )
{
   int a;

   printf("점수를 입력하세요 : ");
   scanf("%d", &a);      ---- 점수를 입력한다(100점 만점).

```

```
10    if(__1__)
11      printf("A");
12    else
13      if(__2__)
14        printf("B");
15      else
16        if(a >= 70)
17          printf("C");
18        else
19          if(a >= 60)
20            printf("D");
21          else
22            printf("F");
23
24    printf(" 학점 입니다. \n");
25  }
```

----- 입력한 점수가 90점 이상이면 A 학점을 출력한다.

----- 입력한 점수가 80점 이상이면 B 학점, 70점 이상이면 C 학점, 60점 이상이면 D 학점을 출력한다.

----- 입력한 점수가 60점 미만이면 F 학점을 출력한다.

정답_ 1 a >= 90 2 a >= 80

실행 결과

```
점수를 입력하세요 : 77
C 학점 입니다.
```

[응용 5-8]의 10행에서 a가 90점 이상이면 11행을 실행한 후 바로 23행으로 빠져나온다. 그렇지 않으면(a가 90점 미만이면) 13행으로 간다. 여기서 a가 80점 이상이면 14행을 실행한 후 바로 23행으로 빠져나온다.

그렇지 않으면(a가 80점 미만이면) 16행으로 가서 바로 23행으로 빠져나온다. 해당 프로그램은 이런 방식으로 계속 반복된다. 이해했으면 [응용 5-8]을 그림으로 표현해보자.

Q / U / I / Z if문 안에 if문이 들어 있는 것을 □□ if문이라고 한다.

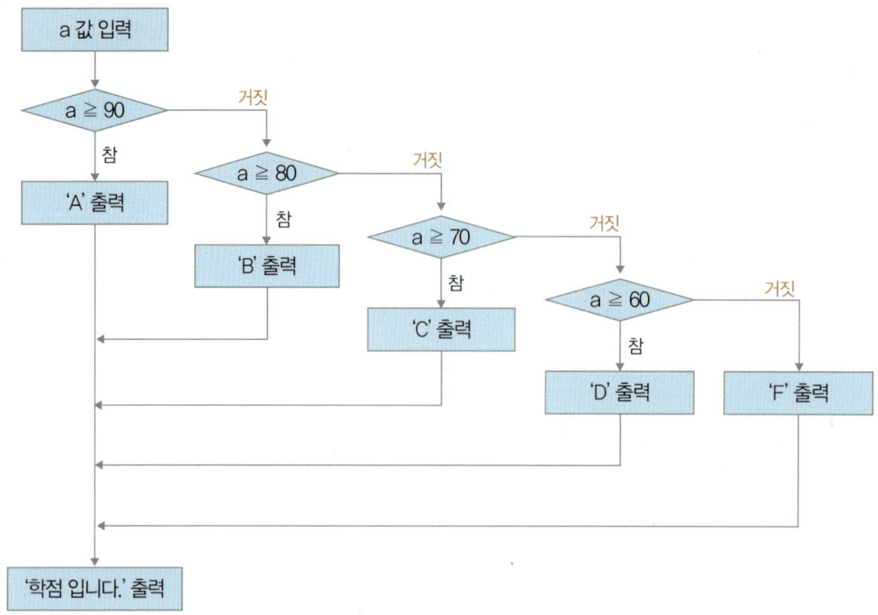

그림 5-6 [응용 5-8]의 실행 과정

SELF STUDY

[응용 5-8]의 조건을 다음과 같이 좀 더 세분해서 프로그램을 만들어보자.

- 95점 이상: A+
- 90점 이상: A0
- 85점 이상: B+
- 80점 이상: B0
- 75점 이상: C+
- 70점 이상: C0
- 65점 이상: D+
- 60점 이상: D0
- 60점 미만: F

여기서 잠깐

간소화한 중첩 if문

[응용 5-8]을 다음과 같이 표현할 수도 있다. 이렇게 수정하면 표현식이 더 간결해 보인다.

```
#define _CRT_SECURE_NO_WARNINGS
#include
void main( )
{
   int a;

   printf("점수를 입력하세요 : ");
   scanf("%d", &a);

   if(a >= 90)
      printf("A");
   else if(a >= 80)
      printf("B");
   else if(a >= 70)
      printf("C");
   else if(a >= 60)
      printf("D");
   else
      printf("F")

   printf(" 학점 입니다. \n");
}
```

SECTION 03

switch~case문

중첩 if문은 다양한 경우의 수를 표현할 수는 있지만 if문이 여러 개 나와서 코드가 복잡해 보이므로 대신 switch~case문을 사용한다.

if문은 참 또는 거짓 중 하나를 선택한다는 의미에서 '이중 분기'라는 용어로 불리기도 한다. 그런데 세상에는 참과 거짓으로 해결되는 경우만 있는 것이 아니라 여러 개 중에 하나를 선택해야 하는 경우도 있다. 이런 것을 '다중 분기'라고 하며 switch~case문을 사용하여 표현한다. 이 구문은 switch의 조건값(정숫값)에 따라 case문을 실행한다. 즉 정숫값이 1이면 1의 값에 해당하는 문장, 정숫값이 2이면 2의 값에 해당하는 문장을 실행하는 방식이다.

```
switch(정숫값){
  case 정숫값 1:
     실행할 문장 1;
     break;
  case 정숫값 2:
     실행할 문장 2;
     break;
  default:
     실행할 문장 3;
     break;
}
```

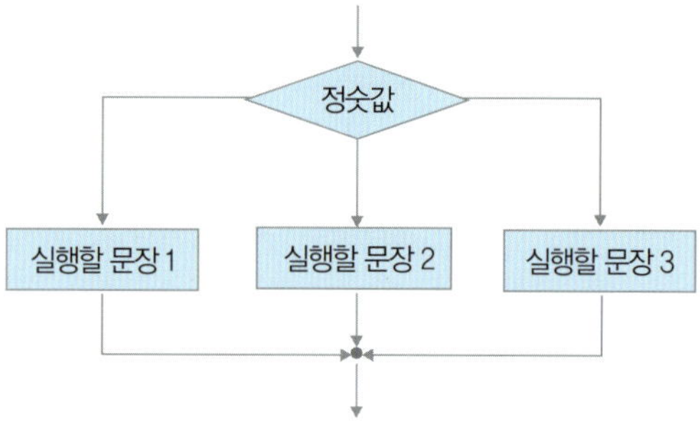

그림 5-7 switch~case문의 형식과 순서도

다음은 1, 2, 3, 4 중 하나를 선택하면 각 선택에 따라 switch~case문이 실행되는 예제이다.

기본 5-9 switch~case문 사용 예 1 5-9.c

```
#define _CRT_SECURE_NO_WARNINGS
#include <stdio.h>
void main( )
{
   int a;

```

```
07    printf("1 ~ 4 중에 선택하세요 : ");
08    scanf("%d", &a);
09
10    switch(a)
11    {
12    case 1:
13      printf("1을 선택했다\n");
14      break;
15    case 2:
16      printf("2를 선택했다\n");
17      break;
18    case 3:
19      printf("3을 선택했다\n");
20      break;
21    case 4:
22      printf("4를 선택했다\n");
23      break;
24    default:
25      printf("이상한 걸 선택했다.\n");
26    }
27 }
```

10행: 입력한 a 값에 따라서 분기한다.

12~14행: a가 1이면 13행을 수행하고 14행에서 switch 블록을 빠져나간다.

24~25행: a가 1, 2, 3, 4 중 어디에도 해당되지 않을 때 수행된다.

실행 결과

```
1 ~ 4 중에 선택하세요 : 3
3을 선택했다
```

[기본 5-9]의 8행에서 입력한 숫자가 10행의 switch문으로 넘어간다. 만약 1이면 12행으로, 2이면 15행으로, 3이면 18행으로, 4이면 21행으로 넘어간다. 입력한 숫자가 1, 2, 3, 4가 아니면 24행의 default 부분이 실행된다.

예를 들어 3을 입력했다면 10행의 switch문에서 18행으로 넘어가 19행의 '3을 선택했다'를 출력한 후 break문을 만나서 switch문의 블록(11~26행)을 빠져나간다. 이를 그림으로 표현하면 [그림 5-8]과 같다.

```
switch(a)
{
case 1:
        printf("1을 선택했다\n");
        break;
case 2:
        printf("2를 선택했다\n");
        break;
case 3:
        printf("3을 선택했다\n");
        break;
case 4:
        printf("4를 선택했다\n");
        break;
default:
        printf("이상한 걸 선택했다.\n");
}
```

그림 5-8 a가 3일 때의 switch~case문 흐름도

그런데 switch~case문을 사용할 때 주의할 사항이 있다. 각각의 실행문 마지막에 반드시 break문을 써야 한다는 것이다. 그렇지 않으면 switch~case문을 빠져나가지 못한 채 다음 코드를 계속 수행하게 된다. [기본 5-9]에서 break문을 빼고 다시 실행하여 그 결과를 직접 확인해보자.

```
switch(a)
{
case 1:
  printf("1을 선택했다\n");
case 2:
  printf("2를 선택했다\n");
case 3:
  printf("3을 선택했다\n");
case 4:
  printf("4를 선택했다\n");
default:
  printf("이상한 걸 선택했다.\n");
}
```

실행 결과

```
1 ~ 4 중에 선택하세요 : 2
2를 선택했다
3을 선택했다
4를 선택했다
이상한 걸 선택했다.
```

하지만 switch~case문을 잘 응용하면 깔끔한 코드로 프로그램을 작성할 수 있다. 다음 예제는 출생 연도를 입력받아 그에 해당하는 띠를 출력하는 프로그램이다.

응용 5-10 switch~case문 사용 예 2 5-10.c

```
01 #define _CRT_SECURE_NO_WARNINGS
02 #include <stdio.h>
03 void main( )
04 {
05     int year;
06
07     printf("출생연도를 입력하세요 : ");
08     scanf("%d", &year);
09
10     switch( __1__ )
11     {
12     case 0 : printf("원숭이띠\n");    break;
13     case 1 : printf("닭띠\n");       break;
14     case 2 : printf("개띠\n");       break;
15     case 3 : printf("돼지띠\n");     break;
16     case 4 : printf("쥐띠\n");       break;
17     case 5 : printf("소띠\n");       break;
18     case 6 : printf("호랑이띠\n");   break;
19     case 7 : printf("토끼띠\n");     break;
20     case 8 : printf("용띠\n");       break;
21     case 9 : printf("뱀띠\n");       break;
22     case 10 : printf("말띠\n");      break;
23     case 11 : printf("양띠\n");      break;
24     }
25 }
```

입력한 연도를 12로 나눈 나머지값에 따라서 결과를 출력한다.

정답_ 1 year % 12

실행 결과

```
출생연도를 입력하세요 : 2003
양띠
```

[응용 5-10]의 8행에서 출생 연도를 입력받고 10행에서 입력받은 수를 12로 나눈 나머지값을 정숫값으로 사용한다. 이 값을 바탕으로 12~23행 중 하나를 선택하여 실행한다. 만약 이를 if 문으로 만들면 훨씬 복잡한 프로그램이 될 것이다.

SELF STUDY

switch~case문 대신 if~else문을 사용해서 [응용 5-10]을 수정해보자.

예제모음 11

단순 if문을 활용한 간단한 계산기

exam11.c ★☆☆

예제 설명 단순 if문을 활용하여 두 수의 +, −, *, /, % 연산을 수행하는 프로그램이다.

실행 결과

```
첫 번째 수를 입력하세요 : 5
계산할 연산자를 입력하세요 : *
두 번째 수를 입력하세요 : 7
5 * 7 = 35 입니다.
```

```c
#define _CRT_SECURE_NO_WARNINGS
#include <stdio.h>
void main( )
{
  int a, b;
  char ch;

  printf("첫 번째 수를 입력하세요 : ");
  scanf("%d", &a);
  printf("계산할 연산자를 입력하세요 : ");
  scanf(" %c", &ch);
  printf("두 번째 수를 입력하세요 : ");
  scanf("%d", &b);

  if(ch == '+')
    printf("%d + %d = %d 입니다. \n", a, b, a+b);

  if(ch == '-')
    printf("%d - %d = %d 입니다. \n", a, b, a-b);

  if(ch == '*')
    printf("%d * %d = %d 입니다. \n", a, b, a*b);

  if(ch == '/')
    printf("%d / %d = %f 입니다. \n", a, b, a/(float)b);

  if(ch == '%')
    printf("%d %% %d = %d 입니다. \n", a, b, a%b);
}
```

- 입력받을 정수 2개와 연산자 문자 1개를 선언한다.
- 계산할 첫 번째 숫자를 입력한다.
- 연산자를 입력한다.
- 계산할 두 번째 숫자를 입력한다.
- 기본 if문을 사용한 연산을 수행한다.

예제모음 12

중복 if문을 활용한 간단한 계산기

exam12.c ★★☆

예제 설명 중복 if문을 활용하여 두 수의 +, −, *, /, % 연산을 수행하는 프로그램이다.

실행 결과

```
첫 번째 수를 입력하세요 : 12
계산할 연산자를 입력하세요 : /
두 번째 수를 입력하세요 : 5
12 / 5 = 2.400000 입니다.
```

```
첫 번째 수를 입력하세요 : 88
계산할 연산자를 입력하세요 : &
두 번째 수를 입력하세요 : 77
연산자를 잘못 입력했습니다.
```

```c
#define _CRT_SECURE_NO_WARNINGS
#include <stdio.h>
void main( )
{
  int a, b;
  char ch;

  printf("첫 번째 수를 입력하세요 : ");
  scanf("%d", &a);
  printf("계산할 연산자를 입력하세요 : ");
  scanf(" %c", &ch);
  printf("두 번째 수를 입력하세요 : ");
  scanf("%d", &b);

  if(ch == '+')
    printf("%d + %d = %d 입니다. \n", a, b, a+b);
  else if(ch == '-')
    printf("%d - %d = %d 입니다. \n", a, b, a-b);
  else if(ch == '*')
    printf("%d * %d = %d 입니다. \n", a, b, a*b);
  else if(ch == '/')
    printf("%d / %d = %f 입니다. \n", a, b, a/(float)b);
  else if(ch == '%')
    printf("%d %% %d = %d 입니다. \n", a, b, a%b);
  else
    printf("연산자를 잘못 입력했습니다. \n");
}
```

중복 if문을 사용한 연산을 수행한다.

+, -, *, /, % 외의 문자를 입력하면 오류 메시지를 보여준다.

예제모음 13

exam13.c ★★★

switch~case문을 활용한 간단한 계산기

예제 설명 수식을 띄어쓰기로 한 줄에 입력받고 switch~case문을 활용하여 두 수의 +, −, *, /, % 연산을 수행하는 프로그램이다.

실행 결과

```
수식을 한 줄로 띄어쓰기로 입력하세요 : 99 - 22
99 - 22 = 77 입니다.
```

```
수식을 한 줄로 띄어쓰기로 입력하세요 : 55 # 99
연산자를 잘못 입력했습니다.
```

```c
#define _CRT_SECURE_NO_WARNINGS
#include <stdio.h>
void main( )
{
  int a, b;
  char ch;

  printf("수식을 한 줄로 띄어쓰기로 입력하세요 : ");
  scanf("%d %c %d", &a, &ch, &b);

  switch(ch)
  {
  case '+':
    printf("%d + %d = %d 입니다. \n", a, b, a+b);
    break;
  case '-':
    printf("%d - %d = %d 입니다. \n", a, b, a-b);
    break;
  case '*':
    printf("%d * %d = %d 입니다. \n", a, b, a*b);
    break;
```

일반 수식처럼 띄어쓰기를 해서 한 줄에 변수 3개를 입력한다.

switch~case문을 사용한 연산을 수행한다.

```
    case '/':
      printf("%d / %d = %d 입니다. \n", a, b, a/b);
      break;
    case '%':
      printf("%d %% %d = %d 입니다. \n", a, b, a%b);
      break;
    default:
      printf("연산자를 잘못 입력했습니다. \n");
    }
}
```

switch~case문을 사용한 연산을 수행한다.

IT 분야의 슈퍼스타 02

앨런 케이(Alan Kay)

객체 지향 프로그래밍의 아이디어를 고안한 창시자 중 한 명이다. 앨런 케이가 만든 Smalltalk가 최초로 객체 지향을 지원한 프로그램이다. 그의 업적으로 수많은 프로그래머는 절차 지향뿐만 아니라 효율적인 객체 지향 프로그래밍 개발도 가능해졌다. 또한 그는 GUI 기반의 PC의 중요성을 강조하며 학생들의 컴퓨터 교육에 큰 기여를 했다.

요약

IT@COOKBOOK

1 if문

❶ if문은 조건식이 참일 때와 거짓일 때 각각 다른 일을 수행하는 제어문이다.

❷ if문의 구조는 다음과 같다.

```
if(조건식)
   { 참일 때 실행할 문장들 }
else
   { 거짓일 때 실행할 문장들 }
```

❸ 중첩 if문은 처리해야 할 조건이 세 가지 이상일 때 사용한다.

2 switch~case문

❶ 다양한 경우의 수가 있을 때 사용하며 중첩 if문보다 구문을 깔끔하게 표현할 수 있다.

❷ switch~case문의 구조는 다음과 같다.

```
switch(정숫값){
  case 정숫값 1:
     실행할 문장 1;
     break;
  case 정숫값 2:
     실행할 문장 2;
     break;
  default:
     실행할 문장 3;
     break;
}
```

IT@COOKBOOK

연습문제

1 다음 코드가 실행되면 출력될 결과를 예측해보세요.

```
int num = 100;

if(num != 100)
   printf("100 아니네요.\n");
   printf("아쉽네요\n");

printf("프로그램을 종료합니다\n");
```

2 다음에 제시된 실행 결과가 나오도록 대괄호, 중괄호, 소괄호 등을 사용해 코드의 오류를 수정하세요.

```
int num = 100;

if(num != 100)
   printf("100 아니네요.\n");
   printf("아쉽네요\n");
else
   printf("100 이네요!\n");

printf("프로그램을 종료합니다\n");
```

실행 결과

```
100이네요
프로그램을 종료합니다
```

연습문제

3 다음은 입력한 숫자가 3의 배수인지를 구분하는 프로그램입니다. 빈칸을 알맞은 코드로 채우세요.

```
int num;
printf("정수를 입력하세요 : ");
scanf("%d", &num);

if( _________1_________ )
    printf("3의 배수입니다.");
else
    printf("3의 배수가 아닙니다.");
```

4 다음 중 중첩 if문에 해당하는 것을 고르세요.

❶ if ~

❷ if ~ else ~

❸ if ~ elif ~ elif ~ else ~

❹ if ~ if ~ else ~ else ~

5 다음은 입력한 점수에 따라서 90점 이상은 장학생, 89~60점은 통과, 59점 이하는 재시험이 출력되도록 하는 코드입니다. 빈칸을 알맞은 코드로 채우세요.

```
int  num;

printf("성적을 입력하세요 : ");
scanf("%d", & num);

if( _________1_________)
    printf("장학생");
else if( _________2_________)
    printf("통과");
else
    printf("재시험");

printf("  입니다. \n");
```

6 다음 괄호 안에 들어갈 용어가 차례대로 나열된 것을 고르세요.

> if ~ else ~ 문은 둘 중 하나로 분기한다는 의미로 '이중 분기'라고 부르며, (　　) ~ (　　) ~ (　　) 문은 여러 개 중 하나로 분기한다는 의미로 '다중 분기'라고 부른다.

❶ if, else, elif

❷ goto, break, continue

❸ switch, case, default

❹ for, while, loop

7 다음 중 switch~case문을 빠져나가기 위해 사용하는 구문으로 알맞은 것을 고르세요.

❶ break

❷ goto

❸ continue

❹ else

8 다음 코드의 실행 결과를 예측해보세요.

```
int age = 21;

switch(age / 10)
{
   case 0: printf("어린이 \n");
   case 1: printf("10대 \n");
   case 2: printf("20대 \n");
   case 3: printf("30대 \n");
   case 4: printf("40대 \n");
   default : printf("50대 이상 \n");
}
```

연습문제

9 다음은 키보드의 A, B, C 중 어느 것을 눌렀는지 체크하는 코드입니다. 코드의 if문을 switch~case문으로 수정해 프로그램을 다시 짜보세요.

```
char ch;

printf("A, B, C 키 중 하나를 누르고 Enter를 누르세요 : ");
scanf(" %c", &ch);

if(ch == 'a' || ch=='A')
   printf("A 키를 눌렀습니다. \n");
else if(ch == 'b' || ch == 'B')
   printf("B 키를 눌렀습니다. \n");
else if(ch == 'c' || ch == 'C')
   printf("C 키를 눌렀습니다. \n");
else
   printf("잘못 눌렀습니다. \n");
```

10 다음에 제시된 switch ~ case문 코드를 if ~ else문으로 수정해보세요. 단, 중괄호({ })는 사용하지 마세요.

```
char ch = 'Z';

switch( ch )
{
  case 'A': printf("A 출력 \n"); break;
  case 'B': printf("B 출력 \n"); break;
  case 'C': printf("C 출력 \n"); break;
  default: printf("모름 \n");
}
```

11 다음 구문의 실행 결과를 예상하시오.

❶
```
a = 2;
switch(a)
{
  case 1: printf("1이다");
          break;
  case 2: printf("2다");
          break;
  case 3: printf("3이다")
          break;
}
```

❷
```
a = 2;
switch(a)
{
  case 1: printf("1이다");
  case 2: printf("2다");
  case 3: printf("3이다");
}
```

연습문제

IT@COOKBOOK

12 다음 코드를 컴파일하면 오류가 발생하는데 잘못된 부분을 바르게 고치시오.

```
#include <stdio.h>

int main( )
{
int a=100;

if(a < 200)
     printf(" a가 200보다 ");
     printf(" 작습니다.\n");
else
     printf(" a가 200보다 큽니다.");
}
```

CHAPTER 06

반복문의 기본, for문

학습목표

- 여러 번 수행해야 할 작업을 한번에 해결해주는 반복문인 for문을 알아본다.
- 중첩 for문이 쓰이는 경우를 학습한다.
- 다양한 for문의 형태를 이해한다.

SECTION

01 단순 for문

for문은 여러 번 수행해야 할 작업을 한번에 해결해주는 반복문이다.

단언하건대 반복문이 없다면 C로 할 수 있는 일이 별로 없었을 것이다. 반복문 덕분에 수십 번, 수백 번, 또는 그 이상의 작업 횟수를 간략하게 줄일 수 있다. 반복문은 크게 for문과 while문으로 나뉘는데 이 장에서는 활용도가 높은 for문을 먼저 살펴보자.

1 for문의 이해

반복문이란 말 그대로 문장을 반복하게 만들어주는 것이다. 그런데 반복이 왜 필요할까? 답을 밝히기 전에 지금까지 배운 실력으로 다음과 같은 결과를 출력하는 프로그램을 만들어보자.

```
안녕하세요? 빙글빙글 for문을 공부 중입니다. ^^
안녕하세요? 빙글빙글 for문을 공부 중입니다. ^^
안녕하세요? 빙글빙글 for문을 공부 중입니다. ^^
안녕하세요? 빙글빙글 for문을 공부 중입니다. ^^
안녕하세요? 빙글빙글 for문을 공부 중입니다. ^^
```

다음 코드를 보지 않고도 프로그램을 짤 수 있다면 지금까지 설명한 내용을 잘 익힌 것이다.

기본 6-1 같은 문장을 반복 출력하는 예 6-1.c

```c
#include <stdio.h>

void main( )
{
  printf("안녕하세요? 빙글빙글 for문을 공부 중입니다. ^^\n");  ----- 내용을 출력한다.
  printf("안녕하세요? 빙글빙글 for문을 공부 중입니다. ^^\n");
  printf("안녕하세요? 빙글빙글 for문을 공부 중입니다. ^^\n");
  printf("안녕하세요? 빙글빙글 for문을 공부 중입니다. ^^\n");
  printf("안녕하세요? 빙글빙글 for문을 공부 중입니다. ^^\n");
}
```

실행 결과

```
안녕하세요? 빙글빙글 for문을 공부 중입니다. ^^
안녕하세요? 빙글빙글 for문을 공부 중입니다. ^^
안녕하세요? 빙글빙글 for문을 공부 중입니다. ^^
안녕하세요? 빙글빙글 for문을 공부 중입니다. ^^
안녕하세요? 빙글빙글 for문을 공부 중입니다. ^^
```

별로 어려울 것이 없다. 센스가 조금 있는 독자라면 'printf("안녕하세요? 빙글빙글 for문을 공부 중입니다. ^^\n");'을 한 줄만 입력한 후에 복사(Ctrl + C)와 붙여넣기(Ctrl + V)로 프로그램을 완성했을 것이다.

다섯 번이 아니라 열 번을 출력하는 경우는 어떨까? 그 정도도 별 문제가 없을 것이다. 그렇다면 100번은? 1,000번은? 10,000번은? 아무리 복사해서 붙인다고 하더라도 10,000번은 무리일 것 같다. 이럴 때 필요한 것이 반복문이다. 일단은 코드가 이해되지 않더라도 따라서 작성해 보고 실행 결과를 보자.

기본 6-2 기본 for문 사용 예 — 6-2.c

```c
01 #include <stdio.h>
02
03 void main( )
04 {
05    int i;
06
07    for(i=0; i < 5 ; i++)
08    {
09       printf("안녕하세요? 빙글빙글 for문을 공부 중입니다. ^^\n");
10    }
11 }
```

for문을 사용해서 다섯 번 반복한다.

실행 결과

```
안녕하세요? 빙글빙글 for문을 공부 중입니다. ^^
안녕하세요? 빙글빙글 for문을 공부 중입니다. ^^
안녕하세요? 빙글빙글 for문을 공부 중입니다. ^^
안녕하세요? 빙글빙글 for문을 공부 중입니다. ^^
안녕하세요? 빙글빙글 for문을 공부 중입니다. ^^
```

printf( ) 함수는 9행에서 한 번밖에 사용하지 않았는데 [기본 6-1]과 동일한 결과가 나왔다. 상세한 내용은 뒤에서 살펴보고, 우선 7행의 i < 5로 명령을 다섯 번 수행한 것이라고 예상할 수 있다.

SELF STUDY

'안녕하세요? 빙글빙글 for문을 공부 중입니다. ^^'를 스무 번 출력하되 아래 실행 결과처럼 줄이 넘어가지 않고 연속으로 출력되도록 [기본 6-2]의 두 곳을 수정해보자.

실행 결과

```
안녕하세요? 빙글빙글 for문을 공부 중입니다. ^^안녕하세요? 빙글빙글 for문을 공부 중입니다. ^^
안녕하세요? 빙글빙글 for문을 공부 중입니다. ^^안녕하세요? 빙글빙글 for문을 공부 중입니다. ^^
안녕하세요? 빙글빙글 for문을 공부 중입니다. ^^안녕하세요? 빙글빙글 for문을 공부 중입니다. ^^
안녕하세요? 빙글빙글 for문을 공부 중입니다. ^^안녕하세요? 빙글빙글 for문을 공부 중입니다. ^^
안녕하세요? 빙글빙글 for문을 공부 중입니다. ^^안녕하세요? 빙글빙글 for문을 공부 중입니다. ^^
안녕하세요? 빙글빙글 for문을 공부 중입니다. ^^안녕하세요? 빙글빙글 for문을 공부 중입니다. ^^
안녕하세요? 빙글빙글 for문을 공부 중입니다. ^^안녕하세요? 빙글빙글 for문을 공부 중입니다. ^^
안녕하세요? 빙글빙글 for문을 공부 중입니다. ^^안녕하세요? 빙글빙글 for문을 공부 중입니다. ^^
안녕하세요? 빙글빙글 for문을 공부 중입니다. ^^안녕하세요? 빙글빙글 for문을 공부 중입니다. ^^
안녕하세요? 빙글빙글 for문을 공부 중입니다. ^^안녕하세요? 빙글빙글 for문을 공부 중입니다. ^^
```

2 for문의 개념과 활용

for문이 어떤 모양인지, 어떤 기능을 하는지 감을 잡았을 것이다. 기본 for문을 다양한 형태로 응용할 수 있도록 for문의 기본 형식과 동작 원리를 살펴보자.

for문의 형식을 보면 괄호 안에 초깃값, 조건식, 증감식이 세미콜론(;)으로 구분되어 있다. 그리고 중괄호({ }) 안에 반복할 문장들이 있다. 반복할 문장이 하나뿐이라면 중괄호를 생략해도 된다. [그림 6-1]을 통해 반복되는 순서를 기억하자. ❶, ❷를 수행한 뒤 ❸, ❹, ❷ 순서로 반복할 문장들을 계속 수행한다.

여기서 잠깐

입출력 함수와 증감 연산자 복습

앞에서 공부했던 것을 떠올려보자.

❶ 출력 함수: printf( )

`printf("안녕?")` → '안녕?'을 출력한다.

`printf("%d", 10)` → '10'을 출력한다.

❷ 입력 함수: scanf( )

`scanf("%d", &num)` → 사용자가 키보드로 숫자를 입력한다.

❸ 증감 연산자(++, --)

a++는 a에 1을 증가시키라는 의미이며 a=a+1과 동일하다. 또한 a--는 a에서 1을 감소시키라는 의미이며 a=a-1과 동일하다.

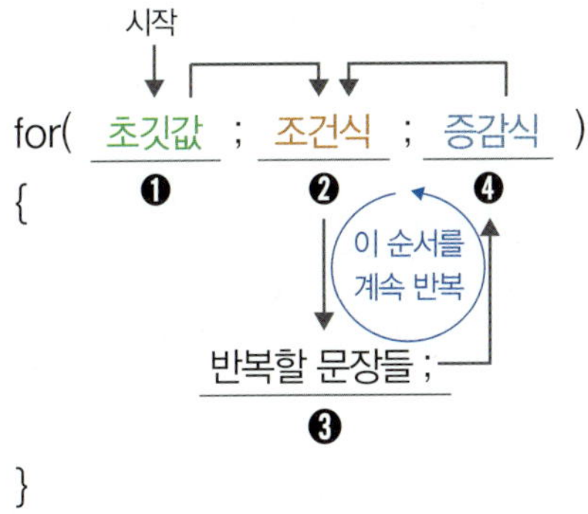

그림 6-1 for문의 기본 형식

[기본 6-2]에서 사용한 for문(7~10행)의 기본 구조를 [그림 6-2]를 통해 다시 살펴보자.

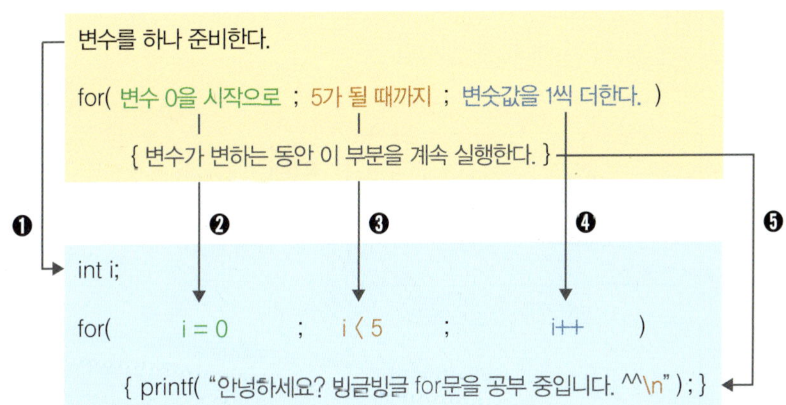

그림 6-2 for문의 개념과 실제 사용

❶ for문을 사용하려면 무조건 변수를 하나 준비해야 한다. 변수의 이름으로는 대개 i, j, k 등을 사용한다.

❷ 사용할 변수의 초깃값을 0으로 설정한다. 꼭 0이 아니어도 되지만 보통 0부터 시작한다.

❸ 5가 될 때까지를 검사하기 위해 조건을 i < 5로 설정했다. 이때 주의해야 할 점이 있다. 출력을 다섯 번 실행해야 하므로 i <= 5라고 생각하기 쉽지만 ❷에서 초깃값이 0부터 시작하므로 i < 5로 설정해야 0, 1, 2, 3, 4로 총 다섯 번 실행된다. 만약 i <= 5라고 쓰면 여섯 번 실행된다. 숙련된 프로그래머도 종종 실수하는 것이니 주의하기 바란다.

❹ i++는 i=i+1과 동일한 역할을 한다. 즉 i 값을 1 증가시킨다. 이 부분은 for문을 한 번 수행할 때마다 반복된다.

❺ 실제로 반복되는 내용이다. 여기서는 printf문이 한 줄만 들어 있지만 복잡한 프로그램일수록 많은 내용이 들어간다.

[그림 6-2]의 화살표를 따라 계속 수행해보자. 즉 초깃값은 한 번만 실행되고 나머지가 계속 반복된다.

> 초깃값 → 조건식 → 반복할 문장들 → 증감식 → 조건식 → 반복할 문장들 → 증감식 → 조건식 → 반복할 문장들 → 증감식 → 조건식 …

[그림 6-1]과 비교하면 조건식, 반복할 문장들, 증감식만 빙글빙글 돌면서 반복되는 구조이다. 이제 실제로 for문이 어떻게 반복되는지 살펴보자. 과연 printf문이 지정한 횟수만큼 수행되는지 [그림 6-3]에서 확인해보자.

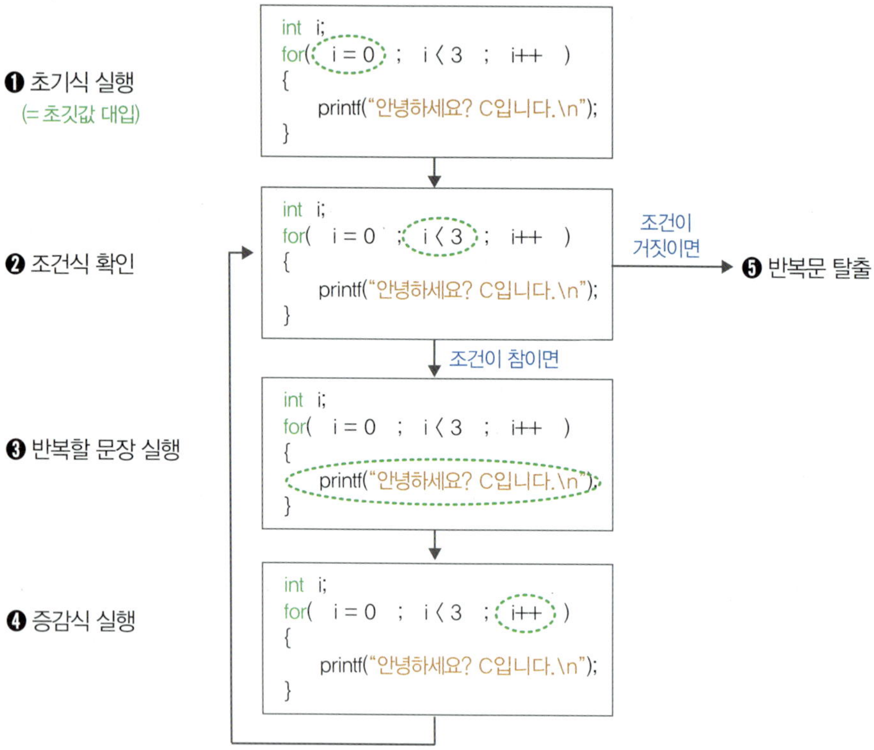

그림 6-3 for문이 반복되는 순서

다섯 번은 따라 하기 지루할 것이니 조건식을 세 번만 수행하도록 i < 3으로 수정했다. 그림을 하나씩 짚으면서 같이 따라 해보면 쉽게 이해될 것이다.

```
▶제1회: ❶ 초기식을 수행한다(현재 i=0).
```

```
▶제2회: ❷ 조건식을 확인한다. 현재 i 값이 0이므로 i < 3은 참이다.
▶제3회: ❸ printf문을 수행한다('안녕하세요? …'를 출력한다).
▶제4회: ❹ 증감식 i++를 수행해서 i 값을 1 증가시킨다(현재 i=1).
```

```
▶제5회: 다시 ❷ 조건식을 확인한다. 현재 i 값이 1이므로 i < 3은 참이다.
▶제6회: 다시 ❸ printf문을 수행한다('안녕하세요? …'를 출력한다).
▶제7회: 다시 ❹ 증감식 i++를 수행해서 i 값을 1 증가시킨다(현재 i=2).
```

```
▶제8회: 다시 ❷ 조건식을 확인한다. 현재 i 값이 2이므로 i < 3은 참이다.
▶제9회: 다시 ❸ printf문을 수행한다('안녕하세요? …'를 출력한다).
▶제10회: 다시 ❹ 증감식 i++를 수행해서 i 값을 1 증가시킨다(현재 i=3).
```

```
▶제11회: 다시 ❷ 조건식을 확인한다. 현재 i 값이 3이므로 드디어 i < 3이 거짓이다.
▶제12회: 조건식이 거짓이므로 ❺ 반복문을 탈출해 반복문 블록({ }) 밖의 내용을 수행한다.
```

[그림 6-3]의 핵심은 각 ❷의 '조건식 확인' 부분이다. 초기식에서 변수 i에 0을 대입하고 바로 조건식을 확인한다는 것을 잊지 말라. 이는 조건이 맞지 않으면 for문을 한 번도 수행하지 않고 실행을 끝낼 수도 있다는 의미이다.

이 예에서 초기식이 i = 0이 아니라 i = 3이라면 어떻게 될까? 조건식이 i < 3이므로 거짓이 되어 바로 ❺를 수행하므로 printf문은 한 번도 수행되지 않는다. 또 하나 주의할 점은 조건식을 확인한 후 증감식(i++)을 바로 수행하지 않고 반복할 문장을 먼저 수행한 후 증감식을 수행한다는 것이다. 이것을 잊지 말기 바란다. 설명이 다소 복잡하게 느껴지겠지만 앞으로 자주 보게 될 테니 나중에는 자연스러워질 것이다.

하단의 두 문장은 '빙글빙글 for문입니다. ^^'를 세 번 출력한다. 이때 실행할 문장이 하나라면 블록({ })으로 감싸지 않아도 되지만 반복할 문장이 2개 이상이라면 반드시 블록으로 감싸야 한다.

```
int i;
for( i=0; i < 3; i++ )
   printf("빙글빙글 for문입니다. ^^\n");
```

==

```
int i;
for( i=0; i < 3; i++ )
{
   printf("빙글빙글 for문입니다. ^^\n");
}
```

SELF STUDY

[그림 6-3]의 초기식을 i=1로 하여 동일하게 세 번을 출력하도록 수정해보자.

다음 예제는 for문의 블록({ })을 잊고 사용하지 않은 경우로, 결과가 어떻게 나오는지 살펴보자.

기본 6-3 **for문과 블록 사용 예** 6-3.c

```
01 #include <stdio.h>
02
03 void main( )
04 {
05   int i;
06   for( i=0; i < 3; i++ )
07   {
08     printf("안녕하세요? \n");
09     printf("##또 안녕하세요?## \n");
10   }
11
12   printf("\n\n");
13
14   for( i=0; i < 3; i++ )
15     printf("안녕하세요? \n");
16     printf("##또 안녕하세요?## \n");
17 }
```

(06~10행) 블록을 사용한 for문이다.

(14~16행) 블록을 사용하지 않은 for문이다.

실행 결과

```
안녕하세요?
##또 안녕하세요?##
안녕하세요?
##또 안녕하세요?##
안녕하세요?
##또 안녕하세요?##


안녕하세요?
안녕하세요?
안녕하세요?
##또 안녕하세요?##
```

6~10행은 for문에서 수행할 두 문장(8~9행)을 블록({ })으로 감쌌기 때문에 두 문장이 연달아 세 번 출력되었다. 하지만 블록을 사용하지 않은 14~16행의 경우 15행만 세 번 출력된 후 16행이 한 번 출력되었다.

그러니 여러 문장을 반복하고 싶다면 반드시 블록({ })으로 감싸야 한다. 숙련된 프로그래머도 실수하기 쉬운 부분이니 주의하기 바란다.

> **Q / U / I / Z** | for문에서 반복할 문장이 여러 개라면 반드시 □□(으)로 감싸야 한다.

for문 연습

for문의 개념을 확립했다면 이제는 다양한 예제를 통해 for문을 완전히 이해해보자. [기본 6-2]를 수정하여 초깃값을 5로 하고 i 값을 1씩 줄여가며(0이 될 때까지) printf문을 다섯 번 실행하는 프로그램을 작성해보자.

기본 6-4 for문 사용 예 1 — 6-4.c

```c
#include <stdio.h>

void main( )
{
   int i;

   for( i=5; i > 0; i-- )
   {
      printf("%d : 안녕하세요? 빙글빙글 for문을 공부 중입니다. ^^\n", i);
   }
}
```

← 초깃값, 조건식, 증감식을 수정한다. (for(i=5; i > 0; i--) 줄)

실행 결과

```
5 : 안녕하세요? 빙글빙글 for문을 공부 중입니다. ^^
4 : 안녕하세요? 빙글빙글 for문을 공부 중입니다. ^^
3 : 안녕하세요? 빙글빙글 for문을 공부 중입니다. ^^
2 : 안녕하세요? 빙글빙글 for문을 공부 중입니다. ^^
1 : 안녕하세요? 빙글빙글 for문을 공부 중입니다. ^^
```

결과가 잘 나왔는가? 만약 아무것도 나오지 않았다면 for문의 조건을 수정하지 않았기 때문이다. 초깃값이 5인데 조건식의 연산자 방향을 i < 0로 그대로 놔두었다면 거짓이 되어 반복문이 한 번도 실행되지 않는다. 여기서는 조건식을 i > 0으로 고쳐야 한다.

이번에는 [기본 6-2]를 수정하여 숫자 1~5를 차례로 출력해보자. for문 안에서 i 값을 활용할 필요가 있으므로 i 값을 출력하는 연습을 하는 것이다.

기본 6-5 for문 사용 예 2   6-5.c

```
01 #include <stdio.h>
02
03 void main( )
04 {
05    int i;
06
07    for( i=1; i <= 5; i++ )
08    {
09       printf("%d \n", i);
10    }
11 }
```

i 값이 1부터 5까지 변경된다. (07행)

실행 결과

```
1
2
3
4
5
```

1부터 출력해야 하므로 7행에서 i=1로 초깃값을 설정했다. 또한 5까지 출력하기 위해 조건식을 i <= 5로 수정했다(조건식을 i < 6으로 해도 결과는 같다).

SELF STUDY

10부터 20까지 출력하도록 [기본 6-5]를 수정해보자.

for문을 활용하여 합계 구하기

for문을 활용한 프로그램을 본격적으로 작성해보자. 우선 for문을 배우기 전의 방식으로 1~10의 합계를 구하는 프로그램을 작성해보자. 이 정도는 for문을 사용하지 않고 덧셈(+) 연산만으로도 간단하게 작성할 수 있다.

기본 6-6 for문을 활용하지 않고 합계 구하기 6-6.c

```
#include <stdio.h>

void main( )
{
   int hap;

   hap = 1 + 2 + 3 + 4 + 5 + 6 + 7 + 8 + 9 + 10;  ----- hap에 1부터 10까지 더해서 입력한다.

   printf(" 1에서 10까지의 합: %d \n", hap);
}
```

실행 결과

```
1에서 10까지의 합: 55
```

소스가 아주 간단하고 결과도 잘 나왔지만 만약 1~10이 아니라 1~100이라면 어떨까? 또는 1000까지라면? 'hap = 1 + 2 + 3 + … + 1000' 식으로 코딩해야 할 것이다. 게다가 중간에 오타라도 있다면 틀린 결과가 나온다. 이런 방식으로 프로그램을 만드는 것은 바람직하지도 않으며 차라리 주판이나 전자계산기를 사용하는 편이 낫다.

이처럼 반복적인 덧셈을 수행할 때는 for문을 활용해야 한다. 다음과 같이 생각해보자.

```
합계가 들어갈 변수 준비(hap)
1부터 10까지 변할 변수 준비(i)

for( i가 1부터 시작했으므로; i가 10보다 작거나 같을 때까지; i가 1씩 증가 )
{
   hap 값에 i 값을 더함
}
```

기본 6-7 for문을 활용하여 합계 구하기 1 6-7.c

```
#include <stdio.h>

void main( )
{
   int hap;  ----- 합계를 누적할 변수를 선언한다.
   int i;    ----- 1부터 10까지 변하는 변수를 선언한다.
```

```
07
08     for( i=1; i <= 10; i++ ) {        ----- for문에 의해 1부터 10까지 열 번 반복된다.
09        hap = hap + i;                 ------ hap 변수에 1부터 10까지 반복해서 누적된다.
10     }
11
12     printf(" 1에서 10까지의 합: %d \n", hap);
13 }
```

실행 결과 ▼

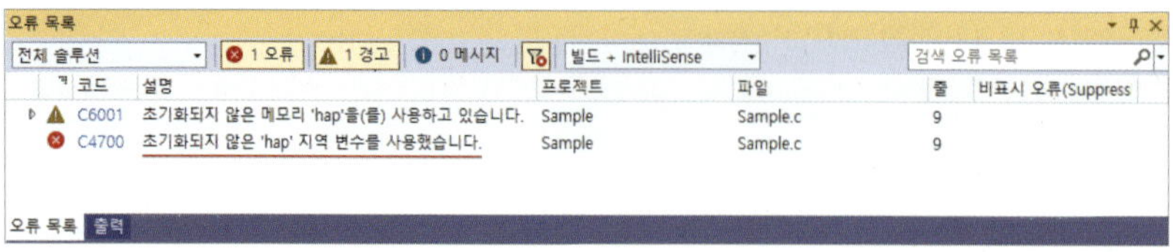

그런데 실행하니 오류가 생겼다. 현재 변수 hap이 초기화되지 않았기 때문이다.

TIP/ Visual Studio 버전에 따라서 오류나 경고의 개수가 좀 다를 수 있다. 하지만 코드 C4700은 버전에 관계없이 오류다.

TIP/ C 컴파일러나 윈도우 운영체제에 따라서 위 코드가 실행되는 경우도 있다. int형 변수를 초기화하지 않으면 자동으로 0을 넣기도 한다.

즉 5행에서 hap에 아무 값도 넣지 않으면 5행의 hap에는 쓰레기 값이 들어간다. 그런 상태에서 9행을 계산하니 계속 이상한 값이 들어가는 것이다. 이런 문제를 해결하려면 누적값을 표현하는 변수 hap을 반드시 0으로 초기화해야 한다. 변수 i는 8행에 i=1이라는 초기화 부분이 있으므로 별도로 초기화할 필요가 없다. [기본 6-8]의 5행(int hap = 0)과 같이 초기화한 후 다시 빌드하고 실행하면 정상적인 결과가 나온다. 이 또한 실무 프로그래머도 종종 실수하는 경우이니 주의하자.

기본 6-8 for문을 활용하여 합계 구하기 2 — 6-8.c

```
01 #include <stdio.h>
02
03 void main( )
04 {
05     int hap = 0;                      ----- 합계를 누적할 변수를 선언하고 0으로 초기화한다.
06     int i;
07
08     for( i=1; i <= 10; i++ ) {
09        hap += i;                      ----- hap 변수에 1부터 10까지 반복해서 누적한다.
10     }                                       hap = hap+i와 동일하다.
```

```
    printf(" 1에서 10까지의 합: %d \n", hap);
}
```

실행 결과

```
1에서 10까지의 합: 55
```

SELF STUDY

[기본 6-8]을 수정하여 1~12345의 합계를 구해보자.

[기본 6-8]에서 주의할 것은 변수 i와 hap의 값이다. 이 값들은 다음과 같이 변해갈 것이다.

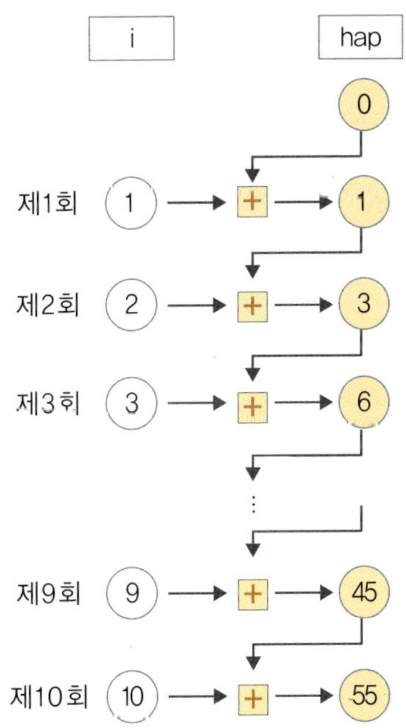

그림 6-4 변수 i와 hap의 변화

Q / U / I / Z 초기화란 정수의 경우에는 누적될 변수에 □(을)를 대입하는 것을 말한다.

[기본 6-8]의 5행에서 hap을 0으로 초기화하고 8행에서 i 값을 1로 초기화했다. 그리고 첫 번째 반복에서 i 값 1을 현재 hap의 값인 0과 더해 다시 hap에 넣었다. 두 번째 반복에서는 i 값 2를 현재 hap의 값인 1과 더해 다시 hap에 넣었다. 이런 과정이 열 번 반복되면 1~10을 더한 값이 hap에 들어간다.

10까지가 아니라 100까지의 합계를 출력한다고 가정해보자. [기본 6-8]의 8행과 12행의 10을 100으로 고치고 다시 실행하면 5050이 나올 것이다. 이제부터는 아무리 큰 수의 합이라도 숫자 하나만 바꾸면 된다. 이것이 반복문을 사용하는 가장 큰 이유이다.

다음 예제는 500~1000 중에서 홀수의 합을 구하는 프로그램이다. for문의 초깃값, 조건식, 증감식만 적절히 변경하면 다양한 형태의 합계를 구할 수 있다.

응용 6-9 **for문을 활용하여 합계 구하기 3** 6-9.c

```
01 #include <stdio.h>
02
03 void main( )
04 {
05    int hap = 0;
06    int i;
07
08    for( __1__; i <= 1000; __2__ ) {      ---- i를 501부터 2씩 증가시킨다.
09       hap = hap + i;
10    }
11
12    printf(" 500에서 1000까지의 홀수의 합: %d \n", hap);
13 }
```

정답_ 1 i=501 2 i=i+2 또는 i+=2

실행 결과

```
500에서 1000까지의 홀수의 합: 187500
```

[응용 6-9]는 8행에서 초깃값을 501(홀수)로, 최종값을 1000으로, 증가값을 2로 설정하여 501부터 1000 사이의 홀수를 모두 더하는 형태이다. 즉 i 값을 2씩 증가시키면 된다.

SELF STUDY

[응용 6-9]를 수정하여 1~100 중에서 3의 배수를 더하는 프로그램을 작성해보자.

힌트_ 3의 배수이므로 3부터 시작하고 증가값은 3씩 더한다.

이번에는 우리가 작성한 유용한 프로그램을 다른 사람이 사용할 수 있게 만들어보자. 그런데 다른 사람에게 필요할 때마다 소스를 수정하고 컴파일해서 사용하라고 알려준다면 어떨까? 우리는 지금까지 공부한 실력으로 소스를 수정하고 다시 컴파일할 수 있지만, C를 공부한 적이 없는 사람의 입장에서는 TV 부품을 주고 알아서 조립하여 TV를 보라고 하는 것과 마찬가지이다.

그러니 매번 새로 컴파일하지 않고, 실행할 때마다 수를 입력하고 입력한 수까지의 합계를 구하는 프로그램으로 바꾸어보자. 앞서 배웠던 scanf( ) 함수를 사용하여 사용자가 원하는 값을 입력하고 1부터 입력한 수까지의 합을 구하는 프로그램을 만드는 것이다.

기본 6-10 for문을 활용하여 합계 구하기 4 6-10.c

```
01 #define _CRT_SECURE_NO_WARNINGS
02 #include <stdio.h>
03 void main( )
04 {
05    int hap=0;                    ----- 합계를 누적할 변수를 선언하고 0으로 초기화한다.
06    int i;                        ----- 1씩 증가시킬 변수이다.
07    int num;                      ----- 입력받을 최종값이다.
08
09    printf(" 값 입력 : ");
10    scanf("%d", &num);            ----- 최종값을 입력한다.
11
12    for( i=1; i <= num; i++ ) {   ----- 1부터 최종값까지 1씩 증가시키며 반복한다.
13       hap = hap + i;
14    }
15
16    printf(" 1에서 %d까지의 합: %d \n", num, hap);
17 }
```

실행 결과

```
값 입력 : 100
1에서 100까지의 합: 5050
```

[기본 6-10]의 7행에서는 사용자가 입력한 값을 저장할 변수 num을 선언하고, 10행에서는 scanf( ) 함수를 사용하여 사용자가 입력한 수를 num에 대입한다. 12행에서는 1부터 사용자가 입력한 수(num)까지 1씩 증가시키면서 for문을 반복한다. 사용자가 입력한 수까지의 합계를 구하여 16행에서 사용자가 입력한 수와 함께 출력한다.

이제 시작값과 최종값, 증가값까지 사용자가 입력하게 해보자. 그러면 사용자의 의도를 충분히 반영하여 합계를 구하는 쓸 만한 프로그램으로 탈바꿈할 것이다.

응용 6-11 for문을 활용하여 합계 구하기 5 — 6-11.c

```
01 #define _CRT_SECURE_NO_WARNINGS
02 #include <stdio.h>
03 void main( )
04 {
05    int hap=0;
06    int i;
07    int num1, num2, num3;          ----- 입력받을 변수 3개를 선언한다.
08
09    printf(" 시작값, 끝값, 증가값 입력 : ");
10    scanf("%d %d %d", &num1, &num2, &num3);     ----- 공백 문자로 구분해서 3개의 수를 입력받는다.
11
12    for( ___1___ ) {          ----- 시작값은 num1, 끝값은 num2, 증가값은 num3이다.
13       hap = hap + i;
14    }
15
16    printf(" %d에서 %d까지 %d씩 증가한 값의 합: %d \n", num1, num2, num3, hap);
17 }
```

정답_ 1 i=num1; i <= num2; i=i+num3

실행 결과

```
시작값, 끝값, 증가값 입력 : 2  300  3
2에서 300까지 3씩 증가한 값의 합: 15050
```

[응용 6-11]의 10행에서 3개의 수를 입력할 때는 공백으로 구분한다. 이 프로그램을 컴파일한 결과인 *.exe 파일(여기서는 6_11.exe)만 다른 사람에게 주면 다시 컴파일할 필요 없이 사용자가 원하는 형태의 합계를 구할 수 있다.

지금까지 배운 for문을 활용하여 사용자가 입력한 수의 구구단을 출력하는 프로그램을 만들어 보자.

기본 6-12 for문을 사용한 구구단 프로그램 — 6-12.c

```
#define _CRT_SECURE_NO_WARNINGS
#include <stdio.h>
```

```
03 void main( )
04 {
05    int i;
06    int dan;
07
08    printf(" 몇 단 ? ");
09    scanf("%d", &dan);
10
11    for( i=1; i <= 9; i++ ) {
12       printf(" %d X %d = %d \n", dan, i, dan*i);
13    }
14 }
```

- 06: 계산한 단을 입력받을 변수를 선언한다.
- 09: 계산할 단을 입력받는다.
- 11~13: 1부터 9까지 반복하며 입력한 단을 출력한다.

실행 결과

```
몇 단 ? 7
7 X 1 = 7
7 X 2 = 14
7 X 3 = 21
7 X 4 = 28
7 X 5 = 35
7 X 6 = 42
7 X 7 = 49
7 X 8 = 56
7 X 9 = 63
```

[기본 6-12]의 6행에서 출력하고자 하는 단을 입력받을 변수를 선언하고 9행에서 키보드로 단을 입력받는다. 구구단은 입력된 수에 1~9까지 곱해야 하므로 11행의 i를 1부터 9까지 증가시키고 12행에서 구구단의 각 행을 출력한다.

SELF STUDY

다음과 같이 구구단이 반대 순서로 출력되게 [기본 6-12]를 수정해보자.

실행 결과

```
몇 단 ? 7
7 X 9 = 63
7 X 8 = 56
7 X 7 = 49
   ⋮
7 X 2 = 14
7 X 1 = 7
```

SECTION

02 중첩 for문

for문 안에 또 다른 for문이 있는 것을 중첩 for문이라고 한다.

지금까지의 내용을 잘 이해했다면 대부분의 for문을 작성할 수 있을 것이다. 여기서는 좀 더 복잡한 중첩 for문을 살펴보자.

1 중첩 for문의 개념

중첩 for문은 for문 내부에 또 다른 for문이 들어 있는 형태를 말한다. 다음 그림을 보면 바깥 for문과 안쪽 for문이 반복되는데 바깥 for문은 세 번, 안쪽 for문은 두 번씩 반복된다고 가정했다.

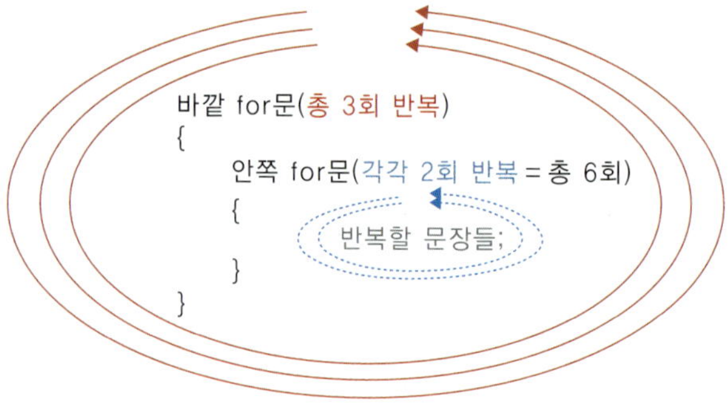

그림 6-5 중첩 for문의 동작 개념

먼저 바깥 for문의 첫 번째 반복이 실행되고 안쪽 for문의 '반복할 문장들'은 두 번 반복된다. 다시 바깥 for문의 두 번째 반복이 실행되고 안쪽 for문의 '반복할 문장들'은 처음부터 두 번 반복된다. 마지막으로 바깥 for문의 세 번째 반복이 실행되고 안쪽 for문의 '반복할 문장들'은 처음부터 두 번 반복된다. 그래서 결국 바깥 for문이 세 번 도는 동안 안쪽 for문은 각각 두 번씩 돌아 총 $3 \times 2 = 6$번 반복된다.

[그림 6-6]은 실제로 가장 많이 사용되는 중첩 for문을 요약한 형태이다.

Q/U/I/Z 중첩 for문은 □□□문 안에 또 다른 □□□문이 있는 것을 말한다.

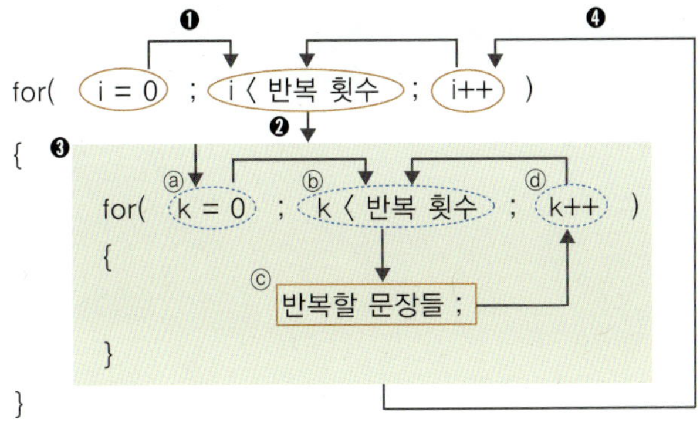

그림 6-6 중첩 for문의 작동 방식

TIP/ 일반적으로 중첩 for문이 2개 있을 때는 변수로 i와 j를 많이 사용하지만 두 알파벳이 비슷해 보여서 가끔 실수하는 경우도 있다. 그래서 필자는 구별이 잘 되도록 i, j 대신 i, k를 사용했다.

[그림 6-1]과 [그림 6-6]을 비교해보면 사실 크게 다르지 않다. [그림 6-1]의 '반복할 문장들'이 [그림 6-6]에서는 사각형으로 표시된 또 다른 for문이라고 생각하면 된다. 예를 들어 바깥 for문의 반복 횟수를 3, 안쪽 for문의 반복 횟수를 2라고 가정하면 다음과 같은 순서로 작동한다.

> ❶ → ❷ → ❸ → (ⓐ → ⓑ → ⓒ → ⓓ → ⓑ → ⓒ → ⓓ → ⓑ → 안쪽 for문을 빠져나감) → ❹ → ❷ → ❸ → (ⓐ → ⓑ → ⓒ → ⓓ → ⓑ → ⓒ → ⓓ → ⓑ → 안쪽 for문을 빠져나감) → ❹ → ❷ → ❸ → (ⓐ → ⓑ → ⓒ → ⓓ → ⓑ → ⓒ → ⓓ → ⓑ → 안쪽 for문을 빠져나감) → ❹ → ❷ → 바깥 for문을 빠져나감

조금 길지만 위 순서에서 색깔로 표시된 부분을 하나의 문장([그림 6-6]의 사각형에 해당함)으로 취급하면 하나의 for문과 큰 차이가 없다. 손가락으로 짚어가며 순서를 따라 하면 충분히 이해할 수 있다.

기본 6-13 중첩 for문 사용 예 1 6-13.c

```
#include <stdio.h>

void main( )
{
   int i, k;                      ----- 반복할 변수 i, k를 선언한다.

   for( i=0; i < 3; i++ )         ----- 바깥 for문을 세 번 반복한다.
   {
      for( k=0; k < 2; k++ )      ----- 안쪽 for문을 두 번 반복한다.
      {
```

```
11            printf("중첩 for문입니다. (i값: %d, k값: %d)\n", i, k);
12        }                                    └---- i와 k 값을 총 여섯(3×2) 번 출력한다.
13    }
14 }
```

실행 결과

```
중첩 for 문입니다. (i값: 0, k값: 0)
중첩 for 문입니다. (i값: 0, k값: 1)
중첩 for 문입니다. (i값: 1, k값: 0)
중첩 for 문입니다. (i값: 1, k값: 1)
중첩 for 문입니다. (i값: 2, k값: 0)
중첩 for 문입니다. (i값: 2, k값: 1)
```

중첩 for문의 실행 횟수는 '바깥 for문 반복 횟수×안쪽 for문 반복 횟수'이다. 처리되는 순서는 다음과 같다.

> ❶ 외부 for문 제1회: 7행의 i를 0으로 초기화하면 i < 3이 참이므로 바깥 for문 수행
> 내부 for문 제1회: 9행의 k를 0으로 초기화하면 k < 2가 참이므로 안쪽 for문 수행
> 11행의 printf( )를 실행해서 '중첩 for문입니다.' 출력
> 내부 for문 제2회: 9행의 k++로 k를 1로 증가시키면 k < 2가 참이므로 안쪽 for문 수행
> 11행의 printf( )를 실행해서 '중첩 for문입니다.' 출력
> 내부 for문 제3회: 9행의 k++로 k를 2로 증가시키면 k < 2가 거짓이므로 안쪽 for문 종료

> ❷ 외부 for문 제2회: 7행의 i++로 i를 1로 증가시키면 i < 3이 참이므로 바깥 for문 수행
> 내부 for문 제1회: 9행의 k를 0으로 초기화하면 k < 2가 참이므로 안쪽 for문 수행
> 11행의 printf( )를 실행해서 '중첩 for문입니다.' 출력
> 내부 for문 제2회: 9행의 k++로 k를 1로 증가시키면 k < 2가 참이므로 안쪽 for문 수행
> 11행의 printf( )를 실행해서 '중첩 for문입니다.' 출력
> 내부 for문 제3회: 9행의 k++로 k를 2로 증가시키면 k < 2가 거짓이므로 안쪽 for문 종료

> ❸ 외부 for문 제3회: 7행의 i++로 i를 2로 증가시키면 i < 3이 참이므로 바깥 for문 수행
> 내부 for문 제1회: 9행의 k를 0으로 초기화하면 k < 2가 참이므로 안쪽 for문 수행
> 11행의 printf( )를 실행해서 '중첩 for문입니다.' 출력
> 내부 for문 제2회: 9행의 k++로 k를 1로 증가시키면 k < 2가 참이므로 안쪽 for문 수행
> 11행의 printf( )를 실행해서 '중첩 for문입니다.' 출력
> 내부 for문 제3회: 9행의 k++로 k를 2로 증가시키면 k < 2가 거짓이므로 안쪽 for문 종료

> ❹ 외부 for문 제4회: 7행의 i++로 i를 3으로 증가시키면 i < 3이 거짓이므로 바깥 for문 종료

이 과정을 간단히 표현하면 [그림 6-7]과 같다. 이때 핵심은 외부 변수인 i는 0, 1, 2로 변경된 후 끝나지만 내부 변수인 k는 0과 1을 계속 반복한다는 것이다.

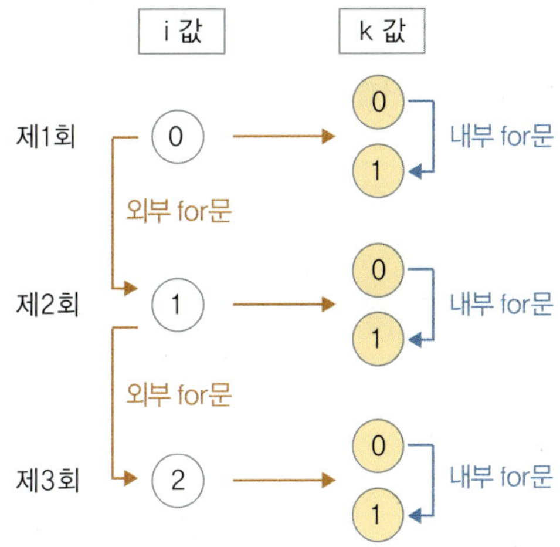

그림 6-7 중첩 for문에서 i 값과 k 값의 변화

SELF STUDY

i 값이 2부터 9까지, k 값이 1부터 9까지 출력되도록 [기본 6-13]을 수정해보자. 즉 72(8×9)행이 출력되어야 한다.

여기서 잠깐

프로그래머의 취향에 따라 달라지는 코딩

프로그래머의 취향에 따라 [기본 6-13]의 7~13행을 다음과 같이 코딩할 수도 있다. 그러면 행수가 줄어들어 프로그램이 간단해 보인다.

```
for( i=0; i < 3; i++ ) {
        for( k=0; k < 2; k++ )        {
                printf("중첩 for문입니다. (i값: %d, k값: %d)\n", i, k );
        }
}
```

또한 실행문이 하나뿐이므로 다음과 같이 중괄호를 없애도 된다. 다만 어떤 경우라도 중괄호를 사용하면 착각에 의한 실수도 방지하고 코드의 가독성도 높일 수 있다.

```
for( i=0; i < 3; i++ )
        for( k=0; k < 2; k++ )
                printf("중첩 for문입니다. (i값: %d, k값: %d)\n", i, k );
```

2 중첩 for문의 활용

지금까지 연습한 중첩 for문을 활용하여 구구단을 2단부터 9단까지 출력해보자. [그림 6-8]을 보고 변수 i와 k를 추출한다.

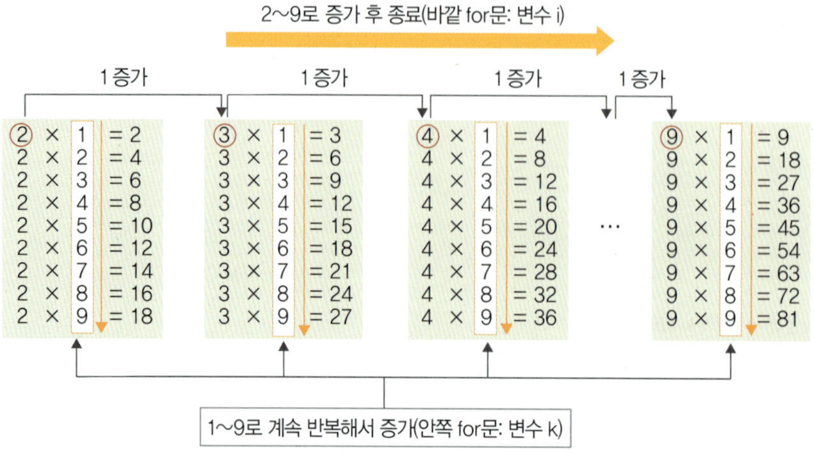

그림 6-8 구구단에서 변수 i와 k의 추출

구구단의 각 단은 2, 3, 4, …, 9까지 1회만 증가하고 뒷자리는 1~9가 반복된다. 이를 프로그램으로 만들면 다음과 같다.

응용 6-14 중첩 for문 사용 예 2 6-14.c

```
#include <stdio.h>

void main( )
{
  int i, k;

  for( i = 2; i <= 9; i ++ )        ------ 2~9단까지 반복한다.
  {
    for( ___1___ )                  ------ 각 단의 뒷자리는 1~9를 반복한다.
    {
      printf(" %d X %d =  %d \n", i, k, i*k);   ----- 구구단을 출력한다.
    }
    printf("\n");                   ----- 각 단이 끝나면 한 줄을 띄운다.
  }
}
```

정답_ 1 k = 1; k <= 9; k ++

실행 결과

```
2 X 1 =  2
2 X 2 =  4
2 X 3 =  6
2 X 4 =  8
2 X 5 =  10
2 X 6 =  12
2 X 7 =  14
2 X 8 =  16
2 X 9 =  18

3 X 1 =  3
3 X 2 =  6
    ⋮
    ⋮
```

```
        ⋮
        ⋮
8 X 7 =  56
8 X 8 =  64
8 X 9 =  72

9 X 1 =  9
9 X 2 =  18
9 X 3 =  27
9 X 4 =  36
9 X 5 =  45
9 X 6 =  54
9 X 7 =  63
9 X 8 =  72
9 X 9 =  81
```

SELF STUDY

[응용 6-14]를 수정하여 다음과 같이 각 단의 시작을 알리는 문구를 넣어보자.

실행 결과

```
## 제  2  단 ##
2 X 1 = 2
2 X 2 = 4
2 X 3 = 6
2 X 4 = 8
2 X 5 = 10
2 X 6 = 12
2 X 7 = 14
2 X 8 = 16
2 X 9 = 18

## 제  3  단 ##
3 X 1 = 3
3 X 2 = 6
...
```

[응용 6-14]의 실제 수행 결과는 세로로 출력되므로 위아래로 스크롤해야 전체 결과를 볼 수 있다. 이런 경우 오른쪽의 공백을 활용하여 한눈에 보이는 구구단을 만든다면 훨씬 좋을 것이다.

모니터로 출력할 때 주의할 점이 있는데, 일단 세로 방향으로 한 번 출력하면 다시 위로 돌아가서 출력할 수 없다는 것이다. 즉 2단을 출력한 후 다시 모니터의 오른쪽 위로 올라가서 3단을 출력할 수 없다. 그러므로 작은 발상의 전환으로 가로 방향으로 출력함으로써 모니터의 오른쪽 공간까지 출력되게 해보자.

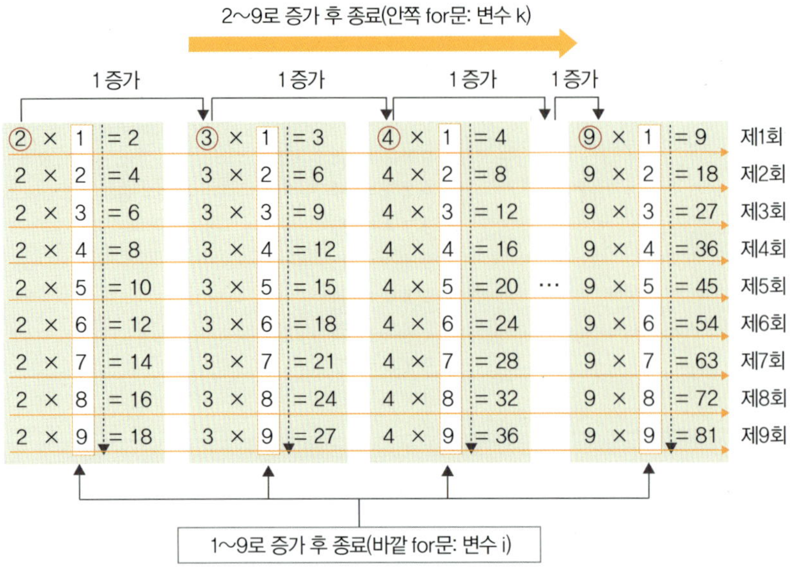

그림 6-9 구구단에서 변수 i와 k의 추출(단, 가로 먼저 출력)

응용 6-15 중첩 for문 사용 예 3　　6-15.c

```
#include <stdio.h>

void main( )
{
   int i, k;

   for( i = 1; i <= 9; i ++ )                          ── 각 단의 뒷자리는 1~9를 반복한다.
   {
      for( k = 2; k <= 9; k ++ )                       ── 2~9단까지 반복한다.
      {
         printf("%2dX%2d=%2d", ___❶___ );              ── 각 단별로 한 줄씩 출력한다.
      }
      printf("\n");                                    ── 각 단의 한 줄을 출력한 후 다음 줄로 넘긴다.
   }
}
```

정답_ ❶ k, i, k*i

실행 결과

```
2X 1= 2 3X 1= 3 4X 1= 4 5X 1= 5 6X 1= 6 7X 1= 7 8X 1= 8 9X 1= 9
2X 2= 4 3X 2= 6 4X 2= 8 5X 2=10 6X 2=12 7X 2=14 8X 2=16 9X 2=18
2X 3= 6 3X 3= 9 4X 3=12 5X 3=15 6X 3=18 7X 3=21 8X 3=24 9X 3=27
2X 4= 8 3X 4=12 4X 4=16 5X 4=20 6X 4=24 7X 4=28 8X 4=32 9X 4=36
2X 5=10 3X 5=15 4X 5=20 5X 5=25 6X 5=30 7X 5=35 8X 5=40 9X 5=45
2X 6=12 3X 6=18 4X 6=24 5X 6=30 6X 6=36 7X 6=42 8X 6=48 9X 6=54
2X 7=14 3X 7=21 4X 7=28 5X 7=35 6X 7=42 7X 7=49 8X 7=56 9X 7=63
2X 8=16 3X 8=24 4X 8=32 5X 8=40 6X 8=48 7X 8=56 8X 8=64 9X 8=72
2X 9=18 3X 9=27 4X 9=36 5X 9=45 6X 9=54 7X 9=63 8X 9=72 9X 9=81
```

7행은 각 단의 뒷자리에 해당한다. 9행은 앞에 출력되는 단이며 2~9로 여덟 번 변한다. 11행에서 %2d를 사용하여 출력 자릿수를 두 자리로 고정했다. \n을 넣지 않은 이유는 '2×1=2'가 출력된 후 바로 옆에 '3×1=3'이 이어서 출력되도록 하기 위해서이다.

13행은 가로줄 하나를 모두 출력한 후 다음 줄로 넘기는 역할을 한다. 구구단의 경우에는 i와 k를 헷갈리기 쉬운데 다양한 연습을 통해 차근차근 살펴보면 익숙해질 것이다.

SECTION

03 다양한 for문의 형태

- 초깃값, 조건식, 증감식을 모두 쓰지 않고도 for문을 사용할 수 있다.

실무에서는 앞서 배운 기본 for문 외에도 다양한 형태의 for문이 사용된다. 한 예로 초깃값, 조건식, 증감식을 모두 쓰지 않아도 문법적으로 아무 문제가 없는 형식도 있다. 조금 어려울지도 모르지만 지금 나오는 내용을 잘 익혀둬야 나중에 실무에서 제작된 소스를 쉽게 이해할 수 있을 것이다.

1 여러 개의 초깃값과 증감식을 사용하는 for문

for문에 들어가는 초깃값이 꼭 하나일 필요는 없다. 단, 여러 개를 초기화할 때는 콤마(,)로 각각을 구분해야 한다. 마찬가지로 증감식도 하나 이상 될 수 있다. 즉 다음과 같은 형식으로도 사용된다.

```
for( 초깃값 1, 초깃값 2; 조건식; 증감식 1, 증감식 2 )
```

간단한 예제를 통해 살펴보자.

기본 6-16 for문의 다양한 활용 예 1 6-16.c

```
#include <stdio.h>

void main( )
{
   int i, k;

   for( i = 1,  k = 1; i <= 9; i++, k++ )
      printf(" %d X %d = %d \n", i, k, i*k);
}
```

반복할 변수 i, k를 선언한다.

초깃값과 증감식이 2개이다.

TIP/ 구구단은 반복문을 익히기에 좋은 예제이다. 구구단을 구현하는 다양한 반복문을 만들어보자.

실행 결과

```
1 X 1 = 1
2 X 2 = 4
3 X 3 = 9
4 X 4 = 16
5 X 5 = 25
6 X 6 = 36
7 X 7 = 49
8 X 8 = 64
9 X 9 = 81
```

7행에서 i와 k에 동시에 초깃값을 대입했다. 또한 증감식도 동시에 1씩 증가시켰다. 이와 같은 방법도 사용될 수 있으니 꼭 기억해두자.

2 초깃값과 증감식이 없는 for문

이제 for문의 기본 형식이 'for(초깃값 ; 조건식 ; 증감식)'이라는 것 정도는 잘 알고 있을 것이다. 이 형식을 좀 바꿔보려고 한다.

0~9를 출력하는 기본 형식은 ❶과 같다. 이때 ❷와 같이 초깃값인 i=0을 for문 밖으로 빼서 사용할 수도 있다. 또한 ❸과 같이 초깃값과 증감식을 모두 빼서 사용할 수도 있다.

❶ 기본 형식

```
int i;
for( i = 0 ; i < 10 ; i ++ )
{
  printf("%d \n", i) ;
}
```

❷ 초깃값 빼기

```
int i;
i = 0;
for(     ; i < 10 ; i ++ )
{
  printf("%d \n", i) ;
}
```

❸ 초깃값과 증감식 빼기

```
int i;
i = 0;
for(     ; i < 10 ;     )
{
  printf("%d \n", i) ;
  i ++ ;
}
```

위의 세 구문은 모두 같은 결과를 보여준다. 즉 for문에서 초깃값과 증감식이 문법적으로 반드시 필요한 것은 아니다. 단, 주의할 점은 초깃값이 없더라도 그 자리는 반드시 세미콜론(;)으로 구분해야 한다는 것이다.

위의 세 가지 예 중에서 첫 번째와 세 번째의 동작 과정을 그림으로 살펴보자.

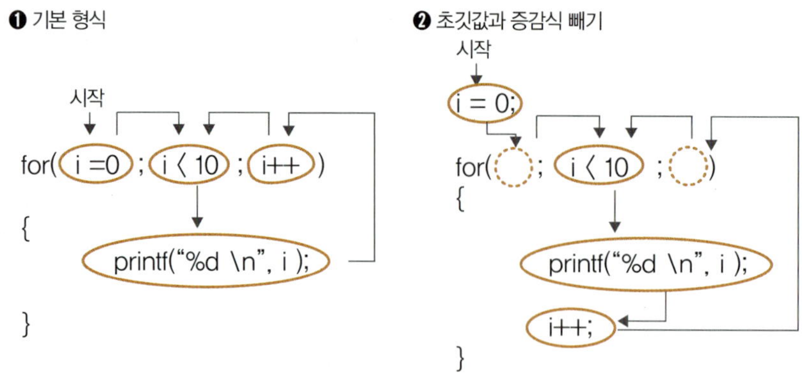

그림 6-10 두 소스의 비교

왼쪽(❶)과 오른쪽(❷) 소스의 실행 순서를 살펴보자. 빈칸은 없는 것과 마찬가지이므로 결국 동일한 순서로 작동한다.

❶ 시작 → i=0 → i < 10 → printf( ) → i++ → i < 10 → printf( ) → i++ → …
❷ 시작 → i=0 → 빈칸 → i < 10 → printf( ) → i++ → 빈칸 → i < 10 → printf() → i++ → …

SELF STUDY

[그림 6-10]의 ❷번 소스를 활용하여 1~100의 합계를 구하는 프로그램을 작성해보자.

이번에는 예제를 통해 for(; ;)문의 의미를 살펴보자.

기본 6-17 for문의 다양한 활용 예 2 6-17.c

```
#include <stdio.h>

void main( )
{
   int i;
   i = 0;
   for(  ;  ;  )        ----- 초깃값, 조건식, 증감식이 아무것도 없다.
   {
     printf("%d \n", i);
     i ++;
   }
}
```

실행 결과

```
0
1
2
3
…
…
1000
1001
1002
1003
…
…
…
무한반복
```

이 소스를 실행하면 결과가 멈추지 않고 계속 출력되며 멈추려면 Ctrl + C를 눌러야 한다. 멈추지 않는 이유는 7행에 조건식이 빠져 있기 때문이다. 이렇게 멈추지 않고 계속 반복하는 것을 '무한 루프'라고 한다. 프로그래머의 실수로 이런 일이 발생하기도 하지만 이것을 활용하는 경우도 있다.

TIP/ 무한 루프를 빠져나오려면 Ctrl + C를 누르는 것 외에도 다른 방법이 있는데 이는 7장의 while문에서 다룰 것이다.

다음의 [응용 6-18]은 두 수를 더하는 간단한 계산기 프로그램이다. 이 프로그램 또한 한 번만 실행되는 것이 아니라 사용자가 멈출 때까지 계속 실행된다. 멈추고 싶다면 Ctrl + C를 눌러야 한다.

응용 6-18 for문의 다양한 활용 예 3 — 6-18.c

```
#define _CRT_SECURE_NO_WARNINGS
#include <stdio.h>
void main( )
{
    int a, b;

    ___❶___( ; ; )                                   ----- 무한 루프가 발생한다.
    {
        printf("더할 두 수 입력 (멈추려면 Ctrl+C) : ");
        scanf("%d %d", &a, &b);                     ----- 두 값을 입력받는다.

        printf("%d + %d = %d \n", a, b, a+b);       ----- 더하기 결과를 출력한다.
    }
}
```

정답_ ❶ for

실행 결과

```
더할 두 수 입력 (멈추려면 Ctrl+C) : 11  33
11 + 33 = 44
더할 두 수 입력 (멈추려면 Ctrl+C) : 22  755
22 + 755 = 777
더할 두 수 입력 (멈추려면 Ctrl+C) :
```

7행은 for문 내부의 블록을 무한 루프에 빠지게 하는 구문이다. 9행에서 설명문을 출력하고 10행에서 두 수를 공백으로 구분해서 입력하면 12행에서 계산 결과가 출력된다. 이는 사용자가 Ctrl + C를 누를 때까지 반복된다. 이와 같은 무한 루프는 사용자가 어떤 작업을 그만두고 싶을 때까지 계속 반복하는 경우에 활용할 수 있다.

Q / U / I / Z 무한 루프를 만드는 for 구문은 for(□□)이다.

예제모음 14

구구단 출력 프로그램

exam14.c ★★☆

예제 설명 중첩 for문을 사용하여 제목과 구구단을 출력하는 프로그램이다.

실행 결과

```
#제2단# #제3단# #제4단# #제5단# #제6단# #제7단# #제8단# #제9단#

2X 1= 2 3X 1= 3 4X 1= 4 5X 1= 5 6X 1= 6 7X 1= 7 8X 1= 8 9X 1= 9
2X 2= 4 3X 2= 6 4X 2= 8 5X 2=10 6X 2=12 7X 2=14 8X 2=16 9X 2=18
2X 3= 6 3X 3= 9 4X 3=12 5X 3=15 6X 3=18 7X 3=21 8X 3=24 9X 3=27
2X 4= 8 3X 4=12 4X 4=16 5X 4=20 6X 4=24 7X 4=28 8X 4=32 9X 4=36
2X 5=10 3X 5=15 4X 5=20 5X 5=25 6X 5=30 7X 5=35 8X 5=40 9X 5=45
2X 6=12 3X 6=18 4X 6=24 5X 6=30 6X 6=36 7X 6=42 8X 6=48 9X 6=54
2X 7=14 3X 7=21 4X 7=28 5X 7=35 6X 7=42 7X 7=49 8X 7=56 9X 7=63
2X 8=16 3X 8=24 4X 8=32 5X 8=40 6X 8=48 7X 8=56 8X 8=64 9X 8=72
2X 9=18 3X 9=27 4X 9=36 5X 9=45 6X 9=54 7X 9=63 8X 9=72 9X 9=81
```

```c
#include <stdio.h>

void main( )
{
  int i, k;

  for( i = 2; i <= 9; i++ )
     printf(" #제%d단#", i);          ----- 맨 위에 단의 제목을 출력한다.

  printf("\n\n");                    ----- 두 줄을 띄운다.

  for( i = 1; i <= 9; i++ )           ----- 중첩 for문으로 구구단을 출력한다.
  {
    for( k = 2; k <= 9; k++ )
    {
      printf("%2dX%2d=%2d", k, i, k*i);
    }
    printf("\n");
  }
}
```

예제모음 15

아스키코드표 출력 프로그램

exam15.c ★★★

예제 설명 for문과 if문을 사용하여 아스키코드의 0~127을 10진수, 16진수, 문자로 출력하는 프로그램이다.

실행 결과

```
---------------------
10진수  16진수  문자
---------------------
   0     0
   1     1      ┌
   2     2      ┐
   3     3      └
   4     4      ┘
   5     5      │
   6     6      ─
   7     7
         ⋮
         ⋮
```

```
          ⋮
   116    74      t
   117    75      u
   118    76      v
   119    77      w
   120    78      x
   121    79      y
   122    7a      z
   123    7b      {
   124    7c      ¦
   125    7d      }
   126    7e      ~
   127    7f
```

```c
#include <stdio.h>

void main( )
{
  int i;

  for( i= 0; i < 128; i++ )          // ---- 0~127을 처리한다.
  {
    if( i%16 == 0 )                  // ---- 16행마다 제목 줄을 출력한다.
    {
      printf("-------------------\n");
      printf("10진수  16진수  문자 \n");
      printf("-------------------\n");
    }
    printf("%5d  %5x  %5c\n", i, i, i);  // ---- i 값을 10진수, 16진수, 문자로 출력한다.
  }
}
```

예제모음 16

입력된 문자를 반대 순서로 출력

exam16.c ★★★

예제 설명 입력된 영문자나 숫자를 for문을 사용하여 반대 순서로 출력하는 프로그램이다.

실행 결과

```
영문자 및 숫자를 입력 (100자 이하) : IT_CookBook_C_Language

입력한 문자열 ==> IT_CookBook_C_Language
변환된 문자열 ==>egaugnaL_C_kooBkooC_TI
```

```c
#define  _CRT_SECURE_NO_WARNINGS
#include <string.h>
#include <stdio.h>
void main( )
{
  char str[100];
  int str_cnt;
  int i;

  printf("영문자 및 숫자를 입력 (100자 이하) : ");
  scanf("%s", str);

  printf("\n");
  printf("입력한 문자열 ==> %s\n", str);
  printf("변환된 문자열 ==>");

  str_cnt = strlen(str);

  for( i= str_cnt; i >=0; i-- )
  {
     printf("%c", str[i]);
  }

  printf("\n");
}
```

- char str[100]; ----- 입력받을 문자 배열이다.
- int str_cnt; ----- 입력한 문자의 개수를 저장할 변수이다.
- scanf("%s", str); ----- 최대 99자까지 문자를 입력한다.
- printf("입력한 문자열 ==> %s\n", str); ----- 입력된 문자열을 출력한다.
- str_cnt = strlen(str); ----- 입력된 문자의 개수를 계산한다.
- for(i= str_cnt; i >=0; i--) { ... } ----- 입력된 개수만큼 반대 순서로 출력한다.

요약

IT@COOKBOOK

1 for문

❶ for문은 반복할 문장을 원하는 만큼 반복하게 해준다.

❷ for문의 형식은 다음과 같다.

```
for( 초깃값; 조건식; 증감식 )
{
    반복할 문장들;
}
```

2 중첩 for문

❶ for문 안에 또 다른 for문이 있는 형태이다.

❷ 중첩 for문의 형식은 다음과 같다.

```
for( i=0; i < 반복 횟수; i++ )
{
    for( k=0; k < 반복 횟수; k++ )
    {
        반복할 문장들;
    }
}
```

❸ 중첩 for문은 구구단 계산 및 출력에 많이 쓰인다.

3 for문의 다른 형태

❶ for문의 초깃값, 조건식, 증감식은 하나 이상 생략할 수 있다.

❷ 초깃값, 조건식, 증감식을 모두 지운 for(; ;)문은 문법적으로 아무 문제가 없으며 무한 루프 역할을 한다.

IT@COOKBOOK

연습문제

1 다음 코드를 실행하면 CookBook 글자는 몇 번 출력될까요?

```
int i;
for(i=1; i < 5 ; i++)
   printf("CookBook ");
```

❶ 0번

❷ 1번

❸ 4번

❹ 5번

2 다음 코드에서 각 문장의 의미가 틀린 것을 고르세요.

```
for(i=0; i < 5 ; i++)
   printf("^^");
```

❶ i=0 ⇨ 변수선언

❷ i < 5 ⇨ 조건식

❸ i++ ⇨ 증감식

❹ printf("^^"); ⇨ 반복할 문장

3 다음 코드의 실행 결과로 알맞은 것을 고르세요.

```
for(i=0; i < 3 ; i++)
   printf("IT ");
   printf("CookBook ");
```

❶ (아무것도 출력 안 됨)

❷ IT CookBook

❸ IT CookBook IT CookBook IT CookBook

❹ IT IT IT CookBook

연습문제

4 다음 코드를 실행한 결과로 hap에 저장된 값을 적어보세요.

```
int i, hap=0;
for(i = 3; i > 0; i--)
    hap += i;
```

5 다음과 같은 실행 결과가 나오도록 코드의 빈칸을 채우세요.

```
int i;
for( ________1________ )
    printf("%d ", i);
```

실행 결과

```
10 11 12 13 14 15
```

6 다음은 99 + 98 + 97 + … + 2까지의 합계인 4949를 출력하는 코드입니다. 빈칸에 알맞은 코드를 고르세요.

```
int i, hap=0;
for( ________1________ )
    hap += i;

printf("%d ", hap);
```

❶ i = 99; i > 1 ; i--

❷ i = 99; i < 1 ; i--

❸ i = 99; i > 1 ; i++

❹ i = 99; i < 1 ; i++

7 다음은 300부터 900까지의 짝수의 합계를 구하는 코드입니다. 빈칸에 알맞은 코드를 채우세요.

```
int hap = 0;
int i;

for( ________1________ )
    hap += i;

printf(" 300에서 900까지의 짝수의 합: %d \n", hap);
```

8 다음과 같이 구구단이 거꾸로 출력되는 코드를 작성해보세요.

실행 결과

```
9X9=81   8X9=72   7X9=63   6X9=54   5X9=45   4X9=36   3X9=27   2X9=18
9X8=72   8X8=64   7X8=56   6X8=48   5X8=40   4X8=32   3X8=24   2X8=16
9X7=63   8X7=56   7X7=49   6X7=42   5X7=35   4X7=28   3X7=21   2X7=14
9X6=54   8X6=48   7X6=42   6X6=36   5X6=30   4X6=24   3X6=18   2X6=12
9X5=45   8X5=40   7X5=35   6X5=30   5X5=25   4X5=20   3X5=15   2X5=10
9X4=36   8X4=32   7X4=28   6X4=24   5X4=20   4X4=16   3X4=12   2X4=8
9X3=27   8X3=24   7X3=21   6X3=18   5X3=15   4X3=12   3X3=9    2X3=6
9X2=18   8X2=16   7X2=14   6X2=12   5X2=10   4X2=8    3X2=6    2X2=4
9X1=9    8X1=8    7X1=7    6X1=6    5X1=5    4X1=4    3X1=3    2X1=2
```

연습문제

9 다음은 입력된 문자열을 반대로 출력하면서 동시에 숫자는 #으로 변경하는 코드입니다. 빈 부분을 채우세요.

```
char str[100];
int str_cnt;
int i;

printf("영문자 및 숫자를 입력 (100자 이하) : ");
scanf("%s", str);

printf("\n");
printf("입력한 문자열 ==> %s\n", str);
printf("변환된 문자열 ==>");

str_cnt = strlen(str);

[                                        ]

printf("\n");
```

실행 결과

```
영문자 및 숫자를 입력 (100자 이하): IT_1234_Cook_7890

입력한 문자열 ==> IT_1234_Cook_7890
변환된 문자열 ==>####_kooC_####_TI
```

10 다음은 1~100 중에서 홀수의 합(2500)과 짝수의 합(2550)을 각각 구하는 프로그램인데 컴파일 오류가 나거나 실행되더라도 엉뚱한 결과가 나온다. 잘못된 부분을 찾아 고치시오.

```
#include <stdio.h>

int main( )
{
int i;
int odd_hap; // 홀수의 합계 변수
int even_hap; // 짝수의 합계 변수

for( i=1; i <= 100; i++ )
{
   if( i%2 == 0 )
        even_hap = even_hap + i;
   else
        odd_hap = odd_hap + i;
   }

   printf( " 홀수의 합: %d \n", odd_hap );
   printf( " 짝수의 합: %d \n", even_hap );
}
```

연습문제

IT@COOKBOOK

11 다음은 1~1000 중에서 3의 배수나 7의 배수의 합계를 구하는 코드입니다(즉 3 + 6 + 7 + 9 + 12 + 14 + 15 + 18 + 21 + … 999). 제시된 실행 결과가 나오도록 빈칸을 알맞은 코드로 채우세요.

```
#include <stdio.h>

int main( )
{
   int i;
   int hap = 0;

   for( i= 1; i<= 1000; i++ )
   {
      if( _______1_______ )
        hap = hap + i;
   }

   printf("3의 배수 또는 7의 배수의 합: %d \n", hap);
}
```

실행 결과

```
3의 배수 또는 7의 배수의 합: 214216
```

07

CHAPTER

while문과 흐름 제어

학습목표

- 주어진 조건이 참인 동안 블록 안의 내용을 반복하여 수행하는 while문을 알아본다.
- 무조건 한 번은 실행하는 반복문인 do~while문을 알아본다.
- 프로그램의 흐름을 조절하는 제어문의 종류를 학습한다.

SECTION

01 while문

while문은 주어진 조건이 참인 동안 블록 안의 내용을 반복하여 수행한다.

while문은 for문 다음으로 활용도가 높은 반복문이다. for문과 용도가 같지만 사용하는 방법이 조금 다르므로 for문과 비교해보면서 while문의 개념을 파악하자.

1 for문과 while문의 비교

앞서 배운 for문의 형식은 다음과 같다.

```
for(초깃값; 조건식; 증감식)
```

'반복'이라는 같은 역할을 수행하지만 while문은 for문과 조금 다르게 표현한다. while문의 기본적인 형태와 실행 순서는 다음과 같다.

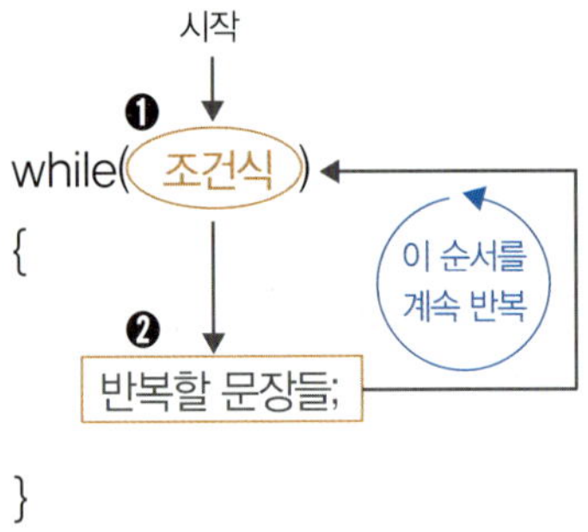

그림 7-1 while문의 실행 순서

for문을 나타낸 [그림 6-1]과 위 그림을 비교해보자. while문은 while문 안의 조건식을 확인하여 값이 참이면 '반복할 문장들'을 수행한다. 그리고 중괄호(})가 끝나는 곳에서 다시 조건식으로 돌아와 같은 동작을 반복한다. 즉 조건식이 참인 동안 계속 반복한다는 특징이 있다.

그리고 while문에는 초깃값이나 증감식을 드러내어 쓰지는 않지만 그와 같은 역할을 하는 문장을 다른 위치에 넣는다. 6장의 [그림 6-10]에서 변형된 for문을 살펴볼 때 초깃값이나 증감식을 다른 곳으로 옮겨서 사용했는데 그와 유사하다고 생각하면 된다.

for문과 while문의 사용 코드를 비교해보자. ❶은 가장 기본적인 for문의 형태로 0~9를 출력하는 프로그램이다(6장에서 여러 번 살펴보았다). ❷는 6장의 후반부에서 살펴본 예제로 ❶에서 for문의 초깃값 'i=0'을 for문 밖으로, 증감식 'i++'를 for문 블록의 맨 아랫부분으로 내려놓은 변형식이다. 이를 while문으로 표현하면 ❸과 같다.

❶ 원래 for문

```
int i;
for(i = 0; i < 10; i ++ )
{
   printf("%d \n", i);
}
```

❷ for문의 초깃값과 증감식 위치 이동

```
int i;
i = 0;
for(      ; i < 10;      )
{
   printf("%d \n", i);
   i ++;
}
```

❸ while문으로 변환

```
int i;
i = 0;
while( i < 10 )
{
   printf("%d \n", i);
   i ++;
}
```

위의 세 코드는 사실상 for문을 while문으로 바꾸고 세미콜론(;)을 삭제한 것 외에는 완전히 동일한 구성이다. 자, 그럼 6장의 [기본 6-2]를 while문으로 변경해보자.

기본 7-1 **for문을 while문으로 바꾸는 예 1** 7-1.c

```
#include <stdio.h>

void main( )
{
  int i;
  i=0;                                  ----- 초깃값을 지정한다.

  while( i < 5 ) {                      ----- 조건식이다.
    printf("while문을 공부합니다.\n");
    i++;                                ----- 증감식이다.
  }
}
```

실행 결과

```
while문을 공부합니다.
while문을 공부합니다.
while문을 공부합니다.
while문을 공부합니다.
while문을 공부합니다.
```

Q/U/I/Z for문과 용도가 비슷한 반복문으로는 □□□□□문이 있다.

[기본 6-2]의 7행에서는 for(i=0; i < 5; i++)를 사용했다. 이 for문을 while문으로 변환하려면 초깃값을 while문 위로 빼고 증감식은 while문 블록 안의 맨 아래에 놓으면 된다. 그리고 for문 안의 세미콜론(;)을 제거해야 한다.

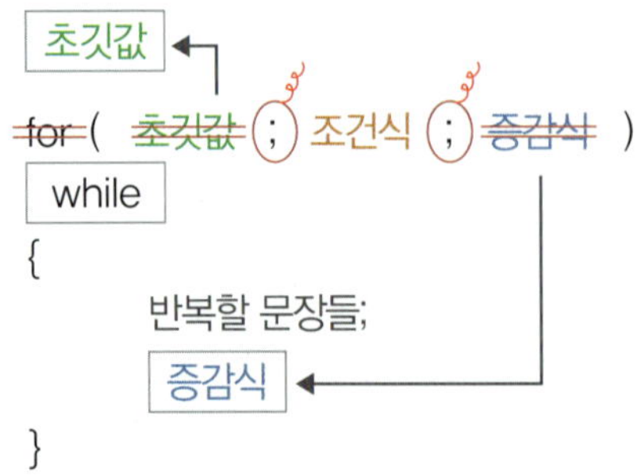

그림 7-2 for문을 while문으로 변환하는 방법

한 번 더 연습해보자. 이번에는 [기본 6-8]의 1~10의 합계를 구하는 for문을 while문으로 바꿔보자.

응용 7-2 for문을 while문으로 바꾸는 예 2 7-2.c

```
#include <stdio.h>

void main( )
{
   int hap=0;
   int i;

   __1__                      ---- 초깃값을 지정한다.
   while( i <= 10 ) {         ---- 조건식이다.
      hap = hap + i;
   __2__                      ---- 증감식이다.
   }

   printf(" 1에서 10까지의 합: %d \n", hap);
}
```

정답 1 i=1; 2 i++;

실행 결과

```
1에서 10까지의 합: 55
```

for(i=1; i <= 10; i++)에서 초깃값 i=1은 while문 밖의 8행으로 옮기고 조건식 i <= 10은 while문의 조건식으로 사용한다. 그리고 증감식 i++는 블록({ })의 끝 행으로 옮긴다.

SELF STUDY

[응용 6-11]을 while문으로 변경해보자.

2 무한 루프를 위한 while문

for문의 무한 루프를 사용하려면 for(; ;)와 같이 표현하면 된다고 6장에서 설명했다. while문에서도 무한 루프를 사용할 수 있다. while(조건식)에 들어가는 조건식이 무조건 참이어야 하므로 while(1)이라고 하면 for(; ;)와 동일한 기능을 수행한다.

TIP 숫자 0은 거짓을 의미하고 그 외의 모든 숫자는 참을 의미한다. 하지만 일반적으로 거짓은 0으로, 참은 1로 표현한다.

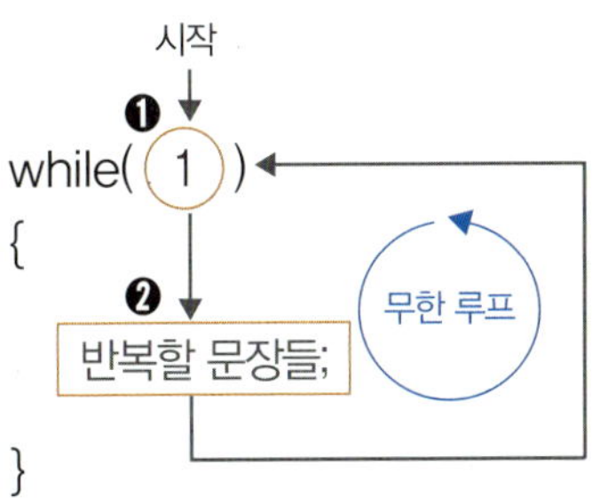

그림 7-3 while문을 이용한 무한 루프

[응용 6-18]의 for문을 이용한 무한 루프 예제를 while문을 이용한 무한 루프로 변환해보자.

기본 7-3 while문으로 무한 루프 만들기 — 7-3.c

```
#define _CRT_SECURE_NO_WARNINGS
#include <stdio.h>
void main( )
{
  int a, b;

  while( 1 )
  {
    printf("더할 두 수 입력 (멈추려면 Ctrl+C) : ");
    scanf("%d %d", &a, &b);
```

- 7행(while(1)): 무한 루프를 만드는 코드이다.
- 10행(scanf): 입력값을 공백으로 분리한다.

```c

        printf("%d + %d = %d \n", a, b, a+b);
    }
}
```

결과를 출력한다.

실행 결과

```
더할 두 수 입력 (멈추려면 Ctrl+C) : 55  22
55 + 22 = 77
더할 두 수 입력 (멈추려면 Ctrl+C) : 77  128
77 + 128 = 205
더할 두 수 입력 (멈추려면 Ctrl+C) :
```

TIP/ 무한 루프를 만들 때 for문이나 while문 모두 사용 가능하지만 일반적으로 while문을 더 많이 사용한다.

이번에는 사용자가 실행을 취소(Ctrl + C)할 때까지 덧셈뿐만 아니라 뺄셈, 곱셈, 나눗셈, 나머지까지 계산하는 계산기 프로그램을 작성해보자.

응용 7-4 무한 루프를 활용한 계산기 7-4.c

```c
#define _CRT_SECURE_NO_WARNINGS
#include <stdio.h>
void main( )
{
  int a, b;
  char ch;

  __1__
  {
    printf("계산할 두 수를 입력 (멈추려면 Ctrl+C) : ");
    scanf("%d %d", &a, &b);

    printf("계산할 연산자를 입력하세요 : ");
    scanf(" %c", &ch);

    __2__(ch)
    {
    case '+' :
      printf("%d + %d = %d 입니다. \n", a, b, a+b);
      break;
    case '-' :
```

- 08: 무한 루프를 만드는 코드이다.
- 11: 연산할 2개의 수를 입력받는다.
- 14: 연산자를 입력받는다. %c 앞에 공백 문자를 넣는다.
- 16~: 입력받은 ch 연산자에 의해 +, -, *, /, %로 분기한다. 그 외는 오류 메시지를 출력한다.

```
22            printf("%d - %d = %d 입니다. \n", a, b, a-b);
23            break;
24          case '*' :
25            printf("%d * %d = %d 입니다. \n", a, b, a*b);
26            break;
27          case '/' :
28            printf("%d / %d = %f 입니다. \n", a, b, a/(float)b);
29            break;
30          case '%' :
31            printf("%d %% %d = %d 입니다. \n", a, b, a%b);
32            break;
33          default :
34            printf("연산자를 잘못 입력했습니다. \n");
35          }
36      }
37  }
```

정답_ 1 while (1) 2 switch

실행 결과

```
계산할 두 수를 입력 (멈추려면 Ctrl+C) : 22 33
계산할 연산자를 입력하세요 : *
22 * 33 = 726 입니다.
계산할 두 수를 입력 (멈추려면 Ctrl+C) : 10 4
계산할 연산자를 입력하세요 : %
10 % 4 = 2 입니다.
계산할 두 수를 입력 (멈추려면 Ctrl+C) :
```

[응용 7-4]에서는 switch~case문을 활용했다. 14행은 연산자 문자 하나를 입력받는 구문으로 %c 앞에 공백 문자를 넣어야 한다. 이는 11행에서 계산할 수를 입력한 후 Enter를 누르기 때문에 필요하다. 뒤에서 자세히 설명할 테니 일단 이렇게 알아두자.

SECTION 02

do~while문

- do~while문은 무조건 한 번은 실행하는 반복문이다.

while문이나 for문은 조건식이 거짓이면 한 번도 실행되지 않는 경우도 있다. 하지만 do~while문은 어떤 경우에도 한 번은 실행된다. 자주 사용되지는 않지만 종종 유용할 때가 있다. 여기서는 do~while문의 문법과 더불어 활용 사례를 살펴보자.

1 do~while문과 while문의 차이

do~while문은 while문과 거의 동일하지만 조건식이 아래쪽에 있다는 점이 다르다.

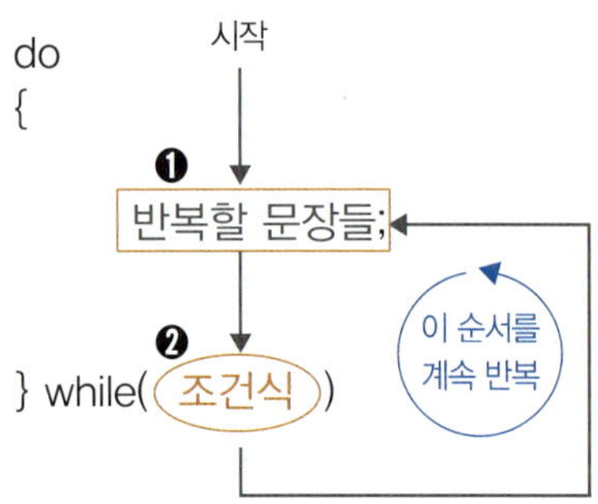

그림 7-4 do~while문의 형식과 실행 순서

조건식의 위치가 아래로 내려오면서 while문과 미묘한 차이가 생긴다. while문의 경우 처음의 조건식이 거짓이면 '반복할 문장들'을 한 번도 실행하지 않는다. 하지만 do~while문에서는 조건식을 확인하기 전에 일단 '반복할 문장들'을 실행하므로 조건식이 거짓이든 참이든 무조건 한 번은 실행된다.

기본 7-5 do~while문 사용 예 1 7-5.c

```
#include <stdio.h>

void main( )
{
   int a = 100;
```

```
06
07    while( a == 200 )
08    {
09       printf("while문 내부에 들어 왔습니다.\n");
10    }
11
12    do {
13       printf("do ~ while문 내부에 들어 왔습니다.\n");
14    } while( a == 200 );
15 }
```

---- 조건식을 먼저 판단하므로 while문 내부가 실행되지 않는다.

---- 먼저 문장을 실행한 후 조건식을 판단하므로 do~while문 내부가 실행된다.

실행 결과

```
do ~ while문 내부에 들어 왔습니다.
```

[기본 7-5]의 5행을 보면 현재 a는 100이다. 7행의 while문은 조건식을 먼저 판단하기 때문에 거짓이므로 9행을 실행하지 않는다. 하지만 12~14행의 do~while문은 우선 13행을 수행한 후 14행의 조건식을 따지기 때문에 문장이 출력된다.

SELF STUDY

[응용 7-2]를 do~while문으로 변경해보자.

다음은 커피숍에서 커피를 주문하는 과정을 do~while문으로 나타낸 예제이다. 이 예제에 do~while문을 사용한 이유는 손님이 오면 종업원은 적어도 한 번 이상 주문을 받기 때문이다.

응용 7-6 do~while문 사용 예 2 7-6.c

```
#define _CRT_SECURE_NO_WARNINGS
#include <stdio.h>
void main( )
{
  int menu;

  __1__ {
    printf("\n손님 주문하시겠습니까 ? \n");
    printf("<1>카페라떼 <2>카푸치노 <3>아메리카노 <4>그만 시킬래요 ==> ");
    scanf("%d", &menu);

```

---- do~while문이므로 한 번은 꼭 실행된다.

---- 커피를 선택한다.

```
12        switch(menu)
13        {
14        case 1 : printf("#카페라떼 주문하셨습니다.\n"); break;
15        case 2 : printf("#카푸치노 주문하셨습니다.\n"); break;
16        case 3 : printf("#아메리카노 주문하셨습니다.\n"); break;
17        case 4 : printf("주문하신 커피 준비하겠습니다.\n"); break;
18        default : printf("잘못 주문하셨습니다.\n");
19        }
20    } ___2___ (menu != 4);
21 }
```

── 선택한 커피에 따라서 주문을 접수한다. (12~19행)

── 선택한 메뉴가 4번이 아니면 계속 반복해서 주문을 받는다. (20행)

정답_ 1 do 2 while

실행 결과

```
손님 주문하시겠습니까 ?
<1>카페라떼 <2>카푸치노 <3>아메리카노 <4>그만 시킬래요 ==> 2
#카푸치노 주문하셨습니다.

손님 주문하시겠습니까 ?
<1>카페라떼 <2>카푸치노 <3>아메리카노 <4>그만 시킬래요 ==> 3
#아메리카노 주문하셨습니다.

손님 주문하시겠습니까 ?
<1>카페라떼 <2>카푸치노 <3>아메리카노 <4>그만 시킬래요 ==> 4
주문하신 커피 준비하겠습니다.
```

[응용 7-6]의 7~20행은 do~while문이므로 무조건 한 번은 실행된다. 8~10행은 종업원이 주문을 받는 과정이다. 마음에 드는 커피가 없다면 바로 4를 선택하고 블록 밖으로 나갈 수도 있다.

SELF STUDY

[응용 7-6]에서 사용한 do~while문을 중첩 if문으로 변경해보자.

TIP/ 실제 프로그램을 작성할 때는 do~while문을 자주 사용하지 않는다. while문을 조금만 변형하면 충분히 구현할 수 있기 때문이다.

SECTION 03 기타 제어문

- 프로그램의 흐름을 조절하는 제어문에는 break문, continue문, goto문, return문이 있다.

프로그램의 흐름과 처리 순서 등을 조절하는 여러 제어문을 배워보자. 여기서는 반복문에서 주로 사용하는 break문과 continue문, 프로그램의 실행 순서에 관여하는 goto문과 return문을 살펴본다.

1 반복문을 탈출하는 break문

지금까지 for문, while문, do~while문을 배우면서 반복문을 빠져나가는 두 가지 상황, 즉 조건식의 결과가 거짓이 되거나 사용자가 직접 Ctrl + C를 누르는 경우를 배워보았다. 이때 블록 안에서 논리적으로 빠져나가는 방법이 있는데 바로 break문이다.

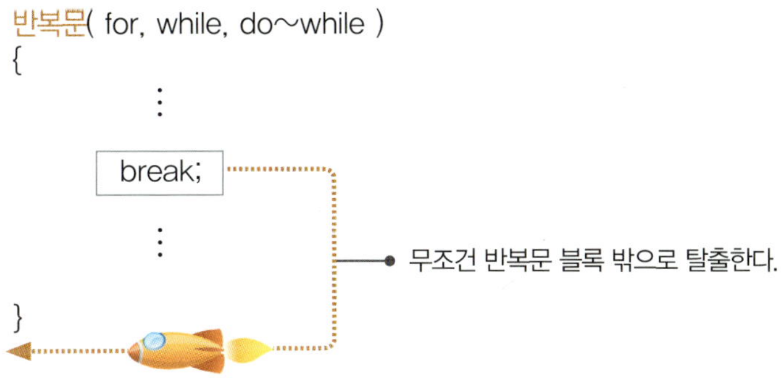

그림 7-5 break문의 작동

반복문 안에서 break문을 만나면 무조건 반복문을 빠져나가게 된다. 예제를 통해 확인해보자.

기본 7-7 break문 사용 예 1 7-7.c

```
#include <stdio.h>

void main( )
{
   int i;
```

```
06
07     for( i=1; i <= 100; i++ )                          ----- 100번 반복한다.
08     {
09        printf("for문을 %d회 실행했습니다.\n", i);      ----- 변수 i번째를 출력한다.
10        break;                                          ----- 무조건 for문을 빠져나간다.
11     }
12
13     printf("for문을 종료했습니다.\n");
14  }
```

실행 결과

```
for문을 1 회 실행했습니다.
for문을 종료했습니다.
```

[기본 7-7]은 10행의 break문이 없다면 무조건 문장을 100번 출력하는 프로그램이다. 하지만 10행에 break문이 있기 때문에 9행을 한 번만 실행한 후 for문의 블록({ })을 빠져나가서 12행부터 실행한다. 12행이 비어 있으므로 13행을 마지막으로 수행했다. 이 예제에서는 무조건 break문을 만나게 코딩했지만 실제로 프로그래밍할 때는 break문이 무한 루프 안에서 if문과 함께 사용되는 경우가 많다. 즉 break문은 무한 루프를 돌다가 특정 조건이 되면 빠져나가도록 할 때 사용한다.

사용자가 Ctrl + C 를 누를 때까지 계속 두 수를 더하는 [기본 7-3]을 break문을 사용하여 수정하되 첫 번째 숫자에 0이 입력되면 자동으로 종료되는 프로그램을 만들어보자.

기본 7-8 break문 사용 예 2 7-8.c

```
#define _CRT_SECURE_NO_WARNINGS
#include <stdio.h>
void main( )
{
   int a, b;

   while( 1 )                                          ----- 무한 루프를 만드는 코드이다.
   {
      printf("더할 두 수 입력 (멈추려면 0을 입력) : ");
      scanf("%d %d", &a, &b);                          ----- 2개의 수를 입력받는다.

      if(a == 0)                                       ----- 첫 번째 입력값이 0이면 무조건
         break;                                              while문을 빠져나간다.
```

```
14
15        printf("%d + %d = %d \n", a, b, a+b);
16     }
17
18     printf("0을 입력해서 for문을 탈출했습니다.\n");
19  }
```

실행 결과

```
더할 두 수 입력 (멈추려면 0을 입력) : 55  22
55 + 22 = 77
더할 두 수 입력 (멈추려면 0을 입력) : 77  128
77 + 128 = 205
더할 두 수 입력 (멈추려면 0을 입력) : 0  0
0을 입력해서 for문을 탈출했습니다.
```

[기본 7-8]의 10행에서 입력된 값 중 처음 값(변수 a)에 0을 넣었다면 12행의 a==0이 참이 되고 13행의 break문을 만나 17행으로 이동함으로써 반복문을 탈출한다.

break문의 또 다른 활용을 살펴보자. 1~100을 더하는 프로그램은 앞에서 여러 번 작성해보아 잘 알고 있을 것이다. 이번에는 1~100을 더하되 누적 합계(hap)가 1000 이상이 되는 지점을 구하는 경우를 생각해보자. 즉 '1+2+3+⋯+□=1000 이상'이 될 때 빈칸의 수를 알아내는 것이다.

Q / U / I / Z 무한 루프를 표현할 때 while(1) 대신에 □□□(; ;)문을 사용해도 된다.

여기서 잠깐

실행 문장이 하나일 때의 블록 사용

[기본 7-8]의 12~13행에는 다음 중 어떤 식을 사용해도 된다. 즉 실행할 문장이 하나뿐이라면 블록({ })을 사용하거나 사용하지 않아도 된다. 또한 줄을 띄어도 되고 한 줄에 다 써도 상관없다.

❶
```
if(a==0)
  break;
```

❷
```
if(a==0)
  { break; }
```

❸
```
if(a==0)  { break; }
```

❹
```
if(a==0)   break;
```

응용 7-9 break문 사용 예 3 7-9.c

```
01 #include <stdio.h>
02
03 void main( )
04 {
05   int hap = 0;
06   int i;
07
08   for( i=1; i < =100; i++ )      ---- i 값이 1부터 100까지 100회 반복된다.
09   {
10     hap = hap + i;               ---- i 값이 hap에 누적된다.
11
12     if( ___1___ )                ---- hap이 1000보다 크거나 같으면 for문을 빠져나간다.
13       break;
14   }
15
16   printf(" 1~100의 합에서 최초로 1000이 넘는 위치는? : %d\n", i);
17 }
```

정답_ 1 hap >= 1000

실행 결과

```
1~100의 합에서 최초로 1000이 넘는 위치는? : 45
```

[응용 7-9]의 12행을 보면 합계(hap)가 1000보다 크거나 같을 때 break문을 수행하여 루프를 빠져나간다. 즉 현재의 i 값을 누적하면서 1000을 넘는 순간의 i 값을 구하는 것이다. 결과를 보면 1~44를 더하면 1000 미만이고 45를 더하는 순간 1000을 넘는다는 것을 알 수 있다.

SELF STUDY

[응용 7-9]에서 사용한 for문을 while문으로 변경해보자.

2 반복문으로 다시 돌아가는 continue문

continue문을 만나면 무조건 블록의 남은 부분을 건너뛰고 반복문의 처음으로 돌아간다. 즉 continue문을 만나면 다시 처음부터 반복문을 수행하는 것이다.

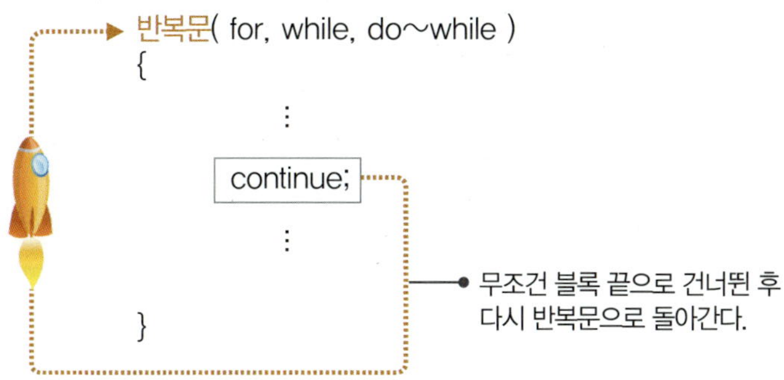

그림 7-6 continue문의 작동

1~100의 합을 구하되 '1+2+4+5+7+8+10+…'과 같이 3의 배수를 건너뛰고(제외하고) 더하는 프로그램을 작성해보자.

기본 7-10 continue문 사용 예 7-10.c

```
01 #include <stdio.h>
02
03 void main( )
04 {
05    int hap = 0;
06    int i;
07
08    for( i=1; i <= 100; i++ )
09    {
10      if( i % 3 == 0 )
11        continue;
12
13      hap += i;
14    }
15
16    printf(" 1~100까지의 합(3의 배수 제외): %d\n", hap);
17 }
```

- 08~14행: i 값이 1부터 100까지 100회 반복된다.
- 10~11행: i 값을 3으로 나눈 나머지값이 0이면(3의 배수이면) 블록의 끝으로 건너뛰고 다시 8행으로 돌아간다.
- 13행: 3의 배수가 아닌 i 값이 누적된다.
- 16행: 누적된 값을 출력한다.

실행 결과

```
1~100까지의 합(3의 배수 제외): 3367
```

[기본 7-10]의 10행의 i % 3 == 0은 i를 3으로 나눈 나머지값이 0일 때 참(즉 3의 배수)이라는 의미이다. 10행을 위주로 몇 단계를 살펴보자.

제1회: i 값 1을 3으로 나누면 나머지는 1(거짓)이다. ⇨ hap += 1을 수행한다.
제2회: i 값 2를 3으로 나누면 나머지는 2(거짓)이다. ⇨ hap += 2를 수행한다.
제3회: i 값 3을 3으로 나누면 나머지는 0(참)이다. ⇨ continue문을 수행한다.
끝(14행)으로 건너뛰고 다시 8행으로 올라가서 증감식을 수행한다.

제4회: i 값 4를 3으로 나누면 나머지는 1(거짓)이다. ⇨ hap += 4를 수행한다.
제5회: i 값 5를 3으로 나누면 나머지는 2(거짓)이다. ⇨ hap += 5를 수행한다.
제6회: i 값 6을 3으로 나누면 나머지는 0(참)이다. ⇨ continue문을 수행한다.
끝(14행)으로 건너뛰고 다시 8행으로 올라가서 증감식을 수행한다.

제7회: …

이렇게 계속 진행하면 'hap=1+2+4+5+7+…'과 같은 계산식이 된다.

3 지정한 위치로 이동하는 goto문

goto문은 별도로 지정해놓은 레이블로 건너뛰게 한다. 레이블은 '레이블 이름:' 형식으로 원하는 위치에 지정하고 goto문은 'goto 레이블;'으로 표현한다.

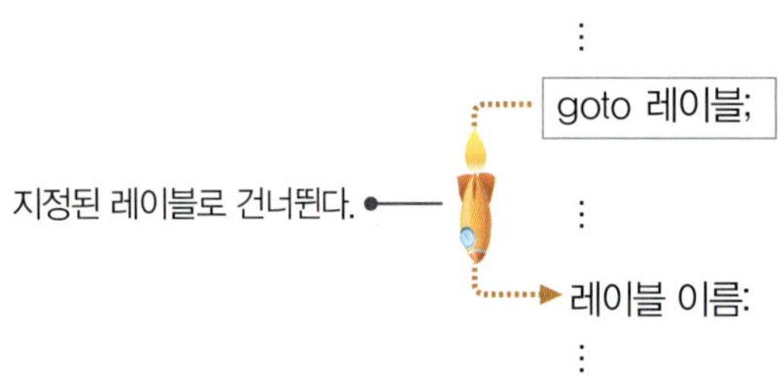

그림 7-7 goto문의 작동

1~100의 합계를 구하는 도중에 누적된 계산값이 2000을 넘으면 오류 메시지를 출력하고 종료하는 프로그램을 goto문을 사용하여 작성해보자.

여기서 잠깐

goto문은 꼭 사용해야 할까?

컴퓨터 학자나 프로그래머에 따라서 의견이 조금씩 다르지만, 일반적으로 goto문은 프로그램의 흐름을 복잡하게 만들기도 한다. 이 때문에 코드가 길어질 경우 심각한 버그를 만들 소지가 있다.

그러므로 초급 프로그래머는 되도록 사용하지 말 것을 권장한다. 향후 중급 이상의 프로그래밍 실력을 갖춘 후 신중하게 1~2개쯤 사용하는 것을 고려해보자.

기본 7-11 goto문 사용 예 7-11.c

```c
01 #include <stdio.h>
02
03 void main( )
04 {
05    int hap = 0;
06    int i;
07
08    for( i=1; i <= 100; i++ )
09    {
10      hap += i;
11
12      if(hap > 2000)
13        goto mygoto;
14    }
15
16 mygoto:
17     printf("1부터 %d까지 합하면 2000이 넘어요.\n", i);
18 }
```

- 08행: i 값이 1부터 100까지 100회 반복된다.
- 10행: 합계를 누적한다.
- 12~13행: 누적된 값이 200을 넘으면 mygoto:로 무조건 이동한다.
- 16행: goto문이 이동할 레이블이다.

실행 결과

```
1부터 63까지 합하면 2000이 넘어요.
```

[기본 7-11]의 12행에서 누적된 hap의 값이 2000을 넘으면 16행으로 건너뛴다. 그리고 17행에서는 1부터 몇까지 더해야 2000이 넘는지를 보여주며 i 값을 출력한다. 실행 결과의 문구는 '1+2+3+…+63 > 2000'이라는 의미이다.

4 현재 함수를 불렀던 곳으로 돌아가는 return문

return문은 현재 실행되고 있는 함수를 끝내고 함수를 호출한 곳으로 돌아가게 하는 제어문이다. 아직 함수를 배우지 않았으므로 잘 이해되지 않을 것이다. 지금은 return문을 만나면 그냥 프로그램을 종료한다고 생각하면 된다. 엄밀히 말하면 프로그램을 종료하는 것이 아니지만, 현재 함수인 main( )을 빠져나가는 것이므로 프로그램을 종료하는 효과가 있다.

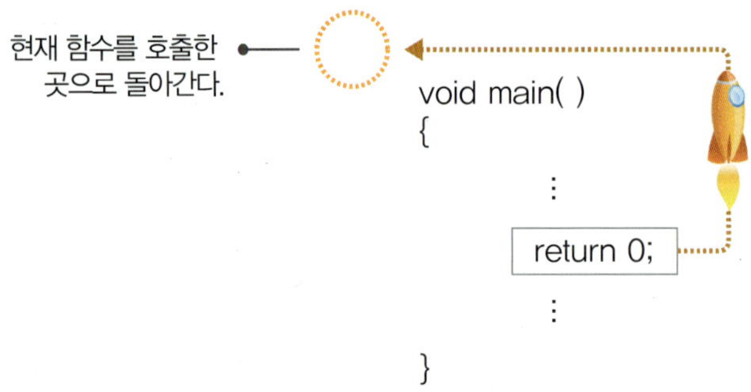

그림 7-8 return문의 작동

함수와 return문에 관해서는 11장에서 자세히 살펴보고 여기서는 다음과 같이 작동하는 예제를 따라해보자.

기본 7-12 **return문 사용 예** 7-12.c

```
01 #include <stdio.h>
02
03 void main( )
04 {
05     int hap = 0;
06     int i;
07
08     for( i=1; i <= 100; i++ )
09         hap += i;
10
11     printf("1부터 100까지의 합은 %d 입니다.\n", hap);
12     return;
13
14     printf("프로그램의 끝입니다.");
15 }
```

- 08–09행: 1~100의 합계가 누적된다.
- 11행: 합계를 출력한다.
- 12행: 현재 함수를 호출한 곳으로 되돌린다.
- 14행: 한 번도 실행되지 않는다.

실행 결과

```
1부터 100까지의 합은 5050 입니다.
```

11행에서 누적된 합계를 출력한 후 12행의 return문을 만나면 현재 함수인 main( )을 빠져나간다. 그러므로 14행이 출력되지 않는다.

예제모음 17

배수의 합계를 구하는 계산기

exam17.c ★★☆

예제 설명 입력한 두 수 사이의 합계를 구하되 원하는 배수를 선택하는 프로그램이다. 예를 들어 100~200 중에서 4배수의 합계를 구할 수 있다.

실행 결과

```
합계의 시작값 ==> 100
합계의 끝값 ==> 200
배수 ==> 4
100부터 200까지의 4배수의 합계 ==> 3900
```

```c
#define _CRT_SECURE_NO_WARNINGS
#include <stdio.h>
void main( )
{
    int start, end;
    int basu, i;
    int hap = 0;

    printf("합계의 시작값 ==> ");
    scanf("%d", &start);
    printf("합계의 끝값 ==> ");
    scanf("%d", &end);
    printf("배수 ==> ");
    scanf("%d", &basu);

    i = start;
    while(i <= end)
    {
        if(i % basu == 0)
            hap = hap + i;

        i++;
    }

    printf("%d부터 %d까지의 %d배수의 합계 ==> %d\n", start, end, basu, hap);
}
```

- 변수 선언과 함께 초기화한다.
- 시작값을 입력한다.
- 끝값을 입력한다.
- 배숫값을 입력한다.
- i 값을 시작값으로 초기화한다.
- i 값이 끝값보다 작거나 같을 동안 반복한다.
- i 값이 입력한 배수에 해당하면 합계에 누적된다.

예제모음 18

입력된 문자열의 종류 구분

exam18.c ★★★

예제 설명 입력한 문자열에 대문자와 소문자, 숫자가 각각 몇 개 입력되었는지 세는 프로그램이다. 그 외는 무시한다.

실행 결과

```
문자열을 입력(100자 이내) : IT_CookBook_2024
대문자 4개, 소문자 6개, 숫자 4개
```

```c
#define _CRT_SECURE_NO_WARNINGS
#include <stdio.h>
void main( )
{
   char str[100];
   char ch;

   int upper_cnt = 0, lower_cnt=0, digit_cnt=0;
   int i;

   printf("문자열을 입력(100자 이내) : ");
   scanf("%s", str);

   i = 0;
   do {
      ch = str[i];

      if(ch >= 'A' && ch <= 'Z')
         upper_cnt ++;
      if(ch >= 'a' && ch <= 'z')
         lower_cnt ++;
      if(ch >= '0' && ch <= '9')
         digit_cnt++;

      i++;
   } while(ch != '\0');

   printf("대문자 %d개, 소문자 %d개, 숫자 %d개\n", upper_cnt, lower_cnt, digit_cnt);
}
```

- `char str[100]; char ch;` — 문자열 배열과 문자형 변수를 선언한다.
- `int upper_cnt = 0, lower_cnt=0, digit_cnt=0;` — 대문자, 소문자, 숫자의 개수를 초기화한다.
- `scanf("%s", str);` — 문자열을 입력받는다.
- `i = 0;` — 문자열의 위치를 나타낼 변수 i이다.
- `do { … } while(ch != '\0');` — 입력한 문자열의 끝(\0)까지 반복한다.
- `ch = str[i];` — 문자열에서 한 글자를 추출한다.
- `if(ch >= 'A' && ch <= 'Z') upper_cnt ++;` — 추출한 글자 하나가 A~Z에 속하면 대문자의 개수가 하나 증가한다.
- `if(ch >= 'a' && ch <= 'z') lower_cnt ++;` — 추출한 글자 하나가 a~z에 속하면 소문자의 개수가 하나 증가한다.
- `if(ch >= '0' && ch <= '9') digit_cnt++;` — 추출한 글자 하나가 0~9에 속하면 숫자의 개수가 하나 증가한다.
- `i++;` — 다음 글자를 추출하기 위해 i 값을 증가시킨다.

예제모음 19

exam19.c ★★★

입력된 숫자만큼 별표 출력

예제 설명 입력한 숫자만큼의 별 모양을 출력하는 프로그램이다. 예를 들어 5914를 입력하면 각 줄에 별을 5개, 9개, 1개, 4개 출력한다.

실행 결과

```
숫자를 여러 개 입력 : 5914
*****
*********
*
****
```

```c
#define _CRT_SECURE_NO_WARNINGS
#include <stdio.h>
void main( )
{
    char str[100];
    char ch;

    int i, k;
    int star;

    printf("숫자를 여러 개 입력 : ");
    scanf("%s", str);

    i = 0;
    ch = str[i];
    while(ch != '\0') {
        star = (int)ch - 48;

        for(k=0; k < star; k++)
            printf("*");

        printf("\n");
        i = i + 1;
        ch = str[i];
    }
}
```

- char str[100]; char ch; ---- 문자열 배열과 문자형 변수를 선언한다.
- int i, k; int star; ---- 정수형 변수를 선언한다. i, k는 반복문에서 사용한다. star는 별의 개수를 추출한다.
- scanf("%s", str); ---- 문자열(숫자만)을 입력받는다.
- i = 0; ---- 문자열의 위치를 나타낼 변수 i이다.
- ch = str[i]; ---- 문자열에서 한 글자(숫자)를 추출한다.
- while(ch != '\0') { ---- 문자가 있는 동안 반복한다(4회 반복).
- star = (int)ch - 48; ---- 아스키코드 값으로 계산해서 문자를 숫자로 변환한다.
- for(k=0; k < star; k++) printf("*"); ---- 별의 개수만큼 *를 화면에 출력한다.
- printf("\n"); ---- 한 줄을 띄운다.
- i = i + 1; ch = str[i]; ---- 다음 문자를 추출하기 위해 i 값을 증가시킨다.

요약

IT@COOKBOOK

1 while문

❶ while문은 for문과 마찬가지로 특정 동작을 반복하기 위해 사용한다.

❷ while문의 기본 형식은 다음과 같다.

```
while(조건식)
 {
    반복할 문장들;
 }
```

❸ 무한 루프를 돌리려면 while(1) 형식을 사용한다.

2 do~while문

❶ do~while문은 while문과 거의 동일하지만 조건이 참이든 거짓이든 무조건 반복할 문장을 한 번은 실행한다.

❷ do~while문의 기본 형식은 다음과 같다.

```
do
 {
    반복할 문장들;
 } while(조건식);
```

3 기타 제어문

❶ break문을 만나면 현재의 반복문을 무조건 빠져나간다.

❷ continue문을 만나면 무조건 블록의 끝으로 이동한 후 다시 반복문의 처음으로 돌아간다.

❸ goto문을 만나면 별도로 지정해놓은 레이블로 이동한다.

❹ return문을 만나면 현재 함수를 호출한 곳으로 돌아간다. main( ) 함수에서 return문을 만나면 프로그램을 종료하는 효과가 있다.

IT@COOKBOOK

연습문제

1 다음 중 while문의 문법으로 알맞은 것을 고르세요.

❶ while(증감식)

❷ while(초깃값)

❸ while(조건식)

❹ while(실행문)

2 다음 for문의 형식을 while문 형식으로 바꿔보세요. 단, 초깃값, 조건식, 증감식, 실행문이 모두 표현되어야 하며 문장의 끝은 세미콜론(;)으로 표시하세요.

```
for(초깃값 ; 조건식 ; 증감식) {
    실행문;
}
```

3 다음 for문을 while문으로 변경해보세요.

```
int i;
for(i=0; i < 5; i++) {
    printf("%d \n", i);
}
```

4 다음은 100부터 200까지의 합계를 내는 코드입니다. 빈칸에 알맞은 코드를 적어보세요.

```
int hap = 0;
int i;

______1______ ;
while( ______2______ ) {
    hap += i;
    ______3______ ;
}

printf(" 100에서 200까지의 합: %d \n", hap);
```

연습문제

5 다음 중 무한 루프로 작동하는 것을 모두 고르세요.

❶ `for()`

❷ `for(;)`

❸ `for(;;)`

❹ `while(1)`

6 다음 코드의 실행 결과를 예측해보세요.

❶

```
int i=123, hap = 0;
while(i <= 456) {
    hap = hap + i;
    i+= 1;
    break;
}
printf(" %d \n", hap);
```

❷

```
int i, hap = 0;
for(i = 123; i <= 456; i++) {
    continue;
    hap = hap + i;
}
printf(" %d \n", hap);
```

❸

```
int i, hap = 0;
for(i = 123; i <= 456; i++) {
    goto myLable;
    hap = hap + i;
}
myLable:
printf(" %d \n", hap);
```

7 제시된 실행 결과와 같이 입력한 두 수 사이의 홀수를 구하는 코드를 작성하세요. 단, 입력한 수가 큰 수부터 작은 수의 순서로 출력되게 하고 반복문은 while문을 사용하세요.

실행 결과

```
시작값 ==> 10
끝값 ==> 20
11 13 15 17 19
```

실행 결과

```
시작값 ==> 20
끝값 ==> 10
11 13 15 17 19
```

8 제시된 실행 결과와 같이 숫자를 여러 개 입력하고 입력한 수의 2배만큼 하트가 출력되도록 코드를 작성하세요. 하트는 "\u2665"를 출력하면 됩니다. 단, 반복문은 while문을 사용하세요.

실행 결과

```
숫자를 여러 개 입력 : 3721
♥♥♥♥♥♥
♥♥♥♥♥♥♥♥♥♥♥♥♥♥
♥♥♥♥
♥♥
```

실행 결과

```
숫자를 여러 개 입력 : 12345
♥♥
♥♥♥♥
♥♥♥♥♥♥
♥♥♥♥♥♥♥♥
♥♥♥♥♥♥♥♥♥♥
```

연습문제

9 다음은 입력한 문자에 대해 대문자, 소문자, 숫자, 그 외 등 4가지 종류로 구분하고 개수를 파악하는 코드입니다. 빈 부분을 채우세요.

```
char str[100];
    char ch;

    int upper_cnt = 0, lower_cnt = 0, digit_cnt = 0, etc_cnt = 0;
    int i;

    printf("문자열을 입력(100자 이내) : ");
    scanf("%s", str);

    i = 0;
    ch = str[i];
    while(ch != '\0') {
            ┌─────────────────────────┐
            │                         │
            └─────────────────────────┘
    }

     printf("대문자 %d개, 소문자 %d개, 숫자 %d개, 그 외 %d개\n", upper_cnt, lower_cnt,
digit_cnt, etc_cnt);
```

실행 결과

```
문자열을 입력(100자 이내) : IT_$$_CookBook_2025
대문자 4개, 소문자 6개, 숫자 4개, 그 외 5개
```

10 다음 코드의 출력 횟수를 예상하시오.

```
#include<stdio.h>

int main( )
{
  int i, k;
  i = 0;

  while(i < 3){
        k = 0;
        while(k < 4){
              printf("중첩 while문\n");
              k++;
        }
        i++;
  }
}
```

연습문제

IT@COOKBOOK

11 다음은 1~100 중에서 5배수와 8배수의 합계(5 + 8 + 10 + 15 + 16 + 20 + …)를 구하는 코드입니다. 빈칸을 알맞은 코드로 채우세요.

```
#include <stdio.h>

int main( )
{
   int i;
   int hap = 0;

   i= 1;
   while(i <= 100)
   {
         if( _____1_____ )
                hap = hap + i;

         i++;
   }
   printf( "5배수와 8배수의 합: %d \n", hap );
}
```

CHAPTER 08

배열

학습목표

- 변수 여러 개를 나란히 나열한 개념인 배열을 알아본다.
- 문자들을 모아 놓은 배열인 문자열을 학습한다.
- 1차원 배열을 여러 개 모아 놓은 2차원 배열을 이해한다.

SECTION

01 배열의 이해

- 배열은 변수 여러 개를 나란히 나열한 것이다.

앞에서는 변수를 그릇에 비유했다. 하지만 배열을 설명하기 위해서는 변수를 그릇보다는 종이 상자에 비유하는 것이 좋겠다. 배열은 [그림 8-1]과 같이 하나씩 사용하던 종이 상자(변수)를 한 줄로 붙여놓은 것으로 생각하면 쉽게 이해된다.

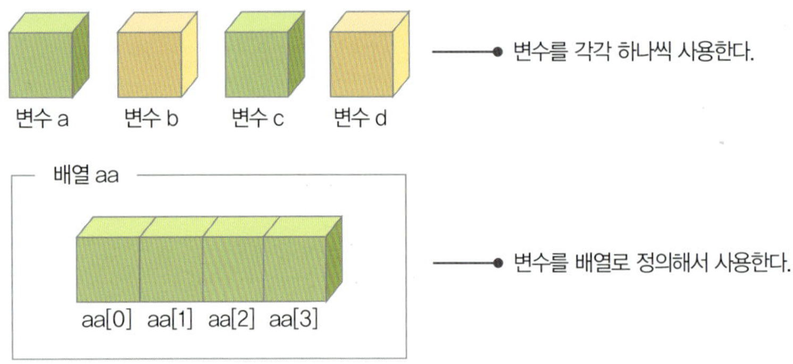

그림 8-1 배열의 개념

원래는 상자(변수)의 이름을 각각 a, b, c, d와 같이 지정해 사용했지만 배열에서는 상자를 한 줄로 붙인 후 상자 전체의 이름을 지정하여 사용한다. 여기서는 aa로 지정했다. 그리고 각각의 상자에 aa[0], aa[1], aa[2], aa[3]과 같이 번호(첨자라고 함)를 붙일 것이다. 지금까지 변수를 하나씩 따로 사용해도 별 문제가 없었는데 왜 배열이라는 머리 아픈 개념을 소개하는 것일까? 이 물음에 대한 답을 알아보자.

1 배열을 사용하는 이유

앞에서 쌓은 지식으로 a부터 d까지 정수형 변수 4개를 선언한 후 이 변수에 값을 입력받고 합계를 출력하는 프로그램을 작성해보자. 가능하면 소스를 보지 말고 직접 프로그램을 작성해보기 바란다.

기본 8-1 **변숫값 여러 개를 선언하여 출력하는 예** 8-1.c

```
01 #define _CRT_SECURE_NO_WARNINGS
02 #include <stdio.h>
03 void main( )
04 {
05     int a, b, c, d;                    ---- 각 입력 변수와 합계 변수를 선언한다.
06     int hap;
07
08     printf("1번째 숫자를 입력하세요 : ");
09     scanf("%d", &a);                   ---- 변수에 숫자를 입력한다.
10     printf("2번째 숫자를 입력하세요 : ");
11     scanf("%d", &b);                   ---- 변수에 숫자를 입력한다.
12     printf("3번째 숫자를 입력하세요 : ");
13     scanf("%d", &c);                   ---- 변수에 숫자를 입력한다.
14     printf("4번째 숫자를 입력하세요 : ");
15     scanf("%d", &d);                   ---- 변수에 숫자를 입력한다.
16
17     hap = a + b + c + d;               ---- 입력받은 숫자의 합계 결과이다.
18
19     printf(" 합계 ==> %d \n", hap);
20 }
```

실행 결과

```
1번째 숫자를 입력하세요 : 10
2번째 숫자를 입력하세요 : 20
3번째 숫자를 입력하세요 : 30
4번째 숫자를 입력하세요 : 40
 합계 ==> 100
```

지금까지 공부한 내용을 바탕으로 [기본 8-1]과 같은 코드를 만들기는 그리 어렵지 않을 것이다. 더 나아가 숫자 10개를 입력받는 경우를 생각해보자. 현재의 변수 a, b, c, d에 e, f, g, h, i, j를 추가하고 8~9행과 같은 명령문을 6개 추가하며 a부터 j까지의 합계를 내면 된다. 물론 코드가 더 길어지지만 할 만하다.

그렇다면 숫자 100개는 어떨까? 우선 변수를 100개 선언하려면 알파벳으로는 부족하므로 변수 이름을 a1, a2, a3, a4, …, a100과 같이 선언해야 할 것이다. 그런 다음 입력을 100개 받으면 어떨까? 조금 무리라고 느껴지지 않는가? 만약 이와 같이 코딩한다면 주판이나 전자계산기를 사용하는 것이 프로그램을 짜는 것보다 더 빠를 것이다. 이럴 때 필요한 것이 바로 배열이다.

배열의 선언 방법은 다음과 같다.

```
데이터_형식 배열_이름[개수];
```

예를 들어 변수 4개를 담은 정수형 배열을 선언해보자.

```
int aa[4];
```

배열을 사용하지 않는다면 각각의 변수를 int a, b, c, d;와 같이 선언해야 한다. 하지만 배열의 경우에는 첨자를 사용하여 aa[0], aa[1], aa[2], aa[3]과 같이 선언한다. 이처럼 배열을 4개 선언할 때는 첨자를 1~4가 아닌 0~3을 사용해야 한다.

구분 예시	변수	배열
선언	int a, b, c, d;	int aa[4];
사용할 수 있는 변수 형식	a, b, c, d	aa[0], aa[1], aa[2], aa[3]

배열을 사용하여 [기본 8-1]을 수정해보자.

기본 8-2 배열에 값을 선언하여 출력하는 예 8-2.c

```
#define _CRT_SECURE_NO_WARNINGS
#include <stdio.h>
void main( )
{
   int aa[4];                              —— 정수형 배열을 선언한다.
   int hap;

   printf("1번째 숫자를 입력하세요 : ");
   scanf("%d", &aa[0]);                    —— aa[0]에 숫자를 입력한다.
   printf("2번째 숫자를 입력하세요 : ");
   scanf("%d", &aa[1]);                    —— aa[1]에 숫자를 입력한다.
   printf("3번째 숫자를 입력하세요 : ");
   scanf("%d", &aa[2]);                    —— aa[2]에 숫자를 입력한다.
   printf("4번째 숫자를 입력하세요 : ");
   scanf("%d", &aa[3]);                    —— aa[3]에 숫자를 입력한다.

   hap = aa[0] + aa[1] + aa[2] + aa[3];    —— 입력받은 배열에 저장된 숫자의 합계 결과이다.

```

```
19     printf(" 합계 ==> %d \n", hap);
20  }
```

실행 결과

```
1번째 숫자를 입력하세요 : 10
2번째 숫자를 입력하세요 : 20
3번째 숫자를 입력하세요 : 30
4번째 숫자를 입력하세요 : 40
 합계 ==> 100
```

[기본 8-1]의 5행에서는 변수 4개(a, b, c, d)를 선언했으나 여기서는 'int aa[4]'로 간략하게 선언했다. 그리고 9행에서 '&a' 대신 '&aa[0]'을 사용하고 11행, 13행, 15행에서도 9행과 같은 방식을 적용했다.

17행에서는 각각의 변수를 쓰는 대신 'aa[0] + aa[1] + aa[2] + aa[3]'으로 수정했다. 실행 결과는 배열을 사용하지 않았을 때와 동일하다.

좀 편리하게 보이지만 숫자 100개를 더하려면 'int aa[100]'을 선언한 후 'aa[0] + aa[1] + aa[2] + ⋯ + aa[99]'와 같은 작업을 해야 한다. 역시 엄청난 고생이다. 하지만 배열의 특성을 잘 이해하면 그런 수고를 할 필요가 없다.

2 배열의 활용 범위

배열의 기본 구문을 이해했으니 한발 더 나아가보자. 앞의 예에서는 첨자의 특성을 제대로 응용하지 못했다. 하지만 첨자를 반복문(for문, while문, do~while문)과 결합하면 많은 수고를 덜 수 있다. 여기서는 첨자와 반복문의 관계뿐만 아니라 배열에 값을 입력하는 방법과 자신이 만든 배열의 크기를 알아내는 방법을 살펴보자.

여기서 잠깐

배열의 첨자

배열의 첨자는 0부터 시작한다는 것을 반드시 기억하기 바란다. 예를 들어 int a[3];을 선언해놓고 a[3] = 10;과 같이 변수 a[3]을 사용하는 실수는 실제 프로그래밍을 할 때도 흔히 일어나기 때문이다.

다시 한 번 강조하지만 int a[3];으로 선언하면 변수 a[0], a[1], a[2]를 사용할 수 있고 a[3]은 사용할 수 없다.

배열의 실제 활용

[기본 8-2]는 최초로 배열을 사용하여 작성한 프로그램으로 결과가 제대로 나왔지만 그다지 효율성을 느낄 수 없다. 이는 배열의 첨자를 활용한 프로그램이 아니기 때문이다. 즉 for문과 while문을 배우기 전에 했던 것과 같은 중노동이 필요하다. 배열의 가치가 빛을 발하게 하려면 배열의 첨자가 순서대로 변할 수 있도록 반복문과 함께 활용해야 한다.

그렇다면 입력 부분에 for문을 사용해보자.

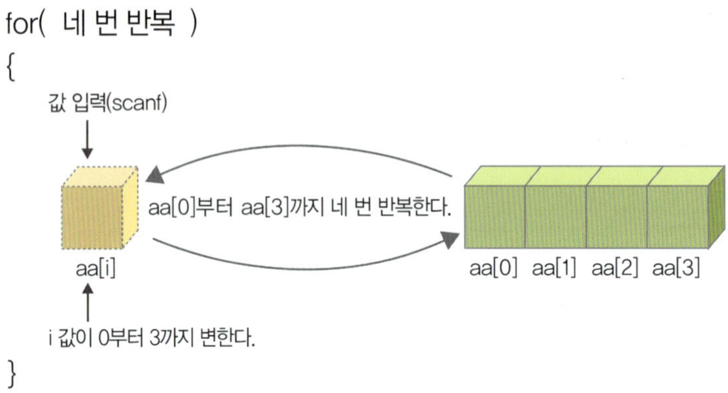

그림 8-2 for문을 활용한 배열값 입력

for문을 네 번 돌면서 aa[i]의 첨자가 aa[0]~aa[3]으로 변하게 하면 변수 4개에 자동으로 값이 입력된다.

응용 8-3 for문으로 배열의 첨자를 활용하는 예 8-3.c

```
#define _CRT_SECURE_NO_WARNINGS
#include <stdio.h>
void main( )
{
  int aa[4];
  int hap=0;
  int i;

  for(i=0; i <= 3; i++)
  {
    printf("%d번째 숫자를 입력하세요 : ", i+1);
    scanf("%d", ___1___ );
  }

  hap = aa[0] + aa[1] + aa[2] + aa[3];
```

- 05~07행: 배열과 합계 변수, 첨자를 선언한다.
- 09~13행: 배열 aa[0]~[3]에 숫자 4개를 입력받는다.
- 15행: 배열에 저장된 숫자 4개를 더한다.

```
16
17     printf(" 합계 ==> %d \n", hap);
18 }
```

정답_ 1 aa[i]

실행 결과

```
1번째 숫자를 입력하세요 : 10
2번째 숫자를 입력하세요 : 20
3번째 숫자를 입력하세요 : 30
4번째 숫자를 입력하세요 : 40
 합계 ==> 100
```

9행에서 i가 0부터 3까지 네 번 실행된다. 물론 이를 'for(i=0; i < 4; i++)'로 해도 상관없다. i 값이 0부터 시작하므로 11행의 printf문에는 i+1을 사용하여 출력하는 문장을 1번째, 2번째로 보여준다.

12행에서도 첨자 i가 0부터 3까지 네 번 변경되므로 변수 aa[0], aa[1], aa[2], aa[3]에 값을 차례대로 입력받는다. 15행에서는 변수 4개를 더했는데, 만약 배열이 100개라면 'hap = aa[0] + aa[1] + … aa[99]'로 코딩을 해야 한다. 이럴 때는 다음과 같이 for문으로 변경하는 것이 바람직하다.

```
15  for(i=0; i <= 3; i++)
16  {
17       hap = hap + aa[i];
18  }
```

독자 스스로 수정한 후 다시 빌드하고 실행해보자. 동일한 결과가 나올 것이다.

SELF STUDY

for문 대신 while문을 사용하여 [응용 8-3]을 변수 10개일 때로 수정해보자.

Q / U / I / Z for(i = 0; i <= 7; i++)와 for(i = 0; i <8; i++)는 동일하게 □회 반복된다.

배열의 초기화

배열의 초기화란 배열을 정의하는 동시에 값을 대입하는 것을 말한다. 앞에서 정수형 변수를 초기화했던 기억을 떠올려보자.

```
int a=100, b=200, c=300, d=400;
```

4개의 값을 담은 배열 aa의 초기화도 비슷한 방식으로 이루어지는데, 이때는 블록({ })과 콤마(,)를 사용한다.

```
int aa[4] = {100, 200, 300, 400};
```

위와 같이 선언하면 [그림 8-3]과 같이 변수 4개가 차례대로 초기화된다.

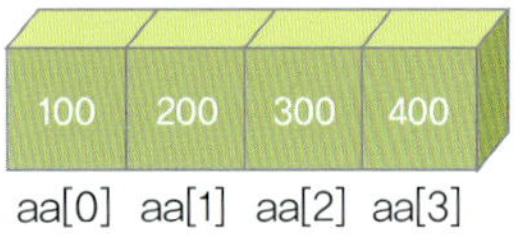

그림 8-3 배열의 초기화 1

이때 배열의 개수(첨자)를 반드시 지정하지 않아도 된다. 개수를 지정하지 않으면 블록({ }) 안의 초깃값 개수에 따라 자동으로 배열의 개수가 정해지기 때문이다.

```
int aa[] = {100, 200, 300, 400};
```

배열을 선언하기만 하고 초기화하지 않으면 어떻게 될까?

```
int aa[4];
```

각 배열에 아무것도 넣지 않았기 때문에 [그림 8-4]와 같이 쓰레기 값이 들어간다.

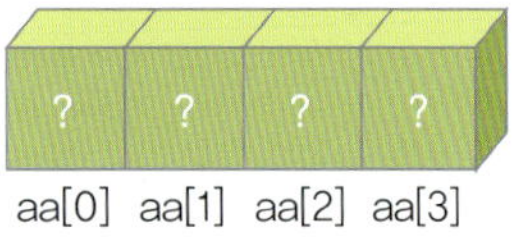

그림 8-4 배열의 초기화 2

그렇다면 배열의 개수보다 초기화할 값의 개수가 적으면 어떤 일이 생길까?

```
int aa[4] = {100, 200};
```

이때는 초깃값이 주어진 aa[0]과 aa[1]에는 각각 100과 200이 들어가고 나머지 aa[2]와 aa[3]에는 0이 들어간다.

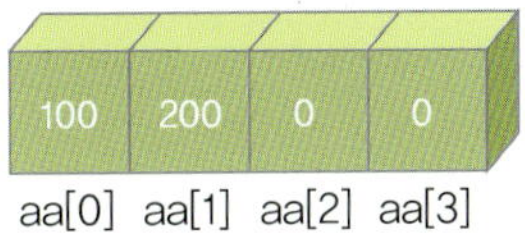

그림 8-5 배열의 초기화 3

즉 초깃값을 0이라고 직접 써도 되고 초기화할 부분을 비워놓아도 된다.

```
int aa[4] = {100, 200, 0, 0};
```

=

```
int aa[4] = {100, 200};
```

만약 배열 1000개를 모두 0으로 초기화하고 싶다면 어떻게 해야 할까? 다음과 같이 한 줄만 쓰면 배열 1000개가 0으로 자동 초기화된다.

```
int aa[1000] = {0}
```

그런데 배열의 개수보다 초기화할 값의 개수가 많다면 어떻게 될까?

```
int aa[4] = {100, 200, 300, 400, 500};
```

이때는 마지막의 500이 들어갈 곳이 없기 때문에 컴파일 오류가 발생한다.

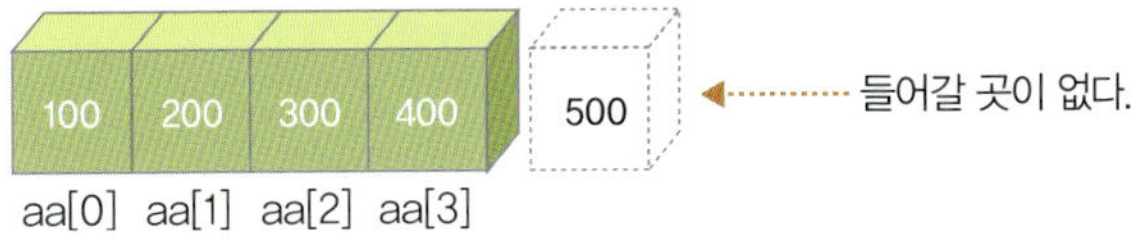

그림 8-6 배열의 초기화 4

다음 예제를 통해 배열의 초기화 방법을 완전히 이해해보자.

기본 8-4 **배열의 초기화 예 1** 8-4.c

```
01 #include <stdio.h>
02
03 void main( )
04 {
05    int aa[4] = {100, 200, 300, 400};
06    int bb[]  = {100, 200, 300, 400};
07    int cc[4] = {100, 200};
08    int dd[4] = {0};
09    int i;
10
11    for(i=0; i <= 3; i++)
12      printf("aa[%d]==>%d\t", i, aa[i]);
13    printf("\n");
14
15    for(i=0; i <= 3; i++)
16      printf("bb[%d]==>%d\t", i, bb[i]);
17    printf("\n");
18
19    for(i=0; i <= 3; i++)
20      printf("cc[%d]==>%d\t", i, cc[i]);
21    printf("\n");
22
23    for(i=0; i <= 3; i++)
24      printf("dd[%d]==>%d\t", i, dd[i]);
25    printf("\n");
26 }
```

- 05행: 배열의 개수를 지정하고 초기화한다.
- 06행: 배열의 개수를 지정하지 않고 초기화한다.
- 07행: 배열의 일부만 초기화한다.
- 08행: 배열 전체를 0으로 초기화한다.
- 11~12행: 4회 반복하며 배열 aa[0]~aa[3] 값을 출력한다.
- 15~16행: 4회 반복하며 배열 bb[0]~bb[3] 값을 출력한다.
- 19~20행: 4회 반복하며 배열 cc[0]~cc[3] 값을 출력한다.
- 23~24행: 4회 반복하며 배열 dd[0]~dd[3] 값을 출력한다.

실행 결과

```
aa[0]==>100    aa[1]==>200    aa[2]==>300    aa[3]==>400
bb[0]==>100    bb[1]==>200    bb[2]==>300    bb[3]==>400
cc[0]==>100    cc[1]==>200    cc[2]==>0      cc[3]==>0
dd[0]==>0      dd[1]==>0      dd[2]==>0      dd[3]==>0
```

5~8행의 초기화 방법은 앞에서 설명했다. 12행의 \t는 일정한 간격(탭)을 주고 13행의 \n은 한 줄을 넘겨서 출력하라는 의미이다.

간혹 큰 배열을 초기화할 때 for문을 활용하기도 한다. 100개의 배열 aa를 0, 2, 4, 8, …(2의 배수)로 초기화한 후 배열 bb에 역순으로 넣는 과정을 살펴보자.

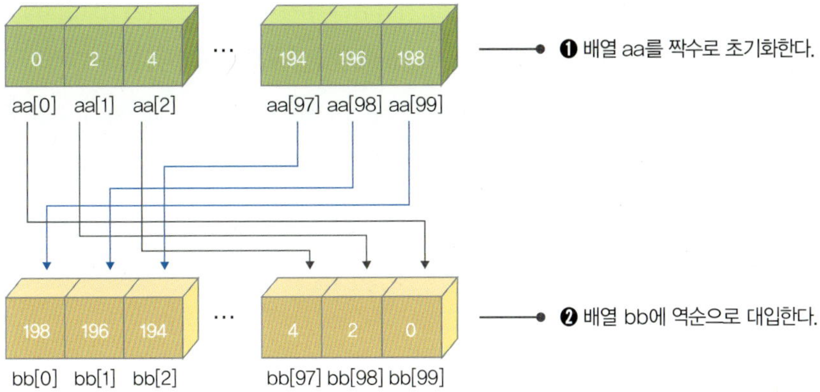

그림 8-7 배열의 초기화 5

응용 8-5 배열의 초기화 예 2 8-5.c

```
#include <stdio.h>

void main( )
{
   int aa[100], bb[100];
   int i;

   for(i=0; i < 100; i++)
   {
      aa[i] = i * 2;
   }

   for(i=0; i < 100; i++)
   {
      bb[i] = ___1___ ;
   }

   printf("bb[0]는 %d, bb[99]는 %d 입력됨\n", bb[0], bb[99]);
}
```

- 배열 aa와 bb를 선언한다.
- 배열 aa[0], aa[1], aa[2], …, aa[99]에 0, 2, 4, …, 198이 대입된다.
- 배열 bb[0]에 aa[99]를 대입하는 방식으로 값이 역순으로 대입된다.

정답_ 1 aa[99-i]

실행 결과

```
bb[0]는 198, bb[99]는 0 입력됨
```

[응용 8-5]의 5행에서 배열 aa, bb를 각각 100개씩 선언했다. 8행에서 배열 aa가 0부터 99까지 100번 반복되는데 aa[0]=0, aa[1]=2, aa[2]=4, …, aa[99]=198과 같이 반복된다.

13행에서도 배열 bb가 0부터 99까지 100번 반복되는데, 15행에서 i가 0일 때 99-i는 99가 되고 i가 1일 때는 98, i가 2일 때는 97과 같이 계속 변해서 마지막 i가 99일 때는 0이 된다.

즉 bb[0]=aa[99], bb[1]=aa[98], bb[2]=aa[97], …, bb[99]=aa[0]과 같이 반복되므로 배열 aa의 값이 배열 bb에 역순으로 입력된다. 18행에서 결과를 확인하기 위해 bb[0]과 bb[99]를 출력해보았다.

SELF STUDY

배열 aa에는 3의 배수를 입력하고 배열 bb에는 50개의 배열 aa를 시프트(이동)한 값을 입력하도록 [응용 8-5]를 수정해보자. 즉 bb[0]=aa[50], bb[1]=aa[51], …, bb[49]=aa[99], bb[50]=aa[0], bb[51]=aa[1], … , bb[98]=aa[48], bb[99]=aa[49]와 같이 입력되게 한다.

배열의 크기 알아내기

프로그래밍을 하다 보면 간혹 배열의 크기(배열 요소의 개수)를 알아야 할 때가 있다. 이런 경우 sizeof( ) 함수를 사용하면 된다.

```
배열의 크기(요소의 개수) = sizeof(전체 배열 이름) / sizeof(배열의 데이터 형식);
```

예를 들어 int aa[4];로 배열을 선언했을 때 이 배열의 크기를 알아내려면 다음과 같이 계산한다(물론 4개라는 것을 알고 있지만 계산하는 방식을 확인해보자).

```
배열의 크기(요소의 개수) = sizeof(aa) / sizeof(int);
```

일단 선언한 aa 배열이 메모리에서 차지하는 크기(4바이트×4개=16바이트)를 알아낸 다음 선언한 배열의 데이터 형식 크기(4바이트)로 나누면 현재 배열을 이루고 있는 변수의 개수를 알 수 있다.

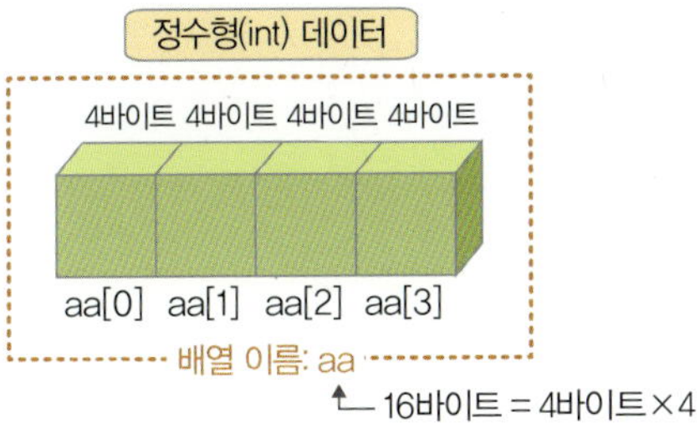

그림 8-8 배열의 크기

TIP/ 만약 문자형(char) 배열이라면 변수 하나의 크기는 1바이트로 총 4바이트가 될 것이다.

배열의 크기를 계산하는 예제를 살펴보자.

기본 8-6 배열의 크기를 계산하는 예 8-6.c

```
01 #include <stdio.h>
02
03 void main( )
04 {
05    int aa[] = {10, 20, 30, 40, 50};      ----- 배열을 선언한다. 변수의 개수를 지정하지 않았다.
06    int count;                            ----- 배열 크기를 저장할 변수이다.
07
08    count = sizeof(aa) / sizeof(int);     ----- 배열 크기를 계산한다.
09
10    printf("배열 aa[]의 요소의 개수는 %d 입니다.\n", count);
11 }
```

실행 결과

```
배열 aa[]의 요소의 개수는 5 입니다.
```

8행에서 알아낸 count 값을 for문에 사용하면 전체 배열을 처리할 수 있다. 이에 대한 예제는 이 장의 '예제모음'에 담았다.

SELF STUDY

[기본 8-6]을 수정하여 배열 aa에 들어 있는 전체 값의 합을 계산하는 프로그램을 작성해보자.

힌트_ for(i=0; i < count; i++)를 활용한다.

Q/U/I/Z 배열의 요소 개수를 알아내려면 □□□□□□( ) 함수를 사용하면 된다.

SECTION

02 배열과 문자열

문자열은 문자들을 모아 놓은 배열로, 다양한 함수를 사용하여 각 문자를 처리한다.

앞 절에서는 정수 여러 개가 들어가는 정수형(int) 배열에 대해 공부했다. 여기서는 "abcd"나 "안녕하세요?"와 같이 연결된 문자들을 표현하기 위한 문자형(char) 배열의 개념을 이해하고, 문자열을 처리할 때 필요한 문자열 처리 함수에 대해 알아보자.

1 정수형 배열과 문자형 배열

"abcd"나 "안녕하세요?"와 같이 문자들을 모아 놓은 집합인 문자열은 은연중에 배열의 형태로 표현된다. [그림 8-9]를 살펴보자.

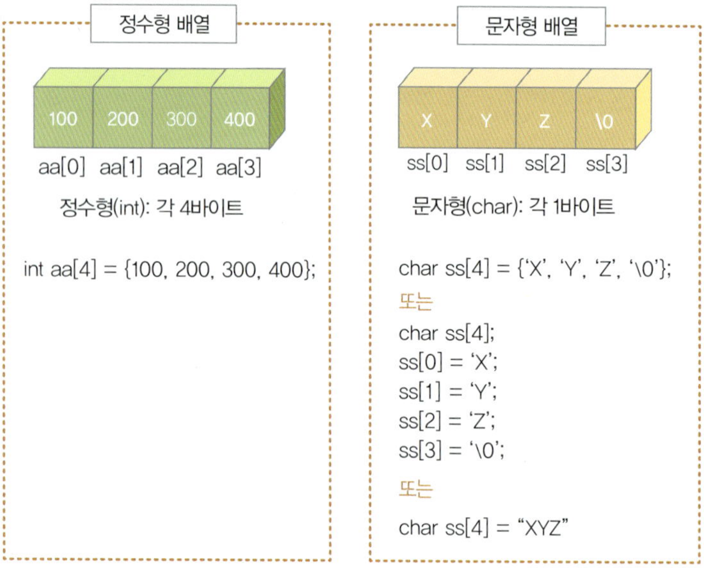

그림 8-9 정수형 배열과 문자형 배열

정수형 배열은 각각의 배열 요소에 정수(100, 200, 300, 400)를 입력하고, 문자형 배열은 각각의 배열 요소에 문자('X', 'Y', 'Z', '\0')를 입력한다. 이때 문자형 배열의 끝에는 문자열의 마지막을 의미하는 널 문자 '\0'을 넣는다. {'X', 'Y', 'Z', '\0'} 대신 "XYZ"와 같은 문자열을 대입하면 더 편리하다. 결국 문자열은 문자형 배열에 입력하는 '문자의 집합'이라고 할 수 있다.

TIP/ 문자 한 글자를 표현할 때는 작은따옴표(' ')를 사용하고 문자열은 큰따옴표(" ")를 사용하여 표현한다. 그리고 큰따옴표 안에 들어 있는 내용에는 맨 끝에 '\0' 문자가 자동으로 붙는다고 생각하면 되므로 문자열을 사용할 때는 널 문자를 사용하지 않는다. 따라서 "XYZ"라는 세 글자를 입력하기 위해 필요한 배열의 크기는 '문자열 길이 +1=4'이다.

다음 예제에서는 문자열을 조작하는 방법을 살펴보자.

기본 8-7 문자열을 선언하고 출력하는 예 8-7.c

```c
#include <stdio.h>

void main( )
{
   char ss[8] = "Basic-C";
   int i;

   ss[5] = '#';

   for(i=0; i < 8; i++)
   {
      printf("ss[%d] ==> %c \n", i, ss[i]);
   }

   printf("문자열 배열 ss ==> %s \n", ss);
}
```

- char ss[8] = "Basic-C"; ----- 크기가 8인 문자형 배열을 선언하고 초기화한다.
- ss[5] = '#'; ----- 여섯 번째 문자를 바꾼다.
- for 문 ----- 여덟 번 반복하면서 배열 ss의 각 문자를 출력한다.
- printf("문자열 배열 ss ==> %s \n", ss); ----- 배열 ss의 전체 문자열을 출력한다.

실행 결과

```
ss[0] ==> B
ss[1] ==> a
ss[2] ==> s
ss[3] ==> i
ss[4] ==> c
ss[5] ==> #
ss[6] ==> C
ss[7] ==>
문자열 배열 ss ==> Basic#C
```

TIP/ 용어를 엄밀하게 구분하면 'B'는 문자 상수, "Basic-C"는 문자열 상수, ss는 문자열 배열(또는 문자형 배열)이라고 할 수 있다.

Q/U/I/Z char ss[ ] = "JOHN";으로 선언하면 ss의 크기는 □바이트이다.

[기본 8-7]의 5행에서 "Basic-C"라는 일곱 글자를 넣기 위해 널 문자('\0') 자리까지 포함해서 여덟 자리의 배열을 정의했다. 8행에서는 문자열에 있는 특정 위치의 문자만 바꾸고, 10~13행에서는 for문을 여덟 번 반복하여 ss[0]~ss[7]의 각 자리 문자를 출력한다. 15행에서는 전체 문자형 배열(ss)에 저장된 문자열을 출력하기 위해 %s를 사용했다.

[기본 8-7]을 그림으로 나타내면 다음과 같다.

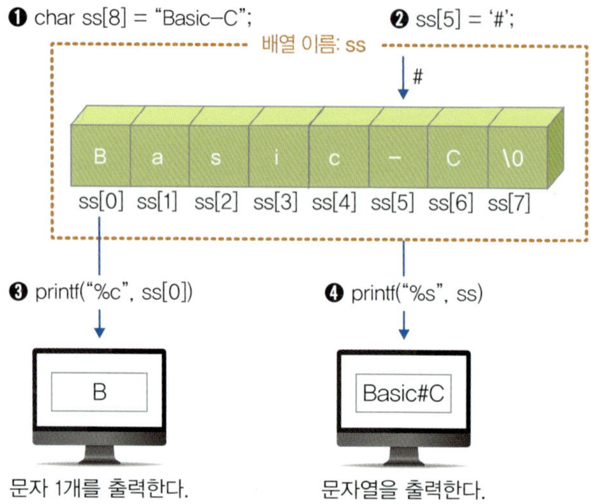

그림 8-10 문자 출력과 문자열 출력

[그림 8-10]의 ❸은 문자 1개를 출력하는 방식이고 ❹는 전체 문자열을 출력하는 방식이다. 즉 문자형 배열의 배열 요소(ss[0], ss[1], …)는 '문자'이고 배열(ss) 자체는 '문자열'로 취급한다.

이번에는 문자열을 반대 순서로 저장한 후 출력하는 프로그램을 작성해보자. 즉 "abcd"를 "dcba"로 저장하고 출력하는 프로그램이다.

응용 8-8 문자열을 반대 순서로 출력하는 예 8-8.c

```
#include <stdio.h>

void main( )
{
   char ss[5] = "abcd";      ----- 크기 5의 문자형 배열 ss와 변환해서 저장할 배열 tt이다.
   char tt[5];
   int  i;

   for(i=0; i < 4; i++)      ----- 4회 반복해서 각 배열에 문자를 반대 순서로 대입한다.
   {
```

```
11        tt[i] = __1__ ;
12     }
13     tt[4] = '\0';          ---- 마지막에 널 문자를 삽입한다.
14
15     printf("거꾸로 출력한 결과==> %s \n", tt);
16  }
```

정답_ 1 ss[3-i]

실행 결과

```
거꾸로 출력한 결과==> dcba
```

[응용 8-8]의 11행에서 ss[3]은 tt[0]에, ss[2]는 tt[1]에, ss[1]은 tt[2]에, ss[0]은 tt[3]에 대입하면 문자가 반대 순서로 바뀐다. 그리고 문자열의 끝에는 널 문자가 필요하므로 13행에서 널 문자를 대입했다.

2 문자열 함수로 문자열 다루기

앞의 예제들을 따라 하면서 문자열을 다루는 작업이 그리 쉽지 않다고 느꼈을 것이다. 사실 C의 문자열은 '뜨거운 감자(맛은 있지만 빨리 먹기는 힘든 음식)'와 같은 존재이다. 이런 경우 직접 손으로 집기보다는 도구를 사용하는 지혜가 필요한데 그 도구가 바로 문자열 처리 함수이다.

문자열 처리 함수

C에서는 문자열을 쉽게 사용할 수 있도록 도와주는 함수를 여러 개 제공한다. 우선 간단한 코드를 살펴보면서 그 역할을 이해하고 예제를 통해 확실히 익히자.

문자열 함수를 사용하려면 소스를 시작하는 부분에 다음과 같은 구문을 써야 한다.

```
#include <string.h>
```

이는 문자열 함수의 목록이 정의된 string.h 파일을 포함하라는 의미이다. 무슨 말인지 잘 이해되지 않더라도 걱정하지 말라. 14장에서 자세히 다룰 것이다.

TIP/ 문자열 관련 함수 중 strcpy( ), strcat( )는 #define _CRT_SECURE_NO_WARNINGS코드를 첫 행에 써줘야 한다. 어떤 문자열 함수는 생략해도 되지만, 소스의 통일성을 위해서 문자열 함수를 사용하는 소스는 #define _CRT_SECURE_NO_WARNINGS코드를 첫 행에 쓰도록 한다.

Q/U/I/Z char ss[ ] = "ABCD";에서 'C'를 'F'로 바꾸려면 □□□□□='F';라고 해야 한다.

문자열의 길이를 알려주는 함수: strlen( )

strlen(문자열) 함수는 문자열의 길이를 알려주는 역할을 한다. 다음 예제를 통해 사용법을 알아보자.

기본 8-9 문자열 처리 함수 strlen( ) 사용 예 8-9.c

```
01 #define _CRT_SECURE_NO_WARNINGS
02 #include <string.h>
03 #include <stdio.h>
04 void main( )
05 {
06    char ss[] = "XYZ";
07    int len;
08
09    len = strlen(ss);
10
11    printf("문자열 \"%s\"의 길이 ==> %d \n", ss, len);
12 }
```

- 02행: 문자열 함수의 목록이 있는 string.h를 포함한다.
- 06~07행: 문자열 배열과 길이를 저장할 변수이다.
- 09행: 문자열 배열 ss의 길이를 구한다.
- 11행: 큰따옴표의 내용을 출력하기 위해 \" 문자를 사용한다.

실행 결과

```
문자열 "XYZ"의 길이 ==> 3
```

6행에서 선언한 배열 ss의 크기는 널 문자를 포함하므로 4로 설정된다. 9행에서는 strlen( ) 함수를 사용하여 ss의 길이를 구한다. 11행에서는 문자열을 "XYZ" 형식으로 출력하고 그 길이도 출력한다.

strlen( ) 함수로 길이를 구할 때는 [그림 8-11]과 같이 널 문자를 제외한다. 그러므로 배열의 크기는 4이지만 문자열의 길이인 3이 출력된다.

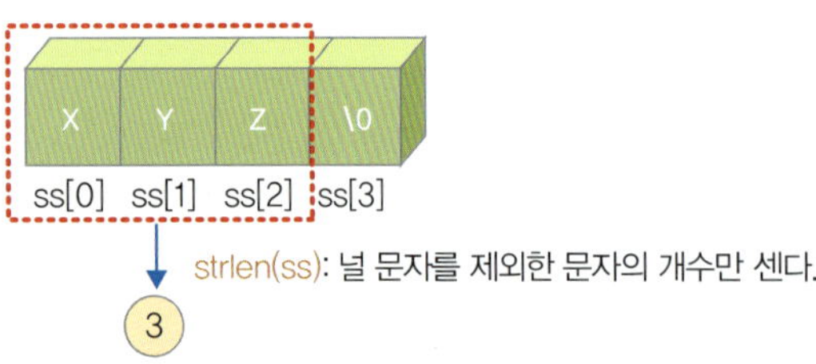

그림 8-11 strlen( ) 함수

문자열을 복사하는 함수: strcpy( )

strcpy(문자열 배열 A, 문자열 B) 함수는 '문자열 배열 A'에 '문자열 B'를 복사한다.

기본 8-10 문자열 처리 함수 strcpy( ) 사용 예 — 8-10.c

```
01 #define _CRT_SECURE_NO_WARNINGS
02 #include <string.h>
03 #include <stdio.h>
04 void main( )
05 {
06     char ss[4];                 ------ 문자열 배열을 선언한다.
07
08     strcpy(ss, "XYZ");          ------ 배열 ss에 문자열 "XYZ"를 복사한다.
09
10     printf("문자열 ss의 내용 ==> %s \n", ss);
11 }
```

실행 결과

```
문자열 ss의 내용 ==> XYZ
```

8행에서는 문자열 "XYZ"의 내용을 배열 ss에 복사한다. 문자열 상수인 "XYZ"의 맨 뒤에는 문자열의 끝을 나타내는 널 문자가 있으므로 ss의 크기는 4 이상이어야 한다.

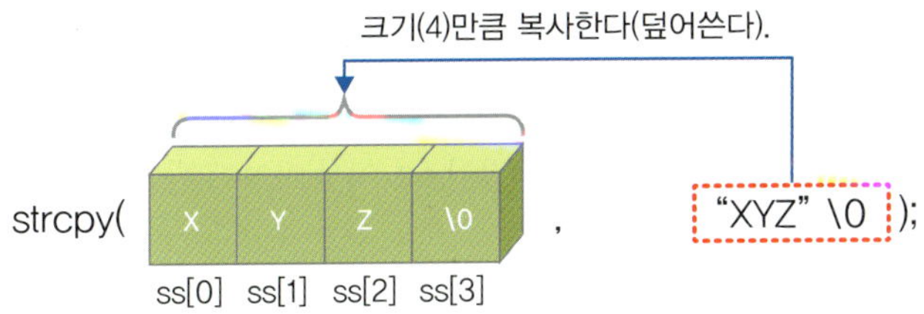

그림 8-12 strcpy( ) 함수

QUIZ

❶ 문자열 관련 함수를 사용하려면 #include 〈□□□□□□.h〉와 같이 써야 한다.

❷ 문자열의 길이를 알려주는 함수는 □□□□□□( )이다.

strcpy( ) 함수는 이미 선언된 문자열 배열에 다른 문자열을 대입하고 싶을 때 주로 사용한다. 이때 다음과 같은 코드는 오류를 발생시킨다는 것에 주의하자.

```
ss = "XYZ"
```

실행 결과 ▶ 오류

즉 문자열을 바로 배열에 대입할 수 없으므로 strcpy( ) 함수를 사용해야 한다. 하지만 다음과 같이 처음 배열을 선언할 때는 대입할 수 있다.

```
char ss[4] = "XYZ"
```

실행 결과 ▶ 가능

또한 한 글자씩 대입할 수도 있다.

```
char ss[4];
ss[0] = 'X';
ss[1] = 'Y';
ss[2] = 'Z';
ss[3] = '\0';
```

위 예에서는 세 글자뿐이므로 이와 같은 방식이 가능하지만 문자열이 100개의 글자로 구성되어 있다면 상당히 불편하기 때문에 strcpy( ) 함수를 사용하는 것이 좋다.

두 문자열을 이어주는 함수: strcat( )

strcat(문자열 배열 A, 문자열 B) 함수는 '문자열 B'를 '문자열 배열 A'에 이어서 넣는다. 이때 '문자열 배열 A'의 길이는 '문자열 배열 A와 문자열 B를 합친 길이+1 이상'이어야 한다.

기본 8-11 문자열 처리 함수 strcat( ) 사용 예 8-11.c

```
#define _CRT_SECURE_NO_WARNINGS
#include <string.h>
#include <stdio.h>
void main( )
{
    char ss[7] = "XYZ";

    strcat(ss, "ABC");

    printf("이어진 문자열 ss의 내용 ==> %s \n", ss);
}
```

- `char ss[7] = "XYZ";` — 문자열 배열을 선언하고 초기화한다.
- `strcat(ss, "ABC");` — 배열 ss의 내용("XYZ")에 문자열 "ABC"를 이어서 다시 ss에 대입한다.

실행 결과

```
이어진 문자열 ss의 내용 ==> XYZABC
```

strcat( ) 함수는 두 문자열을 그냥 이어준다고 생각하면 된다. 단, 이어주는 자리는 널 문자 자리부터 시작한다. 결과적으로 ss는 "XYZABC"가 된다.

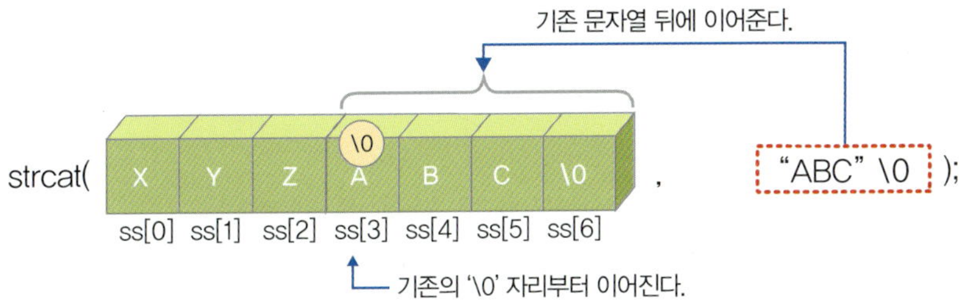

그림 8-13 strcat( ) 함수

두 문자열을 비교하는 함수: strcmp( )

strcmp(문자열 A, 문자열 B)는 'A−B'의 결과를 돌려준다. 이때 결과가 0이 나오면 A와 B가 같은 문자열이라는 뜻이며 그 외의 값은 두 문자열이 다르다는 것을 나타낸다.

여기서 잠깐

strcat( ) 함수 사용 시 주의점

strcat(A, B) 함수의 경우에 A는 꼭 문자형 배열이어야 한다. 이는 A와 B를 이은 결과를 다시 A(배열)에 넣어야 하기 때문이다. B는 문자형 배열이든 문자열 상수든 상관없다. strcpy(A, B) 함수도 마찬가지이다.

```
char ss[10] = "XYZ";
char tt[4] = "ABC";
```

```
strcat(ss, tt)          ⇨ (○)
strcat(ss, "ABC")       ⇨ (○)
strcat("ABC", "XYZ")    ⇨ (×)
strcat("ABC", ss)       ⇨ (×)
```

기본 8-12 문자열 처리 함수 strcmp( ) 사용 예

8-12.c

```
#define _CRT_SECURE_NO_WARNINGS
#include <string.h>
#include <stdio.h>
void main( )
{
   char ss[] = "XYZ";
   char tt[] = "xyz";
   int r;

   r = strcmp(ss, tt);

   printf("두 문자열의 비교결과 ==> %d \n", r);
}
```

문자열 배열 ss와 tt를 선언하고 초깃값을 대입한다.

두 문자열을 비교한 결과를 r에 대입한다.

실행 결과

```
두 문자열의 비교결과 ==> -1
```

strcmp( ) 함수는 두 문자열을 비교해서 같으면 0, 다르면 그 외의 숫자를 돌려준다. 주로 두 문자열이 같은지 확인할 때 사용한다. 위 예에서는 ss와 tt가 서로 다르므로(대문자와 소문자는 완전히 다른 문자) 0 이외의 값이 나왔다.

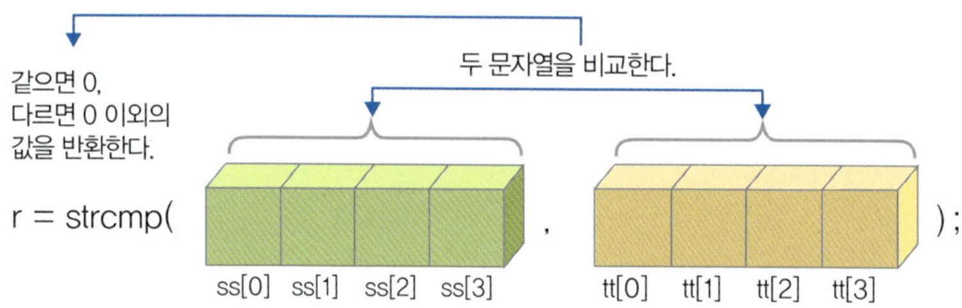

그림 8-14 strcmp( ) 함수

여기서 잠깐

strcmp( ) 함수의 의미

strcmp(ss, tt) 함수는 ss의 아스키코드 값에서 tt의 아스키코드 값을 뺀다. 그래서 두 문자열이 같으면 결과값이 0이고, 다르면 0이 아닌 값이 나온다. 0 이외의 값은 두 문자열의 아스키코드 값 차이를 나타내는데, 그다지 활용할 일은 없고 단지 두 문자열이 다르다는 뜻으로만 받아들이면 된다(일부 컴파일러의 경우에는 ss > tt일 때 1, ss == tt일 때 0, ss < tt일 때 –1 값을 돌려주기도 한다).

문자열 입출력 함수

앞서 배웠던 printf( ), scanf( ) 함수 외에도 문자열 입출력 기능을 하는 함수가 있다. 간단히 살펴보고 예제를 통해 사용법을 확인해보자.

TIP/ gets( ) 함수는 컴파일 시에 경고(warning)가 발생할 수 있다. 보안 문제 때문인데 그냥 사용해도 별 문제는 없다. fgets( ) 함수를 사용하면 경고를 없앨 수 있는데, 11장에서 자세히 살펴볼 예정이니 지금은 경고를 무시하고 사용하자.

문자열을 입력받는 함수: gets( )

scanf( ) 함수와 기능이 비슷하지만 문자열을 입력받을 때는 scanf( )보다 gets( ) 함수가 더 유용하다. 형식은 'gets(입력받을 문자 배열)'이며 최대 입력 문자는 널 문자를 고려하여 '배열 크기 - 1'까지 입력해야 한다. 다음과 같이 쓰면 Enter 를 입력할 때까지 ss에 문자열을 받아들인다.

```
char ss[10];
gets(ss);
```

TIP/ scanf( ) 함수는 문자열 중간에 공백 문자(Space)를 입력할 수 없지만 gets( ) 함수는 공백 문자를 입력할 수 있다.

문자열을 출력하는 함수: puts( )

printf( ) 함수와 기능이 비슷하지만 문자열을 출력할 때는 printf( )보다 puts( ) 함수가 더 유용하다. 다음과 같이 쓰면 'XYZ'를 출력하며, printf( ) 함수와 다른 점은 \n이 없어도 출력한 후 자동으로 줄을 넘긴다는 것이다.

```
char ss[10] = "XYZ";
puts(ss);
```

다음 예제를 통해 두 함수의 사용법을 살펴보자.

응용 8-13 문자열 입출력 함수 gets( ), puts( ) 사용 예 8-13.c

```
#define _CRT_SECURE_NO_WARNINGS
#include <string.h>
#include <stdio.h>
void main( )
{
   char ss[20];        ---- 문자형 배열 ss와 tt를 선언한다.
   char tt[20];
   int r1, r2;

   puts("첫 번째 문자열을 입력하세요.");        ---- 배열 ss와 tt에 문자열을 입력한다.
   gets(ss);
```

```
12
13    puts("두 번째 문자열을 입력하세요.");
14    __1__
15
16    r1 = strlen(ss);
17    r2 = strlen(tt);
18
19    printf("첫 번째 문자열의 길이 ==> %d \n", r1);
20    printf("두 번째 문자열의 길이 ==> %d \n", r2);
21
22    if( __2__ == 0)
23      puts("두 문자열의 내용이 같습니다.\n");
24    else
25      puts("두 문자열의 내용이 다릅니다.\n");
26 }
```

- 16~17행: 배열 ss와 tt의 문자열 길이를 저장한다.
- 19~20행: 각 배열의 문자열 길이를 출력한다.
- 22~25행: ss와 tt의 문자열이 같은지 비교한다.

정답_ 1 gets(tt); 2 strcmp(ss, tt)

실행 결과

```
첫 번째 문자열을 입력하세요.
IT CookBook
두 번째 문자열을 입력하세요.
Hanbit
첫 번째 문자열의 길이 ==> 11
두 번째 문자열의 길이 ==> 6
두 문자열의 내용이 다릅니다.
```

[응용 8-13]의 10행과 13행의 puts( ) 함수는 printf( ) 함수와 같은 역할을 한다. 11행과 14행의 gets( ) 함수로 문자열을 입력받고 16~20행에서 입력한 문자열의 길이를 계산하고 출력한다. 22~25행에서는 strcmp( ) 함수로 비교한 결과가 0이면 같은 문자열임을 알리고, 그렇지 않으면 다른 문자열임을 출력한다.

Q / U / I / Z printf( )와 비슷하게 문자열을 출력하는 함수는 □□□□( )이고, scanf( )와 비슷하게 문자열을 입력받는 함수는 □□□□( )이다.

SECTION

03 2차원 배열

2차원 배열은 앞에서 배운 1차원 배열을 여러 개 모아 놓은 것이다.

지금까지 1차원 배열을 자세히 살펴보았으니 이제 1차원 배열을 여러 개 묶어서 사용하는 2차원 배열에 대해 알아보려고 한다. 1차원 배열과 어떤 점이 다른지 비교하고 초기화 방법을 살펴본 다음 프로그램 안에서 다양하게 활용해보자.

1 2차원 배열의 기본 개념

2차원 배열은 1차원 배열을 여러 개 연결한 것으로, 첨자를 2개 사용하는 배열이다. 앞에서 1차원 배열은 종이 상자를 나란히 놓은 것이라고 했다. 그리고 'int aa[3];'으로 정의했다면 aa[0], aa[1], aa[2]라는 요소 3개가 생성된다.

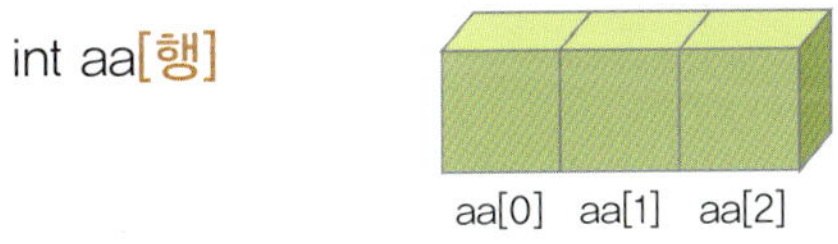

그림 8-15 1차원 배열의 개념

이를 확장해서 2차원 배열 'int aa[3][4]'를 정의해보자. 이때 앞의 3은 가로줄 수를, 뒤의 4는 세로줄 수를 의미한다. 즉 3행 4열짜리 배열이 생성된다.

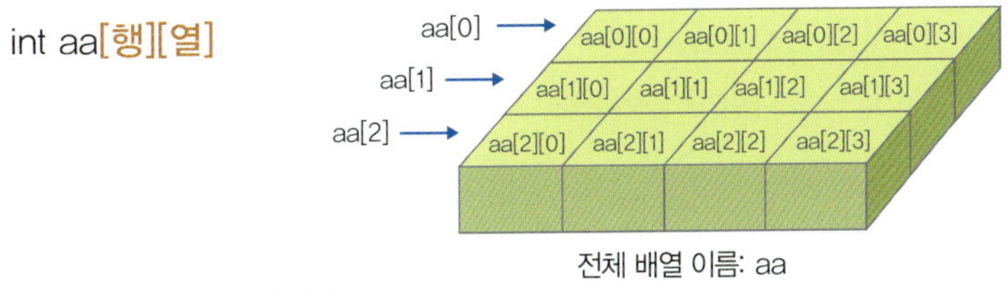

그림 8-16 2차원 배열의 개념

2차원 배열에서는 각 요소에 접근하려면 aa[0][0]과 같이 첨자를 2개 사용해야 한다. 1차원 배열과 마찬가지로 주의할 점은, 첨자가 가로의 경우 0~2, 세로의 경우 0~3으로 변하므로 aa[3][4] 요소가 존재하지 않는다는 것이다.

다음은 3행 4열의 배열을 선언하고 총 12개의 배열에 숫자 1~12를 채우는 프로그램이다.

기본 8-14 2차원 배열 사용 예 1 8-14.c

```
01 #include <stdio.h>
02
03 void main( )
04 {
05   int aa[3][4];                                                    ----- 2차원 배열을 선언한다.
06
07   aa[0][0] = 1; aa[0][1] = 2; aa[0][2] = 3; aa[0][3] = 4;           ----- 각 요소에 값을 대입한다.
08   aa[1][0] = 5; aa[1][1] = 6; aa[1][2] = 7; aa[1][3] = 8;
09   aa[2][0] = 9; aa[2][1] =10; aa[2][2] =11; aa[2][3] =12;
10
11   printf("aa[0][0]부터 aa[2][3]까지 출력 \n");
12
13   printf("%3d %3d %3d %3d\n", aa[0][0], aa[0][1], aa[0][2], aa[0][3]);
14   printf("%3d %3d %3d %3d\n", aa[1][0], aa[1][1], aa[1][2], aa[1][3]);
15   printf("%3d %3d %3d %3d\n", aa[2][0], aa[2][1], aa[2][2], aa[2][3]);
16 }                                                                  ----- 배열의 내용을 출력한다.
```

실행 결과

```
aa[0][0]부터 aa[2][3]까지 출력
  1  2  3  4
  5  6  7  8
  9 10 11 12
```

[기본 8-14]의 5행에서 3행 4열의 2차원 배열을 선언했다. 7~9행에서는 각 배열의 요소에 1~12를 입력했다. 이전까지는 한 줄에 명령문 1개만 썼는데 여기서는 한 줄에 명령문 4개를 썼다. 세미콜론(;)으로 구분하는 것은 행을 바꾸는 것과 동일한 의미이다. 13행에서는 2차원 배열의 첫 번째 행인 aa[0][0]~aa[0][3]을 나란히 출력했다. 14행과 15행도 마찬가지이다.

[기본 8-14]는 너무 단순하니 1차원 배열에서와 같이 for문을 활용해보자. 첨자가 2개이므로 중첩 for문을 사용하여 데이터를 입력하고 출력하면 된다. 실행 결과는 [기본 8-14]와 동일하다.

Q / U / I / Z int aa[5][6]으로 선언하면 □행 □열의 2차원 배열이 생성되고 전체 요소의 수는 □□개이다.

응용 8-15 2차원 배열 사용 예 2

8-15.c

```
01 #include <stdio.h>
02
03 void main( )
04 {
05    int aa[3][4];
06    int i, k;
07
08    int val=1;
09
10    for( i=0; i < 3; i++ )
11    {
12       for( ___1___ )
13       {
14          aa[i][k] = val;
15          val++;
16       }
17    }
18
19    printf("aa[0][0]부터 aa[2][3]까지 출력 \n");
20
21    for( i=0; i < 3; i++ )
22    {
23       for( k=0; k < 4; k++ )
24       {
25          printf("%3d ", ___2___ );
26       }
27       printf("\n");
28    }
29 }
```

- 05~06: 2차원 배열과 첨자 변수를 선언한다.
- 08: 배열에 들어갈 값을 초기화한다.
- 10: 바깥 for문을 세 번 반복한다. 즉 앞 첨자가 행 단위로 변경된다.
- 12: 안쪽 for문을 네 번 반복한다. 즉 뒤 첨자가 열 단위로 변경된다.
- 14~15: 배열에 val 값을 입력한 후 1 증가시킨다.
- 21: 입력과 동일한 개념으로 12회 출력한다.
- 27: 한 행을 출력한 후 줄을 넘긴다.

정답_ 1 k=0; k<4; k++ 2 aa[i][k]

실행 결과

```
aa[0][0]부터 aa[2][3]까지 출력
  1  2  3  4
  5  6  7  8
  9 10 11 12
```

[응용 8-15]는 초기화를 위해 10~17행에서 중첩 for문을 사용했다. 3행 4열의 배열 aa에는 1~12가 들어간다. 21~28행도 같은 순서로 출력한다.

SELF STUDY

배열 aa에 1, 3, 5, 7, 9, …와 같이 홀수를 입력하고 aa[2][3], aa[2][2], aa[2][1], …과 같이 반대 순서로 출력되도록 [응용 8-15]를 수정해보자.

2 2차원 배열의 초기화

앞에서는 중첩 for문을 이용하여 2차원 배열에 값을 대입하는 방법을 다루었는데 여기서는 2차원 배열을 선언하는 동시에 값을 초기화하는 방법을 알아보자.

기본 8-16 2차원 배열의 초기화 예 8-16.c

```
#include <stdio.h>

void main( )
{
   int aa[3][4] = {
      { 1, 2, 3, 4 },
      { 5, 6, 7, 8 },
      { 9,10,11,12 }
   };

   int i, k;
   printf("aa[0][0]부터 aa[2][3]까지 출력 \n");

   for( i=0; i < 3; i++ )
   {
      for( k=0; k < 4; k++ )
      {
         printf("%3d", aa[i][k]);
      }
      printf("\n");
   }
}
```

2차원 배열을 초기화한다.

2차원 배열에 저장된 값을 출력한다.

실행 결과

```
aa[0][0]부터 aa[2][3]까지 출력
  1  2  3  4
  5  6  7  8
  9 10 11 12
```

5~9행은 가장 기본적인 배열의 초기화 방법을 보여준다. 3행 4열의 배열이므로 [그림 8-17]과 같이 초기화할 수 있다. 점선으로 된 네모 칸은 2차원 배열의 공간이라고 생각하면 된다.

```
int aa[3][4] =
{
aa[0] → { 1, 2, 3, 4 }, ← 1행(aa[0])과 2행(aa[1])을 구분한다.
aa[1] → { 5, 6, 7, 8 }, ← 2행(aa[1])과 3행(aa[2])을 구분한다.
aa[2] → { 9, 10, 11, 12 } ← 마지막 행이므로 콤마가 없다.
};
```

그림 8-17 2차원 배열의 초기화

3 3차원 이상의 배열

2차원 외에도 3차원, 4차원, 그 이상의 배열도 만들 수 있다. 사실 3차원 이상의 배열을 사용하는 경우는 드물지만 개념은 알아둘 필요가 있다.

3차원 배열은 [그림 8-18]과 같이 구성된다. 입체적인 그림이라 한눈에 파악하기는 어렵겠지만 2차원 배열 위에 또 다른 2차원 배열을 쌓아 놓은 것이라고 생각하면 된다. 이때 다음과 같이 2차원 배열 하나를 한 면으로 취급해서 첨자를 추가한다.

```
int aa[면][행][열]
```

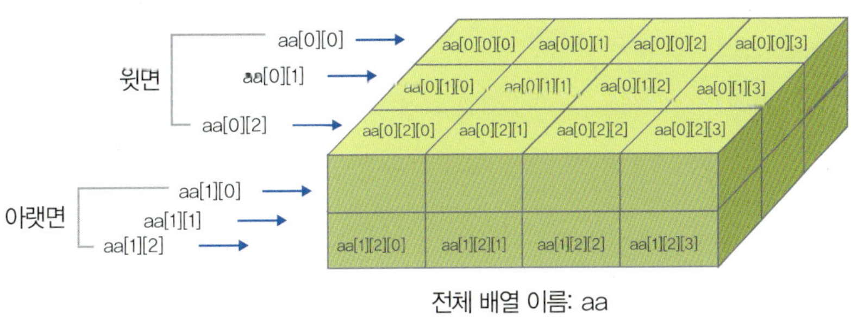

그림 8-18 3차원 배열의 개념

[그림 8-18]처럼 2면 3행 4열이 쌓여 있는 3차원 배열은 다음 페이지에 있는 [그림 8-19]와 같이 초기화한다. 2차원 배열의 초기화를 한 번 더 한다고 생각하고 그것을 콤마로 분리한 뒤 전체를 다시 블록({ })으로 묶으면 된다.

```
int aa[2][3][4] =
{
    {
        { 1,  2,  3,  4 },
        { 5,  6,  7,  8 },      → 윗면의 2차원 배열
        { 9, 10, 11, 12 }
    }
    ,                           → 면 사이 분리
    {
        { 13, 14, 15, 16 },
        { 17, 18, 19, 20 },     → 아랫면의 2차원 배열
        { 21, 22, 23, 24 }
    }
};
```

그림 8-19 3차원 배열의 초기화

예제모음 20

입력된 문자열을 반대 순서로 출력

exam20.c ★★☆

예제 설명 문자열 배열을 이용해서 입력받은 문자열을 반대 순서로 출력하는 프로그램이다.

실행 결과

```
문자열을 입력하세요 : Hanbit
내용을 거꾸로 출력 ==> tibnaH
```

```c
#define _CRT_SECURE_NO_WARNINGS
#include <string.h>
#include <stdio.h>
void main( )
{
   char ss[100];           // 문자형 배열 ss를 선언한다.
   char tt[100];           // 문자형 배열 tt를 선언한다.
   int count, i;

   printf("문자열을 입력하세요 : ");
   scanf("%s", ss);        // 문자열을 입력받는다.

   count = strlen(ss);     // 입력받은 문자열의 개수를 구한다.

   for(i=0; i < count; i++)    // 문자열의 개수만큼 반복해서 tt 배열에 문자열을 반대 순서로 저장한다.
   {
      tt[i] = ss[count-(i+1)];
   }
   tt[count] = '\0';       // tt 배열의 마지막에 널 문자를 입력한다.

   printf("내용을 거꾸로 출력 ==> %s \n", tt);
}
```

예제모음 21

대문자와 소문자의 변환

exam21.c ★★★

예제 설명 입력된 문자열이 대문자이면 소문자로, 소문자이면 대문자로 변환하고 그 외의 문자는 그대로 출력하는 프로그램이다.

실행 결과

```
문자 입력 : Hello, C Language is Funny ~~~
변환된 문자 =>hELLO, c lANGUAGE IS fUNNY ~~~
```

```c
#define _CRT_SECURE_NO_WARNINGS
#include <string.h>
#include <stdio.h>
void main( )
{
   char in[50], out[50];
   int i, len;
   int diff = 'a' - 'A';

   printf(" 문자 입력 : ");
   gets(in);

   len = strlen(in);

   for(i=0; i < len; i++)
   {
      if( ('A' <= in[i]) && (in[i] <= 'Z') )
         out[i] = in[i] + diff;
      else if( ('a' <= in[i]) && (in[i] <= 'z') )
         out[i] = in[i] - diff;
      else
         out[i] = in[i];
   }
   out[i] = '\0';

   printf(" 변환된 문자 =>%s \n", out);
}
```

- char in[50], out[50]; — 입력 문자형 배열 in과 출력 문자형 배열 out이다.
- int diff = 'a' - 'A'; — 대문자와 소문자의 값 차이를 diff에 저장한다.
- gets(in); — 문자열을 입력받는다. 실제 최대 입력 문자는 '배열 크기-1'이다.
- len = strlen(in); — 입력된 문자열의 길이를 구한다.
- if(('A' <= in[i]) && (in[i] <= 'Z')) out[i] = in[i] + diff; — 문자가 대문자이면 대·소문자 차이값을 더한다.
- else if(('a' <= in[i]) && (in[i] <= 'z')) out[i] = in[i] - diff; — 문자가 소문자이면 대·소문자 차이값을 뺀다.
- else out[i] = in[i]; — 영문자가 아닌 기호, 숫자 등은 그대로 둔다.
- out[i] = '\0'; — 마지막에 널 문자를 입력한다.

예제모음 22

구구단의 결과를 2차원 배열에 저장

exam22.c ★★☆

예제 설명 구구단의 결과를 2차원 배열에 저장한 후 출력하는 프로그램이다.

실행 결과

```
1X1= 1  2X1= 2  3X1= 3  4X1= 4  5X1= 5  6X1= 6  7X1= 7  8X1= 8  9X1= 9
1X2= 2  2X2= 4  3X2= 6  4X2= 8  5X2=10  6X2=12  7X2=14  8X2=16  9X2=18
1X3= 3  2X3= 6  3X3= 9  4X3=12  5X3=15  6X3=18  7X3=21  8X3=24  9X3=27
1X4= 4  2X4= 8  3X4=12  4X4=16  5X4=20  6X4=24  7X4=28  8X4=32  9X4=36
1X5= 5  2X5=10  3X5=15  4X5=20  5X5=25  6X5=30  7X5=35  8X5=40  9X5=45
1X6= 6  2X6=12  3X6=18  4X6=24  5X6=30  6X6=36  7X6=42  8X6=48  9X6=54
1X7= 7  2X7=14  3X7=21  4X7=28  5X7=35  6X7=42  7X7=49  8X7=56  9X7=63
1X8= 8  2X8=16  3X8=24  4X8=32  5X8=40  6X8=48  7X8=56  8X8=64  9X8=72
1X9= 9  2X9=18  3X9=27  4X9=36  5X9=45  6X9=54  7X9=63  8X9=72  9X9=81
```

```c
#include <stdio.h>

void main( )
{
   int gugu[9][9];
   int i, k;

   for(i=0; i < 9; i++)
      for(k=0; k < 9; k++)
         gugu[i][k] = (i+1) * (k+1);

   for(i=0; i < 9; i++)
   {
      for(k=0; k < 9; k++)
      {
         printf("%dX%d=%2d  ", k+1, i+1, gugu[i][k]);
      }
      printf("\n");
   }
}
```

- 문자형 2차원 배열 gugu와 첨자 변수 i, k를 선언한다.
- 구구단을 곱한 결과를 2차원 배열에 저장한다. i, k가 0부터 시작되므로 1을 더해서 곱한다.
- 구구단 결과를 출력한다.
- 한 행을 출력한 후 줄을 넘긴다.

예제모음 23

문자열 내 특정 문자의 변환

exam23.c ★★★

예제 설명 문자열을 입력받고 그 문자열에서 변환할 기존 문자와 새로운 문자를 각각 입력받은 뒤 변환된 문자열을 반환하는 프로그램이다.

실행 결과

```
여러 글자를 입력 : Microsoft Visual Studio Community
기존 문자와 새로운 문자 : i #
변환된 결과 ==> M#crosoft V#sual Stud#o Commun#ty
```

```c
#define _CRT_SECURE_NO_WARNINGS
#include <string.h>
#include <stdio.h>
void main( )
{
   char str[100];
   char ch1, ch2;
   int i;

   printf("여러 글자를 입력 : ");
   gets(str);

   printf("기존 문자와 새로운 문자 : ");
   scanf("%c %c", &ch1, &ch2);

   for(i=0; i < strlen(str); i++)
   {
      if(str[i] == ch1)
         str[i] = ch2;
   }

   printf("변환된 결과 ==> %s \n", str);
}
```

- char str[100]; — 문자형 배열 str을 선언한다.
- char ch1, ch2; — 기존 문자와 새 문자를 위한 문자형 변수이다.
- gets(str); — 최대 99자를 입력받는다.
- scanf("%c %c", &ch1, &ch2); — 기존 문자(ch1)와 새 문자(ch2)를 한 글자씩 입력받는다(띄어쓰기로 구분).
- for 문 — 문자열의 길이만큼 반복하면서 기존 문자(ch1)가 있으면 새 문자(ch2)로 교체한다.

IT@COOKBOOK

요약

1 배열의 기본

❶ 배열은 변수 여러 개를 나란히 나열해놓은 것이다.

❷ 변수 여러 개를 개별적으로 선언하지 않고 공통된 변수 이름을 사용하되 첨자만 변경해서 사용할 수 있다.

❸ 배열의 첨자는 대개 0부터 시작한다.

❹ for문 등의 반복문과 함께 사용하는 경우가 많다.

❺ 배열의 개수를 알아내려면 sizeof( ) 함수를 사용하면 된다.

2 배열과 문자열

❶ 문자 여러 개를 나열한 문자열은 배열의 형태로 표현할 수 있다.

❷ 문자열을 배열에 저장하는 데에는 문자열의 끝을 나타내는 '\0'을 고려하여 '문자열 길이+1' 크기의 배열이 필요하다.

3 자주 사용하는 문자열 함수

문자열 함수	기능
strlen( )	문자열의 길이를 알려준다.
strcpy( )	문자열을 복사한다.
strcat( )	두 문자열을 이어준다.
strcmp( )	두 문자열을 비교한다.
gets( ), puts( )	문자열을 키보드로 입력하거나 화면에 출력한다.

4 2차원 배열

❶ 행과 열로 만든 배열로서 2차원 배열의 개수는 '행 수×열 수'로 계산한다.

❷ 선언과 동시에 2차원 배열을 초기화하는 형식은 다음과 같다.

```
int aa[3][4] = {
{ 1,  2,  3,  4 },
{ 5,  6,  7,  8 },
{ 9, 10, 11, 12 }
};
```

연습문제

1 배열을 다음과 같이 선언할 때, 배열의 첨자로 맞지 않은 것을 고르세요.

```
int ary[3];
```

❶ ary[0]

❷ ary[1]

❸ ary[2]

❹ ary[3]

2 다음과 같이 배열을 선언하면 변수가 몇 개로 생성되는지 각각 적어보세요.

❶ ary[1]

❷ ary[10]

❸ ary[3 * 4];

❹ ary[3][5]

3 다음 코드에서 사용자가 1, 2, 3, 4를 차례로 입력했을 때, 마지막에 출력되는 합계를 예상해보세요.

```
int ary[4];
int hap = 0;
int i;
for(i = 0; i <= 3; i++) {
    printf("%d번째 숫자를 입력하세요 : ", i + 1);
    scanf("%d", &ary[i]);
}
for(i = 3; i > 0; i--)
    hap += ary[i];
printf(" 합계 ==> %d \n", hap);
```

4 다음은 배열을 초기화하는 방법입니다. 문법상 올바른 것을 모두 고르세요.

❶ ary[3] = { 100, 200, 300, 400 };

❷ ary[] = { 100, 200, 300, 400 };

❸ ary[3] = { 100, 200 };

❹ ary[3] = { 100, 200 };

5 다음과 같이 배열을 선언했을 때 배열의 크기를 계산하는 방법으로 옳은 것을 모두 고르세요.

```
short int ary[] = { 1.1 , 2.2 , 3.3, 4.4 };
```

❶ sizeof(ary) / 2

❷ sizeof(ary) * 2

❸ sizeof(ary) % 2

❹ sizeof(ary) % sizeof(int)

6 다음 코드의 실행 결과를 적어보세요.

```
char str[13] = "VisualStudio";
int i;

for(i = 0; i < 13; i+=2)
   printf("%c", str[i]);
```

7 다음 설명에 해당되는 함수를 보기에서 골라 적어보세요.

```
strlen(), strcpy(), strcat(), strcmp(), gets(), puts()
```

❶ printf( )와 비슷한 문자열 전용 출력 함수

❷ 두 문자열을 비교

❸ 문자열의 길이를 측정

❹ 두 문자열을 연결

연습문제

IT@COOKBOOK

8 다음 코드의 실행 결과를 적어보세요.

```
int ary[2][3];
int i, k;
int num = 10;
for(i = 0; i < 2; i++)
   for(k = 0; k < 3; k++)
      ary[i][k] = --num;

for(i = 0; i < 2; i++){
   for(k = 0; k < 3; k++) {
      printf("%3d", ary[i][k]);
   }
   printf("\n");
}
```

9 문자열을 입력받고 그 문자열에서 변환할 기존 문자와 새로운 문자를 각각 입력받은 뒤 변환된 문자열을 반환하는 프로그램을 작성해보세요. 단, 코드에서 배열은 1개만 선언해 사용하고, 제시된 실행 결과와 같이 문자열을 거꾸로 출력해야 합니다.

실행 결과

```
여러 글자를 입력 : IT CookBook
기존 문자와 새로운 문자 : o $
k$$Bk$$C TI
```

CHAPTER 09

배열과 포인터

학습목표

- 스택의 구조를 알아본다.
- 메모리와 주소의 특징을 이해한다.
- 주솟값을 저장하는 변수인 포인터를 학습한다.

SECTION

01 스택

스택은 한쪽 끝이 막힌 터널과 같은 데이터 구조로, 가장 나중에 들어간 것이 가장 먼저 나오는 LIFO 구조로 되어 있다.

배열의 기본 지식을 바탕으로 한 걸음 더 나아가보자. 데이터 구조(자료 구조)의 기본 개념인 스택(stack)을 배열로 구현하기 전에 먼저 스택의 개념을 살펴본다. 스택은 C가 아닌 다른 프로그래밍 언어에서도 많이 활용되는 구조이므로 잘 알아두면 도움이 된다.

1 스택의 이해

스택은 한쪽 끝이 막혀 있는 구조로 가장 먼저 들어간 것이 가장 나중에 나온다. 즉 들어가는 순서는 A → B → C이지만 나오는 순서는 C → B → A이다. 이렇게 가장 나중에 들어간 것이 가장 먼저 나오는 구조를 'LIFO(Last In First Out)'라고 한다. [그림 9-1]은 이런 스택의 형태를 보여준다.

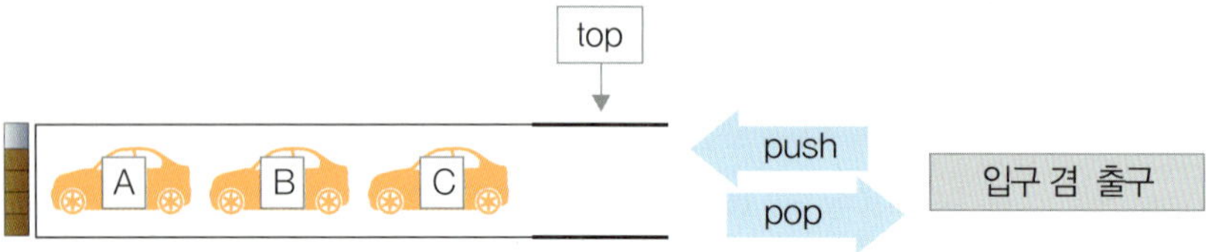

그림 9-1 스택의 기본 개념

Q/U/I/Z 한쪽 끝이 막힌 데이터 구조를 □□(이)라고 한다.

여기서 잠깐

데이터 구조 (자료 구조)

스택 외에도 자주 사용되는 데이터 구조로 '큐(queue)', '연결 리스트(linked list)', '트리(tree)', '그래프(graph)' 등이 있다. 큐는 양쪽 끝이 뚫린 터널이라고 생각하면 되고 연결 리스트는 데이터가 서로 연결되어 있는 구조이다. 이와 관련된 내용을 더 깊이 알고 싶다면 데이터 구조 관련 책을 참고하기 바란다.

터널 안에 자동차 3대가 들어갔을 때 다음에 들어갈 자동차의 위치를 'top'이라고 한다. 만약 자동차 C가 빠져나가면 top의 위치가 자동차 C가 있던 자리로 바뀔 것이다. 즉 top은 현재 스택에서 다음에 들어갈 데이터의 위치를 가리킨다. 또한 데이터를 넣는 것을 '푸시(push)', 빼는 것을 '팝(pop)'이라고 한다.

2 배열로 스택 만들기

자동차 5대가 들어갈 수 있지만 한쪽이 막힌 터널을 배열을 사용하여 만들어보자. 배열로 초기화를 수행하면 다음과 같다.

```
char stack[5];
int top=0;
```

[그림 9-2]와 같이 다섯 자리 배열이 잡히면 이 배열을 막힌 터널(스택)이라고 가정한다. 현재 자동차가 없으므로 top이 0을 가리키고 있다.

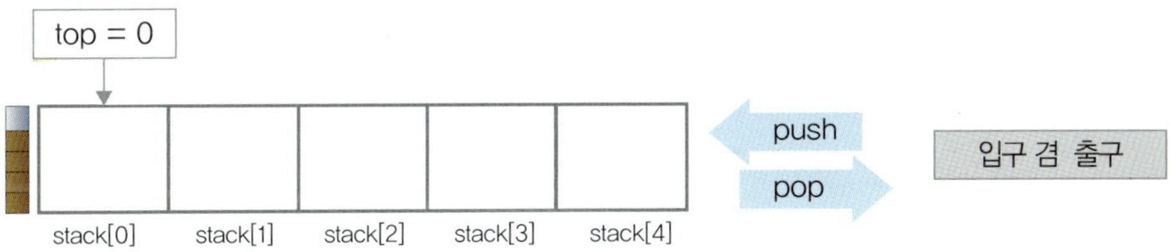

그림 9-2 비어 있는 터널

여기에 자동차 1대를 넣어보자(push). 자동차 A를 넣으면 top은 0에서 1로 바뀌고 위치는 stack[0]에서 stack[1]로 이동한다.

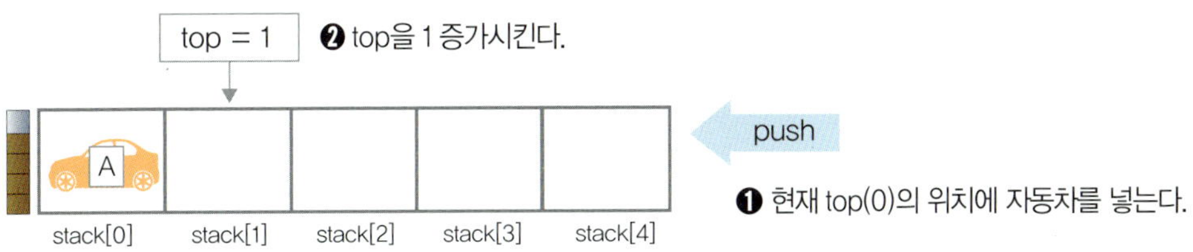

그림 9-3 터널에 자동차 1대 넣기

같은 방식으로 자동차 B와 자동차 C를 터널에 넣어보자. 그러면 top은 3이 되어 stack[3]의 위치로 이동한다.

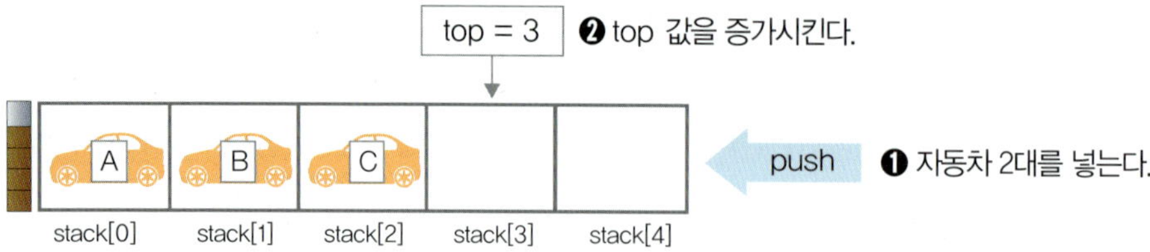

그림 9-4 터널에 자동차 3대 넣기

이번에는 자동차를 빼보자(pop). 자동차 1대를 뺄 때는 top을 1 감소시킨 후 그 자리의 자동차를 빼내면 된다.

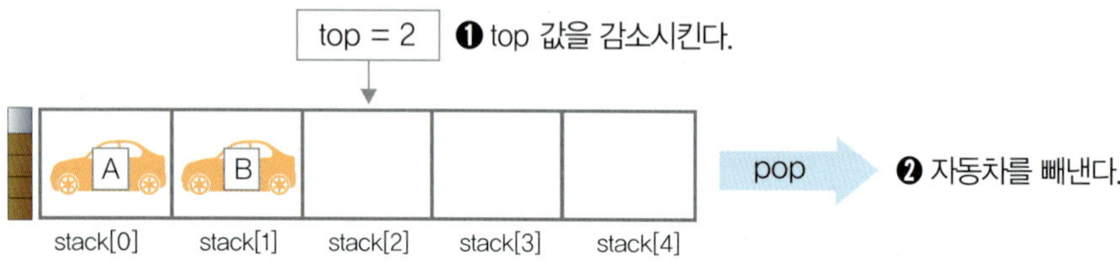

그림 9-5 터널에서 자동차 1대 빼기

이 과정을 C 프로그램으로 작성하면 [기본 9-1]과 같다. 다음은 A, B, C라는 자동차 3대를 끝이 막힌 터널(스택)에 넣은 뒤 다시 빼내는 프로그램이다.

기본 9-1 스택 구현 예 1 9-1.c

```
#include <stdio.h>

void main( )
{
    char stack[5];
    int top=0;

    stack[top] = 'A';
    printf(" %c 자동차가 터널에 들어감\n", stack[top]);
    top ++;

    stack[top] = 'B';
    printf(" %c 자동차가 터널에 들어감\n", stack[top]);
    top ++;

    stack[top] = 'C';
    printf(" %c 자동차가 터널에 들어감\n", stack[top]);
    top ++;
```

스택과 top의 초깃값을 선언한다.

스택에 값이 들어간 후 top 값이 1만큼 증가한다.

스택에 값이 들어간 후 top 값이 1만큼 증가한다.

스택에 값이 들어간 후 top 값이 1만큼 증가한다.

```
19
20     printf("\n");
21
22     top --;
23     printf(" %c 자동차가 터널을 빠져나감\n", stack[top]);
24     stack[top] = ' ';
25
26     top --;
27     printf(" %c 자동차가 터널을 빠져나감\n", stack[top]);
28     stack[top] = ' ';
29
30     top --;
31     printf(" %c 자동차가 터널을 빠져나감\n", stack[top]);
32     stack[top] = ' ';
33 }
```

22~24행: top 값을 1씩 줄이면서 스택에서 값을 하나씩 빼낸다.

26~28행: top 값을 1씩 줄이면서 스택에서 값을 하나씩 빼낸다.

30~32행: top 값을 1씩 줄이면서 스택에서 값을 하나씩 빼낸다.

실행 결과

```
A 자동차가 터널에 들어감
B 자동차가 터널에 들어감
C 자동차가 터널에 들어감

C 자동차가 터널을 빠져나감
B 자동차가 터널을 빠져나감
A 자동차가 터널을 빠져나감
```

5행에서 스택을 위한 데이터 구조를 배열로 선언하고 6행에서 top을 0으로 초기화했다. 8행에서 현재의 top 위치(처음에는 0)에 자동차 A를 넣고 10행에서 top을 1 증가시킨다. 12~18행에서는 자동차 B와 자동차 C를 넣는다.

22행 이후는 터널에서 자동차를 빼내는 과정이다. 먼저 현재 top 값 3에서 1을 감소시키고 24행에서 자동차 C 자리에 빈칸을 넣으면 자동차를 빼내는 효과가 나타난다. 26~32행까지 이 과정이 반복된다.

그런데 만약 top이 0일 때 자동차를 빼라는 명령을 받으면 어떻게 될까? 당연히 빼낼 자동차가 없으니 문제가 발생한다. 또한 top이 5일 때 자동차를 넣으라고 하면 어떻게 될까? 더 이상 넣을 자리가 없으므로 역시 오류가 발생한다.

이렇게 오류까지 처리하려면 자동차가 들어가는 8~10행을 다음과 같이 수정해야 한다. 마찬가지로 12~14행, 16~18행도 수정해야 한다.

```
if(top >= 5)
{
    printf("터널이 꽉 차서 차가 못 들어감.\n");
}
else
{
    stack[top] = 'A';
    printf(" %c 자동차가 터널에 들어감\n", stack[top]);
    top ++;
}
```

또한 자동차가 빠져나가는 22~24행은 다음과 같이 수정해야 한다. 마찬가지로 26~28행, 30~32행도 수정한다.

```
if(top <= 0)
{
    printf("현재 터널에 자동차가 없음\n");
}
else
{
    top --;
    printf(" %c 자동차가 터널을 빠져나감\n", stack[top]);
    stack[top] = ' ';
}
```

SELF STUDY

top이 0 또는 5일 때 오류가 처리되도록 [기본 9-1]을 수정해보자.

1을 입력하면 자동차가 들어가고 2를 입력하면 자동차가 빠져나오도록 [기본 9-1]을 수정해보자. 입력되는 자동차는 A, B, C, … 순으로 증가한다. 소스가 조금 길지만 별로 어렵지 않다.

응용 9-2 스택 구현 예 2 9-2.c

```
#define _CRT_SECURE_NO_WARNINGS
#include <stdio.h>
void main( )
{
    char stack[5];
    int top=0;
```

```c

    char carName = 'A';
    int select=9;

    while(select != 3)
    {
       printf("<1> 자동차 넣기 <2> 자동차 빼기 <3> 끝 : ");
       scanf("%d", &select);

       __1__
       {
       case 1:
          if(__2__)
          {  printf("터널이 꽉 차서 차가 못 들어감\n");  }
          else
          {
             stack[top] = carName++;
             printf(" %c 자동차가 터널에 들어감\n", stack[top]);
             top ++;
          }
          break;

       case 2:
          if(__3__)
          {  printf("빠져나갈 자동차가 없음\n");  }
          else
          {
             top --;
             printf(" %c 자동차가 터널에서 빠짐\n", stack[top]);
             stack[top] = ' ';
          }
          break;

       case 3:
          printf("현재 터널에 %d대가 있음.\n", top);
          printf("프로그램을 종료합니다.\n");
          break;

       default:
          printf("잘못 입력했습니다. 다시 입력하세요. \n");
       }
    }
}
```

- 자동차 이름을 A부터 시작한다.
- 사용자가 선택할 작업을 입력할 변수이다.
- 사용자가 3을 선택하지 않으면 while문을 반복한다.
- 사용자가 선택하는 값이다.
- 사용자가 1(넣기)을 선택하면 실행된다.
- 터널에 자동차 5대가 있으면 못 들어간다.
- 빈 곳이 있을 경우 (5대 미만이면) 자동차를 넣고 top 값을 1 증가시킨다.
- switch문을 벗어난다.
- 사용자가 2(빼기)를 선택하면 실행된다.
- 터널에 자동차가 1대도 없으면 빼낼 것이 없다.
- 빼낼 자동차가 있으면 (1대 이상이면) top 값을 1 감소시키고 자동차를 빼낸다. 그리고 그 자리를 빈칸으로 채운다.
- 사용자가 3(끝)을 선택하면 현재 자동차 수를 출력하고 종료한다.
- 사용자가 1, 2, 3 외의 값을 입력하면 처리된다.

정답_ 1 switch(select) 2 top >= 5 3 top <= 0

실행 결과

```
<1> 자동차 넣기 <2> 자동차 빼기 <3> 끝 : 1
 A 자동차가 터널에 들어감
<1> 자동차 넣기 <2> 자동차 빼기 <3> 끝 : 1
 B 자동차가 터널에 들어감
<1> 자동차 넣기 <2> 자동차 빼기 <3> 끝 : 2
 B 자동차가 터널에서 빠짐
<1> 자동차 넣기 <2> 자동차 빼기 <3> 끝 : 2
 A 자동차가 터널에서 빠짐
<1> 자동차 넣기 <2> 자동차 빼기 <3> 끝 : 2
빠져나갈 자동차가 없음
<1> 자동차 넣기 <2> 자동차 빼기 <3> 끝 : 3
현재 터널에 0대가 있음.
프로그램을 종료합니다.
```

[응용 9-2]의 5행에서 자동차 5대가 들어갈 수 있는 막힌 터널(스택)을 정의하고, 초기에는 자동차가 1대도 없으므로 6행에서 top을 0으로 초기화했다. 8행에서 터널에 들어가는 자동차의 이름을 A부터 시작하도록 했다. 9행에서는 사용자가 입력할 변수인 select를 선언했는데 1은 자동차 넣기, 2는 자동차 빼기, 3은 끝내기를 의미한다.

select를 9로 초기화한 이유는 11행의 while문을 무조건 실행하기 위해서이다(반드시 9가 아니더라도 3만 아니면 어떤 숫자든 상관없다. 어차피 14행에서 새로 입력받는다). 14행에서는 사용자에게 값을 입력받는다. 16행에서는 switch문을 사용하여 사용자의 입력값(1 또는 2 또는 3)에 따라 다르게 처리한다.

〈1〉 자동차 넣기

19~27행이 처리된다. 19행에서는 자동차를 넣어야 하는데 top이 5라면(즉 스택이 꽉 차 있다면) 20행에서 '터널이 꽉 차서 차가 못 들어감'이라는 메시지를 출력하고 27행으로 간다. 27행의 break문에 의해 47행 밖으로 나간 후 다시 11행의 while문으로 이동한다.

만약 top이 5 미만이면 23~25행을 수행한다. 23행에서 스택에 현재의 자동차(처음에는 A)를 넣은 후 자동차 이름을 1 증가시킨다(처음이 A이므로 B가 된다). 그리고 24행에서 들어간 자동차 이름을 출력한 후 top을 1 증가시킨다. 마찬가지로 27행을 실행하여 switch문을 빠져나간다.

〈2〉 자동차 빼기

30~38행이 처리된다. 30행에서는 자동차를 빼내야 하는데 top이 0이라면(자동차가 1대도 없다면) 31행에서 '빠져나갈 자동차가 없음'이라는 메시지를 출력하고 38행으로 간다. 그리고 38

행의 break문에 의해 47행 밖으로 나간 후 다시 11행의 while문으로 이동한다.

만약 top이 0보다 크면 34~36행을 수행한다. 34행에서 빼낼 자동차의 위치는 현재의 top보다 한 칸 아래에 있기 때문에 먼저 top을 1 감소시킨다. 그리고 35행에서 빠져나간 자동차의 이름을 출력한 후 자동차가 빠진 위치에 공백(' ')을 채운다. 마찬가지로 38행을 실행하여 switch문을 빠져나간다.

〈3〉 끝

41~43행이 처리된다. 41행에서 현재 터널에 들어 있는 자동차의 대수(top)를 출력하고 '프로그램을 종료합니다.'라는 메시지를 출력한다. 그리고 43행에 의해 switch문을 빠져나간 후 11행을 다시 수행하는데, select가 3이므로 while문도 종료하고 전체 프로그램을 빠져나간다.

그 외의 값을 입력하는 경우

그 외의 값을 입력하면 45행의 default: 부분이 수행된다. 46행에서 '잘못 입력했습니다. 다시 입력하세요.'라는 메시지를 출력하고 다시 11행으로 간다. select가 3이 아니므로 다시 13행부터 처리된다.

SELF STUDY

[응용 9-2]의 스택 크기를 10으로 늘려서 실행해보자.

Q / U / I / Z 데이터가 7개만 들어갈 수 있는 스택에서 top의 값이 □일 때 데이터를 빼내거나 top의 값이 □일 때 데이터를 넣으면 오류가 발생한다.

SECTION

02 메모리와 주소

지금까지 사용한 변수는 모두 컴퓨터의 메모리에 존재하며, 메모리의 특징을 살펴보는 것은 포인터를 배우기 위해 먼저 해야 할 일이다.

우리가 작성한 프로그램의 변수, 배열 등은 '메모리(램)'에 존재한다. 그리고 메모리의 각 자리에는 기본적으로 '주소'가 할당되어 있다. 즉 아파트의 각 층, 각 호마다 동과 호수가 존재하는 것과 같은 개념이다. C에서는 이러한 주소의 개념을 정확히 이해하고 있어야만 포인터를 활용할 수 있다. 여기서는 포인터의 기본이 되는 주소의 의미를 이해한다.

지금까지 여러 차례 변수를 선언하여 사용하면서 변수가 메모리의 어디에 어떻게 저장되는지 생각해보지 않았을 것이다. 하지만 진정한 프로그래머라면 변수를 선언했을 때 메모리에 어떻게 존재하는지 정확하게 파악할 필요가 있다. 또한 배열을 선언할 때는 변수와 달리 어떻게 메모리에 자리 잡는지도 알아야 한다. 예를 통해 메모리의 내부 구조를 알아보자.

1 정수형 변수의 메모리 할당

먼저 우리가 선언한 변수가 어떻게 저장되고 존재하는지 살펴보자. 다음과 같이 선언하면 두 정수는 [그림 9-6]과 같이 메모리에 자리를 잡는다.

```
int a = 100;
int b = 200;
```

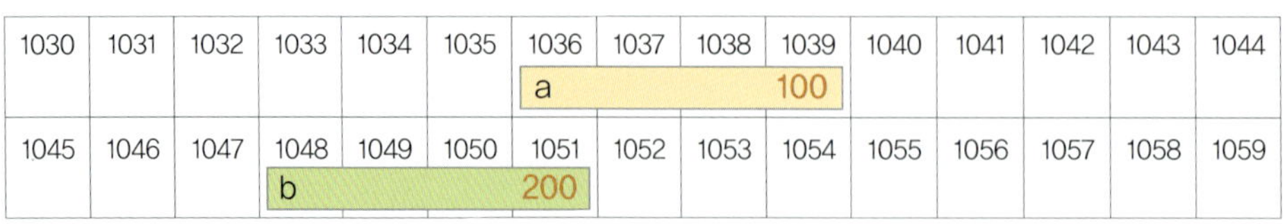

그림 9-6 메모리에 할당된 정수형 변수의 위치 예

[그림 9-6]은 독자의 이해를 돕기 위해 간단히 표현한 것이다. 우선 메모리는 바이트 단위로 나뉘며 각 바이트에는 주소가 지정되어 있다. 그리고 메모리 주소는 1030~1059번지까지이며 30바이트의 크기를 가진 메모리라고 가정했다.

TIP/ 물론 이렇게 적은 메모리를 가진 컴퓨터는 없으며 메모리 주소와 변수 위치도 임의로 가정한 것이다.

정수형 변수의 크기는 4바이트이므로 이 메모리에 정수형 변수 a를 선언하면 임의의 위치에 4바이트가 자리를 잡는다. [그림 9-6]에서는 변수 a가 1036~1039번지에 위치하고 변수 b는 1048~1051번지에 위치한다고 가정했다(위치는 컴퓨터의 상황에 따라 달라진다). 이렇게 변수가 위치하는 곳을 '주소'라고 하며, 변수의 주소를 알려면 변수 앞에 & 기호를 붙이면 된다. 즉 a의 주소(&a)는 1036이고 b의 주소(&b)는 1048이다.

TIP/ &a는 'a의 주소' 또는 'a의 어드레스'라고 읽는다.

간단한 예제로 변수의 주소를 출력하는 방법을 살펴보자.

기본 9-3 변수의 주소 알아내기 9-3.c

```
#include <stdio.h>

void main( )
{
   int a = 100;
   int b = 200;

   printf("변수 a의 주소는 %d 입니다. \n", &a);
   printf("변수 b의 주소는 %d 입니다. \n", &b);
}
```

a와 b의 주소를 출력한다.

실행 결과

```
변수 a의 주소는 20184760 입니다.
변수 b의 주소는 20184748 입니다.
```

a의 주소는 20184760번지, b의 주소는 20184748번지라는 결과가 나왔다.

TIP/ [기본 9-3]의 결과는 실행하는 컴퓨터에 따라 달라진다. 또한 같은 컴퓨터라도 실행할 때마다 값이 달라진다. 또, printf( ) 함수로 번지를 출력할 때는 %p를 사용하는 것이 좋다. 하지만 %p는 16진수 형태로 출력하기 때문에 사람에게는 편하게 읽히지 않는다. 그래서 경고가 나와도 10진수로 출력되는 %d를 사용했다.

2 정수형 배열의 메모리 할당

다음과 같은 정수형 배열은 메모리에 어떻게 할당되는지 살펴보자.

```
int aa[3] = { 10, 20, 30 };
```

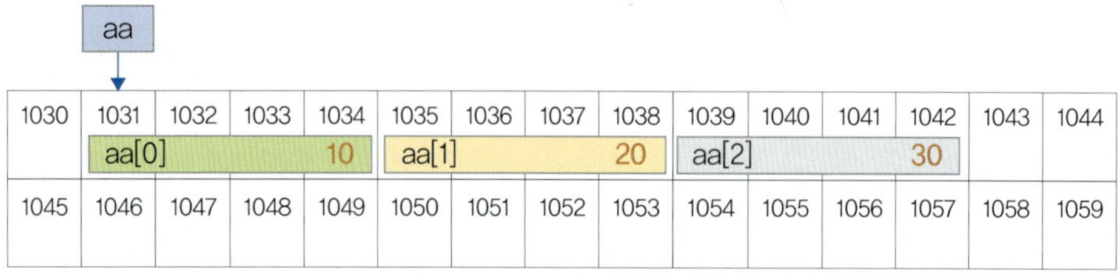

그림 9-7 메모리에 할당된 정수형 배열의 위치 예

[그림 9-7]을 보면 배열 aa[0]의 주소인 &aa[0]은 1031번지, 배열 aa[1]의 주소인 &aa[1]은 1035번지, 배열 aa[2]의 주소인 &aa[2]는 1039번지이다. 변수는 [그림 9-6]에서처럼 연속된 메모리에 할당되지 않을 수도 있지만 배열의 경우에는 주소에 연속해서 할당되는 특징이 있다.

관심 있게 볼 것은 배열 이름인 aa이다. 배열 이름 aa는 전체 배열의 주소를 의미한다. 즉 [그림 9-7]에서와 같이 aa는 1031번지를 의미한다. 이때 주의할 점은, aa[0]의 주소는 &aa[0]으로 표현하지만 배열 이름 aa 자체가 주소를 의미하기 때문에 배열 aa의 주소를 구할 때는 &aa와 같이 표현하지 않고 단순히 aa로 표현한다는 것이다.

TIP/ aa[0], aa[1], aa[2]는 변수(그릇)이지만 aa 자체는 상수(정확히는 포인터 상수)이다. 즉 aa 자체는 1, 2, 3과 같은 상수이므로 당연히 변수의 역할을 할 수 없다.

다음 예제를 살펴보자.

기본 9-4 정수형 배열의 메모리 할당 1 9-4.c

```
#include <stdio.h>

void main( )
{
   int aa[3] = {10, 20, 30};

   printf("aa[0]의 값은 %d, 주소는 %d \n", aa[0], &aa[0]);
   printf("aa[1]의 값은 %d, 주소는 %d \n", aa[1], &aa[1]);
   printf("aa[2]의 값은 %d, 주소는 %d \n", aa[2], &aa[2]);
   printf("배열 이름 aa의 값(=주소)는 %d \n", aa);
}
```

7~9행: 배열의 각 자리 값과 주소를 출력한다.

10행: 배열 이름(aa 주소)을 출력한다.

실행 결과

```
aa[0]의 값은 10, 주소는 13629916
aa[1]의 값은 20, 주소는 13629920
aa[2]의 값은 30, 주소는 13629924
배열이름 aa의 값(=주소)는 13629916
```

[기본 9-4] 7행의 aa[0]에 들어 있는 값은 당연히 10이다. 그리고 aa[0]의 주솟값인 &aa[0]은 13629916이며, 8행의 aa[1] 주솟값은 aa[0]에 정수 크기인 4를 더한 13629920이다. 9행도 같은 방식으로 결과가 나왔다.

10행에서는 aa 자체를 출력하니 aa[0]의 주솟값인 &aa[0]과 동일한 13629916이 나왔다(&aa가 아니라 aa를 출력한다는 것을 다시 강조한다). [그림 9-7]을 보면 이해가 될 것이다. 배열 이름 aa는 변수가 아닌 주소 자체라는 것을 이제 확실히 이해했을 것이다.

SELF STUDY

[기본 9-4]의 변수를 short aa[3], char aa[3]으로 각각 변경해서 주솟값을 확인해보자.

이번에는 배열 이름인 aa를 활용하는 방법을 살펴보자. [그림 9-7]의 aa 값은 1031이다. 만약 aa+1을 계산하면 어떤 결과가 나올까? aa+1이니 1031+1=1032가 될 것 같지만 aa+1은 1035이다. 왜 그럴까? aa+1에서 +1은 단순히 1을 더하라는 의미가 아니라 '배열 aa의 위치에서 한 칸 건너뛰라'는 의미이기 때문이다.

여기서 '한 칸'은 현재 aa가 정수형 배열이므로 4바이트를 뜻한다. 그러므로 aa+1은 &aa[1]과 동일한 1035이다. 미찬가지로 aa+2는 &aa[2]와 동일한 1039이다. 이를 표와 그림으로 정리하면 다음과 같다.

표 9-1 배열의 주소 표현

배열 첨자로 표현	배열 이름으로 표현	실제 주소
&aa[0]	aa + 0	1031
&aa[1]	aa + 1	1035
&aa[2]	aa + 2	1039

Q / U / I / Z

❶ 메모리에서 정수형 변수는 □바이트를 차지하고 문자형 변수는 □바이트를 차지한다.

❷ 변수의 주소를 알아내려면 변수 이름 앞에 □(을)를 붙여야 한다.

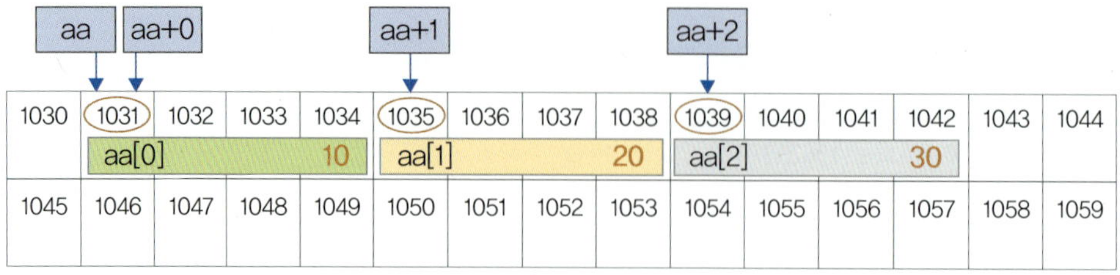

그림 9-8 배열 이름으로 주소 표현

응용 9-5 정수형 배열의 메모리 할당 2

9-5.c

```
#include <stdio.h>

void main( )
{
   int aa[3] = {10, 20, 30};

   printf("&aa[0]는 %d, aa+0은 %d \n", __1__,  aa+0);   ----- &aa[0]==aa+0
   printf("&aa[1]는 %d, aa+1은 %d \n", &aa[1], __2__);  ----- &aa[1]==aa+1
   printf("&aa[2]는 %d, aa+2는 %d \n", &aa[2], __3__);  ----- &aa[2]==aa+2
}
```

정답_ 1 &aa[0] 2 aa+1 3 aa+2

실행 결과

```
&aa[0]는 7601340, aa+0은 7601340
&aa[1]는 7601344, aa+1은 7601344
&aa[2]는 7601348, aa+2는 7601348
```

실행 결과를 보면 aa+x와 &aa[x]는 주소가 같다는 것을 확인할 수 있다.

Q / U / I / Z

❶ &aa[1]과 같은 표현은 aa+□이다.

❷ &aa[2]는 aa[2]의 □□ 또는 □□□□(이)라고 읽는다.

SECTION

03 포인터

포인터는 주솟값을 저장하는 변수를 말하며, 포인터 변수는 * 기호를 사용하여 선언한다.

C를 배운 사람들에게 C에서 가장 이해하기 어려운 부분이 무엇이었냐고 물으면 대부분 '포인터(pointer)'라고 답한다. 포인터가 어렵게 느껴지는 이유는 개념이 생소하고 복잡하게 느껴지기 때문이다. 오죽하면 포인터만 다룬 책도 있다.

여기서는 C에서 가장 어렵다는 포인터의 기본 개념을 살펴본 후 예제를 통해 포인터가 어떻게 작동하는지 살펴본다. 포인터의 기본 개념을 확실히 익혀야만 이후에 나올 좀 더 복잡한 형태의 포인터를 이해할 수 있다.

포인터(또는 포인터 변수)는 쉽게 말해 '주소를 담는 그릇(변수)'이다. 포인터 변수를 선언할 때는 * 기호를 붙인다.

[그림 9-9]를 보자. 정수형 변수 a에는 당연히 정수(100)가 들어간다. 또한 문자형 변수 ch에는 문자(A)가 들어간다. 그럼 포인터 변수 p에는 무엇이 들어갈까? 바로 변수의 주소가 들어간다(여기서는 문자형 변수 ch의 주소).

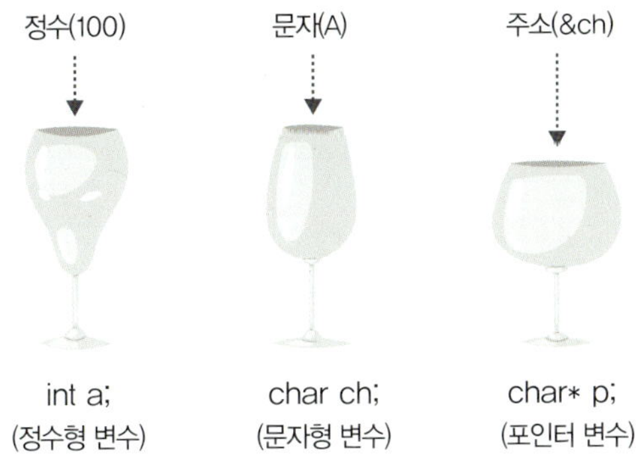

그림 9-9 변수의 종류

다음은 문자형 변수 1개와 포인터 변수 1개를 선언하고 값을 대입하는 구문이다.

❶ `char ch;`	실행 결과 ▶	문자형 변수를 선언한다.
❷ `char* p;`	실행 결과 ▶	문자형 포인터 변수를 선언한다.
❸ `ch = 'A'`	실행 결과 ▶	문자형 변수에 문자 'A'를 대입한다.
❹ `p = &ch;`	실행 결과 ▶	포인터 변수에 변수 ch의 주소인 '&ch'를 대입한다.

이 구문을 실행하면 다음과 같이 메모리에 변수가 자리 잡는다.

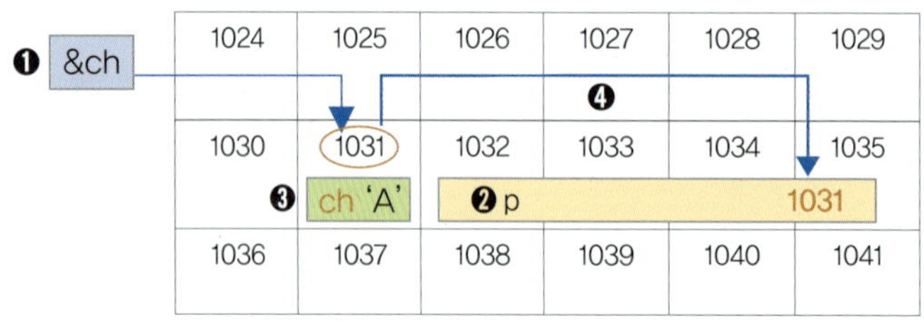

그림 9-10 일반 변수와 포인터 변수의 관계 예

❶의 문자형 변수 ch는 1바이트를 차지하므로 주소 1031번지에 1바이트가 자리 잡는다(&ch는 1031을 뜻하는 주솟값이다). 그리고 ❷의 포인터 변수(char*) p는 1032~1035번지에 4바이트가 자리 잡는다(포인터 변수는 크기가 4바이트이다). ❸의 변수 ch에 'A 값'을 넣고 ❹의 포인터 변수 p에 변수 ch의 주솟값인 &ch를 넣었다. &ch는 1031번지를 의미하므로 포인터 변수 p에는 1031이 들어간다. 다음 예제를 통해 다시 한 번 확인해보자.

기본 9-6 일반 변수와 포인터 변수의 관계 9-6.c

```
#include <stdio.h>

void main( )
{
    char ch;                    
    char* p;

    ch = 'A';
    p = &ch;

    printf("ch가 가지고 있는 값: ch  ==> %c \n", ch);
    printf("ch의 주소(address): &ch ==> %d \n", &ch);
    printf("p가 가지고 있는 값 : p   ==> %d \n", p);
    printf("p가 가리키는 곳의 실제 값 : *p  ==> %c \n", *p);
}
```

- 05~06행: 문자형 변수와 포인터 변수를 선언한다.
- 08~09행: 문자 'A'를 ch에 대입하고 ch의 주소를 p에 대입한다.

실행 결과

```
ch가 가지고 있는 값: ch  ==> A
ch의 주소(address): &ch ==> 9042587
p가 가지고 있는 값 : p   ==> 9042587
p가 가리키는 곳의 실제 값 : *p  ==> A
```

5~6행에서 문자형 변수 ch와 포인터 변수 p를 선언했다. 8행에서는 ch에 'A'를 대입하고 9행에서는 ch 주소를 p에 대입했다. 실행 결과를 보면 11행의 ch 값인 A, 12행의 ch 주솟값인 9042587이 출력되었다. 13행에서는 변수 ch의 주솟값을 넣었으므로 12행과 동일한 9042587이 출력되었다.

여기서 핵심은 14행인데 *p는 'p에 저장된 주소(9042587)가 가리키는 곳의 실제 값'이라고 생각하면 된다. 그러므로 9042587번지에 들어 있는 'A'가 출력된다. [기본 9-6]의 변수와 포인터의 관계를 그림으로 나타내면 다음과 같다.

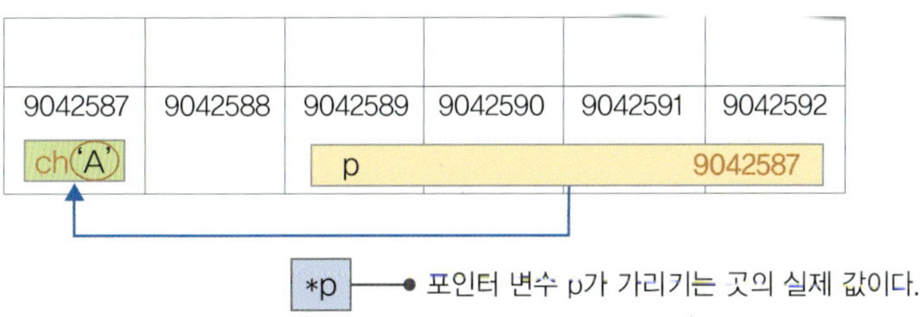

그림 9-11 [기본 9-6]의 변수와 포인터의 관계

TIP [그림 9-11]에서 ch 변수와 p 변수가 가까이 자리한 것으로 표현되었지만 멀리 떨어져 있어도 상관없다. 여기서는 ch의 주소인 9042587만 의미가 있고 p 변수의 위치는 어디든 관계없다. 또한 9042587이라고 표현한 주소는 실제로 컴퓨터에 따라, 그리고 실행할 때마다 달라지므로 외울 필요가 없으며 &ch라고 기억하면 된다.

여기서 몇 가지 사항을 정리하고 넘어가자.

❶ 포인터 변수를 선언하려면 변수형에 * 기호를 붙여야 한다. 즉 int*, char*, float*와 같이 쓰면 포인터 변수가 된다. int*는 정수형 포인터 변수, char*는 문자형 포인터 변수, float*는 실수형 포인터 변수이다.

여기서 잠깐

포인터 변수의 크기

포인터 변수는 정수형이든 문자형이든 무조건 4바이트를 차지한다.

```
int* p;       char* q;
float* r;     double* s;
```

위의 포인터 변수 p, q, r, s의 크기는 모두 4바이트이다. 포인터 변수에는 정수, 문자, 실수 그 자체가 저장되는 것이 아니라 주솟값이 저장되기 때문이다.

❷ char* p;로 선언하면 p에 문자형 변수의 주솟값을 넣어야 하고 int* p;로 선언하면 p에 정수형 변수의 주솟값을 넣어야 한다. 간혹 실수로 데이터 형식을 통일하지 않고 사용할 때가 있다. 이런 경우 문법적으로는 이상이 없으므로 컴파일이 되지만 논리적으로는 틀리니 주의하기 바란다.

코드		실행 결과
int a;	실행 결과 ▶	정수형 변수 a를 선언한다.
char* p;	실행 결과 ▶	문자형 포인터 변수 p를 선언한다.
p = &a;	실행 결과 ▶	문자형 포인터 변수에 정수형 변수의 주소를 넣는다. (×)

⬇

코드		실행 결과
int a;	실행 결과 ▶	정수형 변수 a를 선언한다.
int* p;	실행 결과 ▶	정수형 포인터 변수 p를 선언한다.
p = &a;	실행 결과 ▶	정수형 포인터 변수에 정수형 변수의 주소를 넣는다. (O)

포인터를 좀 더 확실히 이해하기 위해 한 번 더 연습해보자.

응용 9-7 포인터의 관계 이해하기 9-7.c

```
#include <stdio.h>

void main( )
{
    char ch;              ---- 문자형 변수 ch를 선언한다.
    char* p;              ---- 문자형 포인터 변수 p와 q를 선언한다.
    char* q;

    ch = 'A';             ---- ch에 문자를 대입한다.
    p = ___1___;          ---- ch의 주솟값을 p에 대입한다.

    q = p;                ---- p의 값을 q에 대입한다.

    ___2___ = 'Z';        ---- q가 가리키는 곳의 실제 값을 변경한다.

    printf("ch가 가지고 있는 값: ch ==> %c \n\n", ch);
}
```

정답_ 1 &ch 2 *q

실행 결과

```
ch가 가지고 있는 값: ch  ==> Z
```

프로그램의 길이는 길지 않지만 약간 어렵게 느껴질 수도 있으니 찬찬히 살펴보자. 우선 12행까지 수행된 상태를 그림으로 표현하면 다음과 같다.

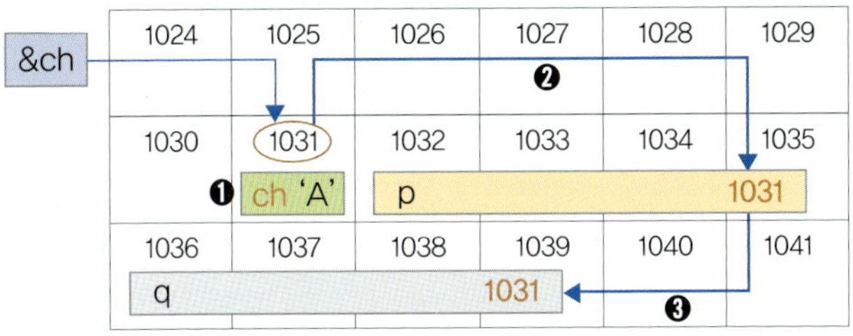

그림 9-12 [응용 9-7]의 변수와 포인터의 관계 1

TIP/ 그림에 표현한 메모리 주소는 필자가 임의로 정한 것이다.

5~7행에서 문자형 변수 ch, 문자형 포인터 변수 p와 q를 선언하면 각각 1031번지, 1032~1035번지, 1036~1039번지의 자리를 차지한다. 9행에서는 ch에 'A'를 대입하고(❶) 10행에서는 ch의 주솟값(&ch, 1031번지)을 포인터 변수 p에 대입했다(❷). 그리고 12행에서 p의 값을 q에 대입했다(❸).

[그림 9-12]와 같이 현재 p와 q에 1031번지가 담겨 있을 때 14행을 수행하면 다음 그림과 같이 작동한다.

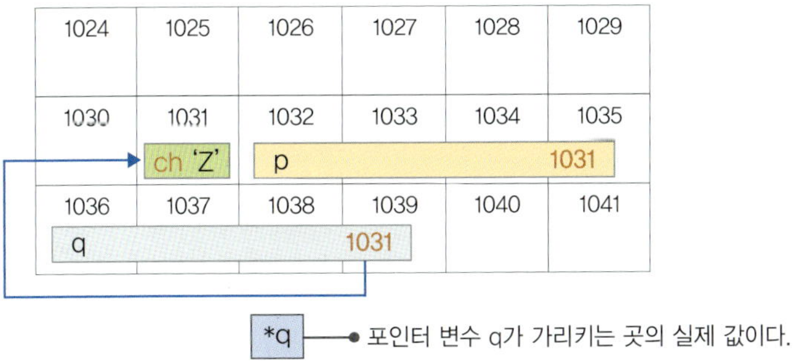

그림 9-13 [응용 9-7]의 변수와 포인터의 관계 2

14행은 'q가 가리키는 곳의 실제 값을 Z로 변경하라'는 의미이므로(*q는 q가 가리키는 곳의 실제 값) [그림 9-13]과 같이 변경된다. 결국 q가 가리키는 곳은 1031번지의 실제 값이므로 'A'가 'Z'로 변경된 것이다. 그래서 16행에서 ch를 출력하면 'Z'가 출력된다.

SELF STUDY

[응용 9-7]을 char 형이 아닌 int 형으로 적절히 변경하여 다시 실행해보자.

여기서 잠깐

포인터 변수를 정의하는 * 기호의 위치

포인터를 정의할 때 * 기호는 데이터형에 붙이든 변수에 붙이든 관계없다. 어떻게 붙이든 둘 다 포인터 변수가 된다. 따라서 다음 두 문장은 의미가 같다.

```
char* p;        ==        char *p;
```

하지만 한 줄에서 포인터 변수를 동시에 선언할 때는 조금 주의해야 한다.

```
char* p;        ≠         char* p, q;
char* q;
```

위 예시의 오른쪽에서 p는 char* 형이지만 q는 그냥 char 형이다. 그러므로 다음과 같이 각 변수 앞에 * 기호를 붙여야 한다.

```
char* p;        ==        char *p, *q;
char* q;
```

실수할 수도 있으니 주의하기 바란다.

SECTION

04 배열과 포인터의 관계

배열 이름은 주솟값을 의미하고 포인터에는 주솟값을 저장할 수 있다.

앞서 배운 배열과 포인터의 개념을 바탕으로 이 둘의 관계를 파헤쳐보자.

1 문자형 배열과 포인터

3장에서도 잠시 다룬 적이 있는 문자열을 다시 살펴보자. 문자형 데이터인 char에는 문자를 하나밖에 저장하지 못한다. 이때 “IT Cookbook”과 같이 글자 여러 개(이를 문자열이라 한다)를 저장하려면 각각의 글자를 저장한 변수 여러 개를 연결해서 써야 했다. 그리고 이때 필요한 것이 바로 배열이라고 배웠다.

이 배열을 s[12]라고 선언하면 s는 변수가 아닌 주솟값이 된다. 이 주솟값을 포인터 변수(예를 들어 *p)에 대입하면 배열 s와 포인터 p는 서로 호환하여 사용할 수 있다. 즉 s[3]을 *(p+3)으로 표현할 수 있다. 예제를 통해 문자형 배열과 포인터의 관계를 알아보자.

기본 9-8 문자형 배열과 포인터의 관계 1 9-8.c

```
#include <stdio.h>

void main( )
{
   char s[8]= "Basic-C";                    ------ 문자형 배열을 선언하고 초깃값을 대입한다.
   char  *p;                                ------ 문자형 포인터 변수를 선언한다.

   p = s;                                   ------ p에 배열 s의 주소를 대입한다.

   printf("&s[3] ==> %s\n", &s[3]);         ------ 문자열과 포인터의 주솟값을 %s로 출력한다.
   printf("p+3   ==> %s\n\n", p+3);

   printf("s[3]    ==> %c\n", s[3]);        ------ 문자와 포인터의 실제 값을 %c로 출력한다.
   printf("*(p+3) ==> %c\n", *(p+3));
}
```

실행 결과

```
&s[3] => ic-C
p+3  => ic-C

s[3]  => i
*(p+3) => i
```

[기본 9-8]의 5행에서 여덟 자리 문자형 배열 s를 선언하고 "Basic-C"라는 문자열로 초기화했다. 그리고 6행에서 문자형 포인터 변수 p를 선언하고 8행에서 p에 배열 s의 주솟값인 s를 대입했다. [기본 9-8]의 변수와 포인터의 관계를 그림으로 나타내면 다음과 같다.

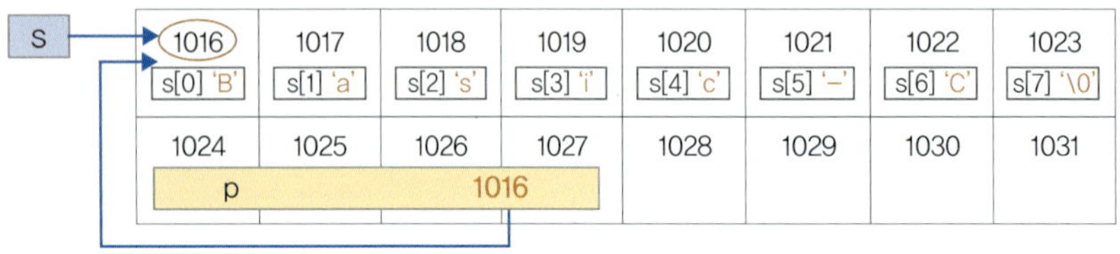

그림 9-14 [기본 9-8]의 변수와 포인터의 관계

TIP/ 배열 s는 변수처럼 보이지만 변수가 아닌 주소 그 자체이다. s는 1016이라는 탈을 쓰고 있는 것뿐이다. 즉 s에 1016이 저장된 것이 아니라 s 그 자체가 1016을 의미한다(변수가 아닌 상수이다).

배열 s와 포인터 p는 모두 1016번지를 가리킨다(단, 배열 s는 1016이라는 포인터 상수이고 p는 포인터 변수이다). 10행에서 &s[3]을 출력하는데 s[3]은 'i'를 저장하는 변수이고 &s[3]은 그 변수의 주솟값인 1019번지를 의미한다. 그러므로 10행을 출력하면 1019번지에서부터 널 값('\0')을 만날 때까지 계속 출력하므로 'ic-C'가 출력되었다.

현재 포인터 변수 p에는 1016이 들어 있으므로 11행의 p+3은 거기서 세 칸을 건너뛴 1019이다. 1019번지에는 i가 들어 있으므로 10행과 마찬가지로 'ic-C'가 출력되었다. 13행에서는 s[3]을 printf("%c")로 출력하니 당연히 'i'가 출력되었다. 14행의 *(p+3) 역시 p에서 세 칸을 건너뛴 주소의 실제 값을 의미하므로 1019번지의 실제 값인 'i'가 출력되었다.

조금 어려운 예제였을 것이다. 일단 다음의 식과 표 내용 간의 관계를 익히자.

표 9-2 배열의 포인터 표현

```
char s[3];
char* p;
p = s;
```

배열 첨자	포인터 상수	포인터 변수
s[0]	*(s+0)	*(p+0)
s[1]	*(s+1)	*(p+1)
s[2]	*(s+2)	*(p+2)

2 문자형 배열과 포인터의 응용

포인터 변수를 이용하여 문자형 배열에 입력된 문자를 반대 순서로 출력하는 예제를 통해 문자형 배열과 포인터의 관계를 응용해보자.

응용 9-9 문자형 배열과 포인터의 관계 2 9-9.c

```
01 #include <stdio.h>
02
03 void main( )
04 {
05    char s[8]= "Basic-C";
06    char *p;
07    int i;
08
09    p = __❶__ ;
10
11    for( i=sizeof(s)-2; i >= 0; i-- )
12      printf("%c", *( __❷__ ));
13
14    printf("\n");
15 }
```

- 09행: 포인터 변수에 배열 주소를 대입한다.
- 11행: 문자형 배열의 끝부터 배열의 개수만큼 반복한다.
- 12행: 포인터 변수가 가리키는 곳의 문자 하나를 출력한다.

정답: ❶ s ❷ p+i

실행 결과

```
C-cisaB
```

[응용 9-9] 5행에서 여덟 자리 문자형 배열 s를 선언하고 "Basic-C"라는 문자열로 초기화했다. 그리고 6행에서 포인터 변수 p를 선언하고 9행에서 배열 s의 이름(s의 주소)을 p에 대입했다. 11행에서는 i의 초깃값에 '배열의 크기-2'(이 경우에는 8-2=6)를 대입하고 i가 0보다 크거나 같아질 때까지 동작을 반복한다. 즉 for문이 6, 5, 4, 3, 2, 1, 0이 될 때까지 7회 반복된다.

for문이 반복되는 동안 12행에서는 p+i의 실제 값, 즉 *(p+i)가 출력되는데 처음에는 p+6의 실제 값, 그다음은 p+5의 실제 값, …, 마지막으로 p+0의 실제 값이 출력된다. p+7의 실제 값을 출력하지 않은 이유는 널 값이기 때문이다.

[응용 9-9]에서 선언한 배열과 포인터 변수의 관계를 그림으로 나타내면 다음과 같다.

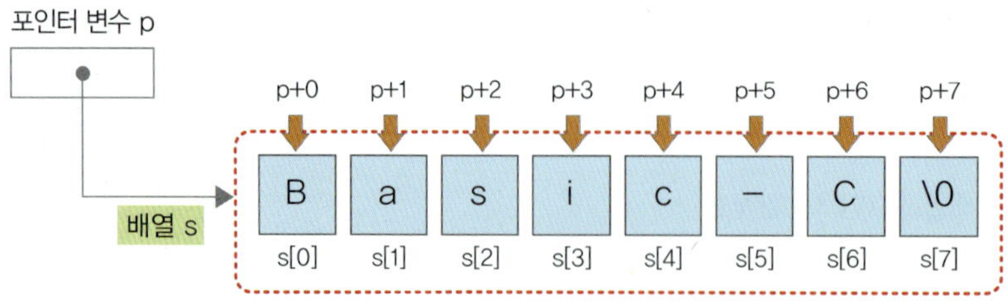

그림 9-15 [응용 9-9]의 변수와 포인터의 관계

[그림 9-15]에는 지금까지 예로 들었던 '주소'를 표기하지 않았다. 하지만 실제 주소의 번지를 몰라도 상관없다. 그저 포인터 변수 p가 배열 s를 가리킨다는 사실만 기억하면 된다. 실제 주소가 1016이든 9042587이든 알 필요가 없고, '포인터 변수 p가 배열 s를 가리킨다'는 것만 알고 있으면 다음과 같은 내용도 유추할 수 있다.

```
p+0은 s[0]을 가리킨다.
p+1은 s[1]을 가리킨다.
        ⋮
p+7은 s[7]을 가리킨다.
```

s[0]의 값은 p+0의 실제 값, 즉 *(p+0)이다. 사실 0은 계산할 필요가 없으므로 s[0]은 *p라고 해도 되지만 다른 것과 표기를 맞추기 위해 p+0이라고 표현했다.

SELF STUDY

[응용 9-9]를 수정하여 "IT CookBook"을 반대 순서로 출력해보자.

3 포인터 학습 노하우

필자도 처음 C를 공부할 때 포인터 때문에 많이 헤맸던 적이 있다. 하지만 몇 가지 기본적인 사항만 기억하고 예제를 반복해서 풀어보면 자연스럽게 익힐 수 있을 것이다.

❶ 포인터 변수가 무엇을 가리키는지 확인한다.

포인터 변수에는 변수의 주소가 들어간다. 꼭 주소에 신경 쓰지 않아도 포인터 변수에는 다른 변수의 주소를 가리키는 화살표가 있다고 생각하면 된다.

❷ 포인터 변수를 선언할 때는 변수 앞에 * 기호만 붙이면 된다.

```
int *a;
char *str;
float *b;
```

❸ 포인터 변수에는 꼭 주솟값을 넣어야 한다.

변수 이름 앞에 &를 붙이면 주솟값이 된다. 배열의 이름은 그 자체가 주소이므로 &를 붙이지 않는다.

❶ 변수의 경우

```
int a;
int *p;

p = &a;
```

❷ 배열의 경우

```
int a[10];
int *p;

p = a;
```

❹ 포인터가 가리키는 곳의 실제 값을 구하려면 * 기호를 붙인다.

예를 통해 살펴보자. 일단 정수형 변수 a에는 123이 들어 있고, 포인터 변수 p는 변수 a가 있는 주소인 1016번지를 가리킨다고 가정해보자.

```
int a=123;
int *p;
p = &a;
```

```
printf("%d", p)
```

실행 결과 ▶ a의 주소인 1016이 출력된다(주소 자체는 중요하지 않다).

```
printf("%d", *p)
```

실행 결과 ▶ p가 가리키는 곳의 실제 값, 즉 a 값인 123이 출력된다.

[그림 9-16]을 보면 p가 1016번지를 가리키고 있다(즉 p에는 1016이 들어 있지만 1016번지 자체는 기억할 필요가 없으며, p는 변수 a를 가리킨다고만 알면 된다). 그러므로 *p는 1016번지의 실제 값인 123을 의미한다.

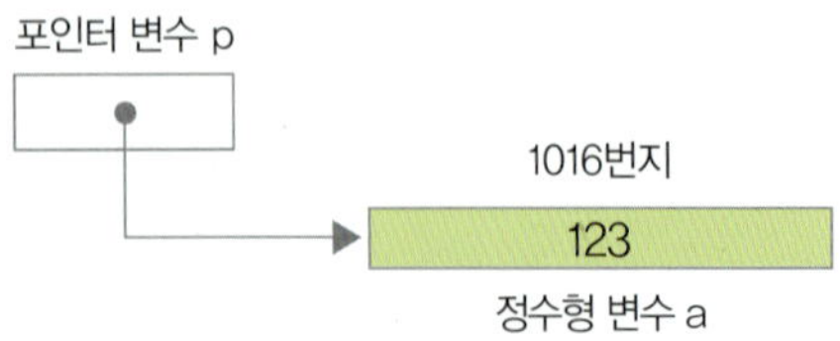

그림 9-16 포인터가 가리키는 실제 값

이때 *p에는 임의의 값을 대입할 수 있지만 p에는 오직 주소만 들어간다는 것에 주의하자. 예를 통해 살펴보자.

```
int a=123;
int *p;
```

코드		실행 결과
p=&a;	실행 결과 ▶	p에 a의 주솟값을 대입한다. (O)
*p = 1	실행 결과 ▶	p가 가리키는 주소의 실제 값을 정수 1로 바꾼다. (O)
p = 1	실행 결과 ▶	p에 1번지라는 주솟값을 직접 넣는다. (×) 그런데 과연 컴퓨터의 메모리에 1번지라는 주소가 있을까? 있다고 해도 전혀 엉뚱한 위치일 것이다.

이 정도만 알고 있으면 포인터의 기본적인 사항은 익힌 것이다. 포인터에 대한 더 자세한 내용은 12장에서 살펴볼 것이다.

TIP/ 포인터를 선언할 때의 *와 포인터를 사용할 때의 *는 의미가 완전히 다르다. 예를 들어 char *p;는 포인터 변수를 만든다는 의미이고 *p = 10;은 p가 가리키는 실제 값을 10으로 바꾸라는 의미이다.

예제모음 24

포인터를 이용하여 문자열을 반대 순서로 출력

exam24.c ★★☆

예제 설명 8장의 [예제모음 20]에서처럼 입력한 문자열을 반대 순서로 출력해보자. 이번에는 포인터를 활용하여 작성한 프로그램이다.

실행 결과

```
문자열을 입력하세요 : CookBook
내용을 거꾸로 출력 ==> kooBkooC
```

```
#define  _CRT_SECURE_NO_WARNINGS
#include <string.h>
#include <stdio.h>
void main( )
{
   char ss[100];
   int count, i;
   char *p;

   printf("문자열을 입력하세요 : ");
   scanf("%s", ss);

   count = strlen(ss);

   p = ss;

   printf("내용을 거꾸로 출력 ==> ");
   for(i=0; i < count; i++)
   {
      printf("%c", *(p+count-(i+1)));
   }
   printf("\n");
}
```

- char ss[100]; — 입력받을 문자 배열을 선언한다.
- char *p; — 문자형 포인터를 선언한다.
- scanf("%s", ss); — 문자열을 입력한다.
- count = strlen(ss); — 입력한 문자열의 개수이다.
- p = ss; — 배열 ss의 주소를 포인터 변수 p에 대입한다.
- for(i=0; i < count; i++) { … } — 포인터 p에 있는 실제 값을 문자열의 맨 뒤부터 출력한다.

예제모음 25

포인터를 이용한 두 값의 교환

exam25.c ★★☆

예제 설명 입력한 두 값을 포인터를 활용하여 교환하는 프로그램이다. 값을 바꾸는 개념은 다음과 같다.

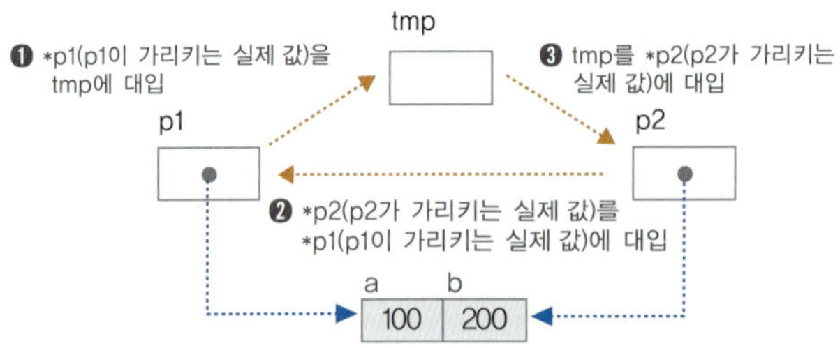

실행 결과

```
a 값 입력 : 100
b 값 입력 : 200
바뀐 값 a는 200, b는 100
```

```c
#define _CRT_SECURE_NO_WARNINGS
#include <stdio.h>
void main( )
{
    int a, b, tmp;
    int *p1, *p2;

    printf("a 값 입력 : ");
    scanf("%d", &a);
    printf("b 값 입력 : ");
    scanf("%d", &b);

    p1 = &a;
    p2 = &b;

    tmp = *p1;
    *p1 = *p2;
    *p2 = tmp;

    printf("바뀐 값 a는 %d, b는 %d \n", a, b);
}
```

- int a, b, tmp; int *p1, *p2; — 정수형 변수 3개와 포인터 변수 2개를 선언한다.
- printf/scanf — a와 b에 값을 입력한다.
- p1 = &a; — 변수 a의 주솟값을 p1에 대입한다.
- p2 = &b; — 변수 b의 주솟값을 p2에 대입한다.
- tmp = *p1; — ❶ p1이 가리키는 곳의 실제 값을 tmp에 넣는다.
- *p1 = *p2; — ❷ p2가 가리키는 곳의 실제 값을 p1이 가리키는 곳에 넣는다.
- *p2 = tmp; — ❸ tmp에 저장된 값을 p2가 가리키는 곳에 넣는다.

예제모음 26

포인터를 이용한 배열의 정렬

exam26.c ★★★

예제 설명 포인터를 이용하여 배열에 들어 있는 값 10개를 정렬하는 프로그램이다. 다음 그림을 참고하여 두 값을 비교하고 작은 것을 앞쪽으로 옮기는 선택 정렬을 사용한다.

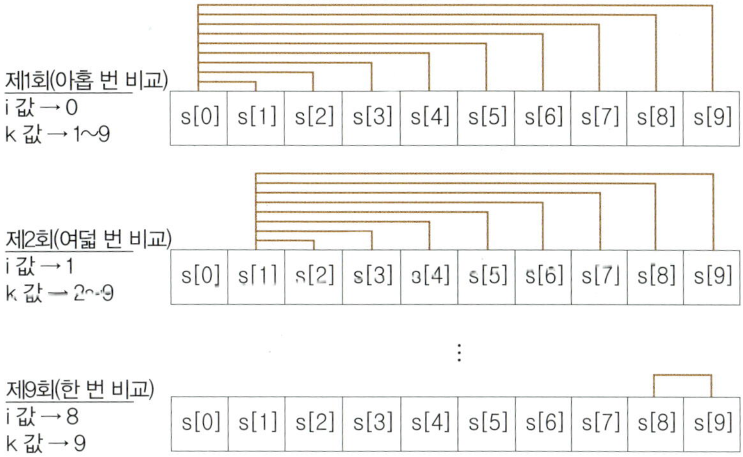

실행 결과

```
정렬 전 배열 s ==> 1 0 3 2 5 4 7 6 9 8
정렬 후 배열 s ==> 0 1 2 3 4 5 6 7 8 9
```

```c
#include <stdio.h>

void main( )
{
   int s[10] = {1, 0, 3, 2, 5, 4, 7, 6, 9, 8};
   int tmp;
   int i, k;

   int *p;

   p = s;

   printf("정렬 전 배열 s ==> ");
```

- 배열 s에 정숫값 10개를 초기화하고 관련 변수를 선언한다.
- 포인터 변수를 선언한다.
- 배열 s의 주소를 포인터 변수 p에 대입한다.

```
	for(i=0; i < 10; i++)
	{
	  printf("%d  ", *(p+i));
	}
	printf("\n");

	for(i=0; i < 9; i++)
	{
	  for(k=i+1; k < 10; k++)
	  {
	    if( *(p+i) > *(p+k) )
	    {
	      tmp = *(p+i);
	      *(p+i) = *(p+k);
	      *(p+k) = tmp;
	    }
	  }
	}
	printf("정렬 후 배열 s ==> ");
	for(i=0; i < 10; i++)
	{
	  printf("%d  ", *(p+i));
	}
	printf("\n");
}
```

- 정렬 전의 상태로 데이터 10개를 출력한다.
- 9회 반복한다. 내부 for문으로 비교할 두 값 중 첫 번째 값의 자리는 s[0]~s[8]이다.
- 내부 for문으로 9회, 8회, 7회, …, 1회 반복한다. 비교할 두 값 중 두 번째 값의 자리는 s[1]~s[9]이다.
- p+i의 실제 값이 p+k의 실제 값보다 크면 두 값을 바꾼다.
- 정렬 후의 상태로 데이터 10개를 출력한다.

IT 분야의 슈퍼스타 03

그레이스 호퍼(Grace Hopper)

미 해군 제독이자 컴퓨터 과학자였던 그녀는 에이다 러브레이스를 잇는 최고의 여성 프로그래머이다. 코볼의 창시자이자 세계 최초의 디버거이기도 하다. 당시 코볼은 영어로 명령을 직접 입력한다는 혁신적인 장점 때문에 군부대가 아닌 민간 기업에도 큰 사랑을 받았던 프로그래밍 언어로 성장했다. 또한 최초의 컴파일러를 만들어 모두가 인정하는 컴퓨팅 선구자로 자리잡았다.

IT@COOKBOOK

요약

1 스택

❶ 한쪽 끝이 막혀 있는 데이터 구조(자료 구조)를 말하며 LIFO 구조이다.

❷ 스택을 구현하려면 배열이라는 데이터 구조를 사용해야 한다.

2 메모리와 주소

❶ 프로그램에서 사용된 변수, 배열 등은 모두 메모리(램)에 존재하며 이 메모리의 각 자리에는 주소가 할당되어 있다.

❷ 변수의 주소를 표시하려면 변수 이름 앞에 & 기호를 붙여야 한다.

❸ 배열의 이름 자체는 배열의 시작 주소이다.

❹ 정수형 변수는 4바이트를 자지하고 문자형 변수는 1바이트를 차지한다.

3 포인터

❶ 포인터 변수는 주소를 저장하는 변수로, 포인터 변수를 선언할 때는 * 기호를 붙인다.

❷ 포인터 변수에는 반드시 주소만 대입해야 한다.

❸ 포인터 변수의 크기는 정수, 실수, 문자형에 관계없이 무조건 4바이트이다.

❹ 가변적인 문자열을 저장할 때는 배열보다 포인터가 더 적당하다.

연습문제

1 다음은 스택에 대한 설명입니다. 틀린 것을 모두 고르세요.

❶ 한쪽 끝이 막힌 구조이다.

❷ 데이터를 넣는 것을 pop, 빼는 것을 push라고 부른다.

❸ FILO(First In Last Out) 구조이다.

❹ top은 가장 아래에 있는 데이터를 가리킨다.

2 다음과 같이 변수를 선언했을 때, 보기의 설명 중 틀린 것을 모두 고르세요.

```
int num1, num2;
num1 = 123;
num2 = 456;
num2 = num1;
```

❶ num1 및 num2는 각각 4바이트의 공간을 차지한다.

❷ num1의 주소는 &num1으로 접근할 수 있다.

❸ num2의 주소는 *num2로 접근할 수 있다.

❹ num2와 num1은 모두 같은 값 및 같은 메모리 주소를 갖는다.

3 다음과 같이 배열을 선언했을 때, 보기의 설명 중 옳은 것을 모두 고르세요.

```
int ary[3] = { 100, 200, 300 };
```

❶ ary[0]의 주소는 &ary[0]이고, ary[0]의 값은 100이다.

❷ ary[0]의 값은 &ary[0]이고, ary[0]의 주소는 100이다.

❸ &ary[0] + &ary[1]은 300이다.

❹ &ary[2]와 ary+2는 같은 주소이다.

4 다음은 포인터에 대한 설명입니다. 틀린 것을 모두 고르세요.

❶ 정수형 포인터 변수는 4바이트, 문자형 포인터 변수는 1바이트 크기를 갖는다.

❷ 포인터 변수를 선언할 때는 앞에 & 기호를 붙인다.

❸ 정수형 변수의 주소를 저장하기 위해서는 정수형 포인터 변수를 사용해야 한다.

❹ int *p로 포인터를 선언하면 &p = 100으로 값을 대입할 수 있다.

5 다음에 제시된 코드에 대한 설명 중 틀린 것을 모두 고르세요.

```
char c;
char* p;

c = 'K';
p = &c;
```

❶ 'K'를 출력하기 위해서는 c를 출력해야 한다.

❷ 'K'를 출력하기 위해서는 *p를 출력해야 한다.

❸ 'K'를 출력하기 위해서는 *c를 출력해야 한다.

❹ 'K'를 출력하기 위해서는 &p를 출력해야 한다.

6 다음 설명 중 옳은 것을 모두 고르세요.

❶ int형 포인터는 4바이트의 크기다.

❷ short형 포인터는 2바이트의 크기다.

❸ char형 포인터는 1바이트의 크기다.

❹ 포인터는 데이터 형식과 관련없이 모두 4바이트의 크기다.

7 다음 코드의 실행 결과로 알맞은 것을 고르세요.

```
char ch;
char* p;
char* q;

ch = 'K';
q = &ch;
ch = 'M';
p = q;
ch = 'Z';

printf("%c  %c ", *p, *q);
```

❶ K M　　❷ M Z　　❸ K Z　　❹ Z Z

연습문제

IT@COOKBOOK

8 다음과 같이 글자가 거꾸로 출력되고 영문 대문자와 소문자가 상호 변환되는 실행 결과가 나오도록 코드의 빈칸을 채우세요. 단, ary는 사용하지 말고 p를 사용해서 채우세요.

실행 결과

```
KOObKOOc %$@ 4321 ti
```

```
#include <stdio.h>
void main()
{
    char ary[25] = "IT 1234 @$% CookBook";
    char* p;
    int i;
    p = ary;
    int diff = 'a' - 'A';

    for(i = sizeof(ary) - 2; i >= 0; i--) {
        [                                  ]
    }
}
```

9 다음에 제시된 실행 결과와 같이 원본 문자열이 내림차순으로 정렬되어 출력되는 코드를 작성하세요. 단, 배열을 포인터로 대입한 후에 포인터를 사용해서 정렬하세요.

```
char s[40] = "ITCookBookHanbitNetwork";
```

실행 결과

```
정렬 전 문자열 ==> ITCookBookHanbitNetwork
정렬 후 문자열 ==> wttrooooonkkkiebaTNIHCB
```

CHAPTER 10

함수

학습목표

- 함수의 개념을 이해하고 활용해본다.
- 지역변수와 전역변수의 특징과 차이점을 알아본다.
- 함수의 반환값과 매개변수를 이해한다.

SECTION 01

함수의 이해

함수는 무엇을 넣으면 어떤 것을 돌려주는 요술 상자이다. 반복적으로 코딩해야 할 내용이 있다면 한 번만 코딩해두고 계속해서 사용할 수 있다는 것이 함수의 장점이다.

1 함수의 개념

함수(function)는 무엇을 넣으면 어떤 것을 돌려주는 요술 상자이다. C에서는 프로그래밍에 유용한 함수를 자체적으로 제공하기도 하지만 사용자가 직접 만들어서 사용하기도 한다. C에서 제공하는 함수를 사용하려면 다음과 같이 표현한다.

```
함수_이름( );
```

지금까지 가장 많이 사용한 함수인 printf( )를 보자.

```
printf("Basic-C");
```

printf( ) 함수는 괄호 안에 들어 있는 내용을 모니터에 출력해준다. 단순히 printf( ) 함수에 '무엇(Basic-C)'을 넣었을 뿐인데 우리가 알지 못하는 곳에서 여러 과정을 거쳐 '어떤 일(모니터에 글자를 출력)'이 일어났다. 이때 우리는 printf( ) 함수의 내부에서 어떤 일이 일어났는지 알지 못하며 굳이 알려고 할 필요도 없다. 단지 무엇을 입력하면 그 내용을 모니터에 출력하는 기능을 하는 함수가 printf( )라고 기억하면 된다.

이렇게 C 자체에서 제공하는 함수도 있지만 필요한 함수를 직접 만들어서 사용할 수도 있다. 직접 함수를 만드는 방법은 잠시 후에 알아보고 먼저 함수의 개념을 커피 자판기에 비유하여 확실히 이해해보자.

[그림 10-1]은 자판기가 없는 상황에서 손님에게 커피를 서비스하는 경우를 나타낸 것이다. 커피 한 잔을 서비스하기 위해 여러 과정이 필요한데 이를 프로그램으로 구현해보자.

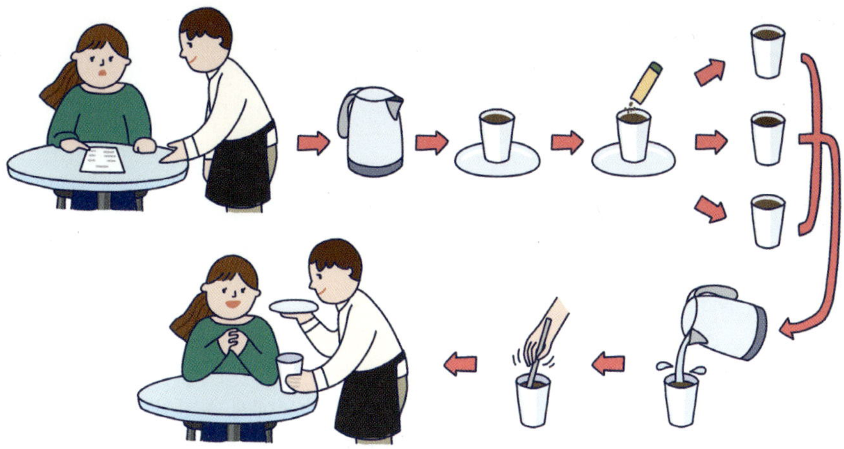

그림 10-1 직접 커피를 서비스하는 과정

기본 10-1 직접 커피를 서비스하는 과정의 예 10-1.c

```
#define _CRT_SECURE_NO_WARNINGS
#include <stdio.h>
void main( )
{
   int coffee;

   printf("어떤 커피 드릴까요? (1:보통, 2:설탕, 3:블랙) ");
   scanf("%d", &coffee);

   printf("\n# 1. 뜨거운 물을 준비한다\n");
   printf("# 2. 종이컵을 준비한다\n");

   switch(coffee)
   {
   case 1: printf("# 3. 보통커피를 탄다\n"); break;
   case 2: printf("# 3. 설탕커피를 탄다\n"); break;
   case 3: printf("# 3. 블랙커피를 탄다\n"); break;
   default: printf("# 3. 아무거나 탄다\n"); break;
   }

   printf("# 4. 물을 붓는다\n");
   printf("# 5. 스푼으로 저어서 녹인다\n\n");

   printf("손님~ 커피 여기 있습니다.\n\n");
}
```

- int coffee; ---- 커피의 종류를 선택하는 변수이다.
- scanf("%d", &coffee); ---- 커피의 종류를 입력받는다.
- switch(coffee) { … } ---- 커피의 종류에 따라 안내문을 출력한다.

실행 결과

```
어떤 커피 드릴까요? (1:보통, 2:설탕, 3:블랙) 2

# 1. 뜨거운 물을 준비한다
# 2. 종이컵을 준비한다
# 3. 설탕커피를 탄다
# 4. 물을 붓는다
# 5. 스푼으로 저어서 녹인다

손님~ 커피 여기 있습니다.
```

5행에서 커피의 종류를 입력받을 변수를 선언하고 8행에서 손님에게 커피의 종류를 입력받는다. 13~19행에서는 손님이 입력한 커피의 종류에 따라 메시지를 출력한다. 그리고 21~22행에서 물을 붓고 커피를 잘 저어서 녹인 후 24행에서 완성된 커피를 손님에게 제공한다.

이때 손님이 1명이라면 큰 부담이 없겠지만 손님이 계속해서 온다면 어떨까? 예를 들어 손님 3명이 연속해서 온다고 가정해보자.

가장 간단한 방법은 [기본 10-1]의 7~24행을 두 번 더 반복해서 쓰는 것이다.

```
⋮
07    printf("어떤 커피 드릴까요? (1:보통, 2:설탕, 3:블랙) ");
08    scanf("%d", &coffee);
09
10    printf("\n# 1. 뜨거운 물을 준비한다\n");
11    printf("# 2. 종이컵을 준비한다\n");
12
13    switch(coffee)
14    {
15    case 1: printf("# 3. 보통커피를 탄다\n"); break;
16    case 2: printf("# 3. 설탕커피를 탄다\n"); break;
17    case 3: printf("# 3. 블랙커피를 탄다\n"); break;
18    default: printf("# 3. 아무거나 탄다\n"); break;
19    }
20
21    printf("# 4. 물을 붓는다\n");
22    printf("# 5. 스푼으로 저어서 녹인다\n\n");
23
24    printf("손님~ 커피 여기 있습니다.\n\n");
25
26  [두 번째 손님을 위해 07~24행을 다시 반복한다.]
```

```
27
28 [세 번째 손님을 위해 07~24행을 다시 반복한다.]
```

SELF STUDY

손님 3명에게 커피를 제공하는 소스를 for문을 사용해서 완성해보자.

이렇게 프로그램을 짜면 손님이 올 때마다 7~24행을 반복해서 써야 한다. 틀린 것은 아니지만 소스가 너무 길어진다. 이를 해결하기 위해 커피 자판기를 만들면 어떨까? 커피 자판기를 만들면 실행 과정이 다음과 같이 간단해진다.

그림 10-2 커피 자판기를 사용하는 과정

이제 직접 커피를 타지 않고, 손님에게 주문을 받아 커피 자판기의 버튼을 누르고 커피 자판기에서 나온 커피를 손님에게 가져다주면 된다. 직접 커피를 탈 때 수행하던 중간 과정이 커피 자판기에서 수행된다.

그런데 커피 자판기를 사용하기 위해 사용자가 커피 자판기의 내부 동작이 어떻게 이루어지는지 반드시 알아야 할까? 그렇지는 않다. 사용자는 그저 커피를 고르고 커피 자판기에서 해당 버튼을 누르면 원하는 커피를 얻을 수 있다. 즉 처음에 신경 써서 커피 자판기(함수)를 만들어두면 내부 동작을 신경 쓰지 않아도 된다(그래서 함수를 '블랙박스'라고도 표현한다).

커피 자판기를 프로그램으로 구현해보자. 앞서 배운 함수의 개념을 응용하여 [기본 10-1]을 수정하면 다음과 같다.

기본 10-2 함수를 사용하여 변경한 [기본 10-1]

10-2.c

```
01 #define _CRT_SECURE_NO_WARNINGS
02 #include <stdio.h>
03 int coffee_machine(int button)
04 {
05    printf("\n# 1.(자동으로) 뜨거운 물을 준비한다\n");
06    printf("# 2. (자동으로) 종이컵을 준비한다\n");
07
08    switch(button)
09    {
10    case 1: printf("# 3. (자동으로) 보통커피를 탄다\n"); break;
11    case 2: printf("# 3. (자동으로) 설탕커피를 탄다\n"); break;
12    case 3: printf("# 3. (자동으로) 블랙커피를 탄다\n"); break;
13    default: printf("# 3. (자동으로) 아무거나 탄다\n"); break;
14    }
15
16    printf("# 4. (자동으로) 물을 붓는다\n");
17    printf("# 5. (자동으로) 스푼으로 저어서 녹인다\n\n");
18
19    return 0;
20 }
21
22 void main( )
23 {
24    int coffee;
25    int ret;
26
27    printf("어떤 커피를 드릴까요? (1:보통, 2:설탕, 3:블랙) ");
28    scanf("%d", &coffee);
29
30    ret = coffee_machine(coffee);
31
32    printf("손님~ 커피 여기 있습니다.\n\n");
33 }
```

- 03~20행: 커피 자판기 함수를 구현한다.
- 08~14행: 선택한 버튼에 따라 안내문을 출력한다.
- 19행: 30행으로 돌아간다.
- 24~25행: 커피 종류 변수와 반환값 변수를 선언한다.
- 28행: 커피를 주문받는다.
- 30행: 커피 자판기의 버튼을 누른다 (coffee_machine( ) 함수를 호출한다).

실행 결과

```
어떤 커피를 드릴까요? (1:보통, 2:설탕, 3:블랙) 2

# 1.(자동으로) 뜨거운 물을 준비한다
# 2. (자동으로) 종이컵을 준비한다
# 3. (자동으로) 설탕커피를 탄다
```

```
# 4. (자동으로) 물을 붓는다
# 5. (자동으로) 스푼으로 저어서 녹인다

손님~ 커피 여기 있습니다.
```

먼저 22~33행의 main( ) 함수를 보자. 27~28행에서는 손님에게 원하는 커피 종류를 물어본다. 이때 직접 커피를 탈 때의 과정에 해당하는 30행에는 커피 자판기만 있다. 즉 30행에서 커피 자판기의 버튼만 누르면 32행에서 손님에게 커피를 가져다줄 수 있다.

이때 손님이 주문한 커피가 블랙이라면 30행에서 coffee 변수에 3을 입력하고 이 값을 3행의 커피 자판기 button에 넘겨 실행한다(이 부분이 커피 자판기의 '블랙커피' 버튼을 누르는 과정이다).

그러면 5~17행의 커피를 만드는 과정이 자동으로 커피 자판기(함수) 안에서 수행된다. 그리고 19행의 return문을 통해 커피 자판기를 눌렀던(함수를 호출했던) 30행으로 되돌아간다.

커피 자판기를 사용해서 손님에게 커피를 내놓는 과정을 살펴보았는데 오히려 [기본 10-1]보다 행 수가 더 많다. 이럴 바에는 차라리 커피 자판기를 사용하지 말고 [기본 10-1]처럼 그냥 손으로 커피를 타는 것이 더 나을 듯하다. 맞는 말인 것 같지만 이는 커피를 한 잔만 타는 경우에만 그렇다.

다음으로 [기본 10-2]를 이용하여 연달아 방문한 손님 3명(A, B, C)에게 커피를 주문받아 내놓는 과정을 살펴보자.

여기서 잠깐

함수 사용의 장점

함수를 공부하는 이유는 다음과 같은 장점 때문이다. 지금은 좀 이해하기 어려울 테니 가볍게 훑어보자. 이 장을 마치고 다시 읽어보면 더 공감하게 될 것이다.

- **코드의 모듈화:** 함수를 기능별로 작성하여 필요한 기능만 조합할 수 있다.
- **코드의 간략화:** 반복되는 문장을 밖으로 빼냄으로써 C 소스를 간결하게 만든다.
- **코드의 재사용화:** 한 번 작성한 함수를 다시 사용할 수 있다.
- **코드의 쉬운 수정:** 프로그램의 오류를 수정하기가 쉽다.

기본 10-3 여러 명에게 주문을 받도록 변경한 [기본 10-2] 10-3.c

```
01 #define _CRT_SECURE_NO_WARNINGS
02 #include <stdio.h>
03 int coffee_machine(int button)
04 {
05    printf("\n# 1.(자동으로) 뜨거운 물을 준비한다\n");
06    printf("# 2. (자동으로) 종이컵을 준비한다\n");
07
08    switch(button)
09    {
10    case 1: printf("# 3. (자동으로) 보통커피를 탄다\n"); break;
11    case 2: printf("# 3. (자동으로) 설탕커피를 탄다\n"); break;
12    case 3: printf("# 3. (자동으로) 블랙커피를 탄다\n"); break;
13    default: printf("# 3. (자동으로) 아무거나 탄다\n"); break;
14    }
15
16    printf("# 4. (자동으로) 물을 붓는다\n");
17    printf("# 5. (자동으로) 스푼으로 저어서 녹인다\n\n");
18
19    return 0;
20 }
21
22 void main( )
23 {
24    int coffee;
25    int ret;
26
27    printf("A님, 어떤 커피 드릴까요? (1:보통, 2:설탕, 3:블랙) ");
28    scanf("%d", &coffee);
29    ret = coffee_machine(coffee);
30    printf("A님 커피 여기 있습니다.\n\n");
31
32    printf("B님, 어떤 커피 드릴까요? (1:보통, 2:설탕, 3:블랙) ");
33    scanf("%d", &coffee);
34    ret = coffee_machine(coffee);
35    printf("B님 커피 여기 있습니다.\n\n");
36
37    printf("C님, 어떤 커피 드릴까요? (1:보통, 2:설탕, 3:블랙) ");
38    scanf("%d", &coffee);
39    ret = coffee_machine(coffee);
40    printf("C님 커피 여기 있습니다.\n\n");
41 }
```

- 03~20행: 커피 자판기 함수를 구현한다.
- 08~14행: 선택한 버튼에 따라 안내문을 출력한다.
- 19행: 각각을 호출한 곳으로 돌아간다(29행, 34행, 39행).
- 28~29행: 주문을 받고 커피 자판기의 버튼을 누른다(함수를 호출한다).
- 33~34행: 주문을 받고 커피 자판기의 버튼을 누른다(함수를 호출한다).
- 38~39행: 주문을 받고 커피 자판기의 버튼을 누른다(함수를 호출한다).

실행 결과

```
A님, 어떤 커피 드릴까요? (1:보통, 2:설탕, 3:블랙) 1

# 1.(자동으로) 뜨거운 물을 준비한다
# 2. (자동으로) 종이컵을 준비한다
# 3. (자동으로) 보통커피를 탄다
# 4. (자동으로) 물을 붓는다
# 5. (자동으로) 스푼으로 저어서 녹인다

A님 커피 여기 있습니다.

B님, 어떤 커피 드릴까요? (1:보통, 2:설탕, 3:블랙) 2

# 1.(자동으로) 뜨거운 물을 준비한다
# 2. (자동으로) 종이컵을 준비한다
# 3. (자동으로) 설탕커피를 탄다
# 4. (자동으로) 물을 붓는다
# 5. (자동으로) 스푼으로 저어서 녹인다

B님 커피 여기 있습니다.

C님, 어떤 커피 드릴까요? (1:보통, 2:설탕, 3:블랙) 3
                    ⋮
```

[기본 10-3]의 코드를 보면 이제 커피 자판기(함수)의 장점을 알 수 있을 것이다. 커피 자판기는 매번 커피를 만들 필요 없이 29행, 34행, 39행에서 버튼만 누르면(함수를 세 번 호출하면) 커피 세 잔이 자동으로 나온다.

SELF STUDY

[기본 10-3]의 main( ) 함수에서 커피 세 잔의 주문 과정을 for문으로 바꿔보자.

2 함수의 모양과 활용

커피 자판기의 예를 통해 함수의 기본 개념을 이해했을 것이다. 이렇게 함수를 이용하여 코딩하면 필요할 때마다 가져다 사용할 수 있고 동일한 동작을 계속 반복할 수 있으므로 내부 내용이 바뀔 일도 없다(커피 자판기의 커피는 재료가 달라지지 않는 한 늘 같은 맛이다).

Q / U / I / Z 커피 자판기처럼 버튼만 누르면 결과가 나오는 것을 □□(이)라 한다.

그럼 이제 함수의 기본 형태를 알아보자. [그림 10-3]과 같이 함수는 매개변수(또는 인수라고 함)를 입력받아 가공하고 처리한 후 반환값을 돌려준다(커피 자판기에 비유하면 '동전 넣기'와 '버튼 입력'이라는 매개변수를 받아서 커피를 탄 후 반환값으로 '커피'를 돌려준다).

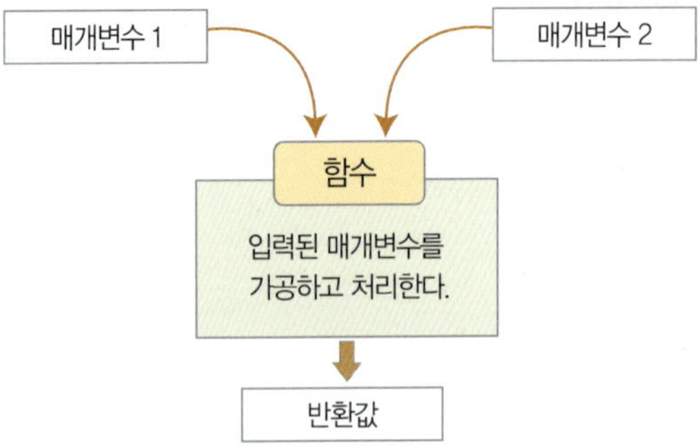

그림 10-3 함수의 형태

다음 예제를 통해 본격적으로 함수를 살펴보자. 여기서는 두 정수를 입력받아 합계를 반환하는 plus( ) 함수를 만들 것이다.

기본 10-4 본격적인 함수 사용 예 1 10-4.c

```
01 #include <stdio.h>
02
03 int plus(int v1, int v2)          ---- plus( ) 함수를 정의한다.
04 {
05     int result;
06     result = v1 + v2;             ---- 3행에서 받은 두 매개변수의 합을 구한다.
07     return result;                ---- plus( ) 함수를 호출한 곳에 result 값을 반환한다.
08 }
09
10 void main( )
11 {
12     int hap;
13
14     hap = plus(100, 200);         ---- 매개변수 2개를 지정하여 plus( ) 함수를
15                                        호출하고 반환값은 hap에 저장한다.
16     printf("100과 200의 plus( ) 함수 결과는 : %d\n", hap);
17 }
```

실행 결과

```
100과 200의 plus( ) 함수 결과는 : 300
```

C 프로그램은 무조건 main( ) 함수 부분부터 실행한다. 그러므로 [기본 10-4]도 10행부터 수행된다고 생각하면 된다. 14행에서 이루어지는 동작은 [그림 10-4]를 통해 살펴보자.

[그림 10-4]는 plus( ) 함수를 정의하고 호출하는 과정을 보여준다. 우선 plus( ) 함수는 매개변수 2개를 받는다. plus( ) 함수를 호출할 때는 plus(숫자 1, 숫자 2)와 같은 형식으로 호출해야 한다. plus( ) 함수의 반환값은 int 형이다.

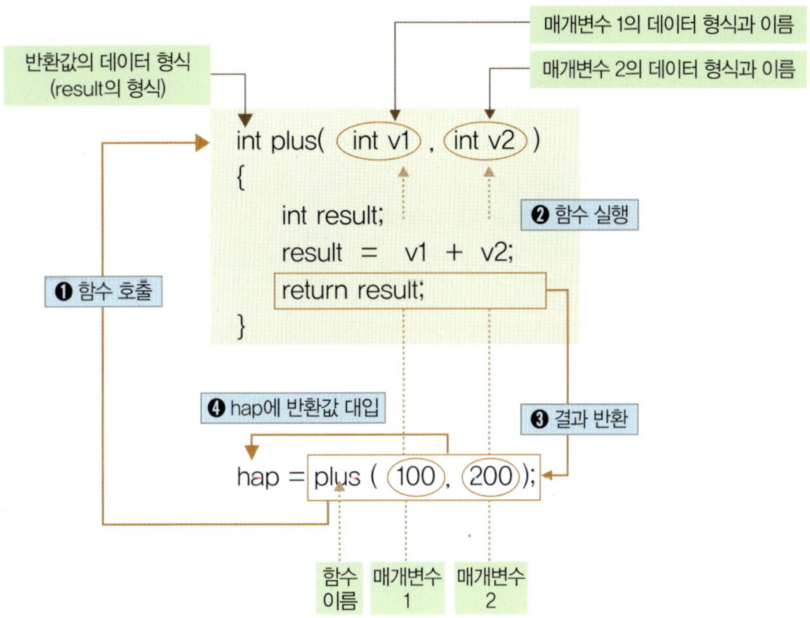

그림 10-4 plus( ) 함수의 형태와 호출 순서

❶ **함수 호출:** plus(100, 200);으로 함수를 호출하면 100과 200이라는 숫자를 가지고 plus( ) 함수를 호출할 수 있다. 이때 plus( ) 함수의 매개변수인 v1에는 100이, v2에는 200이 차례대로 할당된다.

❷ **함수 실행:** plus( ) 함수의 내용을 보면 v1과 v2를 더해 result에 대입한 후 'return result' 문장에 의해 이 함수를 호출했던 곳으로 돌아간다.

❸ **결과 반환:** 함수를 실행하여 얻은 결과인 result 값(300)을 plus( ) 함수를 호출했던 곳으로 돌려준다.

❹ **hap에 반환값 대입:** result 값 300을 변수 hap에 대입한다. 여기서 기억할 점은 plus(100, 200)의 결과를 hap에 넣어야 하므로 hap과 plus( ) 함수의 데이터 형식이 같아야 한다는 것이다.

이를 좀 더 간단히 표현하면 [그림 10-5]와 같다.

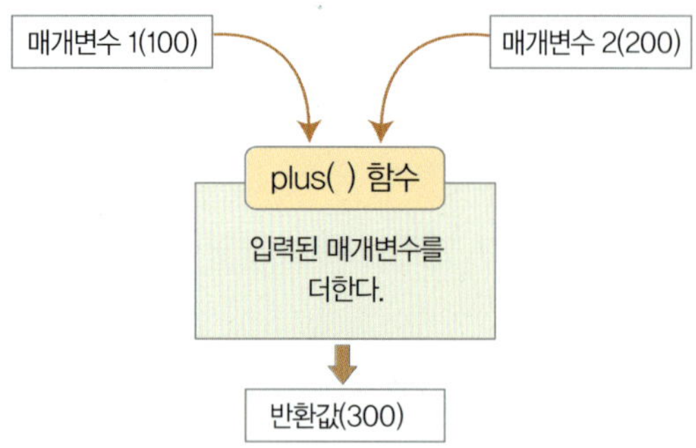

그림 10-5 plus( ) 함수의 호출을 간단하게 표현한 형태

SELF STUDY

[기본 10-4]의 plus( ) 함수를 숫자 3개를 더하는 함수로 수정해보자.

여기서 잠깐

함수의 위치

새로 작성하는 함수는 반드시 main( ) 앞에 있어야만 main( ) 함수에서 인식할 수 있다.

```
01  void main( )
02  {
03     func(10);
04  }
05
06  void func(int a)
07  {
08     printf("%d", a);
09  }
```

위 코드는 오류가 발생한다. 1행부터 차례대로 수행되고 3행에서 func(10)을 만나는데, 3행의 func( ) 함수는 앞에서 정의된 적이 없기 때문이다. 여기서 오류를 없애려면 새로 정의하는 함수를 main( ) 함수 앞에 써야 한다. 하지만 꼭 main( ) 함수를 먼저 쓰고 싶다면 다음과 같이 함수의 '프로토타입(함수의 이름과 매개변수만 쓰는 것)'을 main( ) 앞에 쓴 후 실제 함수의 본체를 쓰도록 한다.

```
01  void func(int a); // 함수의 프로토타입만 먼저 선언한다(세미콜론으로 끝난다).
02                    // 또는 매개변수 이름을 빼고 int func(int)를 사용해도 된다.
03  void main( )
04  {
05    func(10);       // 1행에서 func( ) 함수가 선언되었으므로 5행에서 인식할 수 있다.
06  }
07
08  void func(int a) // 실제 함수의 본체를 정의한다.
09  {
10     printf("%d", a);
11  }
```

사용자가 입력한 두 숫자의 사칙연산을 수행하는 프로그램이다.

응용 10-5 본격적인 함수 사용 예 2 　　10-5.c

```
#define _CRT_SECURE_NO_WARNINGS
#include <stdio.h>
int calc(int v1, int v2, int op)
{
   int result;

   switch(__❶__)
   {
   case 1:   result = v1 + v2; break;
   case 2:   result = v1 - v2; break;
   case 3:   result = v1 * v2; break;
   case 4:   result = v1 / v2; break;
   }

   return result;
}

void main( )
{
   int res;
   int oper, a, b;

   printf("계산 입력 (1:+, 2:-, 3:*, 4:/) : ");
   scanf("%d", &oper);

   printf("계산할 두 숫자를 입력 : ");
   scanf("%d %d", &a, &b);

   res = calc( __❷__ );

   printf("계산 결과는 : %d\n", res);
}
```

- int calc(int v1, int v2, int op) ~ } : 매개변수 3개를 받아서 계산하는 함수이다.
- switch(__❶__) ~ } : 매개변수값에 따라서 '1: 덧셈, 2: 뺄셈, 3: 곱셈, 4: 나눗셈'을 실행한다.
- return result; : 계산 결과를 반환한다.
- int res; int oper, a, b; : 계산 결과, 연산자, 입력 숫자에 대한 변수이다.
- scanf("%d", &oper); : 연산자를 입력한다.
- scanf("%d %d", &a, &b); : 계산할 두 숫자를 입력한다.
- res = calc(__❷__); : 매개변수 3개를 넣고 calc( ) 함수를 호출한다. 계산 결과는 res에 저장한다.

정답_ ❶ op ❷ a, b, oper

실행 결과

```
계산 입력 (1:+, 2:-, 3:*, 4:/) : 3
계산할 두 숫자를 입력 : 7 8
계산 결과는 : 56
```

먼저 3행에 있는 int calc( ) 함수의 데이터형과 20행에 있는 res 변수의 데이터형이 정수형(int)이라는 것을 확인하자. 24행에서 어떤 연산을 할지 연산자를 입력받은 후 27행에서 계산할 숫자 2개를 입력받는다. 그리고 29행에서 calc( ) 함수에 매개변수 3개를 넘겨주며 호출한다.

이 매개변수는 calc( ) 함수가 위치한 3행에서 a → v1, b → v2, oper → op에 각각 대응된다. 7행에서는 사용자가 선택한 연산자에 따라 필요한 연산을 수행한 후 15행에서 calc( ) 함수를 종료하고 함수를 호출했던 29행으로 돌아간다. 29행에서는 calc( ) 함수가 반환한 값을 res에 넣고 31행에서 출력한다.

Q / U / I / Z

❶ 함수에서 값을 전달받는 변수를 □□□□ 또는 인수라고 한다.

❷ int plus( ) 함수가 돌려주는 값의 데이터 형식은 반드시 □□□ 형이어야 한다.

SECTION 02

지역변수와 전역변수

- 지역변수는 현재의 함수 내부에서만 정의 및 사용되는 변수이고, 전역변수는 함수 밖에서 정의 및 사용되는 변수이다.

변수는 사용되는 범위에 따라 크게 집(함수) 안에서만 사용되는 '지역변수(local variable)'와 집 밖에서도 사용할 수 있는 '전역변수(global variable)'로 나뉜다. 프로그램을 작성하다 보면 간혹 의도한 대로 변수의 범위가 지정되지 않아 프로그램의 흐름에 이상이 생기기도 한다. 그러므로 지역변수와 전역변수를 제대로 사용할 수 있도록 그 개념을 이해하고 정확한 사용법을 익혀야 한다.

지역변수는 말 그대로 한정된 지역에서만 사용되는 변수이고 전역변수는 프로그램 전체에서 사용되는 변수이다.

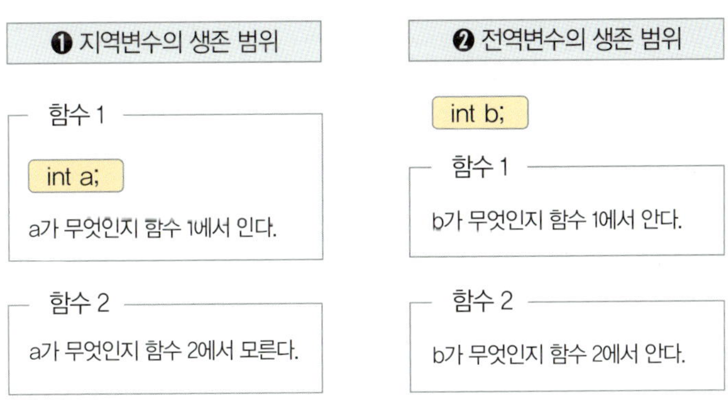

그림 10-6 지역변수와 전역변수의 생존 범위

[그림 10-6]의 ❶에서는 a가 함수 1 안에 선언되었다. 그러므로 a는 함수 1 안에서만 사용될 수 있고 함수 2에서는 a의 존재 자체를 알지 못한다. ❷는 전역변수 b를 보여준다. b는 함수(함수 1, 함수 2) 안이 아니라 함수 바깥에 선언되어 있으므로 모든 함수에서 b의 존재를 안다.

간혹 지역변수와 전역변수의 이름이 같은 경우도 있는데, 이때는 함수 내에 변수가 정의되어 있는지를 확인하면 두 변수를 간단히 구분할 수 있다. [그림 10-7]에서는 같은 a라고 해도 '함수 1의 a'는 함수 내에서 따로 정의했으므로 지역변수이고, '함수 2의 a'는 함수 안에 정의된 것이 없으므로 전역변수이다.

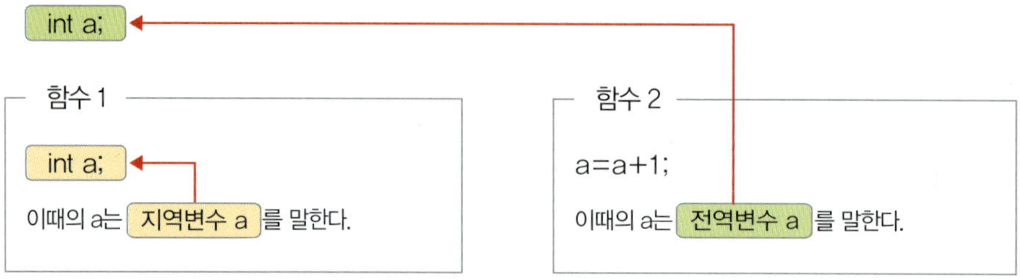

그림 10-7 이름이 같은 지역변수와 전역변수의 구분

기본 10-6 지역변수와 전역변수의 구분 10-6.c

```
01 #include <stdio.h>
02
03 int a = 100;                                    ----- 전역변수 a를 선언하고 초깃값을 대입한다.
04
05 void func1( )
06 {
07    int a = 200;                                 ----- 지역변수 a를 선언하고 초깃값을 대입한다.
08    printf("func1( )에서 a의 값==> %d\n", a);    ----- 지역변수를 출력한다.
09 }
10
11 void main( )
12 {
13    func1( );                                    ----- 함수를 호출한다.
14    printf("main( ) 에서 a의 값==> %d\n", a);    ----- 전역변수를 출력한다.
15 }
```

실행 결과

```
func1( )에서 a의 값==> 200
main( ) 에서 a의 값==> 100
```

우선 3행에서 전역변수 a를 선언하고 100을 대입했다. 그리고 13행에서 func1( )을 호출하면 7행에서 지역변수 a를 선언하여 200을 넣는다. 8행에서 변수 a를 출력하면 이 지역변수 a의 값인 200이 출력되고 다시 func1( ) 함수를 호출한 곳으로 돌아와 14행에서 a를 출력한다. 이때 main( ) 함수에는 변수 a가 없으므로 3행에서 선언한 전역변수 a의 값인 100이 출력된다.

TIP/ main( ) 자체도 함수로, C 프로그램은 main( ) 함수에서부터 시작된다. 따라서 C 프로그램에는 반드시 main( ) 함수가 하나만 있어야 한다.

Q/U/I/Z 함수 내부에서 정의 및 사용되는 변수를 □□□□, 함수 밖에서 정의 및 사용되는 변수를 □□□□(이)라고 한다.

SECTION

03 함수의 반환값과 매개변수

함수 내부에서 어떤 처리를 한 후에는 값을 돌려주는데 이것을 반환값이라고 하며, 함수에 전달되는 값은 매개변수라고 한다.

앞의 설명을 통해 함수의 기본적인 사용법을 이해했을 것이다. 하지만 지금까지는 함수의 일부를 다루었을 뿐이다. 함수를 제대로 사용하기 위해서는 매개변수를 전달하는 방법과 함수 실행이 끝난 후의 결과값 반환 여부에 대해 완벽하게 알아두어야 한다. 여기서는 반환값 유무에 따른 함수의 형태를 살펴보고 매개변수의 사용 종류를 소개한다.

TIP/ 반환값은 return문에 의해 반환되므로 '리턴값'이라고도 부른다. 또한 매개변수는 영문 발음 그대로 '파라미터'라고도 부른다.

1 반환값 유무에 따른 함수 구분

함수를 사용하다 보면 함수를 실행한 후 값을 돌려줄 때도 있고 그렇지 않을 때도 있다. 값을 돌려받는 함수를 사용하는 경우에는 '돌려받을 값의 데이터형'으로 함수를 선언해야 한다. 또한 돌려줄 값이 없는 경우라면 void 형으로 함수를 선언해야 한다.

반환값이 있는 함수

함수를 실행하여 나온 결과값은 함수의 데이터형을 따른다고 설명했다. 즉 'int 함수 이름( )'으로 정의했다면 함수의 결과 역시 정수형 변수나 정숫값이어야 한다. 이는 'return 정수형 변수;' 또는 'return 정수;'로 표현해야 한다는 의미이다.

여기서 잠깐

main( ) 함수의 반환값

프로그래머에 따라서 void main( ) 대신에 int main( )으로 사용하는 경우도 있다. 그럴 경우 원칙적으로 main( ) 함수의 맨 아래에 'return 정숫값;'과 같은 반환값을 지정해야 하지만, main( ) 함수의 끝이 프로그램의 끝이어서 return문을 사용하지 않아도 별 문제가 없다. 즉, main( ) 함수는 void main( )이나 int main( ) 중 아무거나 사용해도 된다.

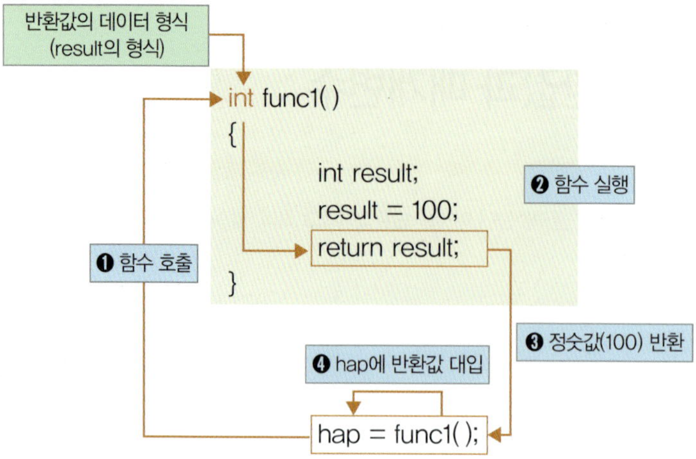

그림 10-8 int 형 값의 반환

[그림 10-8]에서는 func1( )이 int 형이므로 return문에서 정수형 변수 result를 반환했다. 이외에 float, char 등의 반환값이 있어도 동일한 개념으로 사용할 수 있다.

반환값이 없는 함수

함수를 실행한 결과로 돌려줄 것이 없는 경우에는 함수의 데이터형을 'void'로 쓴다. void는 아무것도 반환할 것이 없다는 의미로 '무치형'이라고도 부른다.

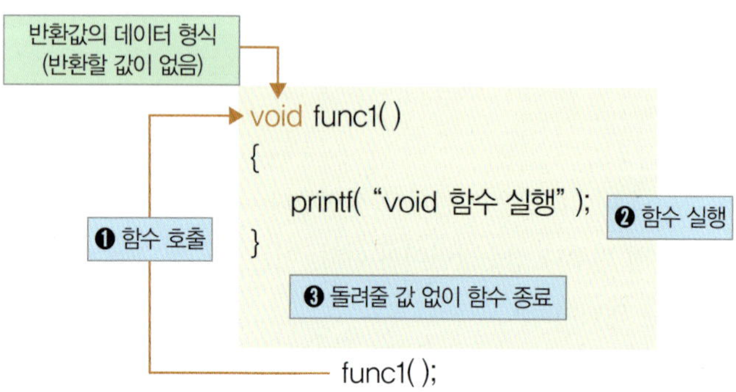

그림 10-9 void 형 함수의 작동

[그림 10-9]와 같이 void 형 함수의 경우는 함수를 실행한 후 반환값 없이 함수를 마친다. 그러므로 void 형 함수를 호출할 때는 함수 이름만 쓰면 되고 반환값을 고려한 변수를 같이 쓸 필요가 없다.

기본 10-7 반환값 유무에 따른 함수 비교 10-7.c

```
01 #include <stdio.h>
02
03 void func1( )                                        ----- void 형 함수이므로 반환값이 없다.
04 {
05   printf("void 형 함수는 돌려줄 게 없음.\n");
06 }
07
08 int func2( )                                         ----- int 형 함수이므로 반환값이 있다.
09 {
10   return 100;
11 }
12
13 void main( )
14 {
15   int a;
16
17   func1( );                                          ----- void 형 함수를 호출한다.
18
19   a = func2( );                                      ----- int 형 함수를 호출한다.
20   printf("int 형 함수에서 돌려준 값 ==> %d\n", a);
21 }
```

실행 결과

```
void 형 함수는 돌려줄 게 없음.
int 형 함수에서 돌려준 값 ==> 100
```

17행에서 void 형 함수인 func1( )을 호출하면 아무것도 돌려받지 않고 다음 행으로 넘어간다. 그리고 19행에서 int 형 함수인 func2( )를 호출하면 func2( )를 실행한 후 반환값을 a에 넣고 20행에서 출력한다.

Q / U / I / Z 반환값이 없는 함수의 데이터형은 함수를 정의할 때 함수 이름 앞에 □□□□(을)를 사용한다.

2 매개변수 전달 방법

매개변수를 전달할 때는 값으로 전달하는(call by value) 방법과 주소로 전달하는(call by reference) 방법이 있다. '값으로 전달'은 말 그대로 값 자체를 함수에 넘겨주는 방법이고 '주소로 전달'은 주솟값을 함수에 넘겨주는 방법이다. 설명만으로는 잘 이해되지 않을 테니 예제를 통해 살펴보자.

값으로 전달

함수에 매개변수를 전달할 때 숫자나 문자 그 자체를 전달한다. 그러면 함수는 그 값 자체를 받아들이는데, 원래 값을 전달한 곳에는 아무런 영향을 미치지 않는다. 다음 예제를 보자.

기본 10-8 매개변수 전달 방법: 값으로 전달 10-8.c

```
01 #include <stdio.h>
02
03 void func1(int a)
04 {
05    a = a + 1;
06    printf("전달받은 a ==> %d\n", a);
07 }
08
09 void main( )
10 {
11    int a=10;
12
13    func1(a);
14    printf("func1( ) 실행 후의 a ==> %d\n", a);
15 }
```

- 05~06: 전달받은 a 값을 1 증가시킨 후 출력한다.
- 11: 변수 a를 선언한다.
- 13: a 값을 매개변수로 넘겨 함수를 호출한다.
- 14: 함수를 호출한 후 a 값을 출력한다.

실행 결과

```
전달받은 a ==> 11
func1( ) 실행 후의 a ==> 10
```

11행에서 a에 10을 입력하고 13행에서 func1(a)를 호출했다. 3행의 a에 10이 들어가면 5행에서는 a 값을 1 증가시킨 후 출력한다. func1( ) 함수가 종료된 후 14행에서 a를 출력하니 원래의 10이 출력되었다. 이 과정을 [그림 10-10]에서 다시 살펴보자.

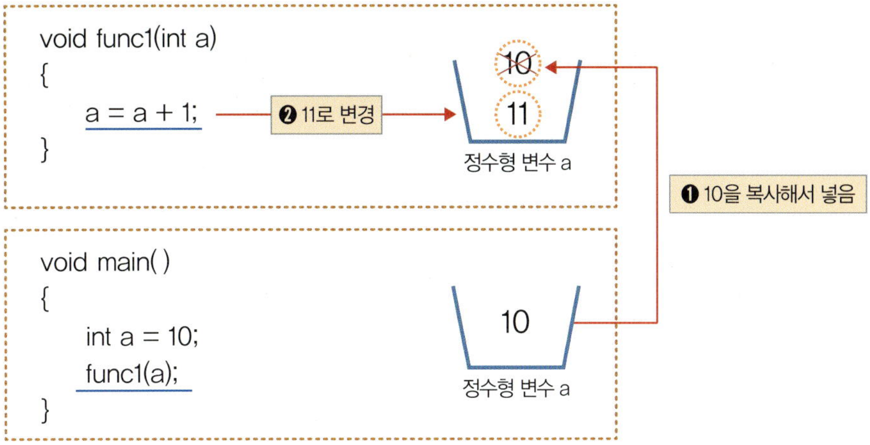

그림 10-10 매개변수 전달: 값으로 전달

main( ) 함수에서 a를 정의하고 func1(a)를 호출해 func1( ) 함수의 a에 10을 복사해서 넣었다. func1( ) 함수에서는 a 값을 1 증가시켜서 11로 바꿨다. 하지만 main( )의 a는 변경되지 않고 그대로 10을 유지한다.

주소(또는 참조)로 전달

이번에는 매개변숫값을 포인터로 선언해보자.

기본 10-9 매개변수 전달 방법: 주소로 전달 10-9.c

```
#include <stdio.h>

void func1(int *a)                                  ----- 매개변수로 주솟값(포인터)을 받는다.
{
   *a = *a + 1;                                     ----- a가 가리키는 곳의 실제 값+1을 수행한다.
   printf("전달받은 a ==> %d\n", *a);               ----- a가 가리키는 곳의 실제 값을 출력한다.
}

void main( )
{
   int a=10;                                        ----- a를 10으로 초기화한다.

   func1(&a);                                       ----- 함수를 호출할 때 a의 주소를 전달한다.
   printf("func1( ) 실행 후의 a ==> %d\n", a);      ----- 함수를 호출한 후 a 값을 출력한다.
}
```

실행 결과

```
전달받은 a ==> 11
func1( ) 실행 후의 a ==> 11
```

[기본 10-8]과 구성은 비슷하지만 결과가 다르다. 여기서는 결과가 둘 다 11로 나왔다. 도대체 무엇이 다른 것일까?

다음 그림을 보자. 변수 a의 주솟값을 정확히 알 필요는 없으며 여기서는 임의로 100번지라고 가정하자.

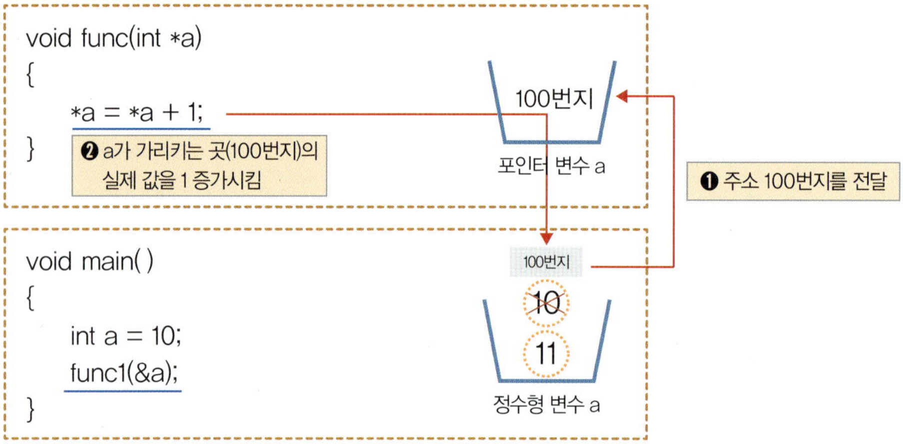

그림 10-11 매개변수 전달: 주소로 전달

[기본 10-9]의 13행에서 &a(a의 주솟값=100번지)를 func1( )에 전달한다. 3행의 func1( )에서 매개변수를 포인터형(*a)으로 선언했으므로 func1( )의 포인터 변수 a에는 100번지가 들어간다. 5행에서 *a(a가 가리키는 곳의 실제 값=100번지의 실제 값)에 1을 더하므로 100번지에 저장된 10을 11로 변경한다. 6행에서 *a를 출력하면 100번지의 값을 출력하게 되므로 결국 11이 출력된다. func1( ) 함수의 실행이 끝나고 14행으로 돌아와서 a(100번지)를 출력해도 역시 11이 출력된다.

여기서 잠깐

포인터 다시 짚어보기

포인터에 대한 기억을 잠깐 되살려 정리해보자.

`int *a;`	⇨ 주소를 저장할 수 있는 포인터 변수를 선언한다.
`int b = 10;`	⇨ 정수형 변수이다.
`a = &b;`	⇨ a에 b의 주소를 대입한다.
`*a = 20;`	⇨ a가 가리키는 곳의 실제 값을 20으로 변경한다.

SELF STUDY

[기본 10-9]에 int b=20;을 추가하여 a와 b의 합계를 계산하는 함수를 완성해보자.

마지막으로 두 문자를 교환하는 예제를 통해 값으로 전달하는 방식과 주소로 전달하는 방식을 확실히 구분해보자.

응용 10-10 매개변수 전달 방법 비교 10-10.c

```
#include <stdio.h>

void func1(char a, char b)
{
    int imsi;

    imsi = a;
    ___1___
    b = imsi;
}

void func2(char *a, char *b)
{
    int imsi;

    imsi = *a;
    ___2___
    *b = imsi;
}

void main( )
{
    char x = 'A', y = 'Z';

    printf("원래 값          : x=%c, y=%c\n", x, y);

    func1( ___3___ );
    printf("값을 전달한 후  : x=%c, y=%c\n", x, y);

    func2( ___4___ );
```

- 매개변수가 값인 함수이다.
- 두 문자를 교환한다.
- 매개변수가 주소인 함수이다.
- 두 문자를 교환한다.
- 원래 문자를 출력한다.
- 값을 전달해서 func1( ) 함수를 호출한다.
- 주소를 전달해서 func2( ) 함수를 호출한다.

```
31      printf("주소를 전달한 후: x=%c, y=%c\n", x, y);
32  }
```

정답_ 1 a = b; 2 *a = *b; 3 x, y 4 &x, &y

실행 결과

```
원래 값        : x=A, y=Z
값을 전달한 후  : x=A, y=Z
주소를 전달한 후: x=Z, y=A
```

27행에서는 값으로 전달하므로 [그림 10-12]와 같이 작동한다. 단순히 값을 복사해서 넘겨주는 것이므로 func1()을 호출한 후에도 main() 함수에서 출력되는 값에는 영향을 주지 않는다.

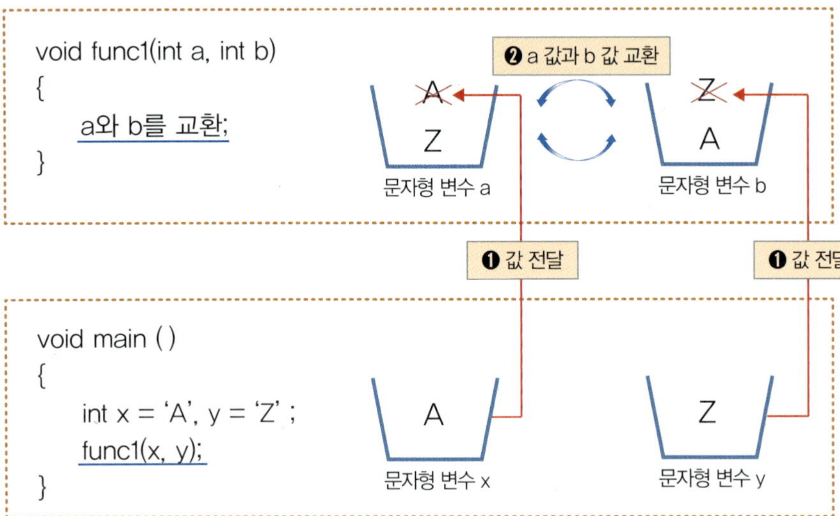

그림 10-12 값으로 전달을 통한 교환

30행에서는 주소로 전달하므로 [그림 10-13]과 같이 작동한다. 주솟값을 매개변수로 주었기 때문에 func2() 함수를 호출하면 main() 함수에서 출력되는 값에도 영향을 미친다.

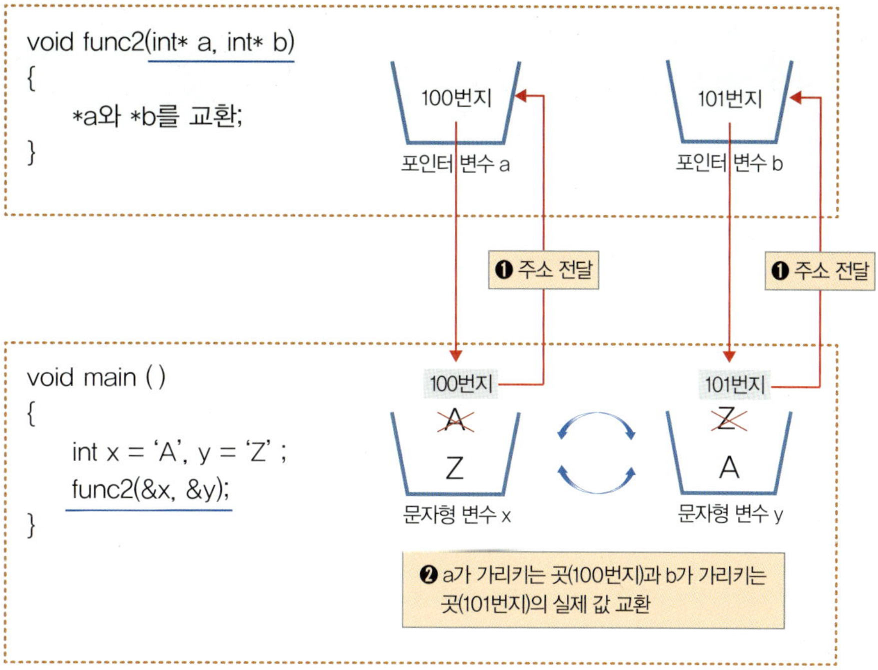

그림 10-13 주소로 전달을 통한 교환

예제모음 27

함수를 이용한 구구단 프로그램

exam27.c ★☆☆

예제 설명 함수를 사용하여 구구단을 출력하는 프로그램이다.

실행 결과

```
출력하고 싶은 단을 입력 : 7
 7 X  1=  7
 7 X  2= 14
 7 X  3= 21
 7 X  4= 28
 7 X  5= 35
 7 X  6= 42
 7 X  7= 49
 7 X  8= 56
 7 X  9= 63
```

```c
#define  _CRT_SECURE_NO_WARNINGS
#include <stdio.h>
void gugu(int dan)
{
   int i;

   for(i=1; i <= 9; i++)
   {
      printf("%2d X %2d= %2d  \n", dan, i, dan*i);
   }
}

void main( )
{
   int input;

   printf("출력하고 싶은 단을 입력 : ");
   scanf("%d", &input);

   gugu(input);
}
```

- gugu( ) 함수를 정의한다(매개변수는 정수형 dan이다).
- 1~9를 반복하며 매개변수로 받은 dan의 단을 출력한다.
- 출력할 단을 입력한다.
- 구구단을 계산하고 출력할 함수를 내보낸다.

예제모음 28

함수를 이용한 대·소문자 변환 프로그램

exam28.c ★★☆

예제 설명 대문자는 소문자로, 소문자는 대문자로 변환하는 프로그램이다.

❶ 대문자 변환 방법: 소문자에서 대·소문자 차이를 뺀다.

❷ 소문자 변환 방법: 대문자에서 대·소문자 차이를 더한다.

실행 결과

```
문자열을 입력(100자 이내) : Hanbit_Academy
변환된 결과 ==> hANBIT_aCADEMY
```

```c
#define _CRT_SECURE_NO_WARNINGS
#include <stdio.h>
char upper(char ch)
{ return ch - ('a' - 'A'); }

char lower(char ch)
{ return ch + ('a' - 'A'); }

void main( )
{
  char in[100], out[100];
  char ch;
  int i =0;

  printf("문자열을 입력(100자 이내) : ");
  scanf("%s", in);

  do {
    ch = in[i];
    if(ch >= 'A' && ch <= 'Z')
      out[i] = lower(ch);
    else if(ch >= 'a' && ch <= 'z')
      out[i] = upper(ch);
    else
      out[i] = ch;
```

- char upper(char ch) ~ : 대문자로 변환하는 함수이다.
- char lower(char ch) ~ : 소문자로 변환하는 함수이다.
- scanf("%s", in); : 문자열을 입력받는다.
- do { : 문자열이 널이 아닌 동안 반복한다. 즉 문자열의 끝까지 반복한다.
- ch = in[i]; : 문자형 배열에서 한 문자만 추출한다.
- if ~ else : 문자가 대문자이면 lower( ) 함수를, 소문자이면 upper( ) 함수를 호출한다. 숫자나 기호 등은 그대로 사용한다.

```c
        i++;
    } while(ch != '\0');

    out[i] = '\0';
    printf("변환된 결과 ==> %s\n",out);
}
```

출력 문자열의 맨 뒤에 널 문자를 추가한다.

IT 분야의 슈퍼스타 04

팀 버너스 리(Tim Berners Lee)

웹의 개념을 고안한 창시자이다. 웹과 클라이언트를 연결하는 HTTP 프로토콜, 여러 사이트를 접속할 수 있는 URL이라는 방식도 만들었다. 그가 고안한 개념을 기반으로 세계의 망이 하나로 묶여 지구촌이 현실화되었다. 팀 버너스 리의 업적으로 오늘날 수많은 사람이 자유롭게 인터넷을 사용하고 있으며 그는 현재도 건전한 웹 환경을 위해 다양한 활동을 하고 있다.

예제모음 29

숫자 자동 추첨 프로그램

exam29.c ★★★

예제 설명 1~45 중에서 숫자 6개를 자동으로 뽑는 프로그램이다.

실행 결과

```
** 로또 추첨을 시작합니다. **

추첨된 로또 번호 ==> 11  40  35  34  36  15
```

```
01 #include <stdio.h>
02 #include <stdlib.h>
03 #include <time.h>
04
05 int getNumber( ) {
06   return rand( ) % 45 + 1;
07 }
08
09 void main( )
10 {
11   short int lotto[6] = {0,};
12   int i, k, num;
13   char dup='N';
14
15   printf("** 로또 추첨을 시작합니다. ** \n\n");
16   srand((unsigned)time(NULL));
17
18   for(i=0;i < 6;) {
19     num = getNumber( );
20
21     for(k=0; k < 6; k++)
22       if(lotto[k] == num)
23         dup = 'Y';
24
25     if(dup == 'N')
26       lotto[i++] = num;
```

- 02~03행: 관련 함수를 사용하기 위해 포함한 헤더 파일이다.
- 05~07행: 1~45 중에서 숫자 하나를 추출하는 함수이다.
- 06행: rand( ) 함수는 0~32767 중 하나를 임의로 반환한다.
- 11행: 추첨된 숫자를 담을 배열이다.
- 12행: 반복 변수 i, k와 뽑힌 숫자를 담을 변수 num이다.
- 13행: 이미 뽑힌 숫자인지 체크하기 위한 변수이다.
- 16행: rand( ) 함수를 초기화하는 함수이다. 이 행이 없으면 늘 같은 숫자가 뽑힌다.
- 19행: 로또 숫자를 1개 뽑는다.
- 18행~: 다른 숫자 6개가 뽑힐 때까지 반복한다(18~28행). 다른 숫자가 뽑히면 18행에서 i를 1 증가시킨다.
- 21~23행: 뽑은 숫자가 이전에 뽑은 숫자와 동일한지 체크하고, 동일하면 중복 확인 변수에 'Y'를 대입한다.

```
27      else
28        dup = 'N';
29    }
30
31    printf("추첨된 로또 번호 ==> ");
32    for(i= 0 ; i < 6 ; i++) {
33      printf("%d  ", lotto[i]);
34    }
35
36    printf("\n\n");
37  }
```

- 뽑은 숫자가 처음 나온 숫자라면 로또 배열에 넣고 i(뽑힌 개수)를 1 증가시킨다(25~28행). 아니면 다시 중복 확인 변수에 'N'을 대입한다.
- 뽑힌 로또 숫자 6개를 출력한다.

IT 분야의 슈퍼스타 05

제임스 고슬링(James Gosling)

제임스 고슬링은 자바의 창시자이자 영향력 있는 프로그래머로 항상 거론되는 인물이다. 그는 자바 외에 유닉스, 컴파일러 등도 개발했다. 특히 그는 가상머신과 자바를 활용하여 어느 운영체제에서도 원활히 작동하는 프로그램을 만들 수 있도록 했다. 현재 셀 수 없이 많은 전 세계 기업에서 자바를 사용하고 있다.

IT@COOKBOOK

요약

1 함수의 이해

❶ 어떤 값이 들어가면 그것을 처리한 후 하나의 결과값을 돌려준다.

❷ 간단히 '함수 이름()'과 같이 사용한다.

❸ 함수는 반복 동작을 처리할 때 유용하다.

2 함수를 정의하고 호출하는 예

```
int plus(int v1, int v2)
{
   int result;
   result = v1 + v2;
   return result;
}
hap = plus (100, 200);
```

3 지역변수와 전역변수

지역변수는 선언된 함수 안에서만 유효한 변수이고 전역변수는 모든 범위에서 유효한 변수이다.

4 함수의 반환값

❶ 함수에서 값을 돌려주기 위해서는 return문을 사용해야 한다.

❷ 함수가 돌려줄 값에 따라 함수 이름 앞에 데이터 형식이 붙는다. 즉 정숫값을 반환하려면 'int 함수 이름()'과 같이 사용해야 한다.

❸ 돌려줄 값이 없다면 함수를 void 형으로 선언한다.

5 매개변수 전달 방법

❶ **값으로 전달:** 값을 복사해서 해당 함수에서 사용하는 것이므로 기존의 변수에 들어가는 값이 변하지 않는다.

❷ **주소로 전달:** 값이 들어 있는 주소를 넘겨주기 때문에 연산 결과에 따라 기존의 값이 변한다.

연습문제

1 다음은 함수에 대한 설명입니다. 틀린 것을 모두 고르세요.

❶ 함수 이름( ) 형식으로 되어 있다.

❷ printf( )는 기존에 제공되는 것이므로 함수라고 부르지 않는다.

❸ 영문으로 function이라고 부른다.

❹ 함수는 제공되는 것 외에 직접 만들 수는 없다.

2 함수에 전달되는 값을 저장하는 변수를 무엇이라고 부르는지 알맞은 것을 고르세요.

❶ 전달변수

❷ 저장변수

❸ 매개변수

❹ 함수변수

3 다음에 제시된 함수를 호출할 수 있는 함수로 올바르게 정의된 것을 모두 고르세요.

```
int addFunction(int m, int n)
{
  return m+n;
}
```

❶ addFunction(10, 20)

❷ addFunction(10)

❸ addFunction(3.14, 5.8)

❹ addFunction("안녕", "하세요")

4 다음에 제시된 코드는 오류가 발생합니다. 이를 해결하기 위해 제일 상단에 넣어야 할 코드로 알맞은 것을 고르세요.

```
void main() {
  myFunc(10, 20);
}

void myFunc(int n1, int n2) {
  printf("%d", n1 + n2);
}
```

❶ `void main();`

❷ `void myFunc();`

❸ `void myFunc(int, int);`

❹ `void myFunc(n1, n2);`

5 다음은 지역변수와 전역변수에 대한 설명입니다. 틀린 것을 고르세요.

❶ 지역변수는 함수 안에 선언한다.

❷ 전역변수는 함수 밖에 선언한다.

❸ 지역변수와 전역변수가 함수 안에서 동시에 사용되면 전역변수가 우선시된다.

❹ 지역변수는 선언한 함수 외 다른 함수에서는 알 수가 없다.

6 다음에 제시된 코드의 실행 결과를 적어보세요.

```
#include <stdio.h>
int var = 0;
void func1()
{
   int var = 111;
}
void func2()
{
   var = 222;
}
void main()
{
   printf("%d  ", var);
   func1();
   printf("%d  ", var);
   func2();
   printf("%d  ", var);
}
```

연습문제

7 다음 코드의 실행 결과가 300이 되도록 코드의 빈칸을 모두 채우세요.

```
void func( ______1______ )
{
    *para= *para + 100;
}

void main()
{
    int para= 200;
    func( ______2______ );
    printf(" %d ", para);
}
```

8 다음에 제시된 실행 결과와 같이 대소문자가 상호 변환되도록 upper_lower( ) 함수를 올바르게 작성하세요.

실행 결과

```
문자열을 입력(100자 이내) : IT_CookBook_Hanbit_Network
대소문자 변환 결과 ==> it_cOOKbOOK_hANBIT_nETWORK
```

```
void main()
{
    char inStr[100], outStr[100];

    printf("문자열을 입력(100자 이내) : ");
    scanf("%s", inStr);

    strcpy(outStr, upper_lower(inStr));

    printf("대소문자 변환 결과 ==> %s\n", outStr);
}
```

9 다음은 주사위 2개를 던져 나온 숫자 10개를 나열하는 코드입니다. 빈칸을 알맞은 코드로 채우세요.

실행 결과

```
** 주사위 2개 던지기 시작 **

같은 숫자가 나온 순서 ==> 3  5  6  6  1  1  6  5  1  6
```

```
int throwDice() {
        (1)
}

void main()
{
    short int diceNum[10] = { 0, };
    int i;
    char dup = 'N';

    printf("** 주사위 2개 던지기 시작 ** \n\n");
    srand((unsigned)time(NULL));

    int dice1, dice2;
    int equalCount = 0;
    while(1){
        dice1 = throwDice();
        dice2 = throwDice();
        (2)
    }

    printf("같은 숫자가 나온 순서 ==> ");
    for(i = 0; i < 10; i++) {
        printf("%d  ", diceNum[i]);
    }
    printf("\n\n");
}
```

연습문제

IT@COOKBOOK

10 다음 소스가 작동하도록 빈칸을 채우시오.

```
#include <stdio.h>

________1________

int main( )
{
  func1(100);
}

void func1(int a)
{
  printf("%d \n", a);
}
```

11

CHAPTER

표준 입출력과 파일 입출력

학습목표

- 표준 입출력 함수를 알아본다.
- 표준 입출력 함수와 파일 입출력 함수의 차이점을 이해한다.

SECTION 01

표준 입출력 함수

표준 입력 함수는 키보드로부터 입력받는 함수로 scanf( )를 사용하고, 표준 출력 함수는 모니터에 출력하는 함수로 printf( )를 사용한다.

지금까지 우리는 키보드를 사용하여 값을 입력하는 함수인 scanf( )와 모니터에 무엇인가를 보여주는 함수인 printf( )를 계속 사용해왔다. 이렇게 키보드로 입력하는 것을 '표준 입력(stdin, standard input)', 모니터로 출력하는 것을 '표준 출력(stdout, standard output)'이라고 한다.

TIP/ 표준 입력인 키보드와 표준 출력인 모니터를 통틀어서 콘솔(console)이라고도 한다.

여기서는 이와 같은 표준 입력 함수와 표준 출력 함수의 종류를 자세히 살펴보자.

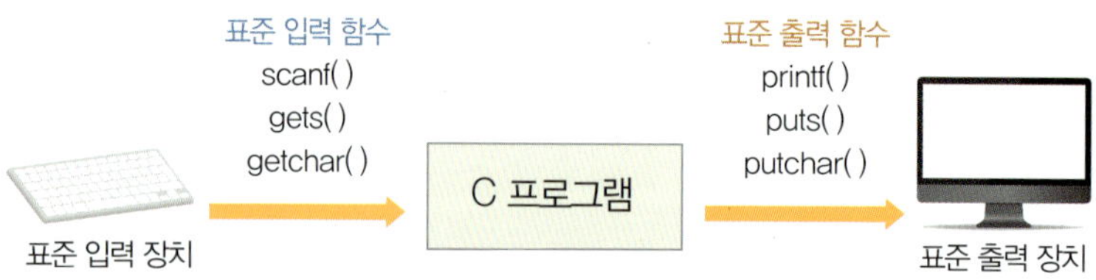

그림 11-1 표준 입출력의 개념

1 서식화된 입출력 함수

서식을 지정해서 출력하는 함수인 printf( )와 scanf( )를 계속 사용해보았기 때문에 지금쯤은 사용하는 데 어려움이 없을 것이다. 기본적인 사용 형식을 다시 한 번 확인해보자.

여기서 잠깐

보안이 강화된 입력 함수

대부분의 C/C++ 컴파일러는 scanf( )나 gets( ) 함수를 사용하여 키보드의 입력을 받았다. 하지만 scanf( )와 gets( ) 함수는 자체적인 보안에 취약하다는 문제가 있다.

마이크로소프트에서는 이런 문제가 해결된 scanf_s( )와 gets_s( ) 함수의 사용을 권장한다. 하지만 이 책에서는 대부분의 C/C++ 컴파일러에서 공통적으로 사용할 수 있도록 scanf( )와 gets( ) 함수를 사용했다.

표 11-1 서식화된 입출력 함수 종류

구문	설명
printf("서식", 출력할 매개변수들 …)	표준 출력 장치(모니터)에 서식을 맞춰 출력한다.
scanf("서식", 입력할 매개변수들 …)	표준 입력 장치(키보드)에서 서식에 맞춰 입력받는다.

그리고 서식의 위치에 올 수 있는 것은 다음과 같다.

표 11-2 입출력 함수에 사용 가능한 서식

서식	설명
%d	정수형(int)
%c	문자형(char)
%s	문자열(char*) 또는 문자 배열(char[ ])
%x	16진수 정수(int)
%o	8진수 정수(int)
%f, %lf	실수형(float, double)
%e	공학 계산용 형식
%p	포인터 주소

예제를 통해 서식화된 입출력 함수의 사용법을 살펴보자.

기본 11-1 서식화된 입출력 함수 사용 예 11-1.c

```
01 #define _CRT_SECURE_NO_WARNINGS
02 #include <stdio.h>
03 void main( )
04 {
05     int a;
06     float b;
07     char ch;
08     char s[20];
09
10     printf("정수를 입력 : ");
11     scanf("%d", &a);
12     printf("실수를 입력 : ");
13     scanf("%f", &b);
14     printf("문자를 입력 : ");
15     scanf(" %c", &ch);
16     printf("문자열을 입력 : ");
17     scanf("%s", s);
18
```

- 05: 정수형을 선언한다.
- 06: 실수형을 선언한다.
- 07: 문자형을 선언한다.
- 08: 문자 배열을 선언한다.
- 11: 정수를 입력한다.
- 13: 실수를 입력한다.
- 15: 문자를 입력한다. 13행의 Enter 를 무시하기 위해 %c 앞에 공백이 필요하다.
- 17: 문자열을 입력받는다. 배열 이름 s는 그 자체가 주소이므로 &를 사용하지 않는다.

```
19     printf("\n정수의 10진수 ==> %d\n", a);  ----- 정수를 10진수, 16진수, 8진수로 출력한다.
20     printf("정수의 16진수 ==> %X\n", a);
21     printf("정수의  8진수 ==> %o\n", a);
22     printf("실수 ==> %10.3f\n", b);         ----- 실수를 일반 방식 및 공학용으로 출력한다.
23     printf("실수(공학용) ==> %e\n", b);
24     printf("문자 ==> %c\n", ch);            ----- 문자 및 문자열로 출력한다.
25     printf("문자열 ==> %s\n", s);
26 }
```

실행 결과

```
정수를 입력 : 1234
실수를 입력 : 100.12345
문자를 입력 : K
문자열을 입력 : IT_CookBook

정수의 10진수 ==> 1234
정수의 16진수 ==> 4D2
정수의  8진수 ==> 2322
실수 ==>    100.123
실수(공학용) ==> 1.001235e+02
문자 ==> K
문자열 ==> IT_CookBook
```

이 책에서 사용하는 scanf( ) 함수 대신에 보안이 강화된 scanf_s( ) 함수를 사용하려면 주의할 점이 있다. 정수(%d)나 실수(%f)로 입력받을 때는 scanf_s("%d", &a)처럼 매개변수로 서식과 변수만 있으면 되지만, 문자나 문자열을 입력받을 때는 scanf_s("%c", &ch, 1)처럼 서식, 변수에 입력받을 문자 수까지 매개변수를 3개 넣어야 한다. 문자(%c)는 한 글자만 입력받으므로 입력받을 문자 수에 1을 넣고 문자열(%s)에는 배열의 크기를 넣는다. 단, 입력하는 문자의 최대 개수는 마지막에 널 문자가 들어가는 것을 고려해 '배열의 크기 - 1'을 입력한다. 즉 17행을 scanf_s("%s", s, 20)으로 수정하면 된다.

2 문자열 입출력 함수

printf( )와 scanf( ) 함수는 모든 데이터 형식을 입력하고 출력하는 반면에 puts( )와 gets( ) 함수는 문자열만 입출력하는 함수로 기본적인 사용 형식은 다음과 같다. 문자열 입출력 함수의 사용 방법도 예제를 통해 알아보자.

표 11-3 문자열 입출력 함수 종류

함수	설명
gets(문자 배열)	표준 입력 장치(키보드)로부터 '문자 배열 크기 – 1'만큼 문자열을 입력받는다. 숫자를 입력해도 무조건 문자열로 취급한다.
puts(문자 배열)	표준 출력 장치(모니터)에 문자열을 출력한다.

TIP/ 문자 배열 대신 문자열 포인터 이름을 써도 된다.

기본 11-2 문자열 입출력 함수 사용 예 11-2.c

```
#include <stdio.h>

void main( )
{
   char s[20];                    ----- 문자 배열을 선언한다.

   printf("문자열을 입력 : ");
   gets(s);                       ----- 문자열을 입력한다. 최대 19자까지 입력할 수 있다.

   puts(s);                       ----- 문자열을 출력한다.
}
```

실행 결과

```
문자열을 입력 : IT CookBook
IT CookBook
```

문자열만 입출력하는 경우 printf( ), scanf( ) 함수보다 gets( ), puts( ) 함수의 처리 속도가 더 빠르다.

3 문자 입출력 함수

문자를 하나만 입력할 때는 주로 getch( ), getche( ), getchar( ) 함수를 사용한다. 그리고 문자를 하나만 출력할 때는 putchar( ), putch( ) 함수를 사용한다.

표 11-4 문자 입출력 함수 종류

입력 함수	설명
getch( )	키보드를 통해 문자 하나를 입력받으며, 입력한 내용을 모니터에 보여주지 않는다.
getche( )	키보드를 통해 문자 하나를 입력받으며, 입력한 내용을 모니터에 보여준다.
getchar( )	사용자가 키보드로 Enter를 누를 때까지 입력한 것을 메모리(버퍼)에 모두 저장해놓고(Enter도 저장됨) 그중에서 한 문자만 꺼낸다.

출력 함수	설명
putchar(문자형 변수)	표준 출력 장치(모니터)에 문자 하나를 출력한다.
putch(문자형 변수)	putchar( )와 기능이 동일하다.

TIP/ getche( ) 함수의 마지막 'e'는 'echo'를 의미한다. 즉 입력한 문자를 모니터에 출력한다는 뜻이다.

getch( ) 함수

키보드를 통해 문자 하나를 입력받으며, 입력한 내용을 모니터에 보여주지 않는 함수이다. [기본 11-3] 예제를 통해 살펴보자.

기본 11-3 문자 입출력 함수 사용 예 1 11-3.c

```
01 #include <stdio.h>
02
03 void main( )
04 {
05     char ch;
06
07     ch = getch( );      ----- 문자 1개를 입출력한다.
08     putch(ch);
09
10     ch = getch( );      ----- 문자 1개를 입출력한다.
11     putch(ch);
12
13     ch = getch( );      ----- 문자 1개를 입출력한다.
14     putch(ch);
15 }
```

실행 결과

```
ABC
```

7행에서는 문자 하나를 입력받고 8행에서는 입력받은 문자를 출력한다. 이것을 3회 반복해서 문자 3개를 입력받아 출력한다.

여기서 잠깐

getch( ) 함수와 getche( ) 함수의 사용 유무

Visual Studio 이전 버전(예를 들어 2012)에서는 원칙적으로 getch( ), getche( ) 함수가 사용되지 않지만 실제로 실행하면 문제없이 작동한다. 코딩할 때 빨간 줄 오류 표시가 나는 것이 거슬린다면 _getch( ), _getche( ) 함수를 사용하고 추가로 #include <conio.h>를 쓰도록 한다.

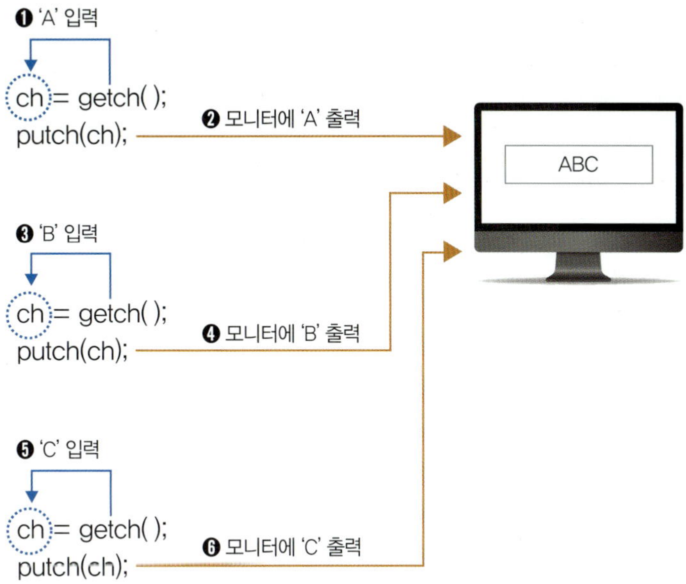

그림 11-2 getch( ) 함수의 작동

다음은 입력받은 비밀번호를 getch( ) 함수를 사용하여 보이지 않게 하는 프로그램이다.

응용 11-4 문자 입출력 함수 사용 예 2 11-4.c

```
#include <stdio.h>
#include <string.h>

void main( )
{
  char password[5] = "5678";
  char input[5];
  int i;

  printf("비밀번호 4글자를 입력하세요 : ");
  for(i=0; i < 4; i++)
    input[i] = ___1___;

  if(strncmp(password, input, 4) == 0)
  {
    printf("\n비밀번호 통과~~\n");
  }
  else
  {
    printf("\n입력한 비밀번호 ");
```

- 비밀번호를 '5678'로 고정한다.
- 입력받은 비밀번호를 저장하는 문자 배열이다.
- 문자 4개를 입력받는다(입력한 글자는 보이지 않는다).
- 입력한 글자 4개가 비밀번호와 같으면 통과한다.
- 입력한 글자 4개가 비밀번호와 다르면 사용자가 입력한 내용을 출력한다.

```
21
22      for(i=0; i < 4; i++)
23          __❷__(input[i]);
24
25      printf(" 가 틀렸음\n");
26    }
27 }
```

정답_ ❶ getch( ) ❷ putch

실행 결과

```
비밀번호 4글자를 입력하세요 :           --> 입력하는 글자가 안 보임
입력한 비밀번호 1234 가 틀렸음
```

[응용 11-4]의 6행에서 비밀번호를 5678로 고정하고 7행에서는 입력받은 문자열을 저장할 다섯 자리 배열을 선언했다. 11~12행에서는 사용자가 네 자리 숫자를 입력하는데 모니터에는 나타나지 않는다. 14행의 strncmp(문자열 1, 문자열 2, 자릿수) 함수는 문자열 1과 문자열 2를 자릿수만큼 비교해서 같으면 0을 돌려주고 다르면 0 이외의 값을 돌려준다.

그러므로 password 배열에 들어 있는 5678과 사용자가 입력한 input 배열의 네 자리가 같은지 비교한 후, 두 값이 같으면 결과가 0이 되어 if문이 참이므로 '비밀번호 통과'가 출력된다.

만약 입력한 내용이 5678이 아니면 20~25행을 실행한다. 그러면 앞서 입력한 비밀번호를 한 글자씩 출력한 후 종료한다.

SELF STUDY

[응용 11-4]는 비밀번호를 입력할 때 모니터에 아무것도 나타나지 않는다. 이를 ****와 같은 표시가 나오도록 수정해보자.

힌트_ 11행의 for문 안에 putch("*")를 사용하면 된다.

getche( ) 함수

앞의 예에서 보았듯이 getch( ) 함수는 입력받은 내용을 모니터에 출력하지 않지만 getche( ) 함수는 putch( ) 함수를 사용하지 않아도 입력한 내용을 바로 모니터에 출력한다. 그러므로 입력할 글자를 모니터에 나타나게 하려면 putch( ) 함수나 putchar( ) 함수를 함께 사용해야 하는 getch( ) 함수 대신 getche( ) 함수를 사용하는 편이 더 간결하다.

기본 11-5 문자 입출력 함수 사용 예 3 11-5.c

```
#include <stdio.h>

void main( )
{
   char ch;

   ch = getche( );      —— 문자 1개를 입력받고 모니터에 보여준다.

   ch = getche( );      —— 문자 1개를 입력받고 모니터에 보여준다.

   ch = getche( );      —— 문자 1개를 입력받고 모니터에 보여준다.
}
```

실행 결과

```
ABC
```

getchar( ) 함수

getchar( ) 함수는 이해하기 조금 어려우니, 예제를 따라해보며 살펴본다. [기본 11-6]을 실행하여 두 글자를 입력하고 Enter를 눌러본 후 세 글자를 입력하고 Enter를 다시 눌러보자.

기본 11-6 문자 입출력 함수 사용 예 4 11-6.c

```
#include <stdio.h>

void main( )
{
   char ch;

   printf("문자열을 입력하세요 : ");
   ch = getchar( );      —— 문자 1개를 입력받는다.
   putchar(ch);          —— 버퍼에서 문자를 읽어 모니터에 출력한다.

   ch = getchar( );      —— 문자 1개를 입력받는다.
   putchar(ch);          —— 버퍼에서 문자를 읽어 모니터에 출력한다.

   ch = getchar( );      —— 문자 1개를 입력받는다.
   putchar(ch);          —— 버퍼에서 문자를 읽어 모니터에 출력한다.
}
```

실행 결과

```
문자열을 입력하세요 : AB
AB
            --> 빈 줄이 한 줄 출력됨
```

실행 결과

```
문자열을 입력하세요 : ABC
ABC        --> 빈 줄이 없음
```

두 문자를 입력하고 Enter를 눌렀을 때는 두 문자가 출력되고 줄이 넘어갔다. 하지만 세 문자를 입력하고 Enter를 눌렀을 때는 세 문자만 출력되고 줄이 넘어가지 않았다. 다음 그림을 통해 그 이유를 살펴보자.

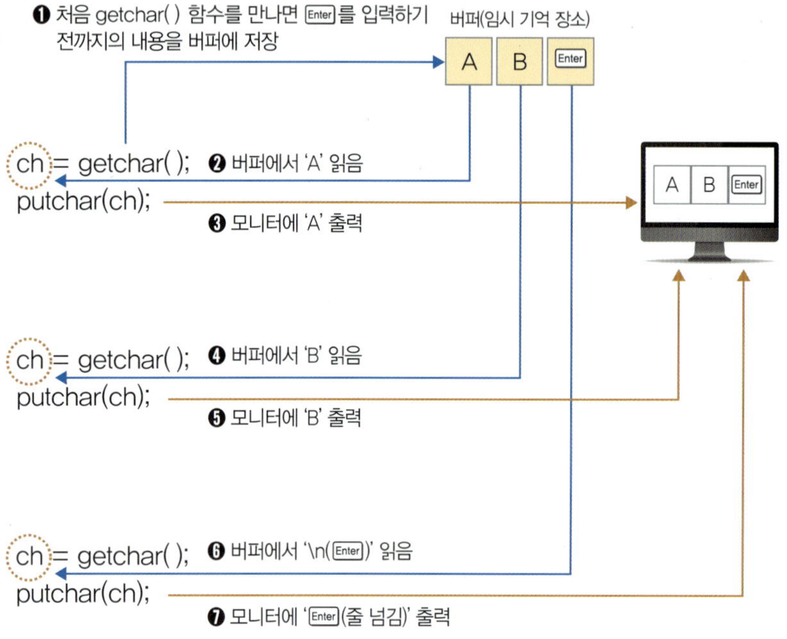

그림 11-3 두 문자를 입력할 때 getchar( ), putchar( ) 함수의 작동

8행의 첫 번째 getchar( ) 함수를 만나면 처음 입력을 시작해서 Enter를 누를 때까지 키보드로 입력한 내용을 버퍼에 저장해놓는다. 이때 Enter를 누르면 버퍼에 저장되어 있던 첫 글자(여기서는 'A')를 읽어와 ch에 대입한다. 그리고 9행에서 ch에 저장된 'A'를 출력한다.

11행의 두 번째 getchar( ) 함수를 만나면 키보드로 새 값을 입력받는 것이 아니라 앞서 버퍼에 저장된 내용의 두 번째 글자(여기서는 'B')를 바로 ch에 대입한다. 그리고 12행에서 ch에 저장된 'B'를 출력한다.

14행의 세 번째 getchar( ) 함수를 만나면 키보드의 입력 없이 버퍼에 있는 세 번째 글자(여기서는 Enter)를 ch에 대입하고 15행에서 ch에 저장된 Enter를 출력하므로 다음 줄로 넘어간다. 그래서 빈 줄이 다음 줄에 출력된 것이다. 그러나 'ABC Enter'를 입력하면 버퍼에는 글자 4개가 저장되지만 프로그램에서는 'C'까지만 출력하고 프로그램을 종료하므로 빈 줄이 추가로 출력되지 않았다.

Q / U / I / Z

❶ □□□□□( ) 함수는 한 글자를 입력받고, 입력받은 내용을 모니터에 출력하지 않는다.
❷ □□□□□□( ) 함수는 한 글자를 입력받고, 입력받은 내용을 모니터에 보여준다.
❸ □□□□□□□( ) 함수는 입력받은 내용을 버퍼에 모두 저장해놓고 한 글자씩 읽는다.

SECTION
02 파일 입출력 함수

파일 입출력 함수는 입력과 출력을 표준 입출력 장치가 아닌 파일로 처리하는 함수이다.

파일 입출력은 지금까지 해왔던 콘솔(모니터, 키보드)의 입출력과 그 개념이 비슷하다. 다만 키보드를 사용하는 대신 파일을 읽어서 내용을 입력하고 모니터 대신 파일에 내용을 출력하는 것이 다를 뿐이다. 여기서는 파일 입출력을 위해 반드시 알아야 할 처리 과정과 다양한 파일 입출력 함수에 대해 알아보자.

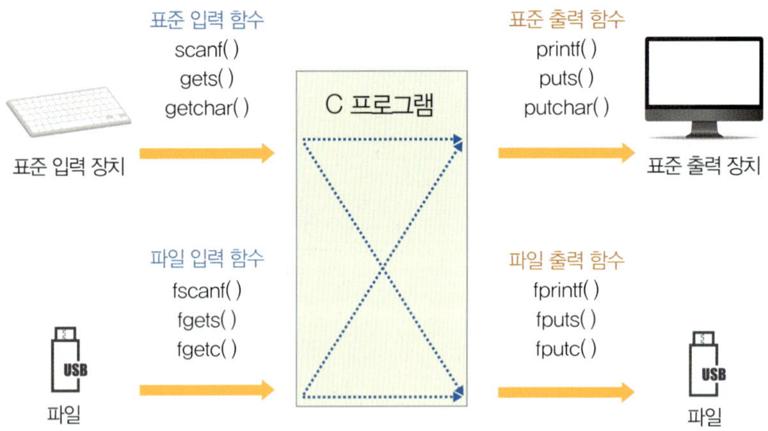

그림 11-4 표준 입출력 함수와 파일 입출력 함수

1 파일 입출력의 기본 과정

표준 입출력과 파일 입출력의 또 다른 차이는 사용하는 함수가 다르다는 것이다. 그러나 각 함수의 사용법이 크게 다르지 않아 어렵지 않다. 다만, 표준 입출력 장치(키보드, 모니터)는 항상 준비되어 있기 때문에 scanf( )나 printf( ) 같은 함수로 바로 사용할 수 있었던 데 반해, 파일 입출력을 위해서는 반드시 두 가지 작업을 추가로 해야 한다. 바로 파일을 사용하기 전의 '파일 열기' 작업과 파일 사용이 끝난 후의 '파일 닫기' 작업이다.

Q/U/I/Z 파일 입출력은 □□로부터 입력받거나 □□에 출력하는 것을 말한다.

우선 다음 4단계를 잘 기억해두기 바란다. 앞으로 계속 이 순서로 프로그램을 코딩할 것이다.

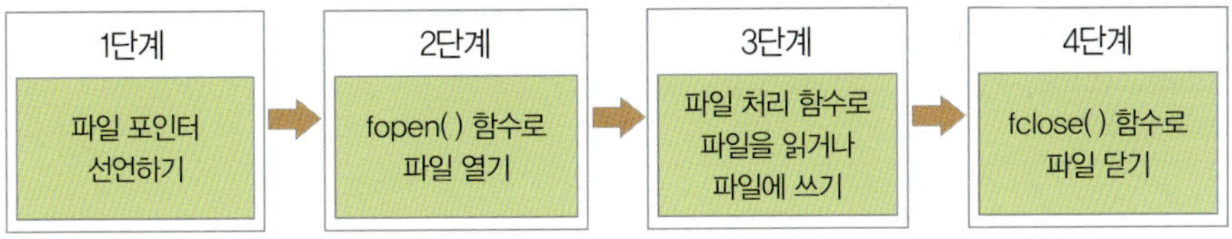

그림 11-5 파일 입출력의 기본 과정

1단계: 파일 포인터 선언하기

파일을 열려면 가장 먼저 '파일 포인터'라고 하는 포인터 변수를 선언해야 한다.

```
FILE *변수 이름;
```

2단계: fopen( ) 함수로 파일 열기

파일 포인터를 선언했으면 파일을 열기 위해 함수를 사용한다.

```
변수 이름 = fopen("파일 이름", "열기 모드");
```

파일의 열기 모드는 파일을 여는 목적을 알려준다. 단순히 내용을 읽기 위해 파일을 열 때는 r(read)을 사용하고, 어떤 내용을 쓰기 위해 파일을 열 때는 w(write) 또는 a(append)를 사용한다.

3단계: 파일 처리 함수로 파일을 읽거나 파일에 쓰기

이제는 파일에 데이터를 쓰거나 파일로부터 데이터를 읽어올 수 있는 상태가 되었다. 파일을 처리하는 세부적인 방법은 잠시 후 예제를 통해 알아보자.

여기서 잠깐

fscanf_s( )와 fopen_s( ) 함수	이 책은 모든 C/C++ 컴파일러에서 작동하는 fscanf( )와 fopen( ) 함수를 사용한다. 하지만 마이크로소프트에서는 보안이 강화된 fscanf_s( )와 fopen_s( ) 함수의 사용을 권장한다.
파일의 쓰기 모드인 w와 a의 차이	❶ w: 파일이 없다면 새로 생성하고, 파일이 있다면 기존 파일을 무시하고 새로 덮어 쓴다. ❷ a: 파일이 없다면 새로 생성하지만 파일이 있다면 기존 파일의 맨 끝에서부터 이어 쓴다. 추가한다는 의미로 append의 약자인 'a'를 사용한다.

4단계: fclose( ) 함수로 파일 닫기

파일과 관련된 모든 작업이 끝나면 파일을 정상적으로 닫아야 한다.

```
fclose(파일 포인터);
```

2 파일을 이용한 입력

우리가 지금까지 사용한 입력 방식은 키보드로 입력하는 것이 전부였고 그나마 데이터가 간단해서 입력하는 데 별 어려움이 없었다. 하지만 입력해야 할 데이터가 A4 용지 2쪽 분량이라면 어떨까? 여러 사람에게 2쪽짜리 입력 데이터를 나눠주고 프로그램을 실행할 때 직접 입력하게 해보자. 시간이 많이 걸릴뿐더러 사람마다 입력하는 형태나 내용이 달라서 동일한 결과가 나오지 않을 것이다. 따라서 이럴 때는 파일 하나에 데이터를 담아두고 필요할 때마다 불러와서 사용하는 편이 훨씬 효율적이다.

파일의 문자열 읽기: fgets( ) 함수

파일로부터 값을 입력받을 때 사용하는 fgets( ) 함수는 파일 포인터에 지정된 파일에서 문자열을 읽어 문자 배열에 대입한다. 단, 읽어올 문자열의 최대 길이는 '읽을 최대 문자 수 – 1'이어야 한다.

```
fgets(문자 배열, 읽을 최대 문자 수, 파일 포인터);
```

gets( ) 함수를 사용했던 [기본 11-2]의 소스를 활용하여 출력 함수인 puts( )를 그대로 사용하고 파일의 내용을 모니터에 출력해보자.

그림 11-6 파일 입력과 표준 출력

[그림 11-6]과 같이 파일을 통해 데이터를 입력한 후 이를 모니터에 출력하는 프로그램을 살펴보자. 먼저 메모장을 실행해서 'File Read Sample'이라는 문장을 입력하고 'C:\temp\data1.txt'로 저장한다.

TIP gets( ) 함수는 컴파일 시에 경고(warning)가 발생할 수 있다. 큰 문제는 없지만, 경고를 없애려면 다음과 같이 fgets( ) 함수를 사용해서 해결하면 된다. fgets(문자, 배열, 읽을 최대 문자수, stdin)
여기서 stdin은 키보드 입력을 의미한다. 결국 파일이 아닌 키보드로 입력받는다는 의미다.

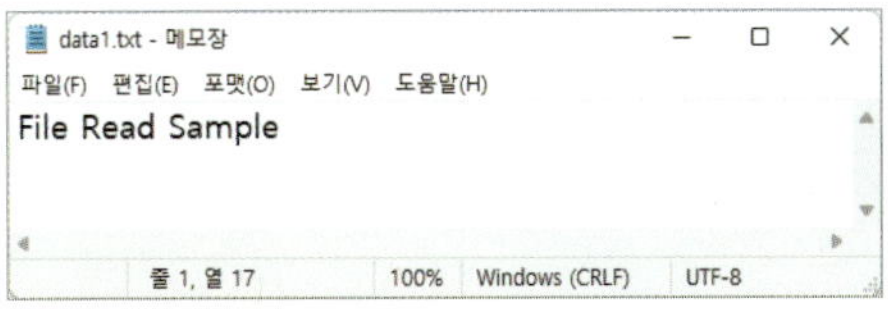

기본 11-7 파일을 이용한 입력 예 1 11-7.c

```
01 #define _CRT_SECURE_NO_WARNINGS
02 #include <stdio.h>
03 void main( )
04 {
05    char s[20];
06    FILE *rfp;
07
08    rfp=fopen("c:\\temp\\data1.txt", "r");
09
10    fgets(s, 20, rfp);
11
12    printf("파일에서 읽은 문자열 : ");
13    puts(s);
14
15    fclose(rfp);
16 }
```

- 05행: 문자 배열을 선언한다.
- 06행: 파일 포인터를 선언한다.
- 08행: 파일 읽기(r) 모드로 연다. 폴더와 파일의 경로는 '\'를 2개씩 써야 한다.
- 13행: 모니터에 문자열을 출력한다.

실행 결과

```
파일에서 읽은 문자열 : File Read Sample
```

TIP/ fopen( ) 함수도 scanf( ) 함수처럼 Visual Studio에서 오류가 생긴다. #define _CRT_SECURE_NO_WARNINGS 코드를 첫 행에 추가해줘야 오류가 발생하지 않는다.

[기본 11-7]은 코드가 그리 길지는 않지만 파일 처리의 핵심 부분이 요약된 예제이므로 잘 익혀두어야 한다. 우선 5행에서는 파일에서 읽어들일 문자열을 저장할 배열을 20자리로 선언하고, 6행에서는 파일 포인터의 변수 이름으로 rfp를 사용했다. 8행에서는 저장해놓았던 'data1.txt'를 읽기 모드로 연다.

fopen( ) 함수에 문제가 없다면 파일 포인터 rfp는 성공적으로 열린 파일(data1.txt)을 가리킨다. 10행에서는 rfp 파일 포인터에서 최대 19자의 데이터를 읽어와 배열 s에 넣고, 13행에서 배열 s의 내용을 모니터에 출력한다. 모든 처리가 끝난 후 15행에서 파일(data1.txt)을 fclose( ) 함수로 닫는다.

TIP/ 파일 포인터의 변수 이름은 대개 file pointer의 약자인 'fp'를 많이 사용한다. 여기서는 읽기용 파일 포인터로 'rfp(read file pointer)'를, 쓰기용 파일 포인터로 'wfp(write file pointer)'를 사용했다.

도스 명령어 type의 구현

이번에는 도스 명령어 중 하나인 type 명령어 프로그램을 직접 작성해보자. type 명령어는 지정한 파일의 내용을 화면에 출력하는 기능을 한다.

```
type 파일 이름
```

⊞+R을 누르고 cmd 명령을 입력하여 명령 프롬프트를 연다. 다음 명령어를 입력하면 win.ini 파일의 내용이 화면에 출력될 것이다.

```
type C:\windows\win.ini
```

type 명령어의 사용법을 알았으니 이와 동일한 결과를 나타내는 프로그램을 작성해보자. 파일을 읽어서 화면에 출력하는 fgets( ) 함수를 활용하면 된다. 앞서 배운 파일 처리와 동일한 순서로 프로그램을 작성하되 3단계만 조금 다르다.

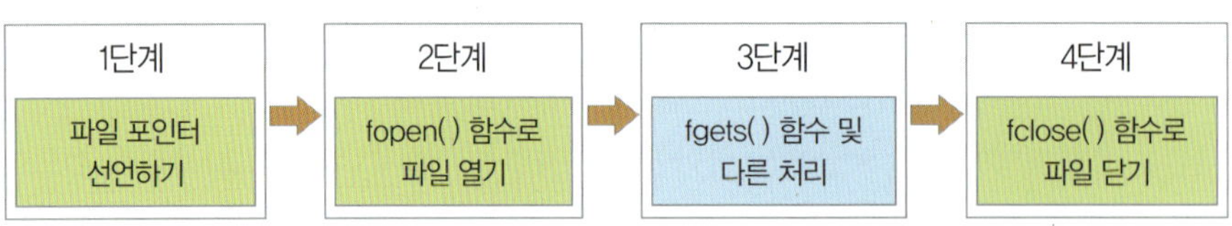

응용 11-8 파일을 이용한 입력 예 2

11-8.c

```
01 #define _CRT_SECURE_NO_WARNINGS
02 #include <stdio.h>
03 void main( )
04 {
05    char str[200];                          ----- 한 번에 최대 199자까지 읽을 수 있도록 배열을 선언한다.
06    FILE *rfp;                              ----- 파일 포인터를 선언한다.
07
08    rfp=fopen("c:\\windows\\win.ini", "r");  ----- 읽어올 파일을 연다.
09
10    for( ; ; )                              ----- 무한 루프이다.
11    {
12       __1__(str, 200, rfp);                ----- 파일에서 한 줄씩 읽어온다.
13
14       if( __2__(rfp))                      ----- 파일의 끝이라면 for문을 종료한다.
15          break;
16
17       printf("%s", str);                   ----- 파일의 끝이 아니므로 읽은 내용을 출력한다.
18    }
19
20    __3__(rfp);                             ----- 파일을 닫는다.
21 }
```

정답_ 1 fgets 2 feof 3 fclose

실행 결과

```
; for 16-bit app support
[fonts]
[extensions]
[mci extensions]
[files]
[Mail]
MAPI=1
```

[응용 11-8]의 5행에서는 한 줄을 최대 199자로 제한했다. 그리고 8행에서 C:\windows\win.ini 파일을 읽기 전용으로 연다. C에서 폴더 경로를 지정할 때는 \를 2개씩 써야 한다. 10행의 for(; ;)문은 무한 루프를 뜻한다. 즉 break문을 만나기 전까지는 10~18행을 무한 반복한다.

12행에서는 파일로부터 한 줄을 읽어온다. 14행의 feof(rfp) 함수는 현재 파일의 위치가 끝인지 확인한다. 즉 파일의 맨 끝이라면 feof( ) 함수가 참이므로 14행이 참이다. 그러면 15행의

break문을 통해 for문이 종료된다. 만약 파일의 끝이 아니라면 17행의 printf( )문을 통해 해당 문장을 출력한다. 이렇게 파일의 끝까지 반복하여 모든 내용을 모니터에 출력한 후 20행에서 파일을 닫는다.

SELF STUDY

결과를 출력할 때 행 번호도 출력되도록 [응용 11-8]을 수정해보자.

예_ 1행: ; for 16-bit app support
　　2행: [fonts]
　　　　⋮

힌트_ for문 안에 행 번호를 위한 i 값을 추가하고, 출력할 때도 i값을 함께 출력한다.

서식을 지정하여 파일 읽기: fscanf( ) 함수

fscanf( ) 함수는 파일 포인터를 사용하는 것을 제외하고는 scanf( ) 함수와 사용법이 동일하다.

```
fscanf(파일 포인터, "서식", 입력할 매개변수들…);
```

C:\temp\data2.txt 파일에 정수 다섯 줄을 쓰고 fscanf( ) 함수로 읽어온 후 그 숫자들을 합하는 프로그램을 작성해보자. 역시 다음과 같은 순서로 처리하면 된다.

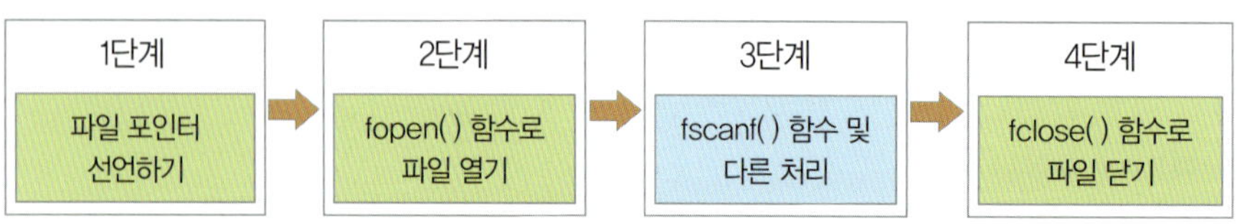

TIP/ fscanf( ) 함수는 숫자뿐만 아니라 서식이 정해진 숫자나 문자, 문자열을 모두 읽어올 수 있다. 하지만 숫자를 읽을 때는 fscanf( ) 함수를, 문자열을 읽을 때는 fgets( ) 함수를 사용하는 것이 편리하다.

먼저 다섯 줄의 숫자를 메모장에 입력하고 'C:\temp\data2.txt'로 저장한다.

기본 11-9 파일을 이용한 입력 예 3 11-9.c

```
01 #define _CRT_SECURE_NO_WARNINGS
02 #include <stdio.h>
03 void main( )
04 {
05    FILE *rfp;                                  ----- 파일 포인터를 선언한다.
06    int hap=0;                                  ----- 합계 변수를 선언하고 초기화한다.
07    int in, i;                                  ----- 읽어올 숫자 변수와 반복을 위한 변수이다.
08
09    rfp=fopen("c:\\temp\\data2.txt", "r");      ----- 파일을 읽기 모드(r)로 읽는다.
10
11    for(i=0; i < 5; i++)                        ----- 5회 반복하면서 파일 포인터에서 정수를
12    {                                                 읽어오고 합계를 누적한다.
13       fscanf(rfp, "%d", &in);
14       hap = hap + in;
15    }
16
17    printf("합계 ==> %d\n", hap);               ----- 합계를 출력한다.
18
19    fclose(rfp);                                ----- 파일을 닫는다.
20 }
```

실행 결과

```
합계 ==> 650
```

[기본 11-9]에서는 6행에서 숫자의 합계를 넣을 hap 변수를 선언하고 0으로 초기화했다. 7행에서는 파일로부터 숫자를 읽어들일 변수 in을 선언하고 9행에서 data2.txt를 읽기 모드로 열었다.

13행에서 fscanf( ) 함수를 사용하여 in에 정숫값을 읽어들이는 과정을 5회 반복한다. 14행의 hap에는 읽어들인 숫자를 누적하며, 17행에서 누적된 합계를 출력하고 19행에서 파일을 닫는다.

SELF STUDY

C:\temp\data3.txt에 실수 여덟 줄을 입력하고 저장하자. 그리고 여덟 줄의 실수 합계가 나오도록 [기본 11-9]를 수정해보자.

힌트_ 실수는 printf( ) 함수 코드에서 "%7.2f"와 같은 서식을 사용한다.

3 파일을 이용한 출력

프로그램에서 처리한 결과를 모니터가 아닌 파일에 출력해야 하는 경우도 종종 있다. 이럴 때는 파일 출력 함수를 사용해야 한다.

파일의 문자열 출력: fputs( ) 함수

fputs( ) 함수의 역할은 파일에서 읽어들이는 것과 같은 개념이다. 모니터에 출력하는 대신 파일에 내용을 쓰며 사용법은 puts( ) 함수와 거의 동일하다. 단, 파일 포인터에 지정된 파일에 문자열을 출력한다는 것이 다르다.

```
fputs(출력할 데이터, 파일 포인터);
```

파일을 쓰는 과정에서도 다음 4단계가 적용된다.

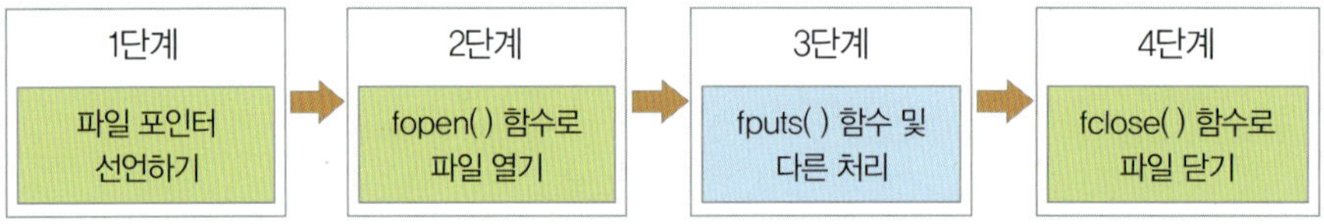

다음 그림은 키보드를 통해 데이터를 입력받고 파일에 출력하는 과정을 보여준다.

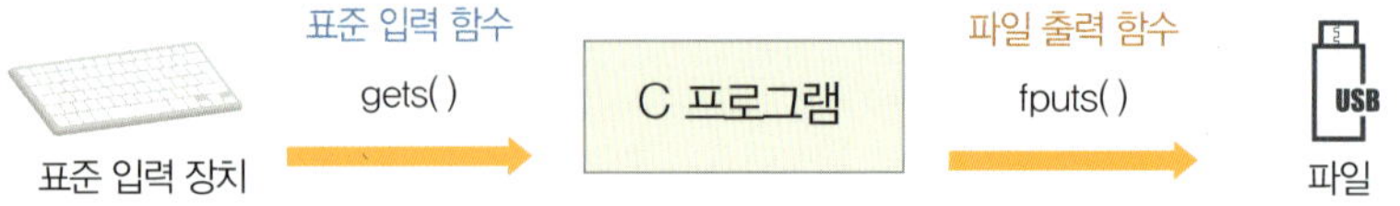

그림 11-7 표준 입력과 파일 출력

[그림 11-7]과 같이 키보드로 데이터를 입력하고 이를 파일에 출력하는 예제를 살펴보자.

TIP/ [기본 11-10]을 [기본 11-7]과 비교해보면 입출력 함수의 구분이 더 쉬울 것이다.

기본 11-10 파일을 이용한 출력 예 1 11-10.c

```
#define _CRT_SECURE_NO_WARNINGS
#include <stdio.h>
void main( )
{
   char s[20];
   FILE *wfp;

   wfp=fopen("c:\\temp\\data3.txt", "w");
```

----- 파일을 연다('w'는 쓰기 모드를 뜻한다).

```
09
10      printf("문자열을 입력(최대 19자) : ");
11      gets(s);                              ----- 최대 19자까지 입력할 수 있다.
12
13      fputs(s, wfp);                        ----- 입력된 내용을 파일에 쓴다.
14
15      fclose(wfp);
16  }
```

실행 결과

```
문자열을 입력(최대 19자) : Visual Studio
```

실행 결과 ▼ C:\temp\data3.txt의 내용

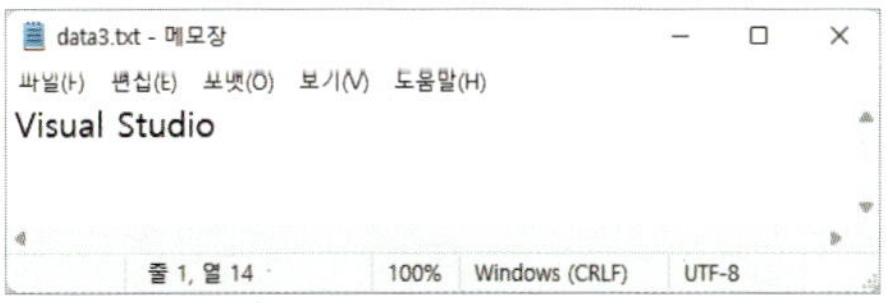

[기본 11-10]의 6행에서 쓰기용 파일 포인터를 wfp로 선언하고 8행에서 C:\temp\data3.txt 파일을 쓰기 모드로 연다. 11행에서는 키보드로 입력받은 문자열을 배열 s에 저장하고 13행에서는 fputs 함수를 사용하여 파일에 쓴다. 그리고 15행에서 파일을 닫는다. 프로그램을 실행한 후 data3.txt 파일을 열어보면 방금 입력한 내용이 들어 있다.

SELF STUDY

[기본 11-10]의 fopen( ) 모드를 'a'로 수정한 후 프로그램을 몇 번 더 실행하면서 data3.txt 파일 내용이 어떻게 변하는지 확인해보자.

도스 명령어 copy의 구현

이번에는 도스 명령어 중 하나인 copy 명령어를 프로그램으로 작성해보자. copy는 주어진 파일을 복사하여 똑같은 파일을 하나 더 만드는 명령어이다.

```
copy  소스_파일  타깃_파일
```

⊞+R을 누르고 cmd 명령을 입력하여 명령 프롬프트 창을 열고 다음 명령어를 입력해보자. win.ini 파일의 내용이 화면에 출력될 것이다.

```
copy  C:\windows\win.ini  C:\temp\data4.txt
```

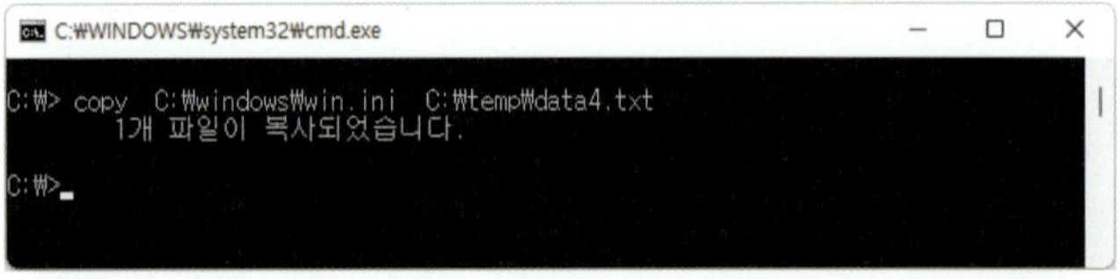

이 명령어는 소스 파일을 읽기 모드(r)로 열고 타깃 파일을 쓰기 모드(w)로 연 후 fgets( ) 함수로 소스 파일의 내용을 읽어와 fputs( ) 함수로 타깃 파일에 쓴다는 의미이다. 이런 과정을 파일의 끝을 만날 때까지 반복한다.

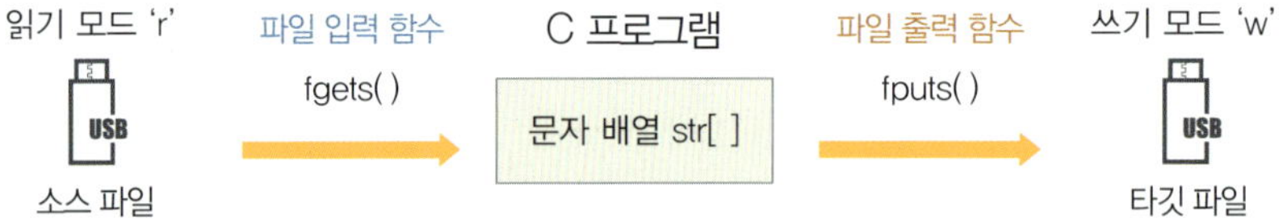

그림 11-8 파일을 이용한 출력

응용 11-11 파일을 이용한 출력 예 2 — 11-11.c

```
#define _CRT_SECURE_NO_WARNINGS
#include <stdio.h>
void main( )
{
   char str[200];
   FILE *rfp;
   FILE *wfp;

   rfp=fopen("c:\\windows\\win.ini", "r");
   wfp=fopen("c:\\temp\\data5.txt", "w");

   for( ; ; )
   {
      __1__(str, 200, rfp);

      if(feof(rfp))
         break;
```

- char str[200]; — 한 줄에 최대 199자까지 쓸 수 있다.
- FILE *rfp; FILE *wfp; — 읽기용, 쓰기용 파일 포인터를 허용한다.
- fopen — 읽기 모드와 쓰기 모드로 파일을 연다.
- for(; ;) — 무한 루프이다.
- __1__(str, 200, rfp); — 읽기용 파일에서 한 줄을 읽는다. 최대 199자까지 읽을 수 있다.
- if(feof(rfp)) break; — 읽기용 파일의 끝을 만나 for문을 빠져나간다.

```
18
19        __2__          ──── 쓰기용 파일에 한 줄을 쓴다.
20    }
21
22    fclose(rfp);
23    fclose(wfp);
24 }
```

정답_ 1 fgets 2 fputs(str, wfp);

실행 결과

아무것도 출력되지 않음.

실행 결과 ▼ C:\temp\data5.txt의 내용

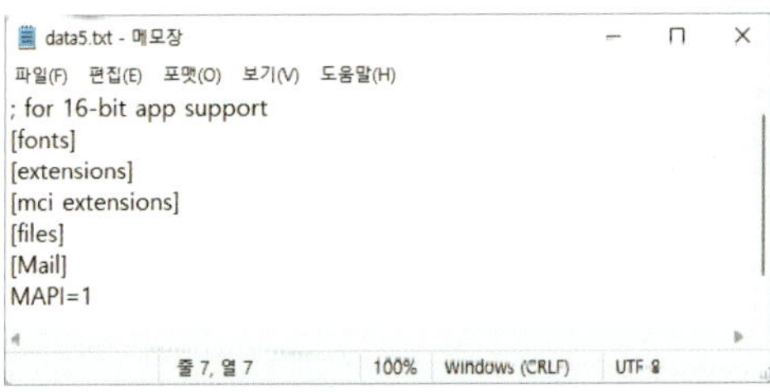

[응용 11-11]의 5행에서 한 줄에 쓸 수 있는 글자를 최대 199자로 제한하고 6행과 7행에서 각각 읽기용, 쓰기용 파일 포인터를 선언했다. 9행에서 C:\windows\win.ini 파일을 읽기 모드로 열고, 10행에서 C:\temp\data5.txt 파일을 쓰기 모드로 연다. 12행의 for(; ;)문은 무한 루프를 뜻한다. 즉 break문을 만나기 전까지 12~20행을 반복한다.

14행에서는 읽기용 파일에서 한 줄을 읽어온다. 그리고 16행에서는 파일의 끝인지 확인하는데, 파일의 끝이면 for문을 종료하고 그렇지 않다면 19행에서 쓰기용 파일에 한 줄을 쓴다. 이렇게 파일의 끝까지 반복하면 C:\windows\win.ini 파일과 C:\temp\data5.txt 파일의 내용이 똑같아지므로 파일을 복사하는 것과 마찬가지인 셈이다.

여기서 잠깐

이진 파일의 읽기와 쓰기

[응용 11-11]은 텍스트 파일(메모장에서 열리는 파일)에만 적용되고 이진 파일(그림 파일, 엑셀 파일 등)에는 적용되지 않는다. 이진 파일을 읽고 쓰려면 fopen( ) 함수를 사용할 때 읽기 모드의 경우 'rb'를, 쓰기 모드의 경우 'wb'를 사용하고 파일을 읽는 경우 fread( ) 함수를, 파일을 쓰는 경우 fwrite( ) 함수를 사용해야 한다. 이것의 활용은 15장에서 좀 더 살펴보겠다.

SELF STUDY

읽기용 파일과 쓰기용 파일의 이름을 직접 입력받도록 [응용 11-11]을 수정해보자. 즉 다음과 같이 실행되게 하자.

실행 결과

```
읽기 파일명 : c:\windows\win.ini
쓰기 파일명 : c:\temp\data6.txt
```

서식을 지정하여 파일 출력: fprintf( ) 함수

파일에 숫자를 출력하는 경우에는 서식을 지정할 수 있는 fprintf( ) 함수를 사용하는 것이 더 편리하다. printf( ) 함수와 사용법이 동일하지만 파일 포인터를 지정한다는 것이 다르다.

```
fprintf(파일 포인터, "서식", 출력할 매개변수들…);
```

다음은 키보드에서 숫자 5개를 입력받아 그 합을 data7.txt 파일에 쓰는 프로그램이다.

기본 11-12 파일을 이용한 출력 예 3 — 11-12.c

```
#define _CRT_SECURE_NO_WARNINGS
#include <stdio.h>
void main( )
{
   FILE *wfp;
   int hap=0;
   int in, i;

   wfp=fopen("c:\\temp\\data7.txt", "w");     ---- 파일을 쓰기 모드로 연다.

   for(i=0; i < 5; i++)                       ---- 5회 반복하면서 키보드에서 입력받은
   {                                               숫자의 합계를 누적한다.
      printf(" 숫자 %d : ", i+1);
      scanf("%d", &in);
      hap = hap + in;
   }

   fprintf(wfp, "합계 ==> : %d\n", hap);      ---- 합계를 파일에 쓴다.

   fclose(wfp);
}
```

실행 결과

```
숫자 1 : 10
숫자 2 : 222
숫자 3 : 35
숫자 4 : 68
숫자 5 : 41
```

실행 결과 ▼ C:\temp\data7.txt의 내용

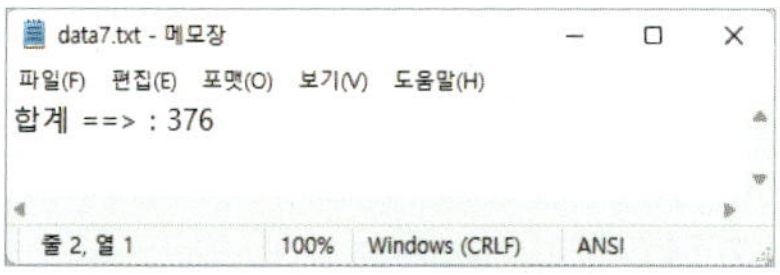

5행에서 쓰기를 위한 파일 포인터를 wfp로 선언하고 9행에서 파일을 쓰기 모드로 연다. 11~16행에서는 키보드로 숫자 5개를 입력받아 그 값을 hap에 누적한다. 그리고 18행에서 hap의 값을 파일 포인터 wfp에 쓴다. 프로그램을 종료한 후 data7.txt 파일을 확인하면 파일에 쓴 내용이 담겨 있다.

Q / U / I / Z 서식을 지정해서 파일을 읽어오려면 □□□□□□( ) 함수를 사용하고, 서식을 지정해서 파일에 쓰려면 □□□□□□□( ) 함수를 사용한다.

예제모음 30 구구단을 파일에 출력

exam30.c ★★☆

예제 설명 [예제모음 14]의 내용을 모니터가 아닌 'gugu.txt' 파일에 쓰는 프로그램이다.

실행 결과

```
#제2단# #제3단# #제4단# #제5단# #제6단# #제7단# #제8단# #제9단#

2X 1= 2 3X 1= 3 4X 1= 4 5X 1= 5 6X 1= 6 7X 1= 7 8X 1= 8 9X 1= 9
2X 2= 4 3X 2= 6 4X 2= 8 5X 2=10 6X 2=12 7X 2=14 8X 2=16 9X 2=18
2X 3= 6 3X 3= 9 4X 3=12 5X 3=15 6X 3=18 7X 3=21 8X 3=24 9X 3=27
2X 4= 8 3X 4=12 4X 4=16 5X 4=20 6X 4=24 7X 4=28 8X 4=32 9X 4=36
2X 5=10 3X 5=15 4X 5=20 5X 5=25 6X 5=30 7X 5=35 8X 5=40 9X 5=45
2X 6=12 3X 6=18 4X 6=24 5X 6=30 6X 6=36 7X 6=42 8X 6=48 9X 6=54
2X 7=14 3X 7=21 4X 7=28 5X 7=35 6X 7=42 7X 7=49 8X 7=56 9X 7=63
2X 8=16 3X 8=24 4X 8=32 5X 8=40 6X 8=48 7X 8=56 8X 8=64 9X 8=72
2X 9=18 3X 9=27 4X 9=36 5X 9=45 6X 9=54 7X 9=63 8X 9=72 9X 9=81
```

```c
#define _CRT_SECURE_NO_WARNINGS
#include <stdio.h>
void main( )
{
   FILE *wfp;                                  // ----- 파일 포인터와 변수를 선언한다.
   int i, k;

   wfp=fopen("c:\\temp\\gugu.txt", "w");       // ----- 쓰기 모드로 파일을 연다.
   for( i = 2; i <= 9; i++ )                   // ----- 첫 줄에 단 제목을 출력한다.
      fprintf(wfp, " #제%d단# ", i);
   fprintf(wfp,"\n\n");                        // ----- 줄 넘김을 출력한다.
   for( i = 1; i <= 9; i ++)                   // ----- 반복문을 돌면서 출력되는 구구단을
   {                                           //       'gugu.txt' 파일에 저장한다.
      for( k = 2; k <= 9; k ++)
      {
         fprintf(wfp,"%2dX%2d=%2d ", k, i, k*i);
      }
      fprintf(wfp, "\n");
   }

   fclose(wfp);
}
```

예제모음 31

exam31.c ★★★

파일에서 읽어온 문자열을 파일에 반대 순서로 출력

예제 설명 미리 만들어둔 'in.txt' 파일의 내용을 읽어와 'out.txt' 파일에 쓰는데 각 행의 문자를 반대 순서로 저장하는 프로그램이다(반드시 'in.txt' 파일의 마지막 행에서 Enter를 누르고 저장한다).

실행 결과

```
Visual
Studio Community
Basic-C
Study
```

```
lausiV
ytinummoC oidutS
C-cisaB
ydutS
```

```
#define _CRT_SECURE_NO_WARNINGS
#include <stdio.h>
#include <string.h>
void main( )
{
  FILE *rfp, *wfp;
  char str1[200], str2[200];
  int size, i;

  rfp=fopen("c:\\temp\\in.txt", "r");
  wfp=fopen("c:\\temp\\out.txt", "w");

  while(1)
  {
    fgets(str1, 200, rfp);

    if(feof(rfp))
      break;

    size = strlen(str1);
    for(i=size-1; i >= 0; i--)
      str2[size-1-i] = str1[i-1];

    str2[size-1] = '\0';
    fputs(str2, wfp);
    fputs("\n", wfp);
```

- 파일 포인터를 선언한다.
- 입력 문자열, 출력 문자열, 변수를 선언한다.
- 입력 파일과 출력 파일을 연다.
- 무한 루프이다.
- 입력 파일의 문자열을 읽는다.
- 입력 파일의 끝이면 종료한다.
- '문자열 길이 - 1'만큼 반복하며 입력 문자열과 출력 문자열의 위치를 바꾼다.
- 출력 문자열의 맨 끝에 널 문자를 추가한다.
- 출력 문자열을 출력 파일에 쓰고 줄 바꿈을 한다.

```
    }

    fclose(rfp);
    fclose(wfp);
}
```

IT 분야의 슈퍼스타 06

데니스 리치(Dennis Ritchie)

데니스 리치는 C 언어와 유닉스의 창시자이다. 그가 쓴 C 프로그래밍 책에서 'Hello World'라는 예제가 처음 나왔으며 이 문구는 여전히 수많은 교재와 강의에 활용되고 있다. 데니스 리치가 만든 C 언어를 기초로 하여 다양한 프로그래밍 언어가 탄생했다. 그의 천재성 덕분에 전 세계 많은 사람들이 IT 기기를 편리하게 이용하고 있다.

IT@COOKBOOK

요약

1 표준 입출력 함수

❶ 키보드로 입력하는 것을 표준 입력이라고 하며 표준 입력 함수에는 scanf( ), gets( ), getchar( ) 등이 있다.

❷ 모니터로 출력하는 것을 표준 출력이라고 하며 표준 출력 함수에는 printf( ), puts( ), putchar( ) 등이 있다.

2 파일 입출력 함수

❶ 키보드 대신 파일을 통해 입력받는 함수를 파일 입력 함수라고 하며 파일 입력 함수에는 fscanf( ), fgets( ), fgetc( ) 등이 있다.

❷ 실행 결과를 모니터 대신 파일에 출력하는 함수를 파일 출력 함수라고 하며 파일 출력 함수에는 fprintf( ), fputs( ), fputc( ) 등이 있다.

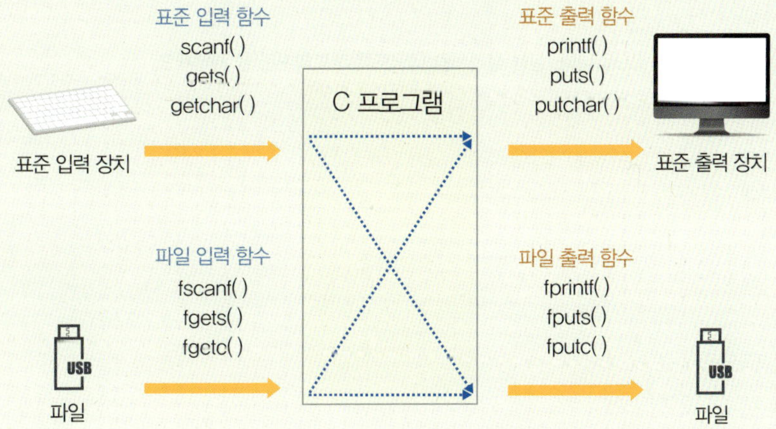

3 파일 입출력의 기본 과정

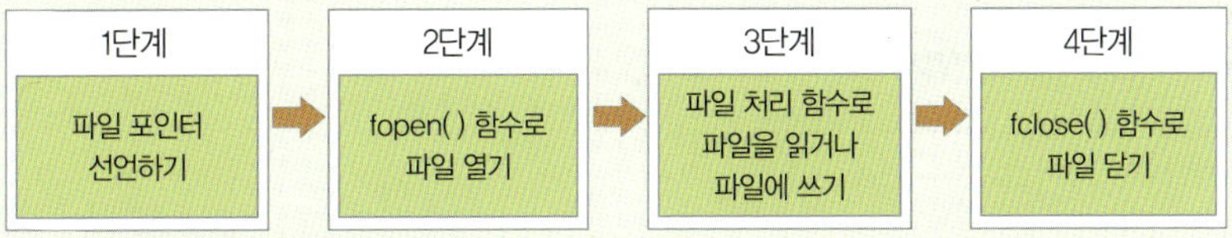

연습문제

1 다음 보기의 함수들을 표준 입력 함수와 표준 출력 함수로 구분하세요.

```
printf(), gets(), getchar(), puts(), putchar(), scanf()
```

2 다음 각 문항에 해당하는 서식을 적어보세요. 예) 정수형 : %d

❶ 문자형:

❷ 16진수 정수:

❸ 실수형:

❹ 포인터 주소:

❺ 공학 계산용 형식:

3 다음은 문자열을 입출력하는 코드입니다. 실행 결과처럼 나오도록 코드의 빈칸을 채우세요.

실행 결과

```
문자열을 입력 --> IT CookBook
IT CookBook
```

```
char str[30];

printf("문자열을 입력 -->");
_______1_______ (str);
_______2_______ (str);
```

4 다음 각 설명에 해당하는 함수를 보기에서 골라 적어보세요.

```
getch(), getche(), getchar(), putch()
```

❶ 키보드를 통해 문자 하나를 입력받으며, 입력한 내용을 모니터에 보여준다. (   )

❷ 표준 출력 장치(모니터)에 문자 하나를 출력한다. (   )

❸ 사용자가 키보드로 Enter를 누를 때까지 입력한 것을 메모리(버퍼)에 모두 저장해놓고(Enter도 저장됨) 그중에서 한 문자만 꺼낸다. (   )

5 다음 보기 중 파일 입출력과 관련 없는 함수를 모두 고르세요.

```
getch(),fscanf(), fgets(), fgetc(), getchar(), fprintf(), fputs(), putch(), fputc()
```

6 다음은 파일 처리의 4단계입니다. 각 단계에 해당하는 코드를 보기에서 골라 적어보세요.

```
A. 변수 = fopen()
B. fclose()
C. FILE *변수
D. fgets()
```

❶ 1단계: 파일 포인터 선언 (　　　　　)

❷ 2단계: 파일을 열기 (　　　　　)

❸ 3단계: 파일을 읽거나 쓰기 (　　　　　)

❹ 4단계: 파일 닫기 (　　　　　)

7 다음은 win.ini 파일을 화면에 출력하면서 앞에 행번호를 붙이는 코드입니다. 실행 결과처럼 나오도록 코드 내 반복문을 알맞게 채워보세요.

```
char str[200];
FILE* rfp;
rfp = fopen("c:\\windows\\win.ini", "r");
int line = 1;
while(1) {
        // 코드를 추가해야 할 영역
}
fclose(rfp);
```

실행 결과

```
1 : ; for 16-bit app support
2 : [fonts]
3 : [extensions]
4 : [mci extensions]
5 : [files]
6 : [Mail]
7 : MAPI=1
```

연습문제

IT@COOKBOOK

8 1~100 사이의 숫자 5개를 추출해서 화면에도 출력하고, ex11.txt 파일에도 저장하는 기능의 프로그램을 작성해보세요. 단, 숫자는 랜덤으로 출력됩니다.

실행 결과

```
추출 숫자 ==> 40
추출 숫자 ==> 92
추출 숫자 ==> 83
추출 숫자 ==> 58
추출 숫자 ==> 12
```

ex11.txt의 내용

```
추출 숫자 ==> 40
추출 숫자 ==> 92
추출 숫자 ==> 83
추출 숫자 ==> 58
추출 숫자 ==> 12
```

CHAPTER 12

고급 포인터

학습목표

- 메모리 할당의 개념을 이해한다.
- 주솟값이 들어가는 포인터 배열을 학습한다.

SECTION

01 메모리 할당 함수

- 메모리 공간을 동적으로 할당해야 할 때는 malloc( ) 함수를 사용한다.

메모리 할당은 C나 C++에서만 주로 다루는 주제이다. 오류가 많이 발생하지만 한편으로는 C를 강력하게 만드는 역할도 한다. 따라서 내용이 어렵더라도 이 부분을 건너뛰면 안 된다.

1 꼭 기억해야 할 포인터의 주요 내용

메모리 할당을 공부하기 전에 메모리와 관련된 포인터의 기본 내용을 복습하자.

- 컴퓨터의 모든 메모리에는 주소가 지정되어 있다([그림 9–6] 참고).
- int aa[3]과 같이 배열을 선언하면 배열 aa는 변수가 아닌 메모리의 주솟값 그 자체를 의미한다. 이를 포인터 상수라고도 한다([그림 9–8] 참고).
- 포인터 변수는 주소를 담는 그릇(변수)이고, 포인터 변수를 선언할 때는 int *p 또는 char *p와 같이 * 기호를 붙여서 선언한다([그림 9–9] 참고).
- 포인터 변수에는 주소만 대입해야 하는데 이때 변수 앞에 & 기호를 붙인다([그림 9–12], [그림 9–13] 참고).

복습하는 차원에서 숫자 배열에 정수 3개를 입력받고 포인터를 사용하여 합계를 구하는 프로그램을 살펴보자.

기본 12-1 포인터를 사용하여 정수 합계를 구하는 예 12-1.c

```
#define _CRT_SECURE_NO_WARNINGS
#include <stdio.h>
void main( )
{
    int aa[3];                ----- 정수형 배열을 선언한다.
    int *p;                   ----- 정수형 포인터 변수를 선언한다.
    int i, hap=0;

    for(i=0; i < 3; i++)      ----- 배열에 숫자 3개를 입력한다.
```

```
10    {
11       printf(" %d 번째 숫자 : ", i+1);
12       scanf("%d", &aa[i]);
13    }
14
15    p = aa;                              ----- 포인터 변수에 배열 aa의 주소를 대입한다.
16
17    for(i=0; i < 3; i++)                 ----- 합계를 누적한다. aa[0]~aa[2]의 합계를 구한다.
18       hap = hap + *(p+i);
19
20    printf("입력 숫자의 합=> %d\n", hap);
21 }
```

실행 결과

```
 1 번째 숫자 : 10
 2 번째 숫자 : 20
 3 번째 숫자 : 30
입력 숫자의 합=> 60
```

9~13행에서 각 배열에 숫자를 입력하는데 여기서는 10, 20, 30을 입력했다. 15행에서는 포인터 변수 p에 aa([그림 12-1]의 1031번지)를 대입하고, 17~18행에서는 hap에 *(p+i)를 누적하는 과정을 세 번 반복한다.

i 값이 0일 때는 *(p+0)을 의미하는데 이는 (p+0)번지가 가리키는 곳의 실제 값, 즉 1031번지의 실제 값인 정수 10이다. 마찬가지로 *(p+1)은 (p+1)번지가 가리키는 실제 값이므로 정수 20이다. [그림 12-1]을 보면서 소스 코드를 복습해보자.

여기서 잠깐

p+1의 의미

9장에서도 언급했지만, p가 1031번지라고 가정할 때 p+1은 1031번지+1=1032번지를 의미하는 것이 아니라 1031번지에서 한 칸을 건너뛴 곳을 의미한다.

여기서 한 칸의 의미는 p가 char 형일 때는 1바이트, int 형일 때는 4바이트이다. 포인터 변수 p가 int 형이라면 p+1은 1031번지+4바이트(한 칸)=1035번지이다.

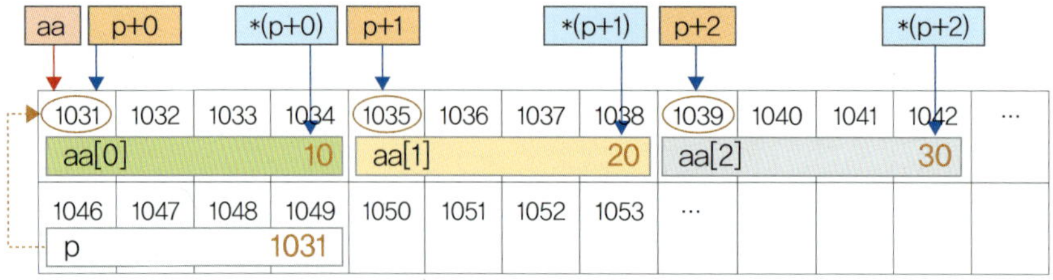

그림 12-1 배열과 포인터의 관계

5행에서 정수형 배열 aa[3]을 선언하면 1031~1042번지에 4바이트×3=12바이트의 메모리를 확보한다. 그리고 배열 aa는 1031번지 그 자체를 의미하는 포인터 상수가 된다(aa는 1031이라는 주솟값(포인터 상수)이지 변수가 아니다).

2 동적 메모리 확보: malloc( ) 함수

메모리를 미리 잡아두지 않고 필요할 때마다 메모리를 확보하는 것을 '동적 메모리 확보(dynamic memory allocation)'라고 하며, 이때 사용하는 함수는 malloc( )이다.

동적 메모리 확보의 개념

프로그램을 실행할 때 필요한 메모리가 항상 고정되어 있다면 별 문제가 없지만 경우에 따라 필요로 하는 메모리의 크기가 달라지기도 한다. 이때 쓰지도 않는 메모리를 잡아놓으면 메모리를 낭비하게 되는데, 이를 극복하기 위해서는 동적 메모리 확보를 해야만 한다. 글로만 설명하면 어렵게 느껴질 테니 예제를 통해 살펴보자.

[기본 12-1]에서는 사용자가 입력할 정수의 개수가 3으로 고정되어 있었다. 만약 사용자가 원하는 만큼 입력할 수 있도록 프로그램을 수정하려면 어떻게 해야 할까? 지금까지 배웠던 대로라면 [기본 12-2]와 같이 배열 aa의 크기를 크게 잡으면 된다. [기본 12-2]는 사용자가 더하고 싶은 숫자의 개수를 미리 입력한 후 숫자를 입력하는 프로그램이다. 사용자가 몇 개의 숫자를 더할지 예상할 수 없으므로 배열 aa의 크기를 충분하게 10000개 정도로 잡아놓자.

기본 12-2 **고정된 크기의 배열로 인한 메모리 낭비의 예** 12-2.c

```
#define _CRT_SECURE_NO_WARNINGS
#include <stdio.h>
void main( )
{
    int aa[10000];      ---- 정수형 배열을 선언한다.
    int *p;             ---- 정수형 포인터 변수를 선언한다.
```

```
07    int i, hap=0;
08    int cnt;
09
10    printf(" 입력할 개수는 ? ");
11    scanf("%d", &cnt);                        ----- 입력할 숫자의 개수를 입력한다.
12
13    for(i=0; i < cnt; i++)                    ----- 입력한 개수만큼 배열에 숫자를 입력한다.
14    {
15       printf(" %d 번째 숫자 : ", i+1);
16       scanf("%d", &aa[i]);
17    }
18
19    p = aa;                                   ----- 포인터 변수에 주소를 대입한다.
20
21    for(i=0; i < cnt; i++)                    ----- 합계를 누적한다.
22       hap = hap + *(p+i);
23
24    printf("입력 숫자의 합 ==> %d\n", hap);  ----- 합계를 출력한다.
25 }
```

실행 결과

```
 입력할 개수는 ? 3
 1 번째 숫자 : 10
 2 번째 숫자 : 20
 3 번째 숫자 : 30
입력 숫자의 합 ==> 60
```

5행에서 배열 aa의 크기를 10000개로 지정하고 11행에서 사용자가 입력할 개수를 미리 입력받는다. 그리고 13~17행에서 사용자가 입력한 개수(cnt)만큼 값을 입력받고 21~22행에서 cnt만큼 입력된 내용을 더한다.

이 예에서는 사용자가 숫자 3개를 입력한 후 그 합의 결과를 출력했다. 겉으로는 이상이 없어 보이지만 실제로는 다음과 같은 문제가 있을 수 있다.

- 만약 10000개가 넘는 숫자를 더하고 싶을 때는 이 프로그램으로 계산할 수 없다.
- 더 큰 문제는 메모리의 낭비이다. 이 예에서는 전체 배열 중 겨우 3개만 사용하고 종료했으므로 사용되지 않은 나머지 9997개의 메모리는 낭비되었다. 짐을 옮기는 데 10000명 중 달랑 3명만 짐을 들고 나머지 9997명은 빈손인 격이다.

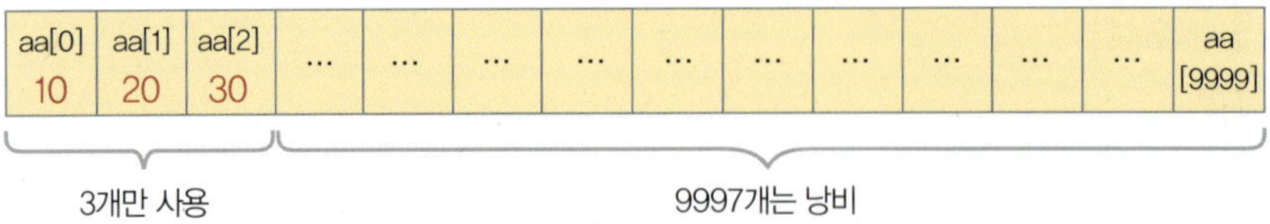

그림 12-2 과도한 메모리 낭비

이와 같은 메모리의 낭비를 막으려면 [그림 12-3]과 같이 필요한 만큼의 메모리를 확보해서 사용해야 한다.

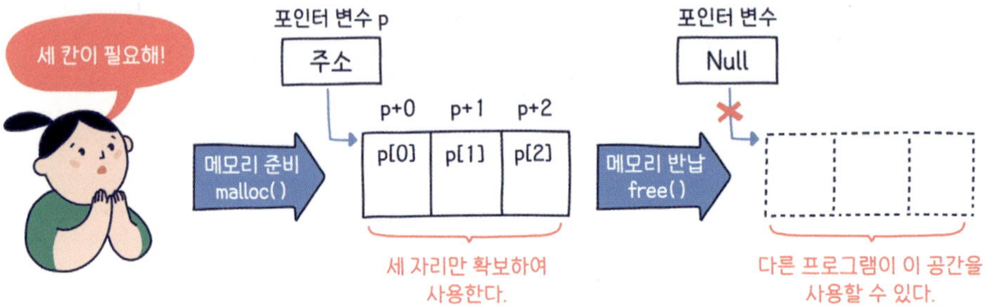

그림 12-3 동적 메모리 할당의 개념

[그림 12-3]을 바탕으로 메모리를 동적으로 할당하는 방법을 살펴보자. 먼저 더하려는 숫자가 몇 개인지 사용자에게 물어보고 malloc( ) 함수를 사용하여 메모리를 확보한다. 만약 사용자가 숫자 3개를 입력하고자 한다면 메모리 세 칸을 확보하고 확보한 주소를 포인터 변수에 넣는다.

TIP/ malloc은 'memory allocation'의 약자이다.

malloc( ) 함수의 사용 형식은 다음과 같다.

```
포인터 변수 = (포인터 변수의 데이터형*) malloc(포인터 변수의 데이터형 크기 × 필요한 크기)
```

좀 복잡해 보이지만 실제 사용은 그다지 어렵지 않다. 만약 포인터 변수를 int* p와 같이 선언했다면 포인터 변수의 데이터형은 int이고 포인터 변수의 데이터형인 int의 크기는 4이다. 만약 사용자가 요구한 크기가 3이라면 다음과 같이 표현한다.

여기서 잠깐

메모리 낭비로 인한 문제

메모리를 낭비하더라도 프로그램이 잘 작동하면 별 문제가 아니라고 생각할 수 있지만 실제로 컴퓨터 내부에서는 한정된 크기의 메모리를 여러 프로그램이 공유한다. 어떤 프로그램 하나가 사용하지도 않는 메모리를 차지하고 있으면 나머지 프로그램은 메모리 공간을 확보하지 못해 느리게 동작하거나 아예 동작하지 않는 경우도 발생한다.

```
p = (int*) malloc(4 * 3);
```

이때 int 형의 크기가 4라는 것을 모른다면 크기를 알아내는 함수인 sizeof( )를 사용한다.

```
p = (int*) malloc(sizeof(int) * 3);
```

이 포인터 변수를 p+0, p+1과 같은 주소로 사용해도 되고 *(p+0), *(p+1)과 같이 실제 값을 사용해도 된다. 또한 p[0], p[1] 등의 배열과 같은 형식으로 사용할 수도 있다.

malloc( ) 함수의 사용이 끝났다면 free( ) 함수로 메모리를 다시 운영체제에 반납하면 된다. free( ) 함수는 포인터 변수에 널 값을 넣는다는 의미인데, 그러면 포인터 변수는 아무것도 가리키지 않으므로 그 공간을 운영체제에 반납하고 운영체제는 이 공간을 다른 용도로 사용할 수 있다.

malloc( ) 함수의 활용

지금까지의 설명을 바탕으로 다음 프로그램을 작성해보자.

응용 12-3 malloc( ) 함수 사용 예 12-3.c

```
#define _CRT_SECURE_NO_WARNINGS
#include <stdio.h>
#include <malloc.h>
void main( )
{
   int* p;
   int i, hap=0;
   int cnt;

   printf(" 입력할 개수는 ? ");
   scanf("%d", &cnt);

   p = (int*) __1__(sizeof(int) * cnt);

   for(i=0; i < cnt; i++)
   {
      printf(" %d 번째 숫자 : ", i+1);
      scanf("%d", __2__ );
   }
```

- 메모리 관련 함수를 사용할 때 malloc.h를 추가해야 한다.
- 정수형 포인터를 선언한다.
- 입력할 숫자의 개수를 입력한다.
- 입력한 개수만큼 메모리를 확보한다.
- 입력한 개수(cnt)만큼 반복한다.
- 공간이 확보된 포인터 변수 p에 입력받은 숫자를 입력한다. 배열처럼 &p[i]라고 입력해도 된다.

```
20
21    for(i=0; i < cnt; i++)
22      hap = hap + __3__        ----- 메모리의 실제 값을 합계에 누적한다. 배열처럼
23                                     p[i]라고 입력해도 된다.
24    printf("입력 숫자 합 ==> %d\n", hap);   ----- 합계를 출력한다.
25
26    free(p);                 ----- 메모리를 해제한다.
27 }
```

정답_ 1 malloc 2 p+i 3 *(p+i)

실행 결과

```
입력할 개수는 ? 3
1 번째 숫자 : 10
2 번째 숫자 : 30
3 번째 숫자 : 50
입력 숫자 합 ==> 90
```

[응용 12-3]을 [그림 12-3]과 같이 보면 더 잘 이해될 것이다. 메모리 관련 함수를 사용할 때는 3행에서처럼 〈malloc.h〉 또는 〈stdlib.h〉를 포함해야 한다. 6행에서는 정수형 포인터 변수 p를 선언하고 11행에서 사용자가 입력할 데이터의 크기를 cnt 변수에 저장했다. 13행에서 malloc( ) 함수로 cnt 값만큼 메모리를 동적으로 확보하고 그 시작 주소를 포인터 변수 p에 대입한다. 메모리를 확보하기 위해 포인터 변수 p의 형식인 (int*)를 앞에 넣는다. 그리고 p의 데이터 형식인 int의 크기를 알아내어 cnt와 곱한다. 즉 사용자가 3을 입력하면 4바이트×3=12바이트를 확보한다.

18행에서 데이터를 입력할 때 사용하는 scanf( )의 두 번째 매개변수로는 주소를 넣어야 하므로 p+i를 넣는다. p+i는 &p[i] 또는 &(p[i])와 같다. 22행에서는 할당된 메모리에 저장된 실제 값을 꺼내서 hap에 더한다. hap에 누적되는 값은 주소가 아닌 실제 값이어야 하므로 p+i의 실제 값인 *(p+i)를 사용한다. 이것도 배열처럼 사용할 수 있으므로 p[i]라고 써도 된다.

여기서 잠깐

주소와 실제 값

이쯤에서 주소와 실제 값의 개념이 좀 혼란스러울지도 모르겠다. p가 주소를 저장한 포인터 변수이듯 p+0, p+1, p+2도 모두 주소이다. 반면 *(p+0)은 p+0이 가리키는 곳의 실제 값을 의미한다. 따라서 *(p+0)은 p[0]과 동일하다.

Q / U / I / Z 메모리 공간을 확보하는 함수는 □□□□□□( )이고, 변수나 데이터의 크기를 알려주는 함수는 □□□□□□( )이다.

SELF STUDY

정수가 아닌 실수의 합을 구하도록 [응용 12-3]을 수정해보자.

그 외 메모리 관련 함수의 활용

지금까지의 설명을 통해 malloc( ) 함수에 대해 어느 정도 이해했을 것이다. 이외에도 필요에 따라서 calloc( )이나 realloc( ) 함수를 사용하는 경우도 있다. malloc( ) 함수는 메모리를 확보한 후 초기화를 하지 않기 때문에 malloc( )으로 확보한 최초의 공간은 쓰레기 값으로 가득 차 있다. 이때 처음부터 0으로 초기화된 메모리를 확보하고 싶다면 malloc( ) 대신 calloc( ) 함수를 사용하면 된다.

기본 12-4 malloc( ) 함수와 calloc( ) 함수의 비교 12-4.c

```
#include <stdio.h>
#include <malloc.h>

void main( )
{
  int *p, *s;
  int i, j;

  printf("malloc( ) 함수 사용\n");
  p = (int*) malloc(sizeof(int)*3);

  for(i=0; i < 3; i++)
    printf("할당된 곳의 초깃값 p[%d] ==> %d\n", i, p[i]);

  free(p);

  printf("\ncalloc( ) 함수 사용\n");
  s = (int*) calloc(sizeof(int),3);

  for(j=0; j < 3; j++)
    printf("할당된 곳의 초깃값 s[%d] ==> %d\n", j, s[j]);

```

- #include <malloc.h> — 메모리 관련 함수를 사용하기 위해 필요하다.
- int *p, *s; — 정수형 포인터 변수를 선언한다.
- p = (int*) malloc(sizeof(int)*3); — malloc( ) 함수로 정수형 메모리 3개를 할당한다(3×4바이트=12바이트).
- printf("할당된 곳의 초깃값 p[%d] ==> %d\n", i, p[i]); — 포인터 변수 p가 가리키는 곳의 실제 값을 출력한다.
- free(p); — 메모리를 해제한다.
- s = (int*) calloc(sizeof(int),3); — calloc(크기, 개수) 함수로 정수형 메모리 3개를 할당한다.
- printf("할당된 곳의 초깃값 s[%d] ==> %d\n", j, s[j]); — 포인터 변수 s가 가리키는 곳의 실제 값을 출력한다.

```
23    free(s);                              ---- 메모리를 해제한다.
24  }
```

실행 결과

```
malloc() 함수 사용
할당된 곳의 초깃값 p[0] ==> -842150451
할당된 곳의 초깃값 p[1] ==> -842150451
할당된 곳의 초깃값 p[2] ==> -842150451

calloc() 함수 사용
할당된 곳의 초깃값 s[0] ==> 0
할당된 곳의 초깃값 s[1] ==> 0
할당된 곳의 초깃값 s[2] ==> 0
```

10행에서는 malloc( ) 함수를 사용하여 정수형 3개(4바이트×3=12바이트)로 메모리를 할당했다. 그리고 12~13행에서 할당된 메모리를 출력하면 쓰레기 값이 들어 있는 것을 확인할 수 있다. 18행에서는 calloc( ) 함수를 사용하여 메모리를 할당했다. calloc( ) 함수는 malloc( ) 함수와 달리 할당할 크기와 개수를 매개변수로 사용한다. 18행은 calloc(4,3)과 같은데 이는 4바이트짜리 3개(12바이트)를 할당하라는 의미이다. 결과를 보면 malloc( ) 함수와 달리 0으로 초기화되었다.

또 다른 메모리 관련 함수로 realloc( )이 있다. 이 함수는 최초로 확보한 메모리의 크기를 변경할 때 사용하고 형식은 다음과 같다.

TIP / calloc은 'clear allocate'에서 따왔고 realloc은 '다시 할당한다'는 의미의 're-allocate'에서 따왔다.

```
포인터 변수 = (포인터 변수의 데이터형*) realloc(기본 포인터, 포인터 변수의 데이터형 크기 × 필요한 크기);
```

만일 p의 크기(개수)를 10으로 변경하고 싶다면 다음과 같이 수정하면 된다.

```
p = (int*) realloc(p, sizeof(int) * 10);
```

여기서 잠깐

캐스트 연산자 malloc( ) 함수 앞에 쓴 (int*)를 '캐스트 연산자'라고 한다. 예를 들어 malloc(sizeof(int)*cnt)를 수행한 결과로 12바이트를 확보하려는데 이를 어떤 형태로 나누어야 할지 모른다고 해보자. 이때 (int*)를 통해 메모리가 정수형으로 할당되었음을 알 수 있으므로 12바이트를 4바이트씩 3개로 잘라서 사용하면 된다. 만약 (char*)malloc(12)라면 문자형 크기인 1바이트씩 12개로 잘라서 사용하면 된다.

[기본 12-4]는 프로그램을 시작할 때 사용자가 입력할 데이터의 개수를 미리 입력하기 때문에 그 크기만큼 메모리를 확보하면 된다. 하지만 사용자가 0을 입력할 때까지 계속 메모리에 저장해야 하는 프로그램이라면 realloc( ) 함수를 사용하여 메모리의 크기를 실시간으로 변경해야 한다.

다음은 필요에 따라서 메모리의 크기를 실시간으로 변경하는 프로그램이다.

응용 12-5 realloc( ) 함수 사용 예 12-5.c

```
#define _CRT_SECURE_NO_WARNINGS
#include <stdio.h>
#include <malloc.h>
void main( )
{
  int* p;
  int i, hap=0;
  int cnt=0;
  int data;

  p = (int*) malloc(sizeof(int) * 1);
  printf(" 1 번째 숫자 : ");
  scanf("%d", &p[0]);
  cnt++;

  for(i=2; ; i++)
  {
    printf(" %d 번째 숫자 : ", i);
    scanf("%d", &data);

    if(data != 0)
      p = (int*) ___1___(p, sizeof(int) * i);
    else
      ___2___

    p[i-1] = data;
    cnt++;
  }

  for(i=0; i < cnt; i++)
    hap = hap + p[i];

```

- 메모리 관련 함수를 사용하기 위해 필요하다.
- 첫 번째 값을 입력받고 데이터 개수를 1 증가시킨다.
- 두 번째 값부터 계속 입력받는다. 조건이 없으므로 무한 루프가 된다.
- 바로 위에서 입력된 값을 임시 장소에 저장한다.
- 입력된 값이 0이 아니면 메모리를 한 칸 추가하고, 0이면 for문을 빠져나간다.
- 추가한 메모리 공간에 임시 장소의 값을 대입하고 입력값의 개수를 1 증가시킨다.
- 사용자가 입력한 개수(cnt)만큼 반복해서 합계를 구한다.

```
33    printf("입력 숫자 합 ==> %d\n", hap);     ----- 합계를 출력한다.
34
35    free(p);                                    ----- 메모리를 해제한다.
36  }
```

정답_ 1 realloc 2 break;

실행 결과

```
1 번째 숫자 : 22
2 번째 숫자 : 45
3 번째 숫자 : 77
4 번째 숫자 : 0
입력 숫자 합 ==> 144
```

[응용 12-5] 8행의 cnt는 사용자가 숫자 몇 개를 입력했는지 세는 변수이고, 9행의 data는 사용자가 입력한 숫자를 임시로 저장하는 변수이다. 11~14행에서는 처음 입력하는 값이 0이 아니라고 가정하며 무조건 메모리 한 칸을 p에 확보하고 데이터를 입력받는다. 그리고 cnt 값을 1 증가시킨다.

16~28행에서는 사용자가 0을 입력할 때까지 숫자를 계속 입력받는다. 16행의 for문에는 조건식이 없으므로 무한 루프를 돈다. 19행에서는 사용자가 입력한 값을 data에 저장하고, 21행에서는 data가 0이 아닐 때 새로운 메모리를 한 칸 더 할당한다(최초의 i 값은 2이므로 총 두 칸의 메모리가 다시 할당된다). 만약 사용자가 0을 입력했다면 24행의 break문으로 이동하여 for문이 종료된다.

입력한 값이 0이 아니면 26행에서 추가로 확보한 메모리 공간에 값을 대입하고 27행에서 사용자가 입력한 값의 개수를 1 증가시킨다. 30~31행에서는 사용자가 그동안 입력한 값의 합을 구하고 33행에서 출력한다. 그리고 35행에서 메모리를 해제하고 운영체제에 반납한다.

잘 이해되지 않는다면 [그림 12-4]를 통해 다시 살펴보자. 처음에 malloc( ) 함수로 메모리 한 칸을 확보하고 사용자가 입력한 값을 넣는다. 이때 입력한 값이 0이 아니면 realloc( ) 함수를 사용하여 크기를 늘려간다. 드디어 사용자가 0을 입력하면 필요한 작업(여기서는 값을 모두 합하는 작업)을 한 후 free( ) 함수를 사용하여 메모리를 해제한다.

Q / U / I / Z 메모리 공간을 확보하면서 0으로 초기화하는 함수는 □□□□□□( )이고, 확보한 공간의 크기를 변경하는 함수는 □□□□□□□( )이다.

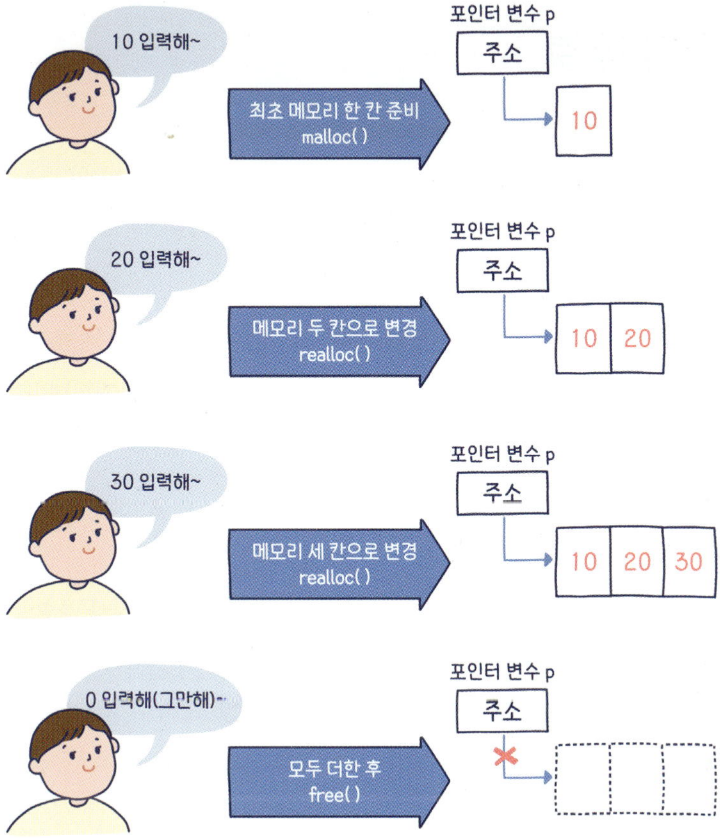

그림 12-4 realloc( ) 함수의 개념

SECTION 02

포인터 배열

정수 배열에는 정숫값이 들어가고 실수 배열에는 실숫값이 들어가듯이 포인터 배열에는 주솟값이 들어간다.

지금까지 배운 배열은 정수, 실수, 문자열에 대한 것뿐이었다. 그렇다면 포인터도 배열로 지정할 수 있을까? 물론 포인터도 데이터 형식의 하나이므로 배열로 지정할 수 있다. 정수 배열에는 정숫값이 들어가고 실수 배열에는 실숫값이 들어가듯이 포인터 배열에는 주솟값이 들어간다.

1 여러 줄의 문자열 처리: 2차원 배열

8장과 9장에서 문자형 배열에 대해 어느 정도 배웠다. 다시 정리하면 C에서 문자를 표현할 때 사용하는 데이터 형식은 char 형뿐이다. 그러나 char 형은 문자 하나밖에 저장하지 못하므로 여러 문자를 연결하여 나타내려면 char s[10]과 같은 배열을 사용해야 한다. 또는 char* p와 같이 지정한 후 포인터 변수에 주소를 저장하기도 한다.

그렇다면 여러 줄의 문자열은 어떻게 저장할까? 혹시 앞서 배운 2차원 배열이 떠오르는가? char s[3][10]과 같은 2차원 배열을 정의하면 한 줄에 최대 10자로 이루어진 문자열 세 줄을 저장할 수 있다. 기억을 되살리기 위해 예제를 살펴보자.

다음은 2차원 배열을 활용한 예제로, 사용자에게 문자열 세 줄을 입력받고 가장 최근에 입력된 줄부터 출력하는 프로그램이다.

기본 12-6 2차원 배열 사용 예 12-6.c

```
#include <stdio.h>

void main( )
{
   char data[3][100];
   int i;

   for(i=0; i < 3; i++)
   {
      printf(" %d 번째 문자열 : ", i+1);
```

- char data[3][100]; —— 3행 100열의 2차원 배열을 선언한다.
- for(i=0; i < 3; i++) —— 세 번 반복한다.

```
11       gets(data[i]);
12     }
13
14     printf("\n -- 입력과 반대로 출력(이차원 배열) --\n");
15     for(i=2; i >= 0; i--)
16     {
17       printf(" %d :%s\n", i+1, data[i]);
18     }
19 }
```

각 행에 최대 99자의 문자열을 입력한다.

2행, 1행, 0행의 순서로 마지막 행부터 출력한다.

실행 결과

```
1 번째 문자열 : Basic-C
2 번째 문자열 : Programming
3 번째 문자열 : Study

-- 입력과 반대로 출력(이차원 배열) --
3 :Study
2 :Programming
1 :Basic-C
```

5행에서는 3행 100열의 문자형 2차원 배열을 선언했다. 이는 3개의 문자열 각각에 최대 100자까지 입력할 수 있는 메모리를 준비한 것이다. 8~12행에서는 사용자에게 문자열 3개를 입력받는다. 11행의 gets( ) 함수를 이용하여 문자열을 입력받고 data[0], data[1], data[2]에 문자열을 저장한다. 15~18행에서는 가장 최근에 입력된 3행부터 출력한다. 즉 data[2], data[1], data[0]의 순서로 출력된다.

이 프로그램을 그림으로 나타내면 다음과 같다.

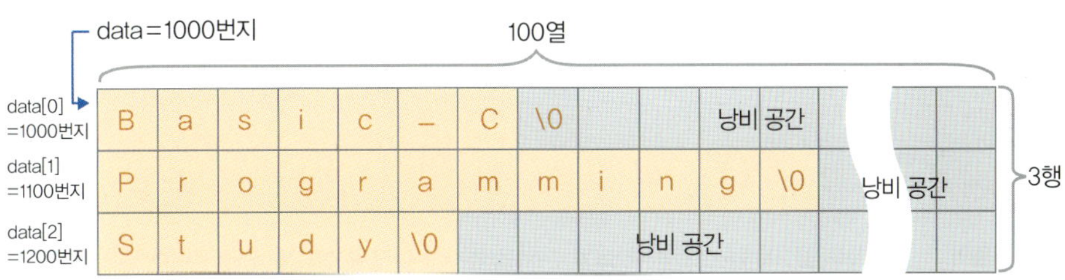

그림 12-5 2차원 배열의 메모리 낭비

[그림 12-5]에서 보듯이 사용자가 입력한 글자가 100자가 되지 않으면 낭비되는 공간이 너무 많다. 또한 각 행에 입력한 글자의 길이가 일정하지 않기 때문에 지금과 같이 넉넉히 최대 100자를 예상하는 방법 외에는 적절한 배열의 크기를 설정하기도 어렵다. 이어서 살펴볼 포인터

배열은 이런 공간 낭비의 단점을 극복하기 위한 것이다.

2 포인터 배열의 활용

포인터 배열은 주솟값을 저장한 배열을 말하며 주로 여러 행의 문자열을 저장할 때 사용한다. 이는 앞서 살펴본 2차원 배열에서 문제가 되었던 메모리 낭비를 막는 대안이 된다. 포인터 배열을 사용하면 [그림 12-5]를 다음과 같이 수정할 수 있다.

그림 12-6 포인터 배열의 사용

배열 p[3]을 선언하려면 이 배열의 형식을 문자형 포인터인 char* p[3]으로 선언하면 된다(이렇게 배열의 데이터 형식을 포인터로 선언하는 것을 '포인터 배열'이라고 한다). 그러면 [그림 12-6]에서 보듯이 일반 배열처럼 p[0], p[1], p[2] 요소가 생기고 그 안에 주소를 저장할 수 있다.

포인터 배열을 이해하기 위해 포인터와 배열을 동시에 생각하면 좀 혼란스러울 수 있으니[그림 12-7]을 보면서 일반 배열과 포인터 배열의 차이를 확실히 이해하자.

포인터 배열과 일반 배열의 차이는, 일반 배열에는 정수 또는 문자가 들어가지만 포인터 배열에는 주솟값이 들어간다는 것뿐이다. 다시 말해 그 주솟값(예를 들어 1000번지) 자체가 의미있는 것이 아니라 그 주솟값이 가리키는 곳의 값이 중요하다.

여기서 잠깐

2차원 배열의 표현

data[3][100]을 선언할 때 배열 data는 변수가 아닌 주소(또는 포인터 상수)이다. 마찬가지로 2차원 배열의 data[0], data[1], data[2]도 변수가 아닌 주소를 나타낸다(각각 1000번지, 1100번지, 1200번지). 그러므로 2차원 배열에서 변수로 사용할 수 있는 것은 data[0][0], data[2][10] 등과 같이 첨자 2개가 모두 표현된 것뿐이다.

data = "abcd" (×) ⇨ 1000번지 = "abcd": 수식의 왼쪽이 포인터 상수이므로 틀리다.
data[1] = "abcd" (×) ⇨ 1100번지 = "abcd": 수식의 왼쪽이 포인터 상수이므로 틀리다.
data[0][0] = 'a' (○) ⇨ 변수 = 'a': 수식의 왼쪽이 변수이므로 맞다.

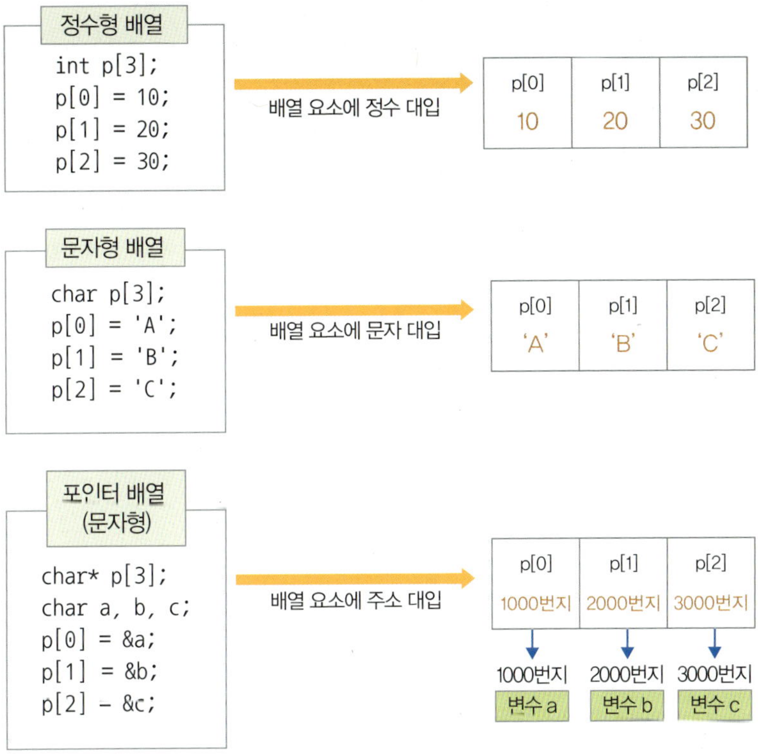

그림 12-7 일반 배열과 포인터 배열의 비교

다음 예제에서는 사용자가 입력하는 글자의 크기를 처음에는 알 수 없으므로 우선 imsi[100]이라는 임시 공간을 준비한다. 이곳에 문자를 입력받고 malloc( ) 함수를 사용하여 입력된 크기만큼 메모리를 할당해보자.

응용 12-7 포인터 배열 사용 예 12-7.c

```
#include <stdio.h>
#include <malloc.h>
#include <string.h>

void main( )
{
   char* p[3];
   char  imsi[100];
   int i, size;

   for(i=0; i < 3; i++)
   {
```

- 02~03: 메모리 관련 함수와 문자열 관련 함수를 사용하기 위해 필요하다.
- 07: 세 칸의 포인터 배열을 선언한다.
- 08: 입력값을 저장할 임시 공간 배열이다.

```
13        printf(" %d 번째 문자열 : ", i+1);
14        gets(imsi);                                   ---- 임시 공간에 문자열을 입력한다.
15
16        size = strlen(imsi);                          ---- 입력한 문자열의 길이를 계산한다.
17        p[i]  = (char*) malloc((sizeof(char) * size) + 1);  ----'입력한 길이+1' 크기의
18                                                            메모리를 확보한다.
19        strcpy(__1__, imsi);                          ---- 입력한 문자열(imsi)의 내용을 메모리를 확보한
20     }                                                     공간에 복사한다.
21
22     printf("\n — 입력과 반대로 출력(포인터) —\n");
23     for(i=2; i >= 0; i—)
24     {
25        printf(" %d :%s\n", i+1, p[i]);               ---- 포인터 배열에 저장된 문자열을 출력한다.
26     }
27
28     for(i=0; i < 3; i++)                             ---- 할당했던 메모리 3개를 운영체제에 반납한다.
29        free(p[i]);
30  }
```

정답_ 1 p[i] 또는 *(p+i)

실행 결과

```
1 번째 문자열 : Basic-C
2 번째 문자열 : Programming
3 번째 문자열 : Study

-- 입력과 반대로 출력(포인터) --
3 :Study
2 :Programming
1 :Basic-C
```

[응용 12-7]은 [그림 12-6]을 보면서 이해하는 것이 좋다. 7행에서 포인터 배열 p[0], p[1], p[2]를 생성했는데 각 항목에 주소를 넣을 것이다. 그리고 8행에서는 사용자가 입력할 문자열을 임시로 저장하는 공간을 선언했다.

11~20행에서는 세 번에 걸쳐 문자열을 입력받아 저장한다. 아직 사용자가 몇 개의 문자를 넣을지 알 수 없으므로 14행에서는 imsi[100]으로 넉넉한 공간을 준비해두고 최대 99자를 입력받는다. 16행에서는 strlen( ) 함수를 사용하여 imsi에 입력된 문자의 개수를 알아낸다. 만약

Q / U / I / Z char* p[3], int* p[5]와 같이 배열을 선언할 때 데이터 형식을 포인터(*)로 지정한 것을 □□□□□(이)라고 한다.

사용자가 "Basic-C"를 입력하면 글자 수인 7이 변수 size에 들어간다.

17행에서는 malloc( ) 함수로 공간을 할당하는데, 앞에서 입력한 문자열은 7개이지만 마지막 널 문자('\0')를 넣을 공간까지 'size +1'을 할당한다. sizeof(char)는 문자형의 크기인 1이라서 값에 영향을 주지는 않지만 명확히 하기 위해 써주는 편이 좋다.

이렇게 할당된 공간의 주소가 1000번지라고 가정하면 이 번지를 포인터 배열의 요소인 p[0]에 대입한다. 19행에서는 확보한 공간(p[0])에 사용자가 입력한 문자열(imsi)을 '입력한 글자의 개수(size)+1'개 복사하고 25행에서 포인터 배열의 p[i] 문자열을 출력한다. 28~29행에서는 할당했던 메모리 3개를 운영체제에 각각 돌려준다.

SELF STUDY

문자열 다섯 줄을 입력받노록 [응용 12-7]을 수정해보자. 그리고 메모리를 할당할 때 초기화 기능이 있는 calloc( ) 함수를 사용하자.

예제모음 32

여러 숫자 중 짝수만 더하기

exam32.c ★☆☆

예제 설명 사용자가 입력한 여러 숫자 중에서 짝수의 합계를 출력하는 프로그램이다([응용 12-3] 활용).

실행 결과

```
입력할 개수는 ? 4
1 번째 숫자 : 2
2 번째 숫자 : 40
3 번째 숫자 : 7
4 번째 숫자 : 11
입력한 짝수합 ==> 42
```

```
#define _CRT_SECURE_NO_WARNINGS
#include <stdio.h>
#include <malloc.h>
void main( )
{
   int* p;                                 ----- 정수형 포인터 변수를 선언한다.
   int i, hap=0;
   int cnt;

   printf(" 입력할 개수는 ? ");
   scanf("%d", &cnt);                      ----- 사용자가 입력할 숫자의 개수를 입력한다.
   p = (int*) malloc(sizeof(int) * cnt);   ----- 입력한 개수(cnt)에 따라 메모리를 확보한다.

   for(i=0; i < cnt; i++)                  ----- cnt만큼 배열에 숫자를 입력한다.
   {
      printf(" %d 번째 숫자 : ", i+1);
      scanf("%d", p+i);
   }

   for(i=0; i < cnt; i++)
   {
      if(p[i] % 2 == 0)                    ----- 짝수일 때만 값을 누적한다.
         hap = hap + p[i];
   }

   printf("입력한 짝수합 ==> %d\n", hap);   ----- 합계를 출력한다.

   free(p);                                ----- 메모리를 해제한다.
}
```

예제모음 33

입력된 문자열을 반대 순서로 출력

exam33.c ★★★

예제 설명 입력한 순서의 반대로 그리고 각 행의 문자도 반대 순서로 출력하는 프로그램이다([응용 12-7] 활용).

실행 결과

```
1 번째 문자열 : IT CookBook
2 번째 문자열 : Basic C
3 번째 문자열 : Programming

-- 입력과 반대로 출력(포인터) : 글자 순서도 거꾸로 --
3 :gnimmargorP
2 :C cisaB
1 :kooBkooC TI
```

```
01 #include <stdio.h>
02 #include <malloc.h>
03 #include <string.h>
04
05 void main( )
06 {
07    char* p[3];                    ----- 포인터 배열을 세 칸 선언한다.
08    char  imsi[100];               ----- 입력값을 저장할 임시 공간을 마련한다.
09    int i, k, size;
10
11    for(i=0; i < 3; i++)           ----- 20행까지의 동작을 세 번 반복한다.
12    {
13       printf(" %d 번째 문자열 : ", i+1);
14       gets(imsi);                 ----- 임시 공간에 문자열을 입력한다.
15
16       size = strlen(imsi);        ----- 입력한 문자열의 길이를 계산한다.
17       p[i] = (char*) malloc( (sizeof(char) * size) + 1 ); ----- '입력한 길이+1' 크기의
18                                                                 메모리를 확보한다.
19       strcpy(p[i], imsi);         ----- 확보된 메모리에 입력한 문자열을 복사한다.
20    }
21
22    printf("\n -- 입력과 반대로 출력(포인터) : 글자 순서도 거꾸로 --\n");
23    for(i=2; i >= 0; i--)          ----- 31행까지의 동작을 세 번 반복한다.
24    {
```

```
        size = strlen(p[i]);
        imsi[size] = '\0';
        for(k=size-1; k >= 0; k--)
            imsi[size-1-k] = p[i][k];

        printf(" %d :%s\n", i+1, imsi);
    }

    for(i=0; i < 3; i++)
        free(p[i]);
}
```

- `size = strlen(p[i]);` — 문자열의 길이를 체크한다.
- `imsi[size] = '\0';` — 문자열의 끝부분에 널 문자를 입력한다.
- `for(k=size-1; k >= 0; k--)` / `imsi[size-1-k] = p[i][k];` — '문자열 길이-1'만큼 반복하며 p[i]와 imsi의 문자열 위치를 바꾼다.
- `printf(" %d :%s\n", i+1, imsi);` — imsi 배열에 저장된 문자열을 출력한다.
- `for(i=0; i < 3; i++)` / `free(p[i]);` — 할당했던 메모리 3개를 운영체제에 반납한다.

IT 분야의 슈퍼스타 07

귀도 반 로섬(Guido van Rossum)

파이썬을 만든 네덜란드 출신의 프로그래머이다. 파이썬은 타 프로그래밍 언어보다 난이도가 낮기 때문에 입문자용으로 자주 추천되는 프로그래밍 언어이다. 또한, 다양한 라이브러리와 프레임워크가 제공된다는 것이 장점이다. 이러한 특징 때문에 파이썬은 AI 개발에도 자주 활용된다. 귀도 반 로섬은 여전히 파이썬 성능 향상을 위해 연구하는 중이다.

IT@COOKBOOK

요약

1 메모리 할당 함수

❶ 필요에 따라 할당되는 메모리의 크기가 다르면 malloc( ) 함수를 사용하여 메모리를 확보해야 한다.

```
포인터 변수 = (포인터 변수의 데이터형*) malloc(포인터 변수의 데이터형 크기 × 필요한 크기)
```

❷ 동적으로 할당한 메모리의 사용이 모두 끝나면 free( ) 함수로 사용한 공간을 해제해야 한다.

❸ 메모리를 할당하면서 초기화할 때는 calloc( ) 함수를 사용한다.

❹ 이미 할당한 메모리의 크기를 변경할 때는 realloc( ) 함수를 사용한다.

```
포인터 변수 = (포인터 변수의 데이터형*) realloc(기본 포인터, 포인터 변수의 데이터형 크기 × 필요한 크기);
```

2 포인터 배열

❶ 포인터 변수를 배열로 선언한 것을 말한다.

❷ 메모리의 낭비 없이 여러 행의 문자열을 처리하는 데 유용하게 쓰인다.

연습문제

1 동적 메모리를 확보하는 함수와 동적 메모리를 해제하는 함수의 이름의 쌍이 맞는 것을 고르세요.

❶ malloc(), delete()

❷ alloc(), free()

❸ alloc(), delete()

❹ malloc(), free()

2 다음 중 100개의 double 형 동적 메모리 확보를 나타내는 코드로 알맞은 것을 고르세요.

❶ double pnt = (double*) malloc(sizeof(double) * 100);

❷ double *pnt = (double*) malloc(sizeof(double) * 100);

❸ double pnt = (double) malloc(sizeof(double*) * 100)

❹ double *pnt = (double*) malloc(sizeof(double*) * 100)

3 배열의 숫자를 동적 메모리에 모두 대입한 후 동적 메모리의 값을 추출해서 더하는 코드입니다. 제시된 실행 결과처럼 나오도록 코드의 빈칸을 알맞게 채워보세요.

```
A. free(p)
B. hap += *(p + i)
C. *(p + i) = ary[i]
D. (int*)malloc(sizeof(int) * cnt)
E. sizeof(ary) / sizeof(int)
```

실행 결과

```
배열[0] 숫자 : 10
배열[1] 숫자 : 20
배열[2] 숫자 : 30
배열[3] 숫자 : 40
배열[4] 숫자 : 50
배열의 숫자 합 ==> 150
```

```
int* p;
int i, hap = 0;
int cnt;
int ary[] = { 10, 20, 30, 40, 50 };

cnt = ________1________ ;
p = ________2________ ;
for(i = 0; i < cnt; i++) {
    printf(" 배열[%d] 숫자 : %d \n", i, ary[i] );
    ________3________ ;
}
for(i = 0; i < cnt; i++) {
    ________4________ ;
}
printf("배열의 숫자 합 ==> %d\n", hap);
________5________ ;
```

4 다음에 제시된 역할을 수행하는 코드를 작성해보세요.

무한 반복하면서 1~100의 숫자를 랜덤하게 추출한다. 동적 메모리를 한 칸씩 확장하면서 추출한 숫자를 입력한다. 단, 두 번째 이후에 추출한 숫자가 99라면 지금까지 동적 메모리에 저장된 값의 합계를 구한 후 프로그램을 종료한다. 이때 99는 저장하지 않으며 실행 결과는 랜덤하게 작동한다.

실행 결과

```
랜덤하게 뽑힌 숫자 ==>35 32 81 58 18 3 18 5 66 82 85 43 65 47 94 78 71 28 69 61 49 10 52
17 100 18 87 98 93 7 92 16
랜덤한 숫자 합 ==> 1678
```

연습문제

5 문자형 2차원 배열에 다음과 같이 3줄의 문자열을 저장할 때 발생할 수 있는 문제점으로 알맞은 것을 고르세요.

```
char myStr[3][200];
for(int i=0; i < 3 ; i++)
{
   printf(" %d 번째 문자열 : ", i+1);
   gets(myStr[i]);
}
```

❶ 저장 시 오류 발생

❷ 메모리 낭비

❸ 실행 속도 저하

❹ 논리적 모순

6 다음 중 포인터 배열에 해당하는 코드를 고르세요.

❶ char p[5]

❷ char **p

❸ char *p

❹ char *p[5]

7 제시된 실행 결과와 같이 c:\windows\win.ini 파일의 5개 행을 읽어서 출력한 후 포인터 배열에 저장하고, 문자열을 반대 순서로 출력하는 프로그램을 작성해보세요.

실행 결과

```
------win.ini 파일의 원 내용(5줄)-------
 1 :; for 16-bit app support
 2 :[fonts]
 3 :[extensions]
 4 :[mci extensions]
 5 :[files]

 --- 순서를 거꾸로 출력 ---
 5 :[files]
 4 :[mci extensions]
 3 :[extensions]
 2 :[fonts]
 1 :; for 16-bit app support
```

13

CHAPTER

구조체, 공용체, 열거형

학습목표

- 다양한 데이터형의 변수를 하나의 변수로 묶어주는 구조체를 알아본다.
- 하나의 공간을 서로 다른 두 변수가 같이 사용하는 공용체를 이해한다.

SECTION 01

구조체

- 구조체는 다양한 데이터형의 변수를 하나의 변수로 묶어준다.

구조체는 여러 반찬이 한 그릇에 모두 들어 있는 비빔밥에 비유할 수 있다. 즉 여러 개의 변수를 설정해서 처리할 일을 하나의 변수 이름으로 통일할 수 있으므로 프로그램이 훨씬 명료해지고 디버깅하기도 쉽다. 이 절에서는 이러한 구조체의 개념을 명확히 이해하고 문법과 활용법을 익혀보자. 기본만 잘 배워두면 실무에서 사용하는 구조체도 그리 어렵게 느껴지지 않을 것이다.

1 구조체의 개념

구조체를 처음 접할 때는 다소 어렵게 느껴지지만 비빔밥과 비슷한 개념이라고 생각하면 한결 쉽게 이해할 수 있다.

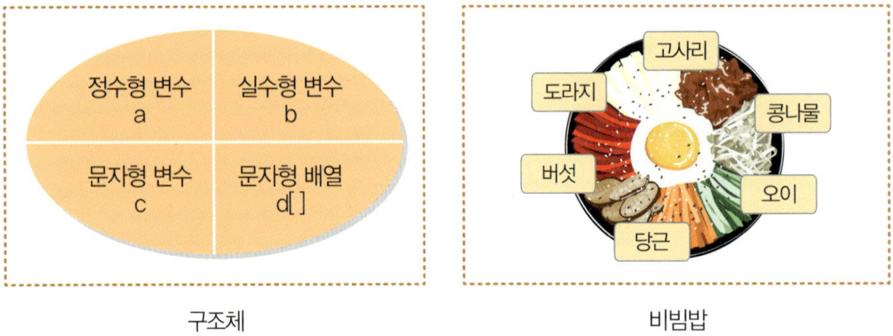

그림 13-1 구조체와 비빔밥의 개념 비교

당근, 고사리, 콩나물 등의 재료가 한 그릇에 담겨 있는 비빔밥과 같이 구조체도 정수형, 실수형, 문자형 등의 여러 가지 변수 형태를 하나의 블록으로 묶은 것과 같다. 또한 비빔밥에 들어 있는 당근을 '비빔밥 안에 있는 당근'이라고 부를 수 있듯이 구조체 안에 있는 변수도 '구조체 안에 있는 변수'라고 표현할 수 있다. 이를 코드 형태로 표현하면 '구조체 이름.변수 이름'이다.

우선 비빔밥을 만들 듯이 구조체를 만드는 방법을 살펴보자.

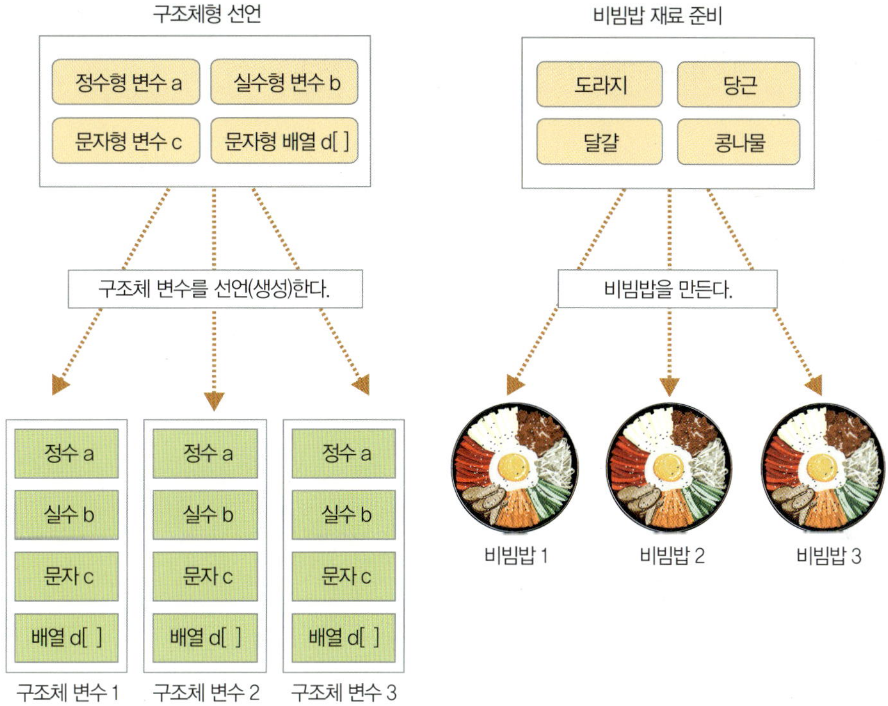

그림 13-2 구조체 변수와 비빔밥을 만드는 방법

비빔밥 재료가 준비되어 있으면 이것을 섞어서 비빔밥 여러 그릇을 만들 수 있는 것처럼, 구조체 역시 구조체 안에 들어갈 데이터형이 선언되어 있으면 그것으로 구조체 변수를 여러 개 선언(생성)할 수 있다. [그림 13-2]를 구조체 형태로 표현하면 다음과 같다.

❶ 비빔밥 만들기

```
비빔밥 재료{
    도라지 dora;
    당근 dang;
    달걀 egg;
    콩나물 kong;
};
비빔밥 재료 비빔밥1;
비빔밥 재료 비빔밥2;
비빔밥 재료 비빔밥3;
```

⇨

❷ 구조체로 표현하기

```
struct bibim {
    int a;
    char b;
    float c;
    char d[5];
};
struct bibim b1;
struct bibim b2;
struct bibim b3;
```

Q / U / I / Z 다양한 데이터형의 변수 여러 개를 하나로 묶어놓은 것을 □□□(이)라고 한다.

❶은 비빔밥 재료를 준비하여 이 재료로 비빔밥 세 그릇을 만드는 것을 보여준다. ❷에서는 'bibim'이라는 구조체형을 선언하고 구조체 변수 3개를 생성했다.

2 구조체의 문법

비빔밥을 만들기 위해 비빔밥 재료를 준비해놓듯이 구조체를 사용하려면 먼저 구조체형을 선언해야 한다. 구조체형을 선언하는 기본 형식은 다음과 같다.

```
struct  구조체형_이름 {
    데이터_형식  멤버_변수_1;
    데이터_형식  멤버_변수_2;
    ⋮
};
struct  구조체형_이름  구조체_변수;
```

멤버 변수는 구조체 안에서 정의된 변수를 말하며 일반적인 변수 선언과 동일한 방법으로 선언한다. 단지 구조체의 구성원이라는 의미로 멤버 변수라고 부르는 것이다.

간단한 예제를 통해 구조체가 어떻게 사용되는지 살펴보자.

기본 13-1 구조체 사용 예 13-1.c

```
#define _CRT_SECURE_NO_WARNINGS
#include <stdio.h>
#include <string.h>
void main( )
{
   struct bibim {        ---- 구조체형 bibim을 선언한다(아직 저장 공간이 없다).
      int a;
      float b;
      char c;
      char d[5];
   };

   struct bibim b1;      ---- 구조체 변수 b1을 선언한다(실제 저장 공간을 확보한다).

   b1.a = 10;            ---- 구조체 변수의 멤버 변수에 값을 대입한다.
   b1.b = 1.1f;
   b1.c = 'A';
   strcpy(b1.d, "ABCD");
```

```
    printf(" b1.a ==> %d \n", b1.a);
    printf(" b1.b ==> %f \n", b1.b);
    printf(" b1.c ==> %c \n", b1.c);
    printf(" b1.d ==> %s \n", b1.d);
}
```

----- 구조체 변수의 멤버 변숫값을 출력한다.

실행 결과

```
b1.a ==> 10
b1.b ==> 1.100000
b1.c ==> A
b1.d ==> ABCD
```

다음 그림에 [기본 13-1]의 구조를 상세히 나타냈다.

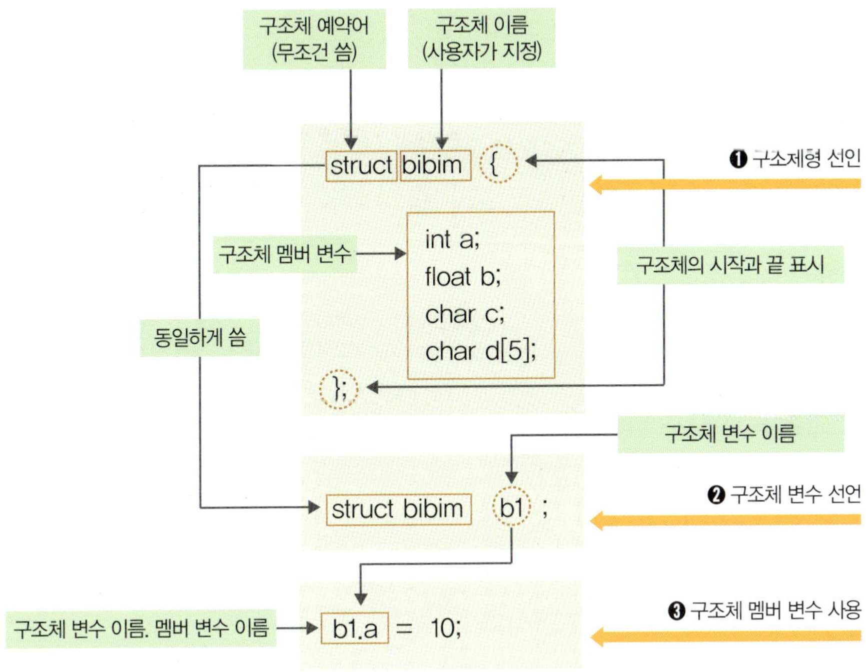

그림 13-3 **구조체의 문법 구조**

[그림 13-3]은 'bibim'이라는 이름의 구조체형을 선언하는 과정을 나타낸 것이다. 이 구조체에는 멤버 변수 4개가 있다. 또한 구조체형의 마지막은 반드시 };으로 끝나야 한다. 구조체형을 만들었으면 구조체형의 모양대로 구조체 변수를 선언한다. 구조체 변수를 선언하려면 선언할 구조체 이름을 그대로 쓰고 생성할 구조체 변수 이름을 이어서 쓴다. 그런 다음 '구조체 변수 이름.멤버 변수 이름' 형태로 쓰고 일반 변수처럼 사용하면 된다.

3 구조체의 활용

구조체의 문법을 익혔으니 이 문법을 활용한 예제를 살펴보자. 구조체를 잘 활용하면 복잡한 변수를 일목요연하게 정리해서 프로그램을 작성할 수 있다.

구조체의 기본 활용

기본적인 활용을 통해 우선 구조체의 장점을 이해하고 사용법에 익숙해질 필요가 있다. 일단 구조체를 배우지 않았다고 가정하고 학생 이름, 국어 점수, 영어 점수를 입력받아 평균을 계산하는 프로그램을 작성해보자.

기본 13-2 구조체를 사용하지 않은 예 13-2.c

```
#define _CRT_SECURE_NO_WARNINGS
#include <stdio.h>
void main( )
{
   char name[10];
   int kor;
   int eng;
   float avg;

   printf("이름 : ");
   scanf("%s", name, 9);

   printf("국어 점수 : ");
   scanf("%d", &kor);

   printf("영어 점수 : ");
   scanf("%d", &eng);

   avg = (kor + eng) / 2.0f;

   printf("\n");
   printf("학생 이름 ==> %s\n", name);
   printf("국어 점수   ==> %d\n", kor);
   printf("영어 점수   ==> %d\n", eng);
   printf("평균 점수   ==> %5.1f\n", avg);
}
```

- 5~8행: 학생 이름, 국어 점수, 영어 점수, 평균 점수 변수를 선언한다.
- 11행: 학생 이름을 입력한다. 최대 9자를 입력할 수 있다.
- 14행: 국어 점수를 입력한다.
- 17행: 영어 점수를 입력한다.
- 19행: 평균 점수를 계산한다.
- 22~25행: 학생 이름, 국어 점수, 영어 점수, 평균 점수를 출력한다.

실행 결과

```
이름 : James
국어 점수 : 87
영어 점수 : 72

학생 이름 ==> James
국어 점수  ==> 87
영어 점수  ==> 72
평균 점수  ==>  79.5
```

자세히 설명하지 않아도 프로그램을 이해할 수 있을 것이다. 소스 자체에는 문제가 없지만 학생 이름, 국어 점수, 영어 점수, 평균 점수는 모두 한 사람의 것으로 묶을 수 있으므로 각각의 변수로 선언하기보다는 구조체로 표현하는 것이 훨씬 효율적이다.

Q/U/I/Z 구조체의 멤버 변수를 포함하려면 시작 부분은 □ 기호로, 끝은 □□ 기호로 감싸야 한다.

여기서 잠깐

구조체형과 구조체 변수

구조체형과 구조체 변수의 개념을 이해할 때 다소 혼란스러울 수도 있다. 쉽게 말해 구조체형은 '붕어빵 기계', 구조체 변수는 '붕어빵'이라고 생각하면 된다. 붕어빵(구조체 변수)을 만들고 싶으면 먼저 붕어빵 기계(구조체형)를 만들어야 한다.

붕어빵 기계(구조체형)는 한 번 만들어놓으면 붕어빵(구조체 변수)을 여러 개 찍어낼 수 있다.

구조체형(붕어빵 기계)

구조체 변수(붕어빵)

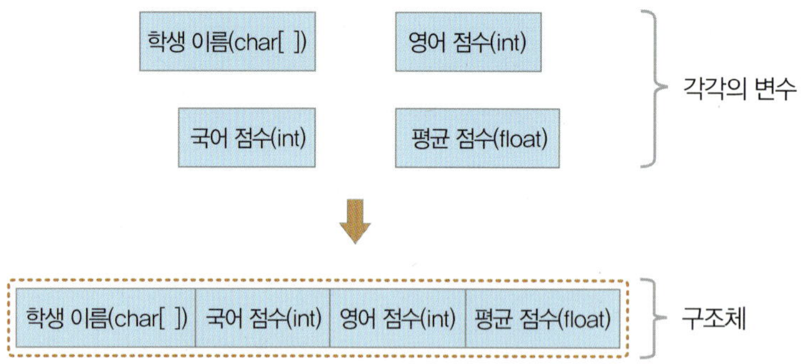

그림 13-4 구조체를 사용한 변수 선언

구조체를 활용하여 [기본 13-2]를 수정해보자.

기본 13-3 구조체를 사용하여 변경한 [기본 13-2] 13-3.c

```
#define _CRT_SECURE_NO_WARNINGS
#include <stdio.h>
void main( )
{
   struct student {
      char name[10];
      int kor;
      int eng;
      float avg;
   };

   struct student s;

   printf("이름 : ");
   scanf("%s", s.name, 9);

   printf("국어 점수 : ");
   scanf("%d", &s.kor);

   printf("영어 점수 : ");
   scanf("%d", &s.eng);

   s.avg = (s.kor + s.eng) / 2.0f;

   printf("\n-- 구조체 활용 --\n");
   printf("학생 이름 ==> %s\n", s.name);
   printf("국어 점수   ==> %d\n", s.kor);
```

- struct student { … }; — student 구조체형을 선언한 후 멤버 변수를 선언한다(학생 이름, 국어 점수, 영어 점수, 평균 점수).
- struct student s; — 구조체 변수 s를 선언한다.
- scanf("%s", s.name, 9); — 학생 이름을 입력한다.
- scanf("%d", &s.kor); — 국어 점수를 입력한다.
- scanf("%d", &s.eng); — 영어 점수를 입력한다.
- s.avg = …; — 평균 점수를 계산한다.
- printf(…); — 학생 이름, 국어 점수, 영어 점수, 평균 점수를 출력한다.

```
28    printf("영어 점수   ==> %d\n", s.eng);
29    printf("평균 점수   ==> %5.1f\n", s.avg);
30 }
```

실행 결과

```
이름 : James
국어 점수 : 87
영어 점수 : 72

--- 구조체 활용 ---
학생 이름 ==> James
국어 점수   ==> 87
영어 점수   ==> 72
평균 점수   ==>  79.5
```

5~10행에서 구조체형 student를 선언하고 12행에서 구조체 변수 s를 선언했다. 이후 15행부터 구조체 변수의 멤버 변수를 사용하기 위해 변수 이름 대신 '구조체 변수 이름.멤버 변수 이름' 형식을 사용한다. 즉 s.name, s.kor 등을 일반 변수와 동일하게 취급하면 된다.

구조체 변수의 초깃값 대입

일반적인 변수의 초기화와 구조체 변수의 초기화 방식은 약간 차이가 있다. [기본 13-2]의 5~8행에서 일반 변수에 초깃값을 대입하는 방법과 [기본 13-3]의 5~12행에서 구조체 변수에 초깃값을 대입하는 방법을 비교해보자.

❶ 일반 변수의 초깃값 대입

```
char name[10] = "Woo";
int kor = 90;
int eng = 80;
float avg;
```

⇨

❷ 구조체 변수의 초깃값 대입

```
struct student {
   char name[10];
   int kor;
   int eng;
   float avg;
};

struct student s = {"Woo", 90, 80};
```

구조체 변수를 초기화할 때는 중괄호({ }) 안의 초깃값을 콤마(,)로 분리해서 대입한다. 그러면 s.name에는 Woo, s.kor에는 90, s.eng에는 80이 들어간다. s.avg의 위치에는 초깃값이 없으므로 아무 값도 들어가지 않는다.

SELF STUDY

[기본 13-3]에서 값을 입력받는 15행, 18행, 21행을 지우고 구조체 변수에 초깃값을 대입하여 빌드하고 실행해보자.

구조체 변수의 다른 선언 방법

구조체 변수를 선언하는 방법은 세 가지이다. 아래의 ❶은 구조체형을 만든 후 구조체 변수 s를 별도로 선언하는 방식이고, ❷는 구조체형을 선언하는 동시에 구조체 변수 s를 선언하는 방식이다. 어떤 방법을 사용해도 상관없다.

❸은 실무에서 많이 사용하는 방법이다. 정수형은 int, 문자형은 char로 선언하지만 ❶의 구조체는 struct student와 같이 길게 데이터형을 써야 한다. 그래서 ❸과 같이 1행에서 typedef로 선언하고 student 앞에 언더바(_)를 붙인 뒤 구조체의 끝인 6행에서 student라고 쓰면 앞으로는 구조체형도 int, float 등과 같이 한 단어인 student만 써도 된다.

❶ 구조체형과 변수를 별도로 선언

```
struct student {
   char name[10];
   int kor;
   int eng;
   float avg;
};

struct student s;
```

❷ 구조체형과 변수를 동시에 선언

```
struct student {
   char name[10];
   int kor;
   int eng;
   float avg;
}s;
```

❸ typedef를 이용하여 선언

```
typedef struct _student {
   char name[10];
   int kor;
   int eng;
   float avg;
}student;

student s;
```

TIP/ ❸에서 1행의 _student는 구조체형으로 사용할 student 글자와 중복되지 않도록 앞에 언더바(_)를 붙인 것뿐이다. 다른 단어를 사용해도 문제가 없지만 보통 이런 방식으로 한다.

구조체 배열

구조체 변수도 일반 변수처럼 배열로 만들 수 있다. 세 학생의 이름과 성적을 입력받아 저장하는 프로그램을 생각해보자. 구조체를 사용하지 않고 일반 배열을 사용한다면 다음과 같이 작성할 수 있다.

기본 13-4 구조체 배열을 사용하지 않은 예 13-4.c

```c
#define  _CRT_SECURE_NO_WARNINGS
#include <stdio.h>
#include <string.h>
void main( )
{
   char name[3][10];
   int  kor[3];
   int  eng[3];
   float  avg[3];

   int i;

   strcpy(name[0], "Kim");
   kor[0] = 90;
   eng[0] = 80;
   avg[0] = (kor[0] + eng[0]) / 2.0f;

   strcpy(name[1], "Lee");
   kor[1] = 70;
   eng[1] = 60;
   avg[1] = (kor[1] + eng[1]) / 2.0f;

   strcpy(name[2], "Park");
   kor[2] = 50;
   eng[2] = 40;
   avg[2] = (kor[2] + eng[2]) / 2.0f;

   for(i=0; i < 3; i++)
   {
      printf("학생 이름 ==> %s\n", name[i]);
      printf("국어 점수 ==> %d\n", kor[i]);
      printf("영어 점수 ==> %d\n", eng[i]);
      printf("평균 점수 ==> %5.1f\n", avg[i]);
      printf("\n");
   }
}
```

- 학생 이름 배열을 선언한다.
- 국어 점수 배열을 선언한다.
- 영어 점수 배열을 선언한다.
- 평균 점수 배열을 선언한다.
- 첫 번째 학생의 정보를 대입한다(학생 이름, 국어 점수, 영어 점수, 평균 점수).
- 두 번째 학생의 정보를 대입한다(학생 이름, 국어 점수, 영어 점수, 평균 점수).
- 세 번째 학생의 정보를 대입한다(학생 이름, 국어 점수, 영어 점수, 평균 점수).
- 세 번 반복하고 배열의 내용을 출력한다.

```
실행 결과
학생 이름 ==> Kim
국어 점수 ==> 90
영어 점수 ==> 80
평균 점수 ==>  85.0

학생 이름 ==> Lee
국어 점수 ==> 70
영어 점수 ==> 60
평균 점수 ==>  65.0

학생 이름 ==> Park
국어 점수 ==> 50
영어 점수 ==> 40
평균 점수 ==>  45.0
```

6~9행에서 학생 이름 3개, 국어 점수 3개, 영어 점수 3개, 평균 점수 3개로 각각 배열을 선언하고 13~26행에서 각각의 배열에 값을 입력했다. 28~35행에서는 입력된 배열값을 출력했다. 프로그램 자체는 틀리지 않았지만 [그림 13-5]와 같이 구조체 배열로 변환하면 훨씬 논리적으로 표현할 수 있다.

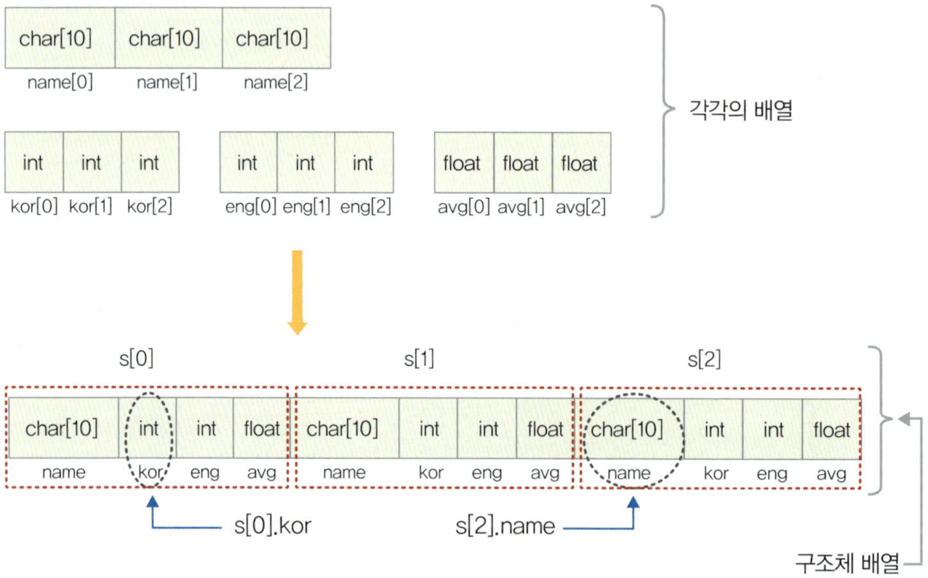

그림 13-5 구조체를 사용한 배열 선언

s[0], s[1], s[2]가 모두 한 사람에 대한 내용이기 때문에 구조체 배열을 사용하면(s[0]에 한 사람에 대한 학생 이름, 국어 점수, 영어 점수, 평균 점수가 모두 들어 있다) 관리하기가 더 쉽다. 또한 데이터에 접근하려면 '구조체 배열[첨자].멤버 변수'와 같이 사용하면 된다. 즉 첫 번째 사

람의 국어 점수는 s[0].kor로, 세 번째 사람의 이름은 s[2].name으로 표현한다.

[기본 13-4]를 구조체 배열로 바꿔보자.

응용 13-5 구조체 배열을 사용하여 변경한 [기본 13-4] 13-5.c

```
#define _CRT_SECURE_NO_WARNINGS
#include <stdio.h>
#include <string.h>
void main( )
{
  struct student {
    char name[10];
    int kor;
    int eng;
    float avg;
  };

  ___1___ s[3];

  int i;

  strcpy(s[0].name, "Kim");
  s[0].kor = 90;
  s[0].eng = 80;
  s[0].avg = (s[0].kor + s[0].eng) / 2.0f;

  strcpy( ___2___, "Lee");
  s[1].kor = 70;
  s[1].eng = 60;
  s[1].avg = (s[1].kor + s[1].eng) / 2.0f;

  strcpy(s[2].name, "Park");
  s[2].kor = 50;
  s[2].eng = 40;
  s[2].avg = (s[2].kor + s[2].eng) / 2.0f;

  printf("— 구조체 배열 — \n");
  for(i=0; i < 3; i++)
  {
    printf("학생 이름 ==> %s\n", s[i].name);
    printf("국어 점수  ==> %d\n", ___3___);
```

- 구조체형을 선언한다.
- 구조체 배열 s[3]을 선언한다.
- 첫 번째 학생의 정보를 대입한다(학생 이름, 국어 점수, 영어 점수, 평균 점수).
- 두 번째 학생의 정보를 대입한다(학생 이름, 국어 점수, 영어 점수, 평균 점수).
- 세 번째 학생의 정보를 대입한다(학생 이름, 국어 점수, 영어 점수, 평균 점수).
- 세 번 반복하고 구조체 배열의 내용을 출력한다.

```
        printf("영어 점수  ==> %d\n", s[i].eng);
        printf("평균 점수  ==> %5.1f\n", s[i].avg);
        printf("\n");
    }
}
```

정답_ 1 struct student 2 s[i].name 3 s[i].kor

실행 결과

```
-- 구조체 배열 --
학생 이름 ==> Kim
국어 점수  ==> 90
영어 점수  ==> 80
평균 점수  ==>  85.0

학생 이름 ==> Lee
국어 점수  ==> 70
영어 점수  ==> 60
평균 점수  ==>  65.0

학생 이름 ==> Park
국어 점수  ==> 50
영어 점수  ==> 40
평균 점수  ==>  45.0
```

구조체 포인터

구조체 변수도 일반 변수와 마찬가지로 포인터를 사용할 수 있다. 조금 복잡하게 느껴질 수도 있으나 일반 변수의 포인터와 마찬가지라고 생각하면 된다. [그림 13-6]을 보면 일반 포인터 변수가 일반 변수의 주솟값을 가지듯이 구조체 포인터 변수도 구조체의 주솟값을 가진다.

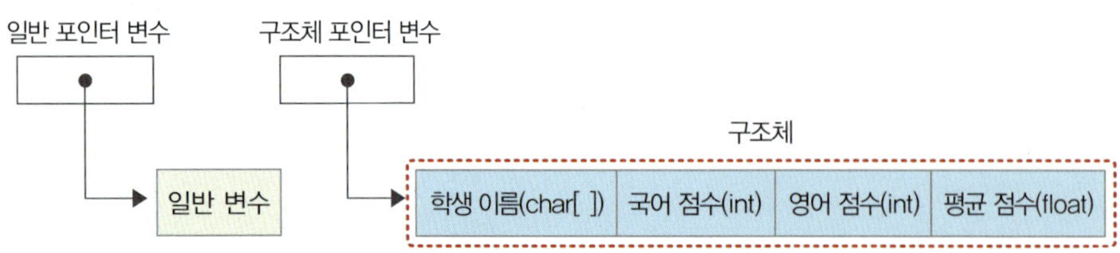

그림 13-6 일반 포인터 변수와 구조체 포인터 변수

일반 포인터 변수를 사용하는 경우와 구조체 포인터 변수를 사용하는 경우를 비교해보자.

Q/U/I/Z 구조체 배열은 일반 배열과 마찬가지로 선언하고 데이터에 접근하려면 '□□□□□[첨자].□□□□'(을)를 사용하도록 한다.

❶ 일반 포인터 변수 사용

```
int a;
int* p;
p = &a;
*p = 100;
```

❷ 구조체 포인터 변수 사용

```
struct student {
   char name[10];
   int kor;
   int eng;
   float avg;
};
struct student s;
struct student *p;
p = &s;
p->kor = 100;
```

일반 포인터와 구조체 포인터는 변수에 값을 대입하는 방법이 다르다. 일반 포인터 변수를 사용할 때 포인터 변수에 실제 값을 넣으려면 *p를 사용하는 반면, 구조체 포인터 변수의 멤버 변수에 실제 값을 접근하려면 -> 연산자를 사용하여 p->kor과 같은 형태를 만들어야 한다.

[기본 13-3]에 구조체 포인터를 적용해보자.

기본 13-6 구조체 포인터 사용 예 13-6.c

```
#define _CRT_SECURE_NO_WARNINGS
#include <stdio.h>
void main( )
{
   struct student {
      char name[10];
      int  kor;
      int  eng;
      float  avg;
   };

   struct student s;
   struct student *p;

   p = &s;

   printf("이름 입력 : ");
   scanf("%s", p->name);

   printf("국어 점수 : ");
```

- student 구조체형을 선언한 후 멤버 변수를 선언한다(학생 이름, 국어 점수, 영어 점수, 평균 점수).
- 구조체 변수 s를 선언한다.
- 구조체 포인터 변수 p를 선언한다.
- 포인터 변수 p에 s의 주소를 대입한다.
- 이름을 입력한다.

```
21    scanf("%d", &p->kor);                                  ----- 국어 점수를 입력한다.
22
23    printf("영어 점수 : ");
24    scanf("%d", &p->eng);                                  ----- 영어 점수를 입력한다.
25
26    p->avg = (p->kor + p->eng) / 2.0f;                     ----- 평균 점수를 계산한다.
27
28    printf("\n--- 구조체 포인터 활용 ---\n");
29    printf("학생 이름 ==> %s\n", p->name);                 ----- 학생 이름을 출력한다.
30    printf("국어 점수   ==> %d\n", p->kor);                ----- 국어 점수를 출력한다.
31    printf("영어 점수   ==> %d\n", p->eng);                ----- 영어 점수를 출력한다.
32    printf("평균 점수   ==> %5.1f\n", p->avg);             ----- 평균 점수를 출력한다.
33 }
```

실행 결과

```
이름 입력 : James
국어 점수 : 87
영어 점수 : 72

--- 구조체 포인터 활용 ---
학생 이름 ==> James
국어 점수   ==> 87
영어 점수   ==> 72
평균 점수   ==>  79.5
```

13행에서 구조체 포인터 변수를 선언하고 15행에서 구조체 변수 s의 주소를 p에 대입했다. 변수에 값을 입력하려면 '구조체 변수.멤버 이름'과 같은 형식(s.kor) 대신에 '구조체 포인터 변수->멤버 이름'과 같은 형식(p->kor)을 사용해야 한다.

참고로 21행의 &p->kor은 4장에서 배운 연산자 우선순위에 따라 ->의 우선순위가 &보다 높기 때문에 &(p->kor)과 동일하다. 또한 18행의 p->name에 &를 붙이지 않은 이유는 name 자체가 배열 이름(주소)이기 때문이다.

Q/U/I/Z 구조체 포인터의 변숫값에 접근하려면 '구조체 포인터 변수□□멤버 이름'을 사용해야 한다.

SECTION 02

공용체

공용체는 하나의 공간(메모리)을 서로 다른 두 변수가 같이 사용하는 것을 말한다.

잠실종합경기장은 운동장 가운데가 축구 경기장이고 그 주변에는 육상 트랙이 있다. 이 경기장은 필요에 따라 축구 경기장이 되기도 하고 육상 경기장이 되기도 한다. C의 공용체(union)는 이와 유사한 개념이다. 즉, 공용체는 하나의 공간(메모리)을 서로 다른 두 변수가 같이 사용하는 것을 말한다.

여기서는 공용체의 개념을 이해하고 문법을 익혀보자. 공용체는 구조체에 비해 활용도가 낮으므로 간단히 살펴보고 넘어가겠다.

1 공용체의 개념

축구 경기장과 육상 트랙이 공존하는 잠실종합경기장에 빗대어 공용체의 개념을 이해해보자.

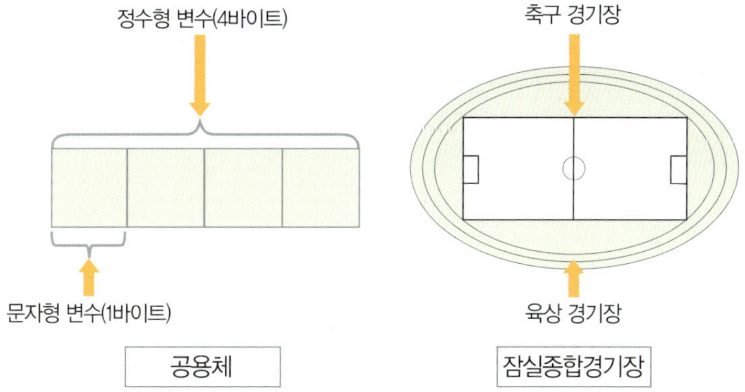

그림 13-7 공용체와 잠실종합경기장의 개념 비교

[그림 13-7]에서 공용체의 경우 정수형 변수 하나가 선언되어 있는데, 첫 칸을 보니 문자형 변수도 같은 공간을 사용한다는 것을 알 수 있다. 하나의 메모리 공간을 다른 종류의 변수들이 공용으로 사용하고 있는 것이다.

2 공용체의 문법

공용체를 사용하는 방법은 구조체와 거의 비슷한데 struct 대신 union을 사용한다. 차이점은 구조체의 경우 멤버 변수 각각에 별도의 공간을 할당하는 반면 공용체에서는 멤버 변수가 공간을 공유한다는 것이다.

```
union  공용체형_이름 {
    데이터_형식  멤버_변수_1;
    데이터_형식  멤버_변수_2;
                ⋮
};

union  공용체형_이름  공용체_변수;
```

간단한 예제를 통해 공용체가 어떻게 작동하는지 살펴보자.

기본 13-7 공용체 사용 예 13-7.c

```
#include <stdio.h>

void main( )
{
   union student {
      int tot;
      char grade;
   };

   union student u;

   u.tot = 300;
   u.grade = 'A';

   printf("\n— 공용체 활용 —\n");
   printf("총점 ==> %d\n", u.tot);
   printf("등급 ==> %c\n", u.grade);
}
```

- 05~08행: 공용체 변수 student를 선언한다.
- 10행: 공용체 변수 u를 선언한다.
- 12~13행: 공용체 변수의 멤버 변수에 값을 대입한다.
- 16~17행: 공용체 변수의 멤버 변숫값을 출력한다.

Q / U / I / Z 서로 다른 데이터형의 변수가 같은 공간을 사용하는 것을 □□□(이)라고 한다.

실행 결과

```
--- 공용체 활용 ---
총점 ==> 321
등급 ==> A
```

5행에서 union 예약어를 사용하여 공용체를 선언하고 10행에서 공용체 변수를 선언했다. 12행과 13행에서 각각 '300'과 'A'라는 데이터를 입력하고 16~17행에서 입력된 데이터를 출력했다.

다음 그림에 [기본 13-7]의 구조를 상세히 나타냈다.

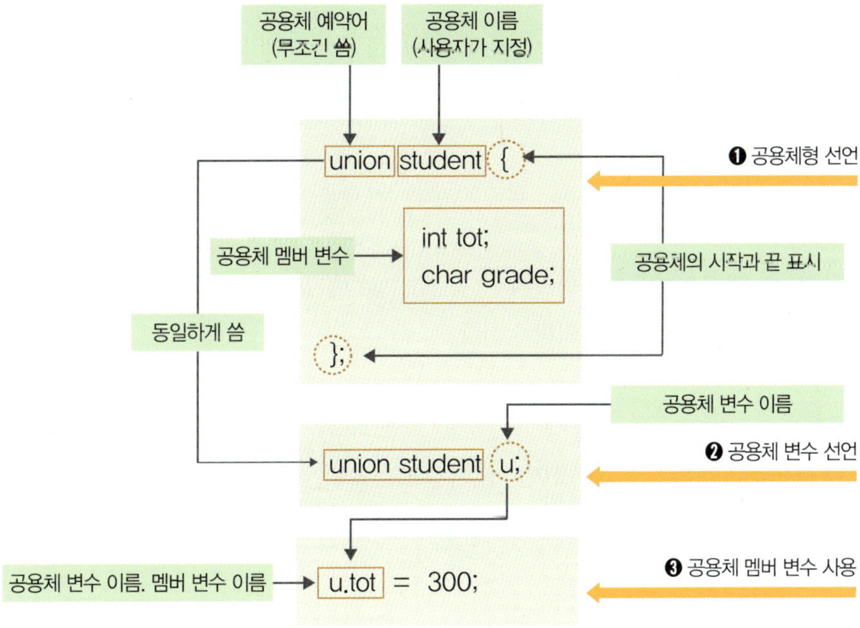

그림 13-8 공용체의 문법 구조

그런데 [기본 13-7]의 소스와 결과를 살펴보면 한 가지 이상한 점이 있다. 나중에 넣은 문자형은 제대로 나왔는데 정숫값이 이상하게 나왔다. 다음 페이지에 있는 [그림 13-9]를 통해 그 이유를 알아보자.

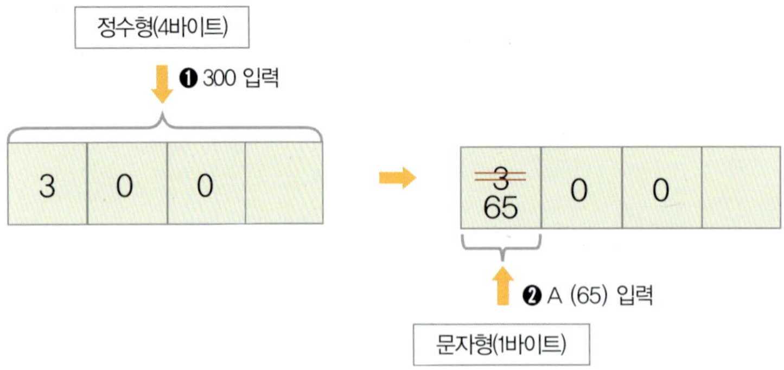

그림 13-9 [기본 13-7]의 저장 과정

12행의 u.tot에는 300이라는 값을 넣고([그림 13-9]의 왼쪽) 13행의 u.grade에는 A를 넣었다([그림 13-9]의 오른쪽). 이때 300이 들어간 4바이트 중 첫 번째 바이트에 A(아스키코드 65)가 같이 들어가 이상한 값이 출력된 것이다. 그러나 17행의 u.grade에는 나중에 A를 넣었으므로 제대로 출력되었다.

TIP/ [그림 13-9]는 이해를 돕기 위해 단순화한 그림이다. 그러므로 300이라는 값에 의미를 부여하지 말고 단지 u.grade에 값을 대입하면 u.tot의 값이 바뀐다는 사실만 알아두자.

이처럼 공용체는 한 공간을 2개 이상의 변수가 공유하므로 예기치 않은 결과가 나올 수 있다. 그러므로 공용체를 사용할 때는 늘 주의해야 한다.

SELF STUDY

[기본 13-7]에서 12행과 13행의 위치를 바꾸면 어떻게 출력되는지 확인해보자.

여기서 잠깐

공용체의 크기 공용체 멤버 변수가 여러 개일 때는 그중 가장 큰 저장 공간이 공용체의 크기가 된다. 다음 공용체의 크기는 8바이트이다.

```
union emp {
   char name[5];          // 5바이트
   int age;               // 4바이트
   double salary;         // 8바이트
};
```

SECTION

03 열거형

열거형은 숫자를 나열하는 대신 특정한 기호로 대체하여 표현한 자료형이다.

열거형은 변수가 가질 수 있는 값을 나열해놓은 것이다. 어떤 변수가 가질 수 있는 값의 범위가 정해져 있다면 정수형보다는 열거형을 쓰는 편이 낫다. 활용도는 그다지 높지 않지만 복잡한 프로그래밍에서 가끔 편리하게 사용되니 알아두면 좋다.

열거형의 형식은 구조체나 공용체와 비슷하지만 개념은 약간 다르다. 열거형은 단순히 1, 2, 3, 4, …와 같은 숫자를 기호로 표현한 것으로, 변수의 의미를 좀 더 명료하게 표현하기 위해 사용한다.

```
enum  열거형_이름{
   기호_1;
   기호_2;
      ⋮
};

enum  열거형_이름  열거형_변수;
```

만약 요일을 0, 1, 2, 3, 4, 5, 6과 같이 표현하면 어떤 숫자가 어떤 요일을 의미하는지 알아보기 어렵다. 하지만 이를 열거형으로 표현하면 0은 sun, 1은 mon, 2는 tue, …와 같이 의미가 좀 더 명확해진다. 이때 열거형으로 나열한 데이터의 값은 0에서부터 1씩 차례대로 증가한다.

여기서 잠깐

열거형의 숫자

❶ 열거형을 사용할 때 꼭 0부터 시작할 필요는 없다. 다음과 같이 표현하면 sun은 10, mon은 11, …과 같이 설정된다.

```
enum week { sun=10, mon, tue, wed, thu, fri, sat };
```

❷ 중간값을 건너뛰고 사용할 수도 있다. 다음 예에서 spring은 100, summer는 101, autumn은 200, winter는 201을 의미한다.

```
enum season { spring=100, summer, autumn=200, winter };
```

그림 13-10 열거형의 개념

TIP/ 구조체와 달리 enum 안의 sun, mon 등은 변수 이름이 아니라 데이터 값인 0, 1, …이다. 즉 sun = 100;과 같이 변수에 값을 넣는 형식을 사용할 수 없다.

다음은 열거형을 사용한 간단한 프로그램이다.

기본 13-8 열거형 사용 예 13-8.c

```
01 #include <stdio.h>
02
03 void main( )
04 {
05   enum week {sun, mon, tue, wed, thu, fri, sat};
06
07   enum week ww;
08
09   ww = sat;
10
11   if(ww == sun)
12      printf("오늘은 일요일입니다.\n");
13   else
14      printf("오늘은 일요일이 아닙니다.\n");
15 }
```

- 5행: 0부터 6까지의 열거형이다.
- 7행: 열거형 변수 ww를 선언한다.
- 9행: 변수 ww에 값을 대입한다.
- 11~14행: ww가 sun(0)인지 아닌지의 여부에 따라 문장을 출력한다.

실행 결과

```
오늘은 일요일이 아닙니다.
```

5행에서 열거형의 형식을 선언했는데 enum week라는 열거형은 0~6의 내용을 담고 있다. 그리고 7행에서는 ww라는 열거형 변수를 선언했는데 여기에는 sun~sat(실제 값은 0~6)를 대입할 수 있다. 9행에서 ww에 sat(실제 값은 6)를 대입하고 11행에서 ww의 값에 따라 일요일인지 여부를 출력한다.

다음 그림에 열거형의 구조를 상세히 나타냈다.

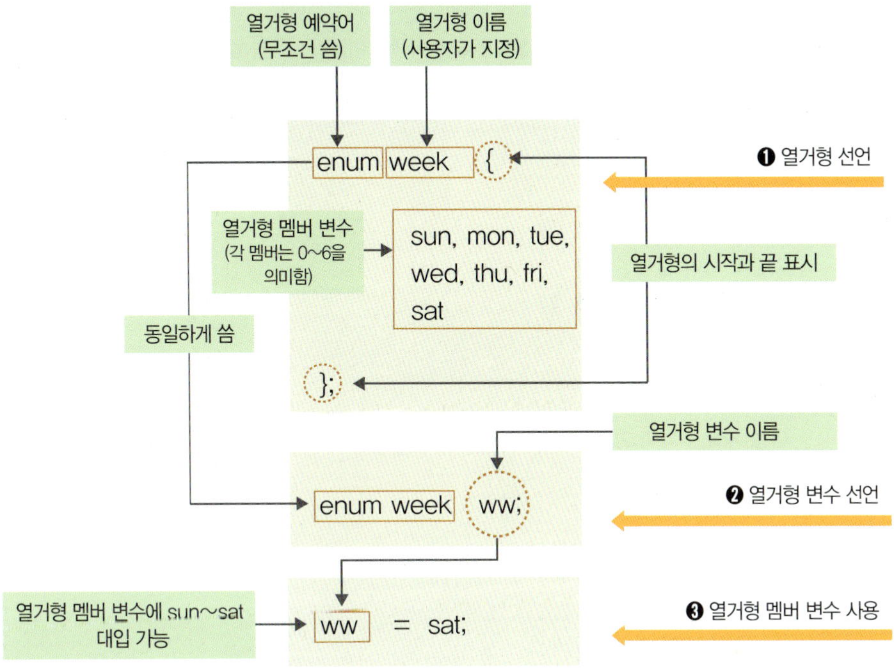

그림 13-11 열거형의 문법 구조

주의할 점은 enum week에서 정의한 sun, mon, tue, …는 변수가 아니라 정숫값 0, 1, 2, …를 의미한다는 것이다. 또한 열거형 변수 ww에는 sun, mon, tue, wed, thu, fri, sat 중 하나만 대입할 수 있다.

SELF STUDY

mon은 1, tue는 2, … , sun은 7을 의미하도록 [기본 13-8]을 수정해보자.

예제모음 34

구조체 포인터를 활용한 학생 관리

exam34.c ★★☆

예제 설명 구조체 포인터와 메모리 할당 함수를 이용하여 학생의 이름과 나이를 입력받아 출력하는 프로그램이다.

실행 결과

```
입력할 학생 수 : 3
이름과 나이 입력 : 지효  25
이름과 나이 입력 : 정연  25
이름과 나이 입력 : 다현  23


-- 학생 명단 --
이름:지효 , 나이:25
이름:정연 , 나이:25
이름:다현 , 나이:23
```

```c
#define _CRT_SECURE_NO_WARNINGS
#include <stdio.h>
#include <malloc.h>
void main( )
{
  struct student{
    char name[10];
    int  age;
  };

  struct student *s;

  int cnt, i;

  printf("입력할 학생 수 : ");
  scanf("%d", &cnt);

  s = (struct student*) malloc((sizeof(struct student)) * cnt);

  for(i=0; i < cnt; i++)
  {
    printf("이름과 나이 입력 : ");
```

- 구조체형을 선언한다.
- 구조체 포인터 변수를 선언한다.
- 관리할 학생 수를 입력한다.
- 학생 수만큼 메모리를 할당한다.
- 학생 수만큼 반복하며 이름과 나이를 입력한다.

```
        scanf("%s %d", s[i].name, &s[i].age);
    }

    printf("\n\n-- 학생 명단 --\n");
    for(i=0; i < cnt; i++)
        printf("이름:%s , 나이:%d \n", s[i].name, s[i].age);

    free(s);
}
```

학생 수만큼 반복하며 이름과 나이를 출력한다.

메모리를 해제한다.

IT 분야의 슈퍼스타 08

앤더스 헤즐스버그(Anders Hejlsberg)

앤더스 헤즐스버그는 C#의 창시자이다. C#뿐만 아니라 통합개발환경인 델파이를 만든 프로그래머이기도 하다. C#은 C++의 객체지향 개념을 수용하면서도 코드가 직관적이면서 간결하다는 장점이 있다. 프로그래머들이 쉽게 사용할 수 있도록 구현된 프로그래밍 언어로써 큰 사랑을 받고 있기도 하다. 현재 그는 MS 사의 구루격 엔지니어로 활동하고 있다.

예제모음 35

구조체와 공용체의 혼합

exam35.c ★★☆

예제 설명 사용자 이름을 입력하고 전화번호 또는 주민번호 중 한 가지만 입력하는 프로그램이다. 전화번호와 주민번호는 공용체로 동일한 메모리를 차지함으로써 공간을 절약한다. 구조체와 공용체를 혼합해서 사용해보자.

실행 결과

```
이름 --> 채영
전화번호 또는 주민번호 --> 990423-1234567

--- 구조체/공용체 혼합 활용 ---
이름 ==> 채영
전화번호/주민번호 ==> 990423-1234567
```

```c
#define _CRT_SECURE_NO_WARNINGS
#include <stdio.h>
void main( )
{
    typedef struct _person {
        char name[10];
        union _id {
            char phone[15];
            char jumin[15];
        } id;
    } person;

    person p1;

    printf("이름 --> ");
    scanf("%s", p1.name);
    printf("전화번호 또는 주민번호 --> ");
    scanf("%s", p1.id.jumin);

    printf("\n--- 구조체/공용체 혼합 활용 ---\n");
    printf("이름 ==> %s\n", p1.name);
    printf("전화번호/주민번호 ==> %s\n", p1.id.phone );
}
```

- typedef struct _person { … } person; — 구조체형을 정의할 때 그 내부에 공용체를 사용한다.
- union _id { … } id; — 공용체 변수 id를 선언한다.
- person p1; — p1의 크기는 총 25바이트이다.
- scanf("%s", p1.id.jumin); — p1 안 공용체 id의 멤버 변수 jumin에 입력받는다. 이 부분은 phone으로 해도 동일하다.
- printf("전화번호/주민번호 ==> %s\n", p1.id.phone); — p1 안 공용체 id의 멤버 변수 phone을 출력한다. 이 부분은 jumin으로 해도 동일하다.

예제모음 36

열거형을 활용한 월 이름 출력

exam36.c ★★☆

예제 설명 열거형을 활용해서 입력된 월의 이름을 출력하는 프로그램이다.

실행 결과

```
월 입력 : 8
8월은 August 입니다.
```

```c
#define _CRT_SECURE_NO_WARNINGS
#include <stdio.h>
void main( )
{
   enum  month {
      January=1, February, March, April,
      May, June, July, August,
      September, October, November, December
   };

   enum month mm;

   printf("월 입력 : ");
   scanf("%d", &mm);

   switch (mm)
   {
      case January  : printf("%d월은 January 입니다.", mm); break;
      case February : printf("%d월은 February 입니다.", mm); break;
      case March    : printf("%d월은 March 입니다.", mm); break;
      case April    : printf("%d월은 April 입니다.", mm); break;
      case May      : printf("%d월은 May 입니다.", mm); break;
      case June     : printf("%d월은 June 입니다.", mm); break;
      case July     : printf("%d월은 July 입니다.", mm); break;
      case August   : printf("%d월은 August 입니다.", mm); break;
      case September: printf("%d월은 September 입니다.", mm); break;
      case October  : printf("%d월은 October 입니다.", mm); break;
```

- 열거형을 선언한다(1부터 시작).
- 열거형 변수 mm을 선언한다.
- 값을 입력한다.
- 입력값에 따라 해당 월을 출력한다.

```
        case November : printf("%d월은 November 입니다.", mm); break;
        case December : printf("%d월은 December 입니다.", mm); break;
        default :printf("잘못 입력했군요.");
    }
    printf("\n\n");
}
```

IT 분야의 슈퍼스타 09

비야네 스트롭스트룹(Bjarne Stroustrup)

C++을 만든 덴마크 출신의 프로그래머이다. C++은 C언어를 포함하면서 객체지향 프로그래밍까지 가능한 유연한 프로그래밍 언어이다. 방대한 내용 때문에 능숙한 프로그래머가 아니라면 C++을 다루기 힘들다는 점이 특징 중 하나이지만 컴퓨터를 강력하게 제어할 수 있다는 큰 장점이 있다. 현재 비야네 스트롭스트룹은 C++ 표준화에 적극 참여하고 있다.

IT@COOKBOOK

요약

1 구조체

❶ 서로 다른 데이터 형식의 변수들을 하나로 묶어놓은 것을 말한다.

구조체의 기본 형식

```
struct  구조체형_이름 {
   데이터_형식  멤버_변수_1;
   데이터_형식  멤버_변수_2;
             ⋮
};

struct  구조체형_이름  구조체_변수;
```

구조체의 예

```
struct bibim {
   int a;
   float b;
   char c;
};

struct bibim b1;
b1.a = 10;
```

❷ 구조체 변수 초기화 방법의 예는 다음과 같다.

```
struct student {
   char name[10];
   int kor;
   int eng;
   float avg;
};

struct student s = {"LeeSan", 90, 80};
```

❸ 일반 변수와 마찬가지로 구조체 변수도 배열과 포인터로 사용할 수 있다.

2 공용체

하나의 공간을 서로 다른 두 변수가 같이 사용하는 것을 말한다.

공용체의 기본 형식

```
union  공용체형_이름 {
   데이터_형식  멤버_변수_1;
   데이터_형식  멤버_변수_2;
             ⋮
};

union  공용체형_이름  공용체_변수;
```

공용체의 예

```
union student {
   int tot;
   char grade;
};

union student u;
u.tot = 300;
```

요약

IT@COOKBOOK

3 열거형

변수가 가질 수 있는 범위가 정해져 있을 때 숫자보다는 쉽게 파악할 수 있는 문자나 단어로 표현하는 자료형이다.

열거형의 기본 형식

```
enum  열거형_이름{
   기호_1;
   기호_2;
      ⋮
};

enum  열거형_이름  열거형_변수;
```

열거형의 예

```
enum week {
   sun, mon, tue, wed, thu, fri, sat

};

enum week ww;
ww = sat;
```

IT@COOKBOOK

연습문제

1 다음 설명의 빈칸을 알맞은 용어로 채우세요.

> ____1____는 여러 개의 다양한 데이터 형식의 변수를 하나로 묶어주는 개념이고, ____2____는 여러 변수가 동시에 같은 메모리 공간을 공유하는 개념이다.

2 myData라는 이름의 구조체를 선언하는 코드 중 올바른 것을 고르세요.

❶ `struct myData { int a; char b; } ;`

❷ `struct { int a; char b; } myData;`

❸ `myData struct { int a; char b; } ;`

❹ `myData { int a; char b; } struct;`

3 myData 구조체 형식의 변수 st를 선언하는 코드 중 올바른 것을 고르세요.

❶ `struct myData st;`

❷ `struct st myData;`

❸ `myData st;`

❹ `struct st;`

4 구조체 변수 st에 값을 대입하는 코드 중 올바른 것을 고르세요. 단, st는 정수형 변수 a와 문자형 변수 b로 구성되어 있습니다.

❶ `st->a = 100;`
❷ `st>>a = 100;`
❸ `st-a = 100;`
❹ `st.a = 100;`

5 다음은 구조체에 초깃값을 대입하는 코드입니다. 올바른 수식을 고르세요.

```
struct myst {
   int number;
   char[10] name;
};
```

❶ `struct myst st {1234, "Kim"};`

❷ `struct myst st = {1234, "Kim"};`

❸ `struct myst st = [1234, "Kim"];`

❹ `struct myst st [1234, "Kim"];`

연습문제

6 다음은 구조체(myst)를 선언하고 구조체 변수(st)를 만드는 다양한 방법입니다. 문법이 틀린 것을 고르세요.

❶
```
struct myst { int number; char[10] name; };
struct myst st;
```

❷
```
struct myst { int number; char[10] name; } st;
```

❸
```
struct myst st { int number; char[10] name; };
```

❹
```
typedef struct _myst { int number; char[10] name; } myst;
myst st;
```

7 다음과 같이 구조체 포인터를 선언한 후 구조체 포인터를 활용하는 코드로 올바른 것을 고르세요.

```
struct myst {
  int number;
  char[10] name;
};
struct myst st;
struct myst *p;
```

❶
```
p = st;
p.number = 100;
```

❷
```
p = *st;
p.number = 100;
```

❸
```
*p = st;
p->number = 100;
```

❹
```
p = &st;
p->number = 100;
```

8 다음과 같이 공용체를 선언한 후 공용체를 사용하는 코드로 올바른 것을 고르세요.

```
union myun {
  int number;
  char ch;
  };
```

❶ union myun u;
```
u->number = 300;
u->ch = 'A';
```

❷ union myun u;
```
u.number = 300;
u.ch = 'A';
```

❸ union myun *u;
```
&u.number = 300;
&u.ch = 'A';
```

❹ union myun u;
```
*u.number = 300;
*u.ch = 'A';
```

9 다음은 열거형을 사용하는 코드입니다. 제시된 실행 결과가 나올 수 있도록 코드의 빈칸을 채워보세요.

```
void main()
{
   enum season { spring, summer, fall, winter };
   _______1_______ ;
   ss = summer;
   if( _______2_______ )
       printf("지금은 여름입니다.\n");
   else
       printf("지금은 여름이 아닙니다.\n");
}
```

실행 결과
```
지금은 여름입니다.
```

연습문제

10 다음은 구조체와 공용체를 동시에 사용하는 코드입니다. 코드를 확인한 후 구조체 안을 채우세요. 변수명은 name, dept, phone, jumin을 사용하세요.

```
typedef struct _employee {

    [                                                          ]

} employee;

employee e1;

printf("이름 또는 부서 --> ");
scanf("%s", e1.nm.name);
printf("전화번호 또는 사무실 --> ");
scanf("%s", e1.id.jumin);

printf("\n--- 구조체/공용체 혼합 활용 ---\n");
printf("이름/부서 ==> %s\n", e1.nm.name);
printf("전화번호/사무실 ==> %s\n", e1.id.phone);
```

실행 결과

```
이름 또는 부서 --> 쯔위
전화번호 또는 사무실 --> 010-1234-1234

--- 구조체/공용체 혼합 활용 ---
이름/부서 ==> 쯔위
전화번호/사무실 ==> 010-1234-1234
```

실행 결과

```
이름 또는 부서 --> 트와이스
전화번호 또는 사무실 --> 5층505호

--- 구조체/공용체 혼합 활용 ---
이름/부서 ==> 트와이스
전화번호/사무실 ==> 5층505호
```

11 다음은 구조체 포인터를 활용한 소스의 일부이다. 실행이 가능하도록 빈칸을 채우시오.

```
struct student {
  char name[10];
  int avg;
};
struct student s;
struct student *p;
_____1_____;
printf("이름을 입력 : ");
scanf("%s", _____2_____);
printf("점수를 입력 : ");
scanf("%d", _____3_____);
```

12 다음 코드의 실행 결과를 예상하시오.

❶

```
#include <stdio.h>

int main( )
{
  struct student {
        char name[10];
        int kor;
        int eng;
        float avg;
  } s = {"홍길동", 80, 100};

  s.avg = (s.kor + s.eng) / 2.0f;

  printf("학생 이름 = = > %s\n", s.name);
  printf("국어 점수 = = > %d\n", s.kor);
  printf("영어 점수 = = > %d\n", s.eng);
  printf("평균 점수 = = > %5.1f\n", s.avg);
  printf("\n");
}
```

연습문제

IT@COOKBOOK

❷
```
#include <stdio.h>

int main( )
{
   union emp {
      char a;
      int b;
      double c;
      long d;
   };

   printf("공용체 크기 = = > %d\n", sizeof(union emp));
}
```

CHAPTER 14

고급 프로그램을 만들기 위한 C

학습목표

- main( ) 함수에 대해 심화 학습한다.
- 헤더 파일의 의미와 역할을 알아본다.
- 전처리문과 예약어를 활용해본다.

SECTION 01

main( ) 함수

C에서 꼭 존재해야 하는 main( ) 함수도 매개변수를 전달받을 수 있다.

main( ) 함수는 반드시 하나여야만 *.exe 파일이 생성되고 그 파일을 실행할 수 있다. 그래서 지금까지는 main( ) 함수에 대해 그다지 신경 쓸 필요가 없었다. 하지만 실행 파일을 실행하면서 매개변수를 전달해야 하는 경우에는 고려해야 할 점이 몇 가지 있다. 즉 'aaa.exe'와 같이 단독으로 실행할 때는 신경 쓸 필요가 없지만, 'aaa.exe bbb ccc'와 같이 실행 파일에 매개변수를 넘겨줘야 할 때는 매개변수와 관련된 별도의 코딩을 해야 한다.

이 절에서는 main( ) 함수의 매개변수 활용법을 살펴보자.

1 main( ) 함수의 매개변수

지금까지는 별도의 매개변수를 사용하지 않는 프로그램을 작성했다. 확장성을 염두에 둔 프로그램을 만들어보지 않았기 때문에 매개변수가 필요한 이유를 아직 잘 이해하지 못할 것이다.

예를 들어 [응용 11-8]에서 구현한 type 명령어를 살펴보자. 이 프로그램을 통해 text.txt 파일의 내용을 읽어오려면 프로그램 소스 안에 text.txt라는 파일 이름을 지정해두고 프로그램을 만들어야 한다. 그 후 a.txt 파일을 열고 싶으면 소스를 열고 text.txt 파일이 쓰여 있는 행을 a.txt로 수정한 후 다시 빌드해야 한다. 이처럼 원하는 결과를 얻기 위해 매번 소스를 수정한다면 프로그래밍을 하는 의미가 유명무실해진다.

실제 도스 명령어 type은 'type 파일 이름'과 같은 형식으로 파일을 직접 지정할 수 있어, 소스를 수정하는 것과 같은 귀찮은 작업을 하지 않고도 그 내용을 볼 수 있다. 이는 main( ) 함수에서 직접 매개변수를 받을 수 있게 프로그램을 작성했기 때문이다.

매개변수를 받아서 main( ) 함수를 만들고 빌드한 후 실행하는 형식은 [그림 14-1]과 같다.

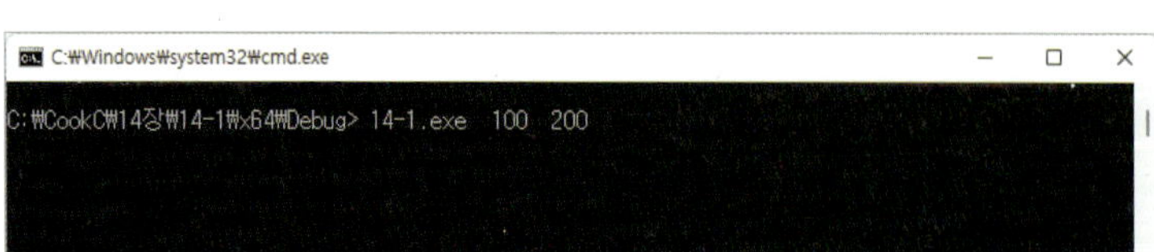

그림 14-1 main( ) 함수에서의 매개변수 사용

예로 잠시 후에 작성할 14-1.exe를 명령 프롬프트에서 '14-1.exe 100 200'으로 입력하면 실행 명령어(14-1.exe) 1개와 매개변수 2개(100, 200)의 정보가 넘어가 main( ) 함수의 argc에 3이 들어간다. 그리고 *argv[ ]에는 방금 들어온 3개의 문자열 정보가 각각 argv[0], argv[1], argv[2]에 들어간다.

TIP/ 매개변수의 내용인 char* argv[ ]는 문자열의 포인터 배열이므로 2차원 문자 배열과 비슷하게 문자열을 여러 개 저장할 수 있다. 즉 매개변수 문자를 여러 개 저장할 수 있다는 의미이다([그림 12-6] 참고).

다음 예제를 통해 직접 확인해보자. 프로젝트 이름과 파일 이름을 '14-1'로 지정하여 프로그램을 작성해야 한다.

기본 14-1 main( ) 함수에서의 매개변수 사용 예 1 — 14-1.c

```
#include <stdio.h>

void main(int argc, char* argv[])
{
   int i;

   printf(" argc 매개변수 ==> %d \n", argc);

   for(i=0; i < argc; i++)
      printf(" argv[%d] 매개변수 ==> %s \n", i, argv[i]);
}
```

- 03행: 매개변수를 지정한다.
- 07행: 매개변수의 개수를 출력한다.
- 09~10행: 매개변수의 개수만큼 반복하여 매개변수의 내용을 출력한다.

실행 결과 ▼

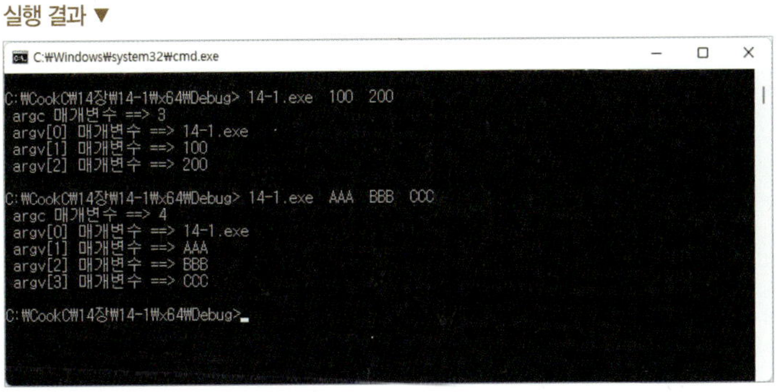

이 예제를 실행할 때는 명령 프롬프트를 실행한 후 14-1.exe 파일이 있는 폴더(여기서는 C:\CookC\14장\14-1\x641\Debug)로 이동해야 한다.

TIP/ 실제 실행 파일이 위치한 경로는 학습자의 환경에 따라 다르다.

[기본 14-1] 3행에서 main( ) 함수가 매개변수를 받을 수 있도록 지정하고 7행에서 매개변수의 개수인 argc를 출력한다. 이때 매개변수의 개수에는 실행 파일 이름(14-1.exe)까지 포함되므로 실제 매개변수의 개수는 'argc-1'이다. 즉 '14-1.exe 100 200'을 입력하면 실제로 사용할 매개변수는 100, 200뿐이다. 마찬가지로 매개변수의 내용인 argv[0]에도 실행 파일인 14-1.exe가 들어가므로 실제 매개변수의 내용은 argv[1], argv[2], …이다.

SELF STUDY

실제 매개변수의 개수와 매개변수의 내용만 나오도록 [기본 14-1]을 수정해보자. 즉 '14-1.exe 100 200'을 입력하면 개수는 2, 내용은 100과 200만 나오게 하는 것이다.

도스 명령어인 type과 같은 기능을 하도록 프로그램을 작성해보자([응용 11-8] 변형).

응용 14-2 main( ) 함수에서의 매개변수 사용 예 2 — 14-2.c

```
#define _CRT_SECURE_NO_WARNINGS
#include <stdio.h>
void main(int argc, char* argv[])
{
  char str[200];
  FILE *rfp;

  if(__1__ != 2)            ----- 매개변수가 하나가 아니면 메시지를 출력한 후 프로그램을 종료한다.
  {
    printf("\n — 매개변수를 1개 사용하세요 —\n");
    return;
  }

  rfp=fopen(__2__, "r");    ----- 첫 번째 매개변수로 넘어온 것을 읽기 모드로 연다.

  for( ; ; )                ----- 무한 루프이다.
  {
    fgets(str, 199, rfp);   ----- 파일의 내용을 한 줄 읽어들인다.

    if(feof(rfp))           ----- 파일의 끝이면 무한 루프를 종료한다.
```

```c
21            break;
22
23         printf("%s", str);
24      }
25
26      fclose(rfp);
27  }
```

(23행) 읽을 내용을 출력한다.

(26행) 파일을 닫는다.

정답_ ❶ argc ❷ argv[1]

실행 결과 ▼

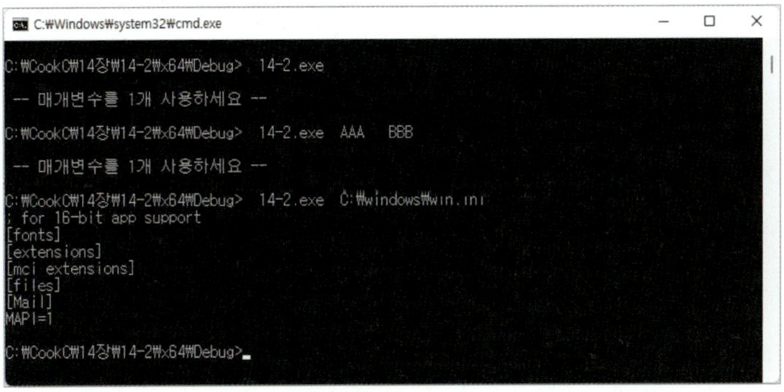

이 프로그램을 실행할 때 매개변수(C:\Windows\win.ini 파일)를 1개 넘겨주었다. 8~12행은 argc가 2가 아니면(실행 명령을 제외하고 실제 매개변수가 없거나 2개 이상이면) 오류 메시지를 보내고 프로그램을 종료한다. 14행에서는 열고자 하는 파일을 매개변수로 받은 argv[1]을 사용한다. 나머지 행에서는 파일의 내용을 읽어와 모니터에 출력한다(11장의 [응용 11-8]을 참고하기 바란다).

Q / U / I / Z main( ) 함수의 매개변수로는 매개변수의 개수를 나타내는 □□□ argc와 매개변수의 문자열을 저장하는 □□□□□ argv[ ]가 있다.

SECTION

02 헤더 파일

헤더 파일은 C의 상단에 들어가는, 확장자명이 *.h인 파일을 말한다. 이 파일에는 C에서 사용할 함수가 선언되어 있다.

1 헤더 파일의 이해

헤더 파일(header file)은 지금까지 코드의 상단에 무의식적으로 사용해왔던 〈stdio.h〉와 같이 *.h라는 확장자를 사용하는 파일을 말한다. 이 파일에는 함수의 프로토타입이 선언되어 있고 구조체 등의 데이터 구조가 정의되어 있다.

우리는 거의 모든 프로그램에서 printf( ) 함수를 사용했다. printf( ) 함수는 우리가 만들어넣지 않아도 모니터에 무언가를 출력하는 역할을 잘 수행했다. 이처럼 우리가 원할 때 그 함수를 그냥 사용할 수 있었던 이유는 프로그램의 첫 줄에 '#include 〈stdio.h〉'를 썼기 때문이다. '#include 〈stdio.h〉'는 'stdio.h 파일을 이 프로그램에 포함하라'는 의미이다.

stdio.h 파일은 C 컴파일러가 표준으로 제공하는 것이므로 실제로 이 파일이 어디에 있는지 신경 쓸 필요가 없다. 그저 stdio.h 파일에 printf( ) 함수의 기능을 수행하는 내용이 들어 있다고 생각하면 된다.

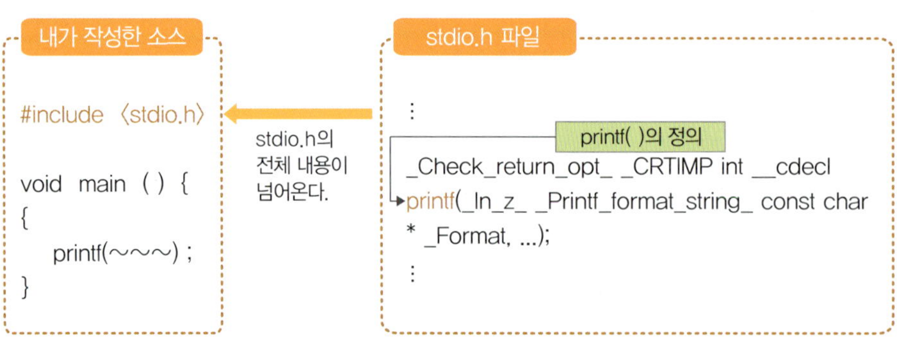

그림 14-2 #include의 개념

'#include 〈stdio.h〉'는 [그림 14-2]와 같이 컴파일러가 어딘가에 가지고 있는 stdio.h 파일 전체를 현재 위치(#include 〈stdio.h〉 줄의 위치)에 모두 쓰는 것과 같다. stdio.h에는 printf( )

함수가 선언되어 있으므로 main( ) 함수에서 printf( ) 함수를 사용해도 오류가 발생하지 않는다.

앞의 실습에서도 종종 사용했지만, stdio.h 파일 외에도 컴파일러가 제공하는 헤더 파일에는 string.h, stdlib.h, math.h 등이 있다. 만약 문자열과 관련된 strcpy( ) 함수를 사용하고 싶다면 '#include 〈string.h〉' 문장을 추가해야 한다.

자주 사용되는 헤더 파일과 관련된 함수의 종류는 다음과 같다.

표 14-1 주요 헤더 파일과 관련 함수

헤더 파일	설명	관련 함수
stdio.h	표준 입출력 관련	printf( ) scanf( ) puts( ) gets( ) fopen( ) fclose( ) …
string.h	문자열 관련	strcat( ) strcmp( ) strlen( ) strcpy( ) …
math.h	수학 관련	sin( ) cos( ) abs( ) pow( ) sqrt( ) log10( ) …
malloc.h	메모리 관련	malloc( ) realloc( ) calloc( ) free( ) …
stdlib.h	C 표준 라이브러리 관련	exit( ) rand( ) system( ) …
time.h	시간 관련	clock( ) time( ) localtime( ) …

TIP/ 원칙적으로는 C에서 제공하는 함수를 사용하려면 관련된 헤더 파일을 포함해야 하지만 일부 컴파일러에서는 관련 헤더 파일을 생략해도 되는 경우가 있다.

2 사용자가 만드는 헤더 파일

사용자는 대개 컴파일러가 제공하는 헤더 파일을 사용하는데 때로는 사용자가 헤더 파일을 직접 만들어서 사용할 수도 있다. 만약 사용자가 만든 헤더 파일의 이름이 'myheader.h'라면 다음과 같이 쓴다.

```
#include "myheader.h"
```

TIP/ 컴파일러가 제공하는 헤더 파일은 〈 〉 안에 쓰고, 사용자가 만든 헤더 파일은 " " 안에 쓴다. 단, 사용자가 만든 헤더 파일은 프로그램을 작성한 C 소스와 같은 폴더 내에 있어야 한다.

이제 헤더 파일을 만드는 방법을 실습해보자.

01 Visual Studio를 실행하여 '14-3'이라는 이름의 프로젝트를 생성하고 14-3.c 파일을 생성한다.

02 화면 오른쪽 솔루션 탐색기의 [14-3]-[헤더 파일]에서 마우스 오른쪽 버튼을 클릭하여 [추가]- [새 항목]을 선택한다.

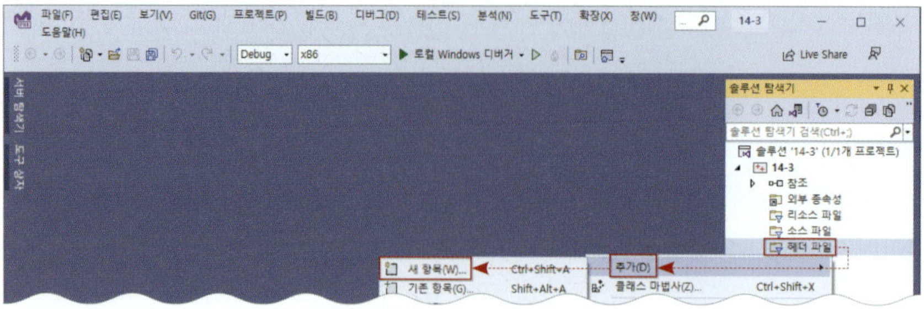

그림 14-3 헤더 파일 추가 1

03 [헤더 파일]을 선택하고 이름에 'myHeader.h'를 입력한 후 〈추가〉를 클릭한다.

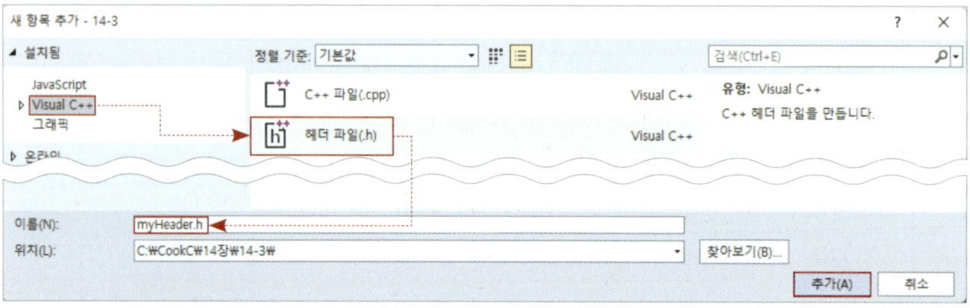

그림 14-4 헤더 파일 추가 2

04 기존 내용은 모두 지우고, 함수를 선언하는 다음 한 줄을 입력한다.

```
void func(int);
```

05 C 소스 파일(14-3.c)은 다음과 같이 코딩한다.

기본 14-3 사용자 정의 헤더 파일 사용 예 14-3.c

```
#include <stdio.h>

#include "myHeader.h"

void main( )
{
   func(10);
}

void func(int num)
{
   printf("%d\n", num);
}
```

- 03행: 사용자가 만든 헤더 파일을 포함한다.
- 07행: 함수를 호출한다.
- 10행: func( ) 함수의 내용을 정의한다.

실행 결과

```
10
```

헤더 파일(myHeader.h)에는 main( ) 함수에서 사용할 함수의 프로토타입이 정의되어 있다. 3행에서 myHeader.h를 포함한 것은 헤더 파일의 내용을 3행에 그대로 쓴 효과를 낸다. 그러므로 func( ) 함수의 내용이 main( ) 함수보다 아래에 나오더라도 7행에서 func( ) 함수를 인식할 수 있다.

TIP/ 함수에 관한 내용은 10장에서 다루었으니 기억이 잘 나지 않는다면 복습해보기 바란다.

3 하나의 파일을 여러 개로 분리하기

지금까지는 그다지 긴 프로그램이 없었으므로 하나의 파일에 모든 코드를 작성했다. 하지만 실무의 코드는 적게는 수백 줄, 많게는 수천 줄 이상에 달한다. 이때 몇 천 줄의 긴 코드를 하나의 C 파일에 코딩하면 관리하기도 힘들뿐더러 자신이 작성한 코드라도 잘 알아보지 못한다.

이런 경우에는 긴 코드를 잘게 분리해야 한다. 이때 분리된 각 소스를 한꺼번에 빌드하면 하나의 실행 파일이 나온다. [그림 14-5]는 분리하기 전의 소스 파일(소스 1개)을 파일 4개로 만든 것이다.

하나의 파일에 들어 있던 main( ) 함수, func1( ) 함수, func2( ) 함수를 각각 헤더 파일 1개와 소스 파일 3개로 분리했다. 이것들을 한꺼번에 빌드하면 실행 파일 하나가 생성된다. 실습을 통해 이를 확인해보자.

01 Visual Studio를 실행하여 '14-4'라는 이름의 프로젝트를 생성한다. 솔루션 탐색기의 [14-4]-[헤더 파일]에서 마우스 오른쪽 버튼을 클릭하여 [추가]-[새 항목]을 선택한다.

02 중간 창에서 [헤더 파일]을 선택하고 이름에 'func.h'를 입력한 후 〈추가〉를 클릭한다.

여기서 잠깐

파일을 분리하는 이유	파일을 분리하는 이유는 관리의 편의를 위해서이기도 하지만 대형 프로그램은 여러 사람이 분담해서 프로그램을 작성하기 때문이다. 각자 맡은 부분을 코딩하고 최종적으로 합쳐서 빌드하는데, 이렇게 하면 개발 기간을 줄일 수 있다.

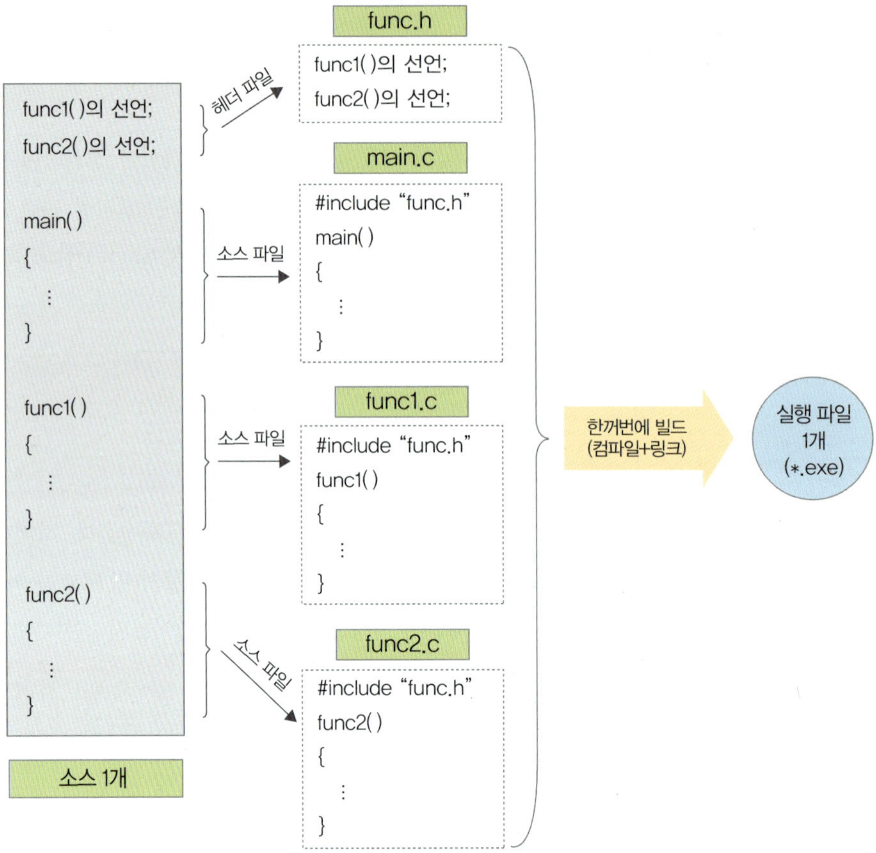

그림 14-5 파일 분리의 개념

03 솔루션 탐색기의 [14-4]-[소스 파일]에서 마우스 오른쪽 버튼을 클릭하여 [추가]-[새 항목]을 선택한다.

04 중간 창에서 [C++ 파일]을 선택하고 이름에 'main.c'를 입력한 후 〈추가〉를 클릭한다.

05 같은 방식으로 'func1.c'와 'func2.c'를 추가한다. 최종적으로 파일 4개가 추가된다.

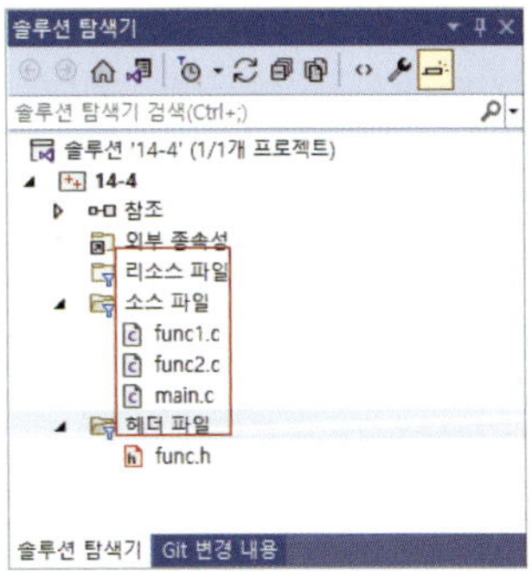

그림 14-6 파일 분리

기본 14-4 함수별로 파일을 분리하는 예 14-4.c

func.h

```c
#include <stdio.h>

void func1( ) ;
void func2( ) ;
```

func1( ), func2( ) 함수의 프로토타입을 선언한다.

main.c

```c
#include "func.h"

void main( )
{
    func1( );
    func2( );
}
```

- 01행: 직접 만든 헤더 파일을 포함한다.
- 05~06행: func1( ), func2( ) 함수를 호출한다.

func1.c

```c
#include "func.h"

void func1( )
{
    printf("func1( ) 함수를 실행합니다. \n");
}
```

- 01행: 직접 만든 헤더 파일을 포함한다.
- 03~06행: func1( ) 함수의 내용을 정의한다.

func2.c

```c
#include "func.h"

void func2( )
{
    printf("func2( ) 함수를 실행합니다. \n");
}
```

- 01행: 직접 만든 헤더 파일을 포함한다.
- 03~06행: func2( ) 함수의 내용을 정의한다.

실행 결과

```
func1( ) 함수를 실행합니다.
func2( ) 함수를 실행합니다.
```

SECTION

03 전처리문과 예약어

전처리문은 소스가 컴파일되기 전에 미리 처리되는 문장으로, 기존의 소스 코드를 건드리지 않은 상태에서 부분적인 컴파일을 수행한다. 그리고 예약어는 특별한 기능을 수행하도록 프로그래밍 언어에서 미리 정의한 것이다.

이 절에서는 전처리문과 예약어를 소개할 것이다. 모든 내용을 다루지는 않고 전문 프로그래머가 되기 위해 꼭 알아야 할 기본적인 내용 위주로 설명할 테니 가볍게 살펴보자.

1 전처리문

전처리문(preprocessor directives)은 실제 컴파일 전에 미리 처리되는 문장으로, 기존의 방대한 소스 코드를 건드리지 않은 상태에서 부분적인 컴파일을 수행한다. 전처리문은 소스 코드의 시작 부분에 위치하며 #로 시작한다.

종류에는 #include, #define, #ifdef, #undef 등이 있는데 #include와 #define의 사용 빈도가 높고 그 외는 좀 더 전문적인 프로그램을 작성할 때 사용한다. #include는 앞에서 살펴보았으니 여기서는 #define의 활용을 살펴보자.

#define문

#define문은 소스 코드에 사용할 숫자나 문자열, 함수의 이름이 너무 길거나 복잡할 때 한눈에 파악할 수 있도록 쉬운 기호로 표현해준다.

```
#define [기호] [숫자 또는 문자열 또는 함수]
```

예를 들어 원주율을 의미하는 3.1415926535를 소스에 써야 할 때 C 소스에 매번 내용을 입력하지 않아도 기호로 나타낼 수 있다. 원주율이 필요한 부분에 3.1415926535 대신 PI라고만 쓰면 된다.

```
void main( ){
 ⋮
   area = rad * rad * 3.1415926535;
 ⋮
}
```

⇨

```
#define PI 3.1415926535
void main( ){
 ⋮
   area = rad * rad * PI;
 ⋮
}
```

그 밖에 #define문으로 대신할 수 있는 코드를 예제를 통해 확인해보자.

기본 14-5 #define문 사용 예 14-5.c

```
01 #include <stdio.h>
02
03 #define  PI  3.1415926535                                   ----- 상수를 PI로 정의한다.
04 #define  STR  "원의 면적을 계산했습니다.\n"                    ----- 문자열을 STR로 정의한다.
05 #define  END_MSG  printf("프로그램이 종료되었습니다. \n\n")   ----- 함수를 END_MSG로 정의한다.
06
07 void main( )
08 {
09    printf("반지름이 10인 원의 면적은 ==> %10.5f \n", 10*10*PI); ----- 정의한 PI를 사용한다.
10
11    printf(STR);                                             ----- 정의한 STR을 사용한다.
12
13    END_MSG;                                                 ----- 정의한 END_MSG를 사용한다.
14 }
```

실행 결과

```
반지름이 10인 원의 면적은 ==>  314.15927
원의 면적을 계산했습니다.
프로그램이 종료되었습니다.
```

3~5행에서 #define을 사용하여 기호 3개를 정의하고 이를 각각 9행, 11행, 13행에서 사용했다. #define을 쓰면 코드가 간단해지는데, 특히 같은 내용을 반복해서 사용하는 프로그램을 작성할 때 유용하다.

'원의 면적을 계산했습니다.'를 다섯 번 출력할 때 #define을 사용하지 않은 경우와 사용한 경우의 소스를 비교해보자. 행 수는 같지만 #define을 사용했을 때의 소스가 더 깔끔하다.

❶ #define을 사용하지 않은 경우

```
#include <stdio.h>

void main( )
{
  printf("반지름이 10인 원의 면적은 ==>
        %10.5f \n", 10*10*3.1415926535)
  printf("원의 면적을 계산했습니다. \n");
  printf("원의 면적을 계산했습니다. \n");
  printf("원의 면적을 계산했습니다. \n");
  printf("원의 면적을 계산했습니다. \n");
  printf("원의 면적을 계산했습니다. \n");
  printf("프로그램이 종료되었습니다. \n\n")
}
```

❷ #define을 사용한 경우

```
#include <stdio.h>
#define STR "원의 면적을 계산했습니다.\n"
void main( )
{
  printf("반지름이 10인 원의 면적은 ==>
        %10.5f \n", 10*10*3.1415926535)
  printf(STR);
  printf(STR);
  printf(STR);
  printf(STR);
  printf(STR);
  printf("프로그램이 종료되었습니다. \n\n")
}
```

2 예약어

예약어는 특별한 기능을 수행하도록 프로그래밍 언어에서 미리 정의한 것으로 변수나 함수 이름에는 사용할 수 없다. 예약어를 사용하면 컴파일러는 이것을 변수로 인식하지 않고 키워드로 인식하므로 변수의 역할을 하지 못한다. C에서 사용하는 예약어의 종류는 다음과 같다.

```
auto, case, cdecl, const, char, continue, default, do, double, else, enum, extern,
float, for, goto, if, int, long, register, return, short, signed, sizeof, static,
struct, switch, typedef, union, unsigned, void, volatile, while
```

여기서 잠깐

전처리 과정 #include나 #define으로 정의된 내용을 main( ) 함수 내부의 값으로 바꾸는 작업을 '전처리(preprocessing)'라고 하며 이 작업은 컴파일 전에 수행된다.

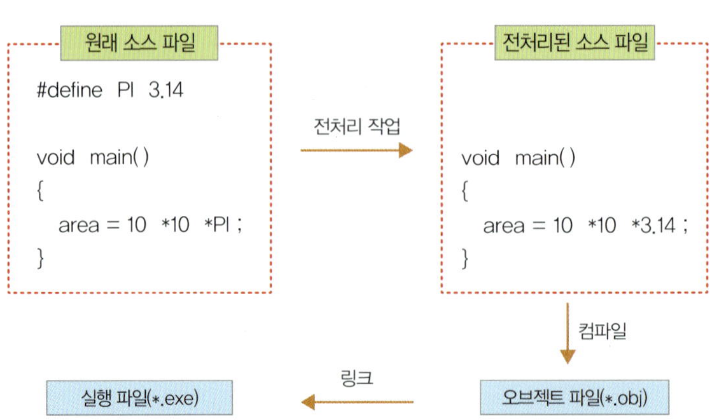

익숙한 단어가 많을 것이다. 지금까지 문법을 배우면서 익혔던 것들인데 별도로 언급하지는 않았지만 대부분이 예약어이다. 그러나 예약어라는 명칭을 배웠다고 달라지는 것은 없으니 지금껏 하던 대로 하면 된다. 처음 등장한 예약어 중에서 알아두어야 할 const, static, extern을 간단히 살펴보자.

const 예약어

const 예약어는 #define과 비슷한 기능을 하지만 조금 다르다. const로 변수를 선언하면 해당 변수는 변수의 역할을 하는 것이 아니라 상수의 역할을 한다.

```
const 변수형 변수_이름 = 변숫값;
```

const의 사용법을 살펴보자.

```
const int a = 100;      ⇨ a를 100으로 고정한다.
int b;

b = a + 200;            ⇨ (○) a는 100이므로 b는 300이 된다.
a = 200;                ⇨ (×) a는 더 이상 변수가 아니며 고정된 값으로만 사용해야 한다.
```

const를 다음과 같이 #define으로 바꿔 쓸 수도 있다.

```
#define a 100           ⇨ 100을 기호 a로 정의한다.
int b;

b = a + 200;            ⇨ (○) a는 100과 동일하므로 b는 300이 된다.
a = 200;                ⇨ (×) 100=200이라고 쓴 것이므로 문법적으로 틀린 문장이다.
```

TIP/ #define은 전처리 작업에서 처리되고 const는 컴파일 작업에서 처리된다.

static 예약어

static 예약어는 처음 설정된 값을 초기화하지 않고 계속 유지시킨다.

```
static 변수형 변수_이름 = 변숫값;
```

다음은 static 예약어를 사용하여 a라는 변수를 만든 후 a 값의 변화를 살펴보는 간단한 프로그램이다.

기본 14-6 static 예약어 사용 예 — 14-6.c

```
01 #include <stdio.h>
02
03 void myfunc( );                    ----- myfunc( ) 함수의 프로토타입을 선언한다.
04
05 void main( )
06 {
07     myfunc( );                     ----- myfunc( ) 함수를 두 번 호출한다.
08     myfunc( );
09 }
10
11 void myfunc( )
12 {
13     static int  a = 0;             ----- static 예약어로 a 변수를 선언하고 초기화한다.
14
15     a = a + 100;                   ----- a에 100을 증가시킨 후 출력한다.
16     printf("a의 값 ==> %d\n", a);
17 }
```

실행 결과

```
a의 값 ==> 100
a의 값 ==> 200
```

이번에는 a 값이 최종 200으로 출력되었다. 7행에서 myfunc( ) 함수를 호출하면 13행의 static int a = 0을 만난다. 이때 13행에서 생성된 변수 a는 static으로 선언되었기 때문에 함수가 끝나도 소멸되지 않는다. 즉 함수를 한 번 실행하면 a 값을 100이라고 출력한 후 그대로 100을 유지한 채 7행으로 돌아간다. 함수를 두 번째로 호출하면 또 13행으로 이동하는데, 이때 static int a = 0을 만나면 변수 a를 새로 만들거나 초기화하지 않고 기존의 변수 a(100이 들어 있음)를 계속 사용한다. 그러므로 a에 100을 더한 200이 출력된다.

Q/U/I/Z 변수에 값을 고정하고 상수처럼 사용하기 위한 예약어는 □□□□□이다. 비슷한 기능을 하는 전처리 명령어로는 #□□□□□□(이)가 있다.

extern 예약어

extern 예약어는 다른 소스 파일에 선언된 전역변수를 현재의 소스 파일에 가져와서 사용하고자 할 때 쓰인다. 그래서 extern으로 선언된 변수를 '외부 변수'라고 부른다. 즉 외부 변수는 스스로 존재하는 것이 아니라 다른 소스의 전역변수를 대신하는 것이다.

```
extern 변수형 변수_이름;
```

다음 그림을 보면 extern을 사용함으로써 main.c 파일에 정의된 변수 a를 func.c 파일에서도 사용할 수 있다. main.c 파일에서 a에 100을 대입한 후 func( ) 함수를 호출했으므로 100이 출력된다.

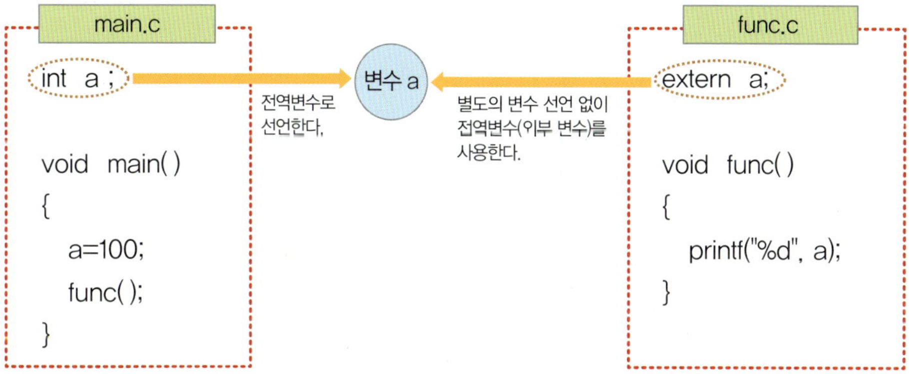

그림 14-7 extern 예약어 사용

TIP 함수 안에 선언된 변수를 '지역변수(또는 로컬 변수)', 함수 밖에 선언된 변수를 '전역변수(또는 글로벌 변수)'라고 한다. 지역변수는 현재 함수 안에서만 사용할 수 있으므로 지역변수를 다른 소스에서 외부 변수로 사용하려고 extern을 붙여도 의미가 없다.

다음 예제에서는 먼저 프로젝트를 생성한 후 소스 파일 2개를 추가하는 과정을 살펴본다.

기본 14-7 extern 예약어 사용 예 1 　　14-7.c

main.c

```
01 #include <stdio.h>
02
03 void func( );          ---- func( ) 함수의 프로토타입을 선언한다.
04
05 int a;                 ---- 전역변수 a를 선언한다.
06
07 void main( )
08 {
09     a = 100;           ---- 전역변수에 값을 대입한다.
10
11     func( );           ---- 함수를 호출한다.
12 }
```

func.c

```
01 #include <stdio.h>
02
03 extern int a;          ---- 변수 a를 외부 변수로 선언한다.
04
05 void func( )
06 {
07     printf("extern int a값 ==> %d\n", a);    ---- 변수 a의 값을 출력한다.
08 }
```

실행 결과

```
extern int a값 ==> 100
```

main.c 파일의 5행에서 전역변수 a를 선언하고 func.c 파일의 3행에서 전역변수 a를 외부 변수로 사용하겠다는 의미로 extern 예약어를 사용했다. 그러므로 func.c 파일의 7행에서 100이 출력된다.

이번에는 외부 변수를 활용해서 두 값을 교환하는 프로그램을 작성해보자.

응용 14-8 extern 예약어 사용 예 2

14-8.c

main.c

```
#define _CRT_SECURE_NO_WARNINGS
#include <stdio.h>
void exchange( );

int a, b;

void main( )
{
   printf("a의 값을 입력 : ");
   scanf("%d", &a);
   printf("b의 값을 입력 : ");
   scanf("%d", &b);

   ___1___( );

   printf("\n바뀐 값 a는 %d, b는 %d \n", a, b);
}
```

- 03: exchange( ) 함수의 프로토타입을 선언한다.
- 05: 전역변수 a와 b를 선언한다.
- 10: 전역변수 a에 값을 입력한다.
- 12: 전역변수 b에 값을 입력한다.
- 14: 함수를 호출한다.
- 16: 결과를 출력한다.

exchange.c

```
___2___

void exchange( )
{
   int tmp;

   tmp = a;
   a = b;
   b = tmp;
}
```

- 01: 변수 a, b를 외부 변수로 선언한다.
- 07~09: 두 값을 교환한다.

정답_ 1 exchange 2 extern int a, b

실행 결과

```
a의 값을 입력 : 111
b의 값을 입력 : 222

바뀐 값 a는 222, b는 111
```

main.c 파일을 보면 5행에서 전역변수 a, b를 선언하고 10행과 12행에서 숫자를 입력받는다. 그리고 14행에서 exchange( ) 함수를 호출하는데 어떤 매개변수도 넘겨주지 않았다.

exchange.c 파일을 보면 1행에서 extern 예약어로 a와 b를 선언하고 7~9행에서 다른 소스에 선언된 변수 a와 b의 값을 바꾼다. 또한 돌려주는 값도 없다. 즉 변수 a, b는 main.c 파일과 exchange.c 파일에서 모두 사용할 수 있다.

예제모음 37

텍스트 파일 복사

exam37.c ★★☆

예제 설명 도스 명령어 중 copy 명령어와 동일하게 텍스트 파일을 복사하는 프로그램이다.

실행 결과

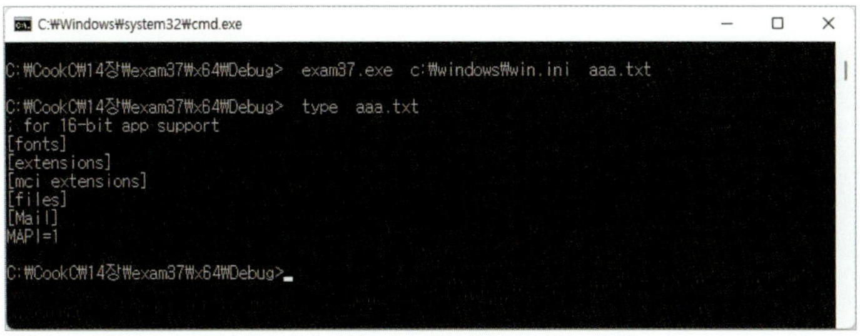


```c
#define _CRT_SECURE_NO_WARNINGS
#include <stdio.h>
void main(int argc, char* argv[])
{

  char str[200];
  FILE *rfp;
  FILE *wfp;

  if(argc != 3)
  {
    printf("\n -- 매개변수를 2개 사용하세요 --\n");
    return;
  }

  rfp=fopen(argv[1], "r");
  wfp=fopen(argv[2], "w");

  for( ; ; )
  {
    fgets(str, 199, rfp);

```

- char str[200]; —— 한 행을 최대 199자로 제한한다.
- FILE *rfp; / FILE *wfp; —— 읽기용 포인터와 쓰기용 포인터 변수를 선언한다.
- if(argc != 3) … —— 매개변수가 2개가 아닌 경우 프로그램을 종료한다.
- rfp=fopen(argv[1], "r"); —— 읽기 모드의 파일을 연다.
- wfp=fopen(argv[2], "w"); —— 쓰기 모드의 파일을 연다.
- for(; ;) —— 무한 루프이다.
- fgets(str, 199, rfp); —— 원본 파일에서 한 행을 읽어온다.

```
        if(feof(rfp))
            break;

        fputs(str, wfp);
    }

    fclose(rfp);
    fclose(wfp);
}
```

파일의 끝이면(더 읽을 행이 없으면) for문을 종료한다.

읽은 행을 대상 파일에 쓴다.

파일을 닫는다.

IT 분야의 슈퍼스타 10

찰스 윌리엄 바크만(Charles William Bachman)

찰스 윌리엄 바크만은 데이터의 저장과 관리를 프로그램과 분리한다는 개념을 고안했다. 현대에서 쓰이는 데이터베이스의 개념을 구축한 것이다. 그의 업적으로 프로그램에 종속됐던 데이터를 따로 다루게 되면서 다양한 프로그래밍이 가능해졌다. 찰스 윌리엄 바크만은 이 공로를 인정받아 소프트웨어계의 노벨상이라고 불리는 튜링상을 받았다.

예제모음 38

static 예약어를 활용한 구구단 출력

exam38.c ★★☆

예제 설명 static 예약어를 이용하여 구구단을 출력하는 프로그램이다.

실행 결과

```
** 2 단 **
2 X 1 =  2
2 X 2 =  4
2 X 3 =  6
2 X 4 =  8
2 X 5 = 10
2 X 6 = 12
2 X 7 = 14
2 X 8 = 16
```

```
   ⋮
9 X 1 = 9
9 X 2 = 18
9 X 3 = 27
9 X 4 = 36
9 X 5 = 45
9 X 6 = 54
9 X 7 = 63
9 X 8 = 72
9 X 9 = 81
```

```c
#include <stdio.h>

void gugu( )
{
   static int dan=1;
   int i;

   dan++;

   printf("\n\n ** %d 단 **\n", dan);
   for(i=1; i <= 9; i++)
   {
      printf("%2d X %2d= %2d  \n", dan, i, dan*i);
   }
}

void main( )
{
   int i;

   for(i=0; i < 8; i++)
      gugu( );
}
```

- static int dan=1; — static 예약어로 dan 변수를 선언하고 초기화한다.
- dan++; — 단을 하나씩 증가시킨다.
- printf("\n\n ** %d 단 **\n", dan); — 제목을 출력한다.
- for(i=1; i <= 9; i++) … — 각 단의 구구단을 출력한다.
- for(i=0; i < 8; i++) gugu( ); — gugu( ) 함수를 여덟 번 호출한다.

요약

1 main( ) 함수의 매개변수

❶ 일반 함수뿐 아니라 main( ) 함수에도 매개변수를 사용할 수 있다.

❷ 실행 파일에 매개변수를 넘겨주려면 main( ) 함수의 매개변수를 main(int argc, char* argv[ ])와 같은 형식으로 지정해야 한다.

2 헤더 파일

❶ C의 상단에 들어가며 확장명이 *.h인 파일을 말한다.

❷ 함수의 프로토타입, 구조체 등의 데이터 구조가 선언되어 있다.

❸ 자주 사용하는 헤더 파일은 다음과 같다.

헤더 파일	설명	주요 함수
stdio.h	표준 입출력 관련	printf( ) scanf( ) puts( ) gets( ) fopen( ) fclose( ) …
string.h	문자열 관련	strcat( ) strcmp( ) strlen( ) strcpy( ) …
math.h	수학 관련	sin( ) cos( ) abs( ) pow( ) sqrt( ) log10( ) …
malloc.h	메모리 관련	malloc( ) realloc( ) calloc( ) free( ) …
stdlib.h	C 표준 라이브러리 관련	exit( ) rand( ) system( ) …
time.h	시간 관련	clock( ) time( ) localtime( ) …

❹ 컴파일러가 제공하는 헤더 파일은 〈 〉로 묶고 사용자가 작성한 헤더 파일은 " "로 묶는다.

3 전처리문

전처리문은 실제 컴파일 전에 미리 처리되는 문장으로, 기존의 방대한 소스 코드를 건드리지 않은 상태에서 부분적인 컴파일을 수행한다. 소스 코드의 맨 처음은 #로 시작하며 #include, #define, #ifdef, #undef 등의 종류가 있다.

4 하나의 파일을 여러 개의 파일로 분리

소스가 너무 길면 관리하기가 힘들기 때문에 여러 개의 파일로 분리해서 프로그램을 작성한 후 빌드하는 것이 좋다.

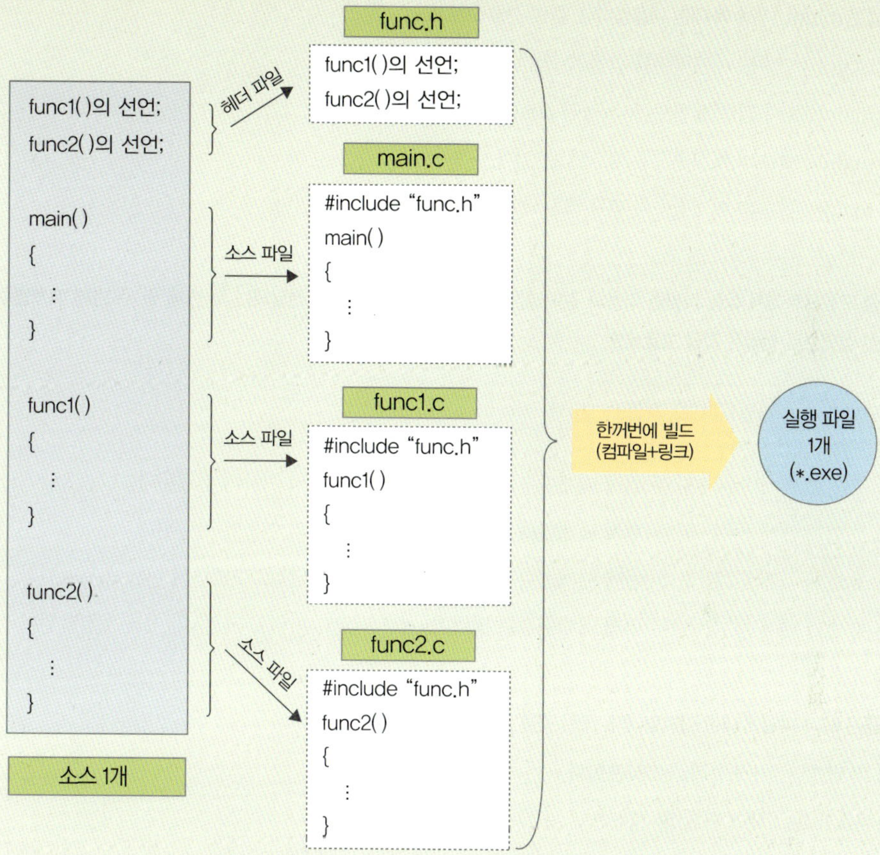

5 예약어

❶ 예약어는 특별한 기능을 수행하도록 프로그래밍 언어에서 미리 정의한 것으로, 변수나 함수 이름으로도 사용할 수 없는 단어이다. 컴파일러는 예약어를 변수로 인식하지 않고 키워드로 인식한다.

❷ 다음 표에 const, static, extern 예약어에 대해 정리했다.

종류	설명
const 예약어	#define과 비슷하지만 const는 변수를 선언할 때 사용한다. 해당 변수는 변수의 역할을 하는 것이 아니라 상수의 역할을 한다.
static 예약어	처음 설정된 값을 초기화하지 않고 유지시킨다.
extern 예약어	다른 소스 파일에 선언된 전역변수를 현재의 소스 파일에서 사용하고자 할 때 쓰인다.

연습문제

1 다음은 main( ) 함수에 대한 내용입니다. 틀린 것을 고르세요.

❶ main( ) 함수도 매개변수를 받을 수 있다.

❷ main( ) 함수의 매개변수는 int형과 char*[ ] 형 2가지가 있다.

❸ main( ) 함수의 매개변수는 생략할 수 있다.

❹ main( ) 함수의 매개변수의 변수명은 argc와 argv로 고정되어 있다.

2 명령 프롬프트에서 실행 파일을 다음과 같이 실행할 때, main( ) 함수에 전달되는 첫 번째 및 두 번째 매개변수에 대한 설명으로 알맞은 것을 고르세요.

```
명령어.exe 파일1 파일2 파일3
```

❶ 첫 번째 매개변수는 3, 두 번째 매개변수는 파일1, 파일2, 파일3의 이름이 전달된다.

❷ 첫 번째 매개변수는 4, 두 번째 매개변수는 파일1, 파일2, 파일3의 이름이 전달된다.

❸ 첫 번째 매개변수는 4, 두 번째 매개변수는 명령어.exe, 파일1, 파일2, 파일3의 이름이 전달된다.

❹ 첫 번째 매개변수는 3, 두 번째 매개변수는 명령어.exe, 파일1, 파일2, 파일3의 이름이 전달된다.

3 다음은 헤더 파일에 대한 설명입니다. 틀린 것을 모두 고르세요.

❶ 확장명은 *.h 또는 *.c로 사용한다.

❷ #include 〈헤더 파일명〉 형식으로 소스에서 사용한다.

❸ stdio.h는 표준 입출력과 관련된 헤더 파일로, 현재 작성 중인 C 소스와 같은 폴더에 있어야 한다.

❹ stdio.h에는 printf( ), scanf( ) 등의 함수가 선언되어 있다.

4 다음 각 문항의 함수를 포함하는 헤더 파일을 보기에서 골라 적어보세요.

```
stdio.h  string.h  math.h  malloc.h  stdlib.h  time.h
```

❶ sin() cos() abs() pow()

❷ exit() rand() system()

❸ clock() time() localtime()

❹ strcat() strcmp() strlen()

5 다음 중 설명이 틀린 것을 고르세요.

❶ 사용자가 직접 헤더 파일을 만들 수 있다.

❷ 사용자가 헤더 파일을 직접 만들 경우 #include "파일명.h" 형식으로 사용한다.

❸ 사용자의 헤더 파일은 폴더 경로를 지정하지 않으면 C 소스와 같은 폴더에 있어야 한다.

❹ 사용자가 만든 헤더 파일은 프로그램당 1개만 허용된다.

6 다음은 전처리문 및 예약어에 대한 설명입니다. 틀린 것을 모두 고르세요.

❶ 앞에 #가 붙으면 전처리문으로 처리된다. 즉 컴파일되는 시점에 함께 처리된다.

❷ const 예약어는 변수를 상수처럼 만들어서 변경되지 않도록 한다.

❸ static 예약어는 함수 밖에 선언하면 전역변수와 같은 기능을 한다.

❹ extern 예약어는 다른 소스 파일의 전역변수를 사용할 수 있다.

7 도스 명령어 del과 동일한 기능의 myDel.exe 파일을 구현해보세요. del 명령어의 사용법은 다음과 같습니다.

```
del 파일1 파일2 파일3 …
```

연습문제

IT@COOKBOOK

8 다음 소스에서 문법적으로 틀린 두 부분을 찾으시오.

```
#include <stdio.h>
#define 3.14 PI

int main( )
{
    const int a;
    a = 100;
}
```

CHAPTER 15

실전 프로젝트

학습목표

- 지금까지 배운 내용을 토대로 연락처 관리 프로그램을 만들어본다.
- 지금까지 배운 내용을 토대로 사진 편집 프로그램을 만들어본다.

SECTION 01 연락처 관리 툴 Ver 1.0

파일 입출력 함수를 사용하여 파일 내용을 읽고 쓰는 연락처 프로그램을 작성한다.

1 프로그램 개요

파일에 연락처를 저장해두고 필요할 때마다 꺼내서 보거나 삭제하는 연락처 관리 프로그램이다. 프로그램을 실행하면 [그림 15-1]의 '프로그램 초기 화면'처럼 1~4번 항목이 나오고 숫자 4개 중 하나를 입력하면 해당 작업이 실행된다. 처음에는 입력된 연락처가 없으므로 2번을 눌러 연락처를 입력한다. 필요한 만큼 반복해서 입력할 수 있고 입력된 내용은 C:\temp\juso.txt에 저장되게 한다. 저장된 연락처를 확인하거나 필요 없는 연락처를 삭제할 수도 있다. 프로그램을 마치려면 '4. 끝내기'를 선택한다.

TIP/ 'C:\temp\' 폴더가 없다면 미리 만들어놓는다.

프로그램 초기 화면

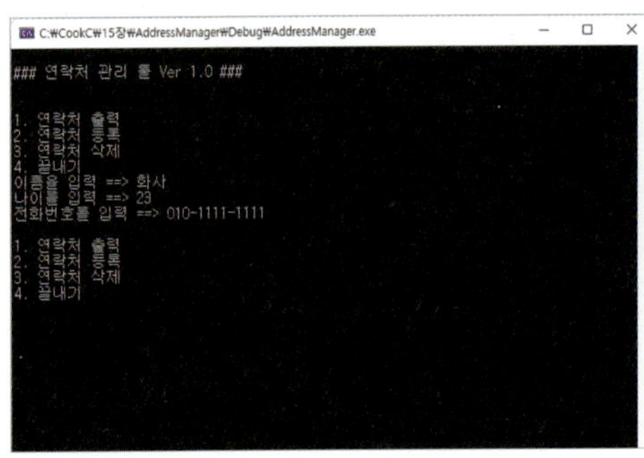

연락처 등록 화면

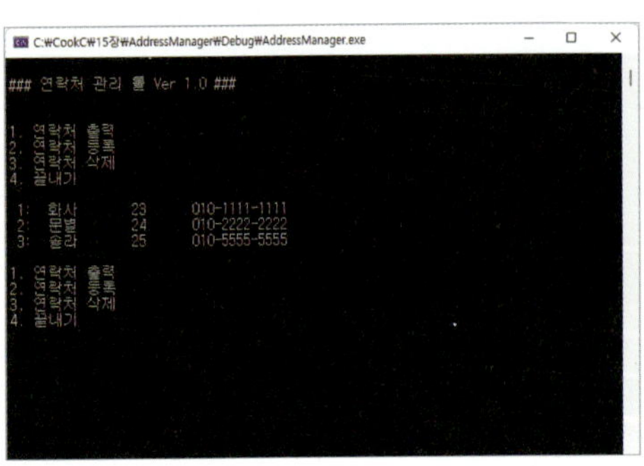

저장된 연락처 보기

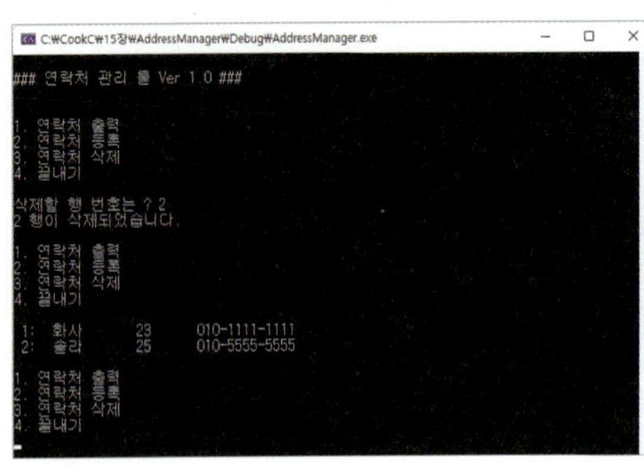

연락처 삭제 후 현재 연락처 출력

그림 15-1 연락처 관리 툴 Ver 1.0 실행 화면

2 프로그램 구현

다음과 같은 사항을 고려해서 프로그램을 작성할 것이다.

- 친구의 연락처는 파일에 저장하여 프로그램을 종료해도 기록이 남게 한다.
  ⇨ 파일 처리 함수인 fopen( ), fclose( ), fgets( ), fputs( )를 사용한다.
- 연락처를 출력, 입력, 삭제하는 기능은 별도의 함수로 작성하고, 끝내기를 포함한 네 가지 기능 중 하나를 선택할 수 있는 메뉴 화면도 별도의 함수로 작성한다.
- main( ) 함수에서는 while문을 사용하여 사용자가 끝내기를 선택할 때까지 반복하는 기능을 넣고, 사용자의 입력에 따라 별도의 함수를 각각 호출한다.
  ⇨ while문과 switch~case문을 사용한다.

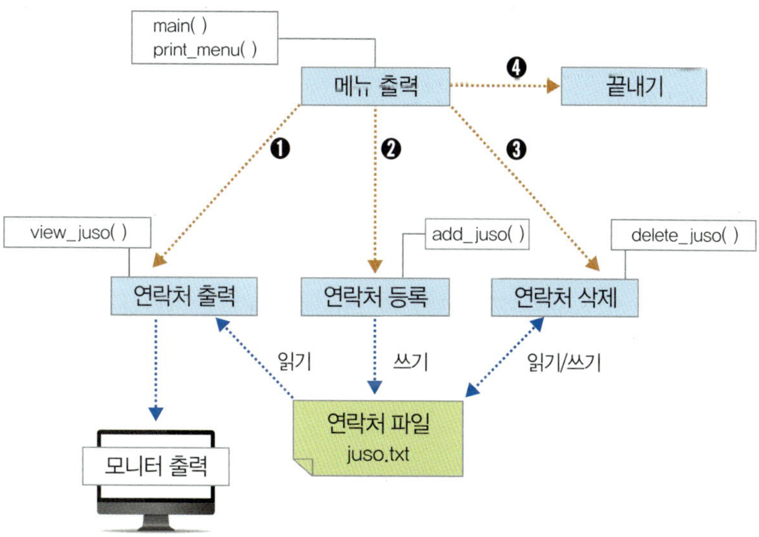

그림 15-2 프로그램의 전체 흐름

선언부

본격적으로 함수를 프로그래밍하기 전에 전체 프로그램에서 필요한 구조체나 함수를 선언해야 한다.

```
#define _CRT_SECURE_NO_WARNINGS
#include <stdio.h>
#include <string.h>

// 연락처 구조체를 정의한다.
struct address {                    ❶
    char name[30];
```

```
    char age[5];
    char phone[15];
};

void print_menu( );
void view_juso( );
void add_juso( );
void delete_juso( );

// 연락처 파일명을 전역변수로 고정한다.
const char *fname = "c:\\temp\\juso.txt";
```

❶ 연락처 구조체를 정의한다. 연락처는 이름/나이/전화번호로 구성하며 필요하다면 주소나 이메일 등의 내용을 추가해도 된다. 여기서 나이(age)를 문자형으로 한 것은 기록을 위한 것일 뿐 숫자로 다룰 일이 없기 때문이다.

❷ 프로그램에서 사용할 함수 4개를 선언했다. print_menu( ) 함수는 초기의 메뉴 화면을 출력하고, view_juso( ) 함수는 현재 저장된 C:\temp\juso.txt 파일에서 연락처를 읽어 모니터에 출력한다. add_juso( ) 함수는 새로 입력하는 연락처를 C:\temp\juso.txt 파일에 저장하고, delete_juso( ) 함수는 사용자가 선택한 연락처를 파일에서 삭제한다.

❸ 사용자가 입력하는 정보를 C:\temp\juso.txt 파일에 저장하기 위해 파일명을 변수에 고정해놓았다.

main( ) 함수

main( ) 함수에서는 사용자의 선택에 따라 해당 기능을 하는 각각의 함수를 호출한다.

```
void main ( )
{
  char select=0;
  puts(" \n### 연락처 관리 툴 Ver 1.0 ### \n");

  while(select != 4)
  {
     print_menu( );
     select = getch( );

     switch(select)
     {
     case '1': view_juso( );
```

```
14           break;
15        case '2': add_juso( );
16           break;
17        case '3': delete_juso( );
18           break;
19        case '4': return;
20           break;
21        default: printf( "\n 잘못 입력했어요. 다시 선택하세요.\n") ;
22        }
23     }
24
25     return;
26  }
```

❶ 사용자가 선택하는 번호를 저장하기 위해 select 변수를 선언하고 초깃값으로는 4(끝내기)가 아닌 임의의 값을 넣는다. 여기서는 그냥 0을 넣었다.

❷ 사용자가 입력한 값이 4가 아니면 계속 반복한다.

❸ 8행에서는 사용자에게 보여줄 메뉴를 출력하고 9행에서는 사용자로부터 1~4의 입력값을 받는다.

❹ 사용자가 입력한 값에 따라 각각 다른 기능을 하는 함수를 호출한다. 사용자가 4를 입력하면 25행의 return문에 의해 프로그램을 종료한다. 또한 사용자가 1~4 이외의 값을 입력하면 21행의 오류 메시지를 출력하고 다시 6행으로 가서 처음부터 반복한다.

초기 메뉴 출력

사용자가 무엇을 입력할지 설명해주는 메뉴를 출력한다.

```
// 최초 사용자의 선택을 위한 메뉴를 출력한다.
void print_menu( )
{
   printf("\n");                          ---- ❶
   printf("1. 연락처 출력 \n");
   printf("2. 연락처 등록 \n");
   printf("3. 연락처 삭제 \n");
   printf("4. 끝내기 \n");
}
```

❶ 단순히 모니터에 사용자가 선택할 메뉴를 도움말로 출력한다. 사용자는 이 메뉴를 보고 원하는 기능을 선택한다.

연락처 출력

사용자가 1번을 선택하면 연락처 파일에 입력된 내용을 읽어와서 출력한다.

```
01 // 연락처 파일에서 기존에 입력된 내용을 읽어서 출력한다.
02 void view_juso( )
03 {
04    char str[200] = "";
05    FILE *rfp, *wfp;                                          ❶
06    int i;
07
08     rfp=fopen(fname, "r");
09
10    // 만약 연락처 파일이 없다면 빈 파일을 만든다.
11    if(rfp == NULL)                                           ❷
12    {
13       wfp=fopen(fname, "w");
14       fclose(wfp);
15       rfp=fopen(fname, "r");
16    }
17
18    // 기존의 연락처를 모두 읽어서 출력한다.
19    for(i = 1; ; i++)  // i는 계속 1씩 증가하는 무한 루프이다.     ❸
20    {
21       fgets(str, 200, rfp);
22
23       if(feof(rfp))
24          break;
25
26       printf("%2d:  %s", i, str);
27    }
28
29    // i가 1이면 실제 파일에는 내용이 없다.
30    if(i == 1)                                                ❹
31       puts("\n ** 연락처 파일에 전화번호가 하나도 없어요. **\n");
32
33    fclose(rfp);
34 }
```

❶ 파일 포인터를 정의하고 파일을 읽기 모드로 연다. 만약 이 프로그램을 처음 실행하는 것이라면 아직 juso.txt 파일이 존재하지 않으므로 8행에서 열어야 할 fopen( ) 함수가 수행에 실패해 널 값을 돌려준다.

❷ 이 프로그램을 처음 실행하면 비어 있는 juso.txt 파일을 자동으로 생성한다. 그리고 다시 파일을 읽기 모드로 연다.

❸ for문에는 초깃값과 증가값만 있을 뿐 조건식이 없으므로 무한 루프를 돈다. 23행에서 파일의 끝을 만나면(더 이상 읽을 연락처가 없으면) 무한 루프를 빠져나온다. 그리고 26행에서 연락처의 순번(i)과 연락처 내용을 함께 출력한다. 이때 juso.txt 파일에 저장된 내용이 없다면 23~24행에서 i 값이 1인 상태로 for문을 빠져나온다.

❹ i 값이 1이면 31행에서 전화번호가 하나도 없다는 메시지를 출력한다.

연락처 추가

사용자가 2번을 선택하면 연락처를 추가로 등록할 수 있다.

```
// 연락처를 추가한다.
void add_juso( )
{
   struct address adr = {"", "", ""};
   char wstr[200] = "";
   FILE *wfp;

   wfp=fopen(fname, "a"); // 파일을 추가 모드로 연다.        ------ ❶

   printf("이름을 입력 ==> ");                              ------ ❷
   gets(adr.name);
   printf("나이를 입력 ==> ");
   gets(adr.age);
   printf("전화번호를 입력 ==> ");
   gets(adr.phone);

   // 입력된 3개의 값을 하나의 문자열로 만든다.
   strcat(wstr, adr.name);                                 ------ ❸
   strcat(wstr, "\t");
   strcat(wstr, adr.age);
   strcat(wstr, "\t");
   strcat(wstr, adr.phone);
   strcat(wstr, "\n");

   fputs(wstr, wfp);  // 파일에 문자열을 쓴다.

   fclose(wfp);
}
```

❶ juso.txt 파일을 추가 모드(a)로 연다. 만약 쓰기(w)로 열면 기존의 연락처가 모두 지워진다.

❷ 연락처를 등록하기 위해 우선 4행에서 선언한 구조체 변수에 이름/나이/전화번호를 별도로 입력받는다.

❸ 입력된 값을 모두 하나의 문자열(wstr)로 만든 후 파일에 쓴다.

연락처 삭제

사용자가 3번을 선택하면 기존의 연락처를 삭제한다. 연락처를 삭제하기 위해 기존의 연락처를 juso.txt 파일에서 모두 2차원 배열로 읽어오되 삭제를 지정한 행은 빼놓고 읽어오는 방법을 사용했다. 그리고 새로 읽어들인 2차원 배열의 내용을 다시 juso.txt 파일에 쓰면 사용자가 지정한 행이 삭제되는 효과가 있다.

```
// 연락처 파일에서 선택한 연락처를 제거한다.
void delete_juso( )
{
   // 연락처 파일의 내용 전체를 저장하기 위한 2차원 배열이다.
   char read_str[50][200] = { "",  } ; // 연락처는 50개로 가정한다.   ---- ❶

   char str[200] = "";
   FILE *rfp, *wfp;
   int del_line, i, count=0;

   rfp=fopen(fname, "r");

   // 연락처 파일이 없으면 돌아간다.
   if(rfp == NULL)                                              ---- ❷
   {
      puts("\n!! 연락처 파일이 없습니다. !!\n");
      return;
   }

   printf("\n삭제할 행 번호는 ? ");                              ---- ❸
   scanf("%d", &del_line);

   for(i = 0; i < 50; i++)  // 파일에 있는 동안에만 수행한다.       ---- ❹
   {
      strcpy(str, "");
      fgets(str, 200, rfp);

      if(i+1 != del_line)  // 삭제하는 행이 아니라면 추가한다.
```

```
29          {
30              strcpy(read_str[i], str);
31              count ++;
32          }
33          else
34              printf("%d 행이 삭제되었습니다. \n", del_line);
35
36          if(feof(rfp))
37              break;
38      }
39
40      fclose(rfp);
41
42      // 파일을 쓰기 모드로 열고 새로운 내용을 쓴다.
43      wfp=fopen(fname, "w");                          ----- ❺
44
45      for(i = 0; i < count; i++)                      ----- ❻
46          fputs(read_str[i], wfp);
47
48      fclose(wfp);
49  }
```

❶ juso.txt 파일의 내용을 전부 읽어오기 위해 50행의 배열을 선언했다. 여기서는 사용자의 최대 연락처 개수가 50개이고 한 줄은 최대 200자라고 가정했다.

❷ 처음 프로그램을 실행하면 juso.txt 파일이 존재하지 않는다. 그런 상태에서 3번을 입력하여 연락처를 삭제하면 삭제할 내용이 없으므로 파일이 없다는 메시지를 출력하고 함수를 빠져나간다.

❸ 사용자가 삭제할 행의 번호를 del_line 변수에 입력받는다.

❹ 반복해서(최대 50회) juso.txt 파일의 내용을 read_str 변수에 저장한다. 먼저 26행에서 한 줄을 읽어서 str 변수에 저장한 후, 28행에서 읽어온 행(i가 0부터 시작하므로 i+1번째 행)이 사용자가 지정한 행(del_line)이 아니면 read_str 배열에 정상적으로 저장한다.

만약 사용자가 지정한 행이면 read_str 배열에 저장하지 않고 34행에서 행이 삭제되었다는 메시지만 출력한다. 만약 파일의 끝이면 36~37행에서 for문을 종료한다.

또한 31행에서는 read_str 배열에서 몇 개를 읽어왔는지 개수를 센다. 그리고 40행에서 읽기 모드로 연 파일을 닫는다. 이렇게 하면 현재 read_str 배열에는 사용자가 입력한 행을 제외한 모든 juso.txt의 내용이 저장된 상태이다.

❺ 다시 juso.txt 파일을 쓰기 모드(w)로 열면 기존의 파일 내용이 모두 없어진다.

❻ 읽어들인 내용(read_str 배열)을 읽은 개수(count)만큼 juso.txt에 새로 기록한다. 그러면 사용자가 지정한 행을 제외한 내용이 juso.txt 파일에 새로 기록되므로 사용자가 지정한 행이 삭제되는 효과가 있다.

3 전체 소스

```
#define _CRT_SECURE_NO_WARNINGS
#include <stdio.h>
#include <string.h>

// 연락처 구조체를 정의한다.
struct address {
   char name[30];
   char age[5];
   char phone[15];
};

void print_menu( );
void view_juso( );
void add_juso( );
void delete_juso( );

// 연락처 파일명을 전역변수로 고정한다.
const char *fname = "c:\\temp\\juso.txt";

void main ( )
{
   char select=0;
   puts(" \n### 연락처 관리 툴 Ver 1.0 ### \n");

   while(select != 4)
   {
      print_menu( );
      select = getch( );

      switch(select)
      {
      case '1': view_juso( );
         break;
```

```
            case '2': add_juso( );
                break;
            case '3': delete_juso( );
                break;
            case '4': return;
                break;
            default: printf( "\n 잘못 입력했어요. 다시 선택하세요.\n") ;
            }
        }

        return;
}

// 최초 사용자의 선택을 위한 메뉴를 출력한다.
void print_menu( )
{
    printf("\n");
    printf("1. 연락처 출력 \n");
    printf("2. 연락처 등록 \n");
    printf("3. 연락처 삭제 \n");
    printf("4. 끝내기 \n");
}

// 연락처 파일에서 기존에 입력된 내용을 읽어서 출력한다.
void view_juso( )
{
    char str[200] = "";
    FILE *rfp, *wfp;
    int i;

    rfp=fopen(fname, "r");

    // 만약 연락처 파일이 없다면 빈 파일을 만든다.
    if(rfp == NULL)
    {
        wfp=fopen(fname, "w");
        fclose(wfp);
        rfp=fopen(fname, "r");
    }

    // 기존의 연락처를 모두 읽어서 출력한다.
    for(i = 1; ; i++)  // i는 계속 1씩 증가하는 무한 루프이다.
```

```c
    {
        fgets(str, 200, rfp);

        if(feof(rfp))
            break;

        printf("%2d: %s", i, str);
    }

    // i가 1이면 실제 파일에는 내용이 없다.
    if(i == 1)
        puts("\n ** 연락처 파일에 전화번호가 하나도 없어요. **\n");

    fclose(rfp);
}

// 연락처를 추가한다.
void add_juso( )
{
    struct address adr = {"", "", ""};
    char wstr[200] = "";
    FILE *wfp;

    wfp=fopen(fname, "a"); // 파일을 추가 모드로 연다.

    printf("이름을 입력 ==> ");
    gets(adr.name);
    printf("나이를 입력 ==> ");
    gets(adr.age);
    printf("전화번호를 입력 ==> ");
    gets(adr.phone);

    // 입력된 3개의 값을 하나의 문자열로 만든다.
    strcat(wstr, adr.name);
    strcat(wstr, "\t");
    strcat(wstr, adr.age);
    strcat(wstr, "\t");
    strcat(wstr, adr.phone);
    strcat(wstr, "\n");

    fputs(wstr, wfp); // 파일에 문자열을 쓴다.

```

```
    fclose(wfp);
}

// 연락처 파일에서 선택한 연락처를 제거한다.
void delete_juso( )
{
    // 연락처 파일의 내용 전체를 저장하기 위한 2차원 배열이다.
    char read_str[50][200] = { "",  } ; // 최대 연락처 개수를 50개로 가정한다.

    char str[200] = "";
    FILE *rfp, *wfp;
    int del_line, i, count=0;

    rfp=fopen(fname, "r");

    // 연락처 파일이 없으면 돌아간다.
    if(rfp == NULL)
    {
        puts("\n!! 연락처 파일이 없습니다. !!\n");
        return;
    }

    printf("\n삭제할 행 번호는 ? ");
    scanf("%d", &del_line);

    for(i = 0; i < 50; i++)  // 파일에 있는 동안에만 수행한다.
    {
        strcpy(str, "");
        fgets(str, 200, rfp);

        if(i+1 != del_line)  // 삭제하는 행이 아니라면 추가한다.
        {
            strcpy(read_str[i], str);
            count ++;
        }
        else
            printf("%d 행이 삭제되었습니다. \n", del_line);

        if(feof(rfp))
            break;
    }

```

```
    fclose(rfp);

    // 파일을 쓰기 모드로 열고 새로운 내용을 쓴다.
    wfp=fopen(fname, "w");

    for(i = 0; i < count; i++)
      fputs(read_str[i], wfp);

    fclose(wfp);
}
```

SELF STUDY

학과와 생일도 관리할 수 있도록 '연락처 관리 툴 Ver 1.0'을 수정해보자.

SECTION

02 사진 편집 툴 Ver 1.0

이진 파일의 입출력을 응용하여 간단한 이미지 뷰어/변환 프로그램을 작성한다.

1 프로그램 개요

'사진 편집 툴 Ver 1.0'은 주어진 사진 파일의 이미지를 거울과 같이 반전시키는 기능을 구현한 간단한 이미지 처리 프로그램이다. 또한 원본 이미지와 처리 결과 이미지를 모니터에 출력할 수도 있다.

TIP 이번 프로그램은 윈도우 API의 모니터 출력 기능 때문에 Visual Studio에서만 정상적으로 컴파일되고 Dev-C++에서는 작동하지 않는다. 모니터 출력 없이 Dev-C++에서 작동하는 코드는 이 책의 예제 소스에 담았으니 참고하기 바란다.

이 프로그램은 아주 간단한 처리만을 수행하지만 이를 바탕으로 계속 공부하면 이미지 편집이나 영상 처리와 관련된 프로그램도 충분히 개발할 수 있다.

TIP 사진 편집 툴 Ver 1.0은 디지털 영상 처리 분야의 내용을 함축적으로 담고 있다. 앞으로 C를 더 공부하다 보면 관련 도서나 과목을 접하게 될 것이다.

우선 이 프로그램에는 다음과 같은 제약이 있다.

- 기존에 잘 알려진 이미지 파일이 아니라 간단한 8비트(1바이트) 회색 이미지로 512×512픽셀 크기의 raw 파일만을 처리한다.
- 프로그램에서 처리할 원본 사진 파일은 'C:\temp\'로 고정하고, 변환이 완료되어 사용자가 저장한 사진 파일의 이름은 'result.raw'로 고정했다.

TIP http://www.hanbit.co.kr/src/4570이나 https://cafe.naver.com/itCookBook에 bird.raw 외에 raw 이미지 파일을 몇 개 올려놓았으니 필요하다면 다운로드한 후 소스에서 파일 이름만 바꿔서 코딩해도 된다.

일반적으로 알려진 이미지 파일은 jpg, png, bmp, gif 등의 확장자를 사용한다. 하지만 이런 이미지 파일은 구조가 복잡하므로 이 책에서 배운 내용으로는 처리하기가 상당히 어렵고, 이미지를 읽는 기능만 구현하려고 해도 아주 많은 코딩을 해야 한다. 그래서 가장 단순한 사진 파일 포맷인 raw 파일을 사용한다.

여기서 사용할 사진 파일인 *.raw는 512×512픽셀 크기의 회색 이미지이다. raw 파일은 가장 단순한 형식의 이미지 파일로, 별도의 헤더 정보 없이 각 픽셀이 바로 영상값을 갖는다. raw

파일을 포토샵(또는 페인트샵)에서 읽으려면 사용자가 파일의 픽셀 크기를 알고 있어야 한다.

이 프로그램의 실행 화면은 다음과 같다. 전반적인 사용 흐름은 앞의 '연락처 관리 툴 Ver 1.0'과 비슷하다(아래 그림은 실행 후 결과 창을 크게 늘리고 0을 입력한 결과이다).

그림 15-3 사진 편집 툴 Ver 1.0 실행 화면

메뉴의 1, 2, 3을 각각 누르면 bird.raw 파일에 이미지 처리가 진행되며, S는 결과를 저장하고 X는 프로그램을 종료한다. S로 처리한 결과는 'C:\temp\result.raw' 파일로 생성된다.

원본 이미지

반전된 이미지

좌우 대칭 이미지

상하 대칭 이미지

그림 15-4 사진 편집 툴 Ver 1.0으로 이미지를 처리한 결과

2 프로그램 구현

먼저 이 프로그램에서 사용하는 bird.raw 파일의 구조를 확인할 필요가 있다.

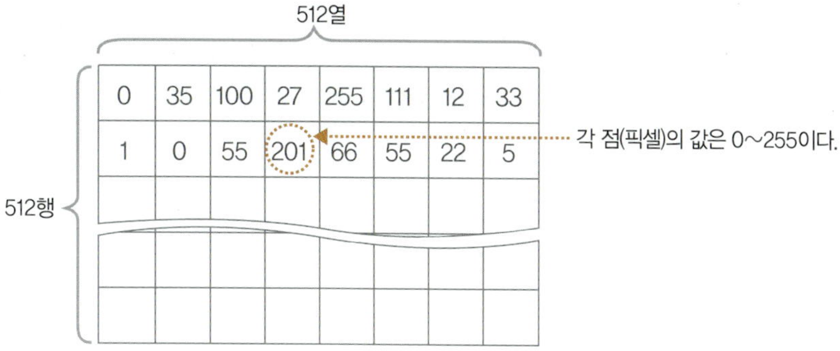

그림 15-5 raw 사진 파일의 구조

512×512픽셀의 이미지 파일에서 각 점(픽셀)의 값은 0~255이다. 0에 가까울수록 검은색에 가까운 회색이 되고 255에 가까울수록 흰색에 가까운 회색이 된다. 예를 들어 모든 값이 0으로 채워지면 완전히 까만 이미지가 되고, 모든 값이 255로 채워시면 아무것도 없는 하얀 이미지가 된다.

여기서는 사진 파일을 세 가지 형태로 변환할 것이다. 각각의 처리 방식을 함수와 함께 살펴보자. 또한 사진 파일을 처리하기 위해 사진 파일과 크기가 동일한 배열을 2개 선언해서 처리한다. 프로그램을 통해 사진 파일을 처리하는 과정은 다음과 같다.

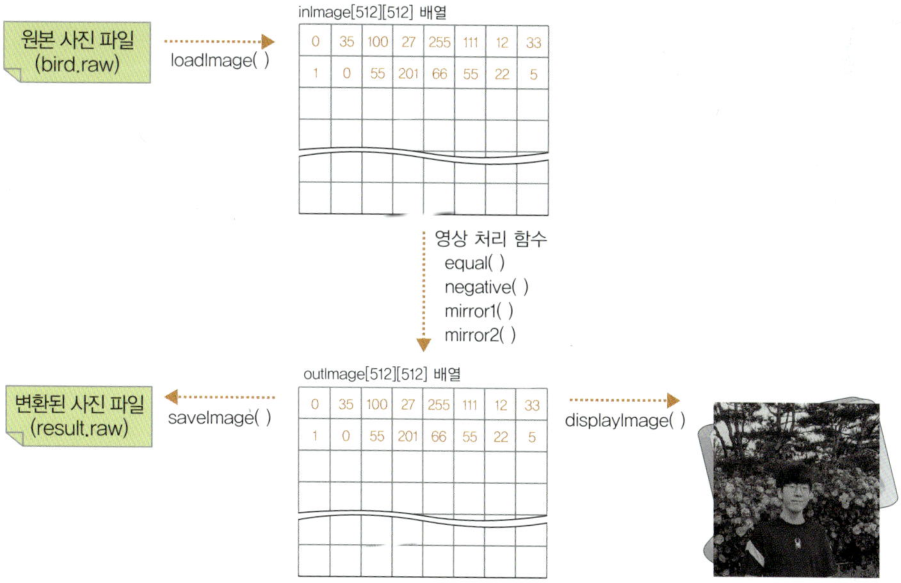

그림 15-6 프로그램의 전체 구조

[그림 15-6]을 잘 이해하면 프로그래밍이 그리 어렵지 않다. 우선 loadImage( ) 함수를 통해 원본 사진 파일인 bird.raw를 512×512 메모리인 inImage 배열에 불러들인다. 그리고 그림에는 표현되지 않았지만 [그림 15-3]의 화면 번호에 따라 영상을 처리할 함수인 equal( ), negative( ), mirror1( ), mirror2( )가 작동한다.

각 함수의 기능을 간단히 살펴보면 다음과 같다(상세한 내용은 잠시 후 살펴본다).

- equal( ): inImage 배열의 내용을 outImage에 동일하게 넣는다.
- negative( ): inImage 배열의 값을 '255-원래 값'으로 만든다. 그러면 색상이 반전된 영상이 된다.
- mirror1( ): inImage 배열의 위치가 좌우 대칭이 되도록 outImage에 넣는다.
- mirror2( ): inImage 배열의 위치가 상하 대칭이 되도록 outImage에 넣는다.

또한 위 함수가 처리되면서 displayImage( )도 함께 실행되게 함으로써 outImage 배열의 내용을 모니터에 출력하여 사용자가 눈으로 확인할 수 있도록 한다. 그리고 사용자가 'S'를 입력하면 처리된 결과가 result.raw 파일로 저장되게 처리한다.

선언부

본격적으로 프로그래밍을 하기 전에 전체 프로그램에서 사용할 변수나 함수를 선언한다.

```
#define  _CRT_SECURE_NO_WARNINGS                         ❶
#include <windows.h>
#include <stdio.h>

void print_menu( );          // 메뉴를 출력한다.         ❷

void equal( );               // 이미지를 동일하게 만드는 함수이다.
void negative( );            // 이미지 반전 함수이다.
void mirror1( );             // 이미지 좌우 대칭 함수이다.
void mirror2( );             // 이미지 상하 대칭 함수이다.

void loadImage( );           // 입력 영상을 배열에 불러온다.
void displayImage( );        // 결과 이미지를 모니터에 출력한다.
void saveImage( );           // 결과 이미지를 저장한다.

// 512x512 raw 이미지 파일이다.
const char *fname = "c:\\temp\\bird.raw";                ❸

// 입력과 출력에 필요한 이미지 배열이다.
```

```
unsigned char inImage[512][512], outImage[512][512];      ❹

FILE *rfp, *wfp;                                          ❺
int i, k;

// 그래픽 출력을 위한 변수이다.
HWND hwnd;                                                ❻
HDC hdc;
```

❶ 필요한 헤더 파일이다. 특히 windows.h는 그래픽을 모니터에 출력하는 데 필요하다.

❷ 사용할 함수의 프로토타입을 선언했다.

❸ 원본 사진 파일을 C:\temp\bird.raw로 고정했다.

❹ 입력과 출력 배열을 원본 사진과 동일한 512×512픽셀 크기로 설정했다. 각 이미지의 픽셀 값이 0~255이므로 데이터 형식은 부호가 없는 문자형인 unsigned char로 지정했다.

TIP/ char 형은 –128~127의 숫자를 가질 수 있고 unsigned char 형은 0~255의 숫자를 가질 수 있다.

❺ 입출력 파일 포인터 및 행과 열을 반복하기 위한 첨자로 i와 k를 선언했다.

❻ 그래픽을 모니터에 출력하는 데 사용되는 변수이다.

사진 파일을 배열에 불러오기: loadImage( )

fread( ) 함수를 사용하여 512×512픽셀 크기의 bird.raw 파일을 한번에 inImage 배열에 불러온다. [그림 15-6]에 잘 표현되어 있다.

```
// 입력 파일을 배열에서 읽는다.
void loadImage( ) {
    rfp=fopen(fname, "rb");                               ❶
    fread(inImage, sizeof(char), 512*512, rfp);           ❷
    fclose(rfp);
}
```

❶ bird.raw 파일을 열 때 읽기 모드인 r과 바이너리 모드인 b를 동시에 사용했다.

TIP/ 텍스트 파일은 주로 확장자명이 txt이거나 메모장에서 정상적으로 보이는 파일이다. 그 외의 파일(이미지 파일, 실행 파일, 엑셀 파일)은 모두 이진 파일이라고 생각하면 된다.

❷ fread( )는 지정한 크기만큼 데이터를 읽어올 때 사용하는 함수로 형식은 다음과 같다.

```
fread(읽어들일 포인터 또는 배열, 읽어들일 크기, 반복해서 읽을 개수, 파일 포인터);
```

읽어들일 크기에서 sizeof(char)는 1이므로 결국 512×512×1만큼의 크기를 rfp 파일 포인터에서 한번에 읽어 inImage에 불러오라는 의미이다.

영상 처리-이미지 동일 처리: equal( )

입력 사진 배열(inImage)과 출력 사진 배열(outImage)을 동일하게 처리한다.

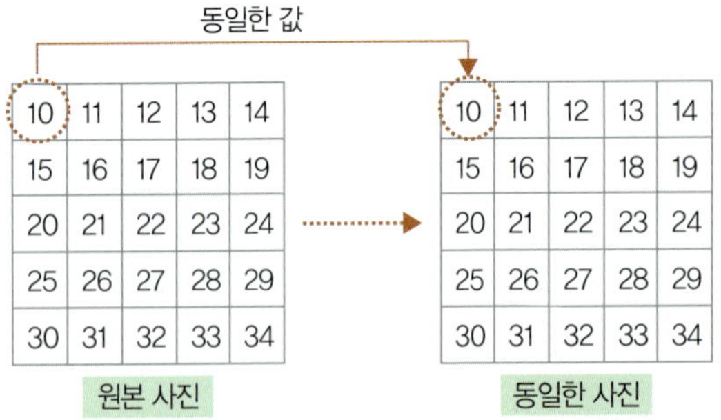

그림 15-7 이미지 동일 처리의 개념

[그림 15-7]은 5×5픽셀이므로 5×5=25회 반복해야 한다. 여기서 처리할 bird.raw 이미지는 512×512픽셀이므로 코드에서는 512×512=262144회 반복해야 한다.

```
01 // 이미지를 동일하게 하는 함수이다.
02 void equal( )
03 {
04     for(i = 0; i < 512; i++)                    ❶
05         for(k=0; k < 512; k++)
06             outImage[i][k] = inImage[i][k];
07 }
```

❶ 512×512회 반복해서 픽셀을 하나씩 모두 처리한다. 6행에서 outImage에 inImage의 동일한 값을 대입하면 결국 inImage와 outImage는 [그림 15-7]과 같이 동일해진다.

영상 처리-이미지 반전 처리: negative( )

이미지를 반전하려면 이미지 값(0~255)을 거꾸로(255~0) 만들면 된다. 즉 다음과 같이 값을 바꾼다.

```
0 ⇨ 255              253 ⇨ 2
1 ⇨ 254      …       254 ⇨ 1
2 ⇨ 253              255 ⇨ 0
```

이를 구현하는 공식은 '반전된 색상=255-기존 색상'이다. 예를 들어 원본값이 10이면 255-10=245이므로 반전된 색상은 245이다.

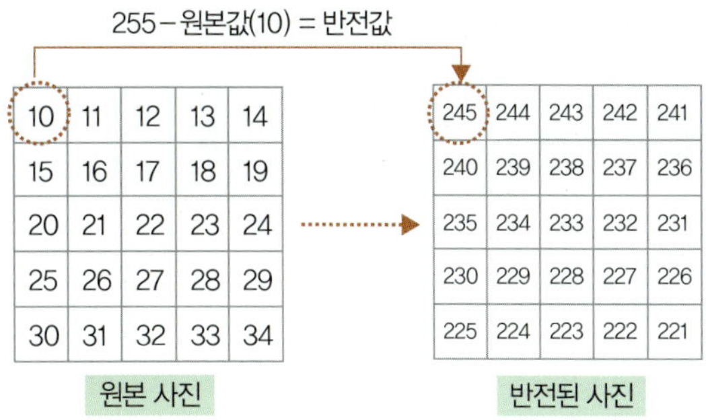

그림 15-8 이미지 반전 처리의 개념

```
// 이미지를 반전하는 함수이다.
void negative( )
{
   for(i = 0; i < 512; i++)
      for(k=0; k < 512; k++)
         outImage[i][k] = 255 - inImage[i][k];   ---- ❶
}
```

❶ 8비트 회색 이미지를 반전하려면 픽셀 값을 '255-원본 색상값'으로 처리한다.

영상 처리-이미지 좌우 대칭 처리: mirror1( )

이미지를 좌우 대칭시키는 방식은 다음 그림과 같다.

그림 15-9 이미지 좌우 대칭 처리의 개념

[그림 15-9]에서는 0행 0열의 위치가 0행 4열의 위치로 변환되었다. 그러므로 행은 원래의 행과 동일하고 열만 '전체 열 크기-1-현재 열'로 계산한다.

```
// 이미지를 좌우 대칭시키는 함수이다.
void mirror1( )
{
  for(i=0; i < 512; i++)
    for(k=0; k < 512; k++)
      outImage[i][k] = inImage[i][511-k];   ❶
}
```

❶ 이미지를 좌우 대칭시키려면 행(i)에 대한 것은 그대로 두고 열(k)에 대한 것을 '전체 열 크기−1−현재 열'의 위치로 이동한다. 이 이미지의 열 크기는 512이므로 변환될 outImage의 k 값은 원본 이미지 inImage의 '512−1−k'를 사용한 것이다.

영상 처리–이미지 상하 대칭 처리: mirror2( )

이미지를 상하 대칭시키는 방식은 다음 그림과 같다.

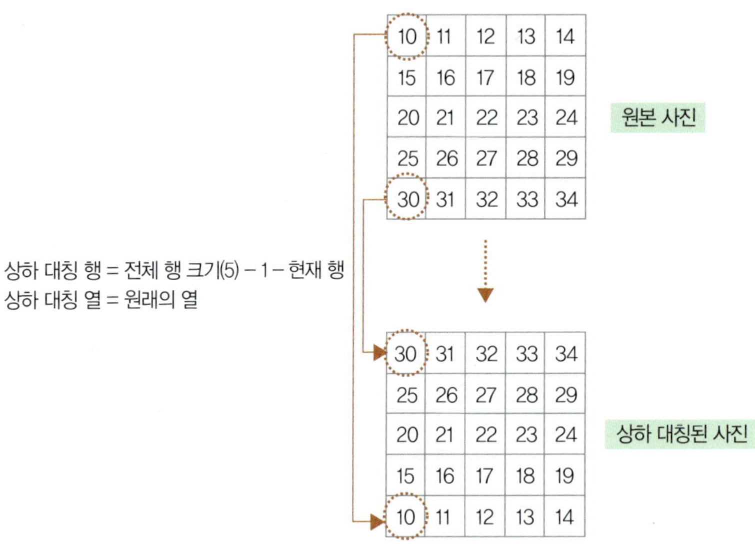

그림 15-10 이미지 상하 대칭 처리의 개념

[그림 15-10]에서는 0행 0열의 위치가 4행 0열의 위치로 변환되었다. 그러므로 행은 '전체 행 크기−1−현재 행'으로 계산하고 열은 그대로 둔다.

```
// 이미지를 상하 대칭시키는 함수이다.
void mirror2( )
{
  for(i=0; i < 512; i++)
    for(k=0; k < 512; k++)
```

```
        outImage[i][k] = inImage[511-i][k];  ----- ❶
}
```

❶ 이미지를 상하 대칭시키려면 열(k)에 대한 것은 그대로 두고 행(i)에 대한 것을 '전체 행 크기-1-현재 행'의 위치로 이동한다. 이 이미지의 행 크기는 512이므로 변환될 outImage의 i 값은 원본 이미지 inImage의 '512-1-i'를 사용한 것이다.

그래픽 화면 출력: displayImage( )

[그림 15-6]을 보면 dispalyImage( ) 함수가 출력 배열인 outImage의 내용을 모니터에 출력한다. 이 함수는 따로 호출하지 않고 4개의 영상 처리 함수가 호출된 후 바로 호출된다. 즉 처리된 결과 이미지가 모니터에 즉시 나타난다.

```
// 출력 배열의 내용을 모니터에 출력한다.
void displayImage( ) {
  int value;
  system("cls");  ----- ❶

  for(i=0; i < 512; i++)
     for(k=0; k < 512; k++) {
        value = outImage[i][k];  ----- ❷
        SetPixel(hdc, k+50, i+200, RGB(value,value,value));
     }
}
```

❶ 모니터를 깨끗하게 지우는 효과가 있다.

❷ outImage의 픽셀 하나를 value에 대입하고 SetPixel( ) 함수에서 해당 위치에 픽셀 값을 찍는다. 결국 512×512개만큼 픽셀을 찍으므로 결과 이미지가 모니터에 나온다. SetPixel( ) 함수는 다음과 같은 형태이다.

```
SetPixel(핸들, 모니터 X 위치, 모니터 Y 위치, 색상값);
```

여기서 핸들은 모니터 자체라고 이해하면 되고 전체 소스의 35행에서 값을 대입했다. i와 k의 위치가 바뀐 이유는, 모니터는 좌측 상단이 0,0 좌표이고 가로와 세로가 바뀌어서 증가하기 때문이다. 그리고 k와 i 값에 임의의 값을 더한 이유는 모니터의 적당한 위치에 영상을 출력하기 위해서이다.

또한 색상값은 RGB(빨강, 초록, 파랑) 매크로를 이용했는데 세 값을 모두 같게 하면 회색 영상이 출력된다. 조금 어려운 내용이지만 모니터에 영상을 출력하기 위한 용도이므로 이 정도만 이해하면 충분하다.

3 전체 소스

```
#define _CRT_SECURE_NO_WARNINGS
#include <windows.h>
#include <stdio.h>

void print_menu( );           // 메뉴를 출력한다.

void equal( );                // 이미지를 동일하게 만드는 함수이다.
void negative( );             // 이미지 반전 함수이다.
void mirror1( );              // 이미지 좌우 대칭 함수이다.
void mirror2( );              // 이미지 상하 대칭 함수이다.

void loadImage( );            // 입력 영상을 배열에 불러온다.
void displayImage( );         // 결과 이미지를 모니터에 출력한다.
void saveImage( );            // 결과 이미지를 저장한다.

// 512x512 raw 이미지 파일이다.
const char *fname = "c:\\temp\\bird.raw";

// 입력과 출력 이미지 배열이다.
unsigned char inImage[512][512], outImage[512][512];

FILE *rfp, *wfp;
int i,k;

// 그래픽 출력을 위한 변수이다.
HWND hwnd;
HDC hdc;

void main( )
{
  char select=0;

  // 그래픽 출력을 위한 준비이다.
  hwnd  = GetForegroundWindow( );
  hdc = GetWindowDC(hwnd);
```

```
  // 파일을 불러온다.
  loadImage( );

  while(select != 4)
  {
    print_menu( );
    select = getche( );

    switch(select)
    {
    case '0' : equal( );           displayImage( ); break;
    case '1' : negative( );        displayImage( ); break;
    case '2' : mirror1( );         displayImage( ); break;
    case '3' : mirror2( );         displayImage( ); break;
    case 'S' :
    case 's' : saveImage( );       displayImage( ); break;
    case 'X':
    case 'x' : return 0;
    default : printf( "\n 잘못 입력했어요. 다시 선택하세요.\n");
      displayImage( );
    }
  }

  return 0;
}

// 입력 파일을 배열에서 읽는다.
void loadImage( ) {
  rfp=fopen(fname, "rb");
  fread(inImage, sizeof(char), 512*512, rfp);
  fclose(rfp);
}

// 출력 배열의 내용을 모니터에 출력한다.
void displayImage( ) {
  int value;
  system("cls");

  for(i=0; i < 512; i++)
    for(k=0; k < 512; k++)  {
      value = outImage[i][k];
```

```
            SetPixel(hdc, k+50, i+200, RGB(value,value,value));
        }
}

// 사용자 선택을 위한 메뉴를 출력한다.
void print_menu( )
{
    puts(" \n### 사진 편집 툴 Ver 1.0 ### \n ");
    printf("  0. 원본 영상 \n");
    printf("  1. 영상 반전 \n");
    printf("  2. 영상 좌우 대칭 \n");
    printf("  3. 영상 상하 대칭 \n");
    printf("  S. 결과 영상 저장 \n");
    printf("  X. 끝내기 \n");
}

// 이미지를 동일하게 하는 함수이다.
void equal( )
{
    for(i = 0; i < 512; i++)
        for(k=0; k < 512; k++)
            outImage[i][k] = inImage[i][k];
}

// 이미지를 반전하는 함수이다.
void negative( )
{
    for(i = 0; i < 512; i++)
        for(k=0; k < 512; k++)
            outImage[i][k] = 255 - inImage[i][k];
}

// 이미지를 좌우 대칭시키는 함수이다.
void mirror1( )
{
    for(i=0; i < 512; i++)
        for(k=0; k < 512; k++)
            outImage[i][k] = inImage[i][511-k];
}

// 이미지를 상하 대칭시키는 함수이다.
void mirror2( )
```

```
{
   for(i=0; i < 512; i++)
      for(k=0; k < 512; k++)
         outImage[i][k] = inImage[511-i][k];
}

// 결과 이미지를 저장하는 함수이다.
void saveImage( )
{
   wfp=fopen("c:\\temp\\result.raw", "wb");
   fwrite(outImage, sizeof(char), 512*512, wfp);
   fclose(wfp);

   MessageBoxW(hwnd,L"결과 영상이 <C:\\temp\\result.raw> 로 저장됨",L"출력창",NULL);
}
```

SELF STUDY

4를 누르면 영상이 밝아지고 5를 누르면 영상이 어두워지게 '사진 편집 툴 Ver 1.0'을 수정해보자.

힌트_ 픽셀 값에 적당한 값(예를 들어 50)을 더하면 영상이 밝아지고 빼면 영상이 어두워진다. 단, 픽셀 값은 0~255를 벗어나면 안 된다.

여기서 잠깐

윈도우 API

HWND, HDC 데이터형과 SetPixel( ), GetForegroundWindow( ), GetWindowDC( ) 같은 함수는 모두 윈도우 API와 관련된 내용으로 이 책의 범위를 벗어난다. 이런 내용은 윈도우 프로그래밍(예를 들어 계산기, HWP, 엑셀과 같은 윈도우 창이 나오는 프로그램을 만드는 것)을 하는 데 필요하다. 윈도우 API를 다룬 책이 별도로 나와 있으니 윈도우 응용 프로그래머로 도약하고 싶다면 읽어보기 바란다.

부록

APPENDIX

Dev-C++와 디버깅

SECTION

01 Dev-C++ 설치 및 사용하기

Dev-C++는 무료로 사용할 수 있으면서도 상당히 가벼운 C/C++ 컴파일러이다. 실습용 컴퓨터 성능으로 Visual Studio를 돌리기가 부담스럽다면 Dev-C++로도 이 책의 모든 내용을 실습할 수 있다.

1 Dev-C++ 설치하기

01 다음 사이트에 접속하여 Dev-C++를 다운로드하자. 이 책을 쓰는 시점의 최신 버전은 5.11이다.

https://sourceforge.net/projects/orwelldevcpp/

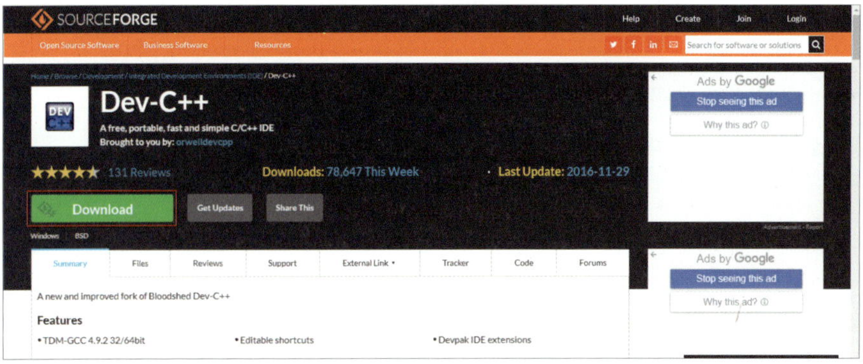

그림 A-1 Dev-C++ 다운로드 사이트

TIP/ Dev-C++는 이 책의 자료실(http://www.hanbit.co.kr/src/4395)에서도 다운로드할 수 있다.

TIP/ Dev-C++에는 오픈 소스 C/C++ 컴파일러인 GCC가 포함되어 있다. GCC는 유닉스/리눅스 계열에서 많이 사용한다.

02 다운로드한 파일(Dev-Cpp 5.11 TDM-GCC 4.9.2 Setup.exe, 약 48MB)을 실행하면 언어 선택 화면이 나온다. 'Korean'을 선택하고 〈OK〉를 클릭한다.

그림 A-2 언어 설정

03 [사용권 계약] 화면에서 〈동의함〉을 클릭한다.

그림 A-3 사용권 동의

04 [구성 요소 선택] 화면에서 기본값을 그대로 두고 〈다음〉을 클릭한다.

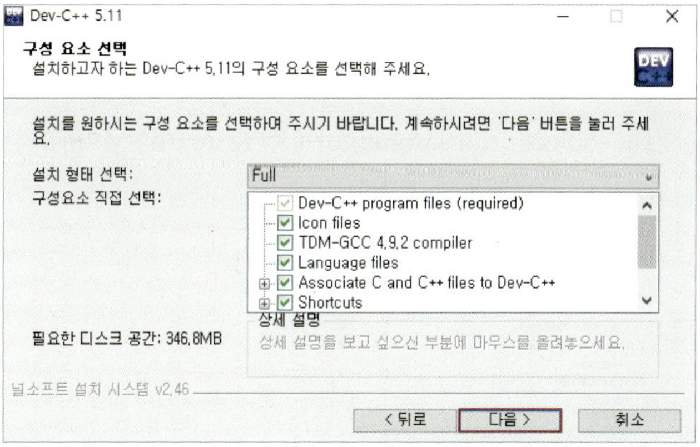

그림 A-4 구성 요소 선택

05 [설치 위치 선택] 화면에서 기본값을 그대로 두고 〈설치〉를 클릭한다.

TIP/ 필요하다면 설치 폴더를 변경해도 된다.

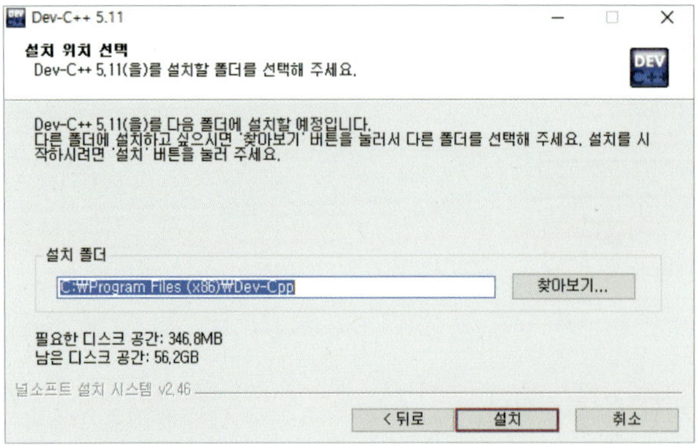

그림 A-5 설치 위치 선택

06 잠시 설치가 진행된다. 설치가 완료되면 'Dev-C++ 5.11 실행하기'가 체크된 상태에서 〈마침〉을 클릭한다.

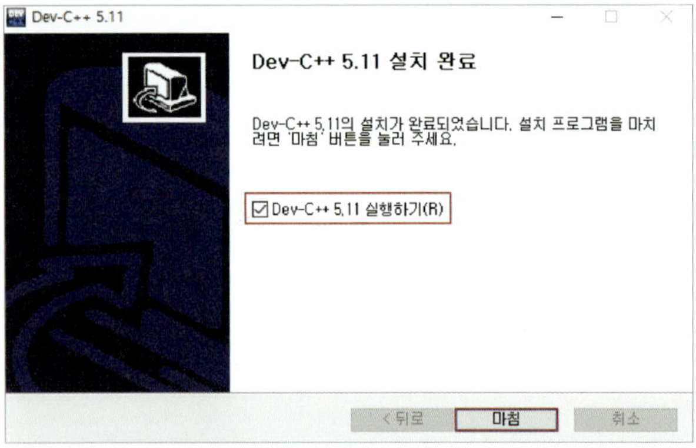

그림 A-6 설치 완료 및 설정 시작

07 초기 환경 설정 화면이 나온다. [Select your language]에서 'Korean(한국어)'을 선택하고 〈Next〉를 클릭한다.

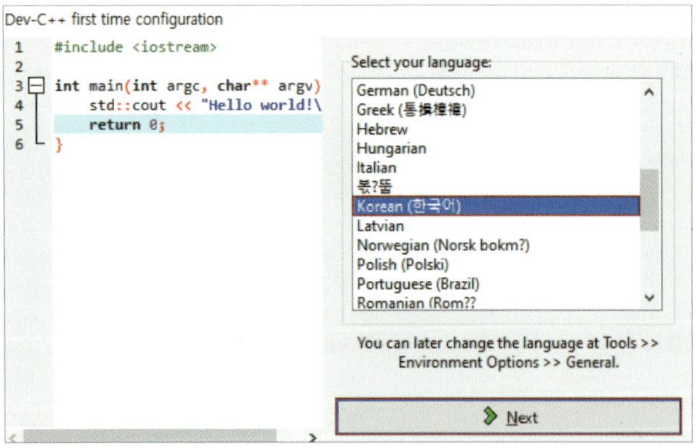

그림 A-7 언어 선택

08 [Select your theme]는 기본값을 그대로 두고 〈Next〉를 클릭한다.

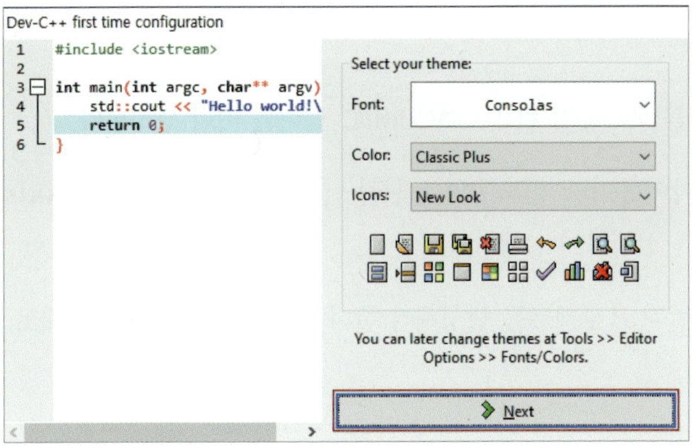

그림 A-8 테마 선택

09 마지막 화면에서 〈OK〉를 클릭하면 설치와 설정이 완료된다.

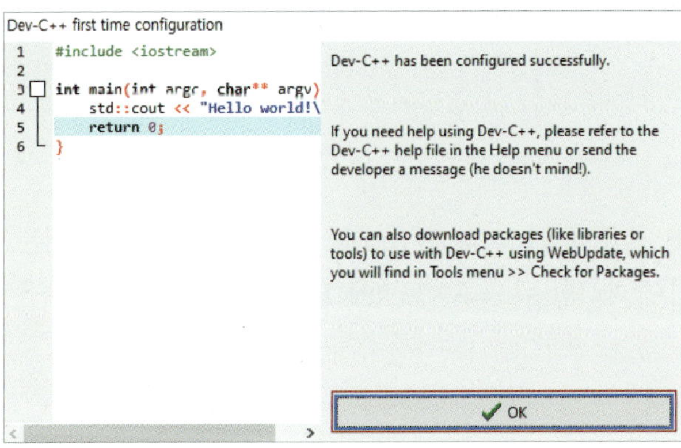

그림 A-9 설정 완료 화면

10 초기 화면이 나타난다. [File]-[Dev-C++ 종료]를 선택하여 Dev-C++를 끝낸다.

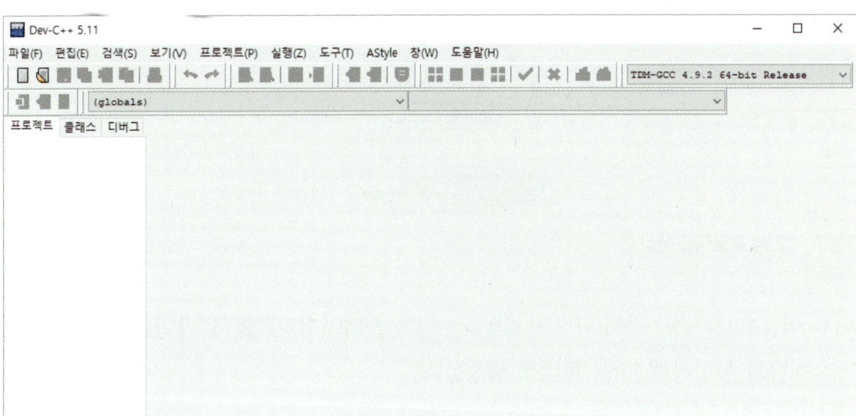

그림 A-10 초기 화면

2 Dev-C++로 작성하는 간단한 프로그램

프로젝트 생성

01 이 책에서 작성할 프로젝트를 모아놓기 위해 'C:\CookC' 폴더를 미리 생성한다.

02 바탕화면의 'Dev-C++' 아이콘이나 윈도우의 [시작]-[모든 프로그램]-[Bloodshed Dev-C++]-[Dev-C++]를 선택하여 실행한다.

03 C 프로그램을 작성하려면 먼저 프로젝트를 생성해야 한다. 메뉴바에서 [파일]-[새로 만들기]-[프로젝트]를 선택한다.

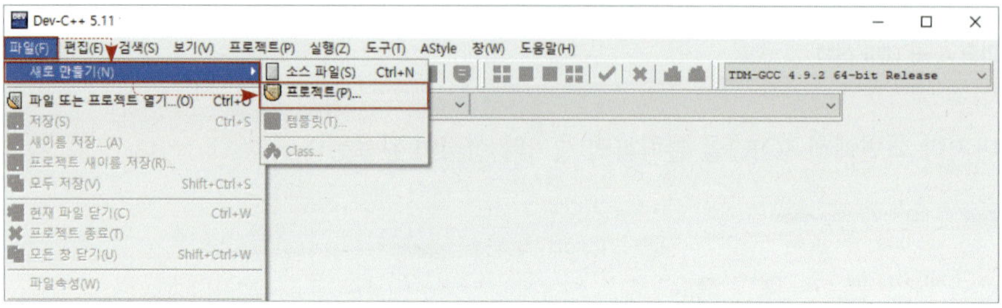

그림 A-11 새 프로젝트 생성 1

04 [새로운 프로젝트] 창에서 [Basic] 탭의 [Console Application]을 선택하고 언어는 'C'를 선택한다. '기본 언어로 설정'에 체크한 뒤 프로젝트명에 'First'를 입력하고 〈확인〉을 클릭한다.

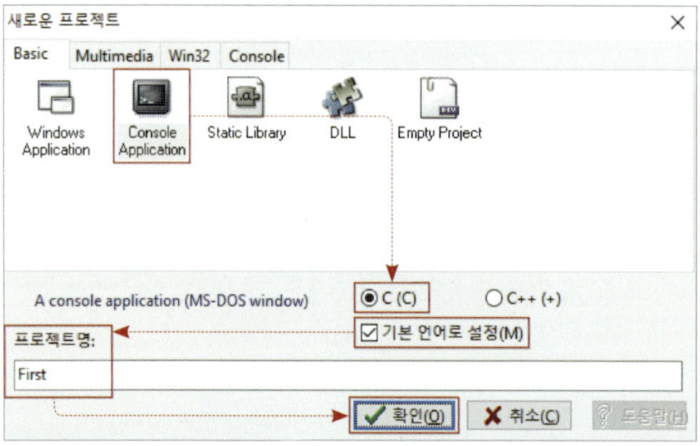

그림 A-12 새 프로젝트 생성 2

05 [다른 이름으로 저장] 창이 나오면 C:\CookC\ 폴더에서 '새 폴더' 아이콘을 클릭하여 프로젝트 이름과 동일하게 First 폴더를 생성한다.

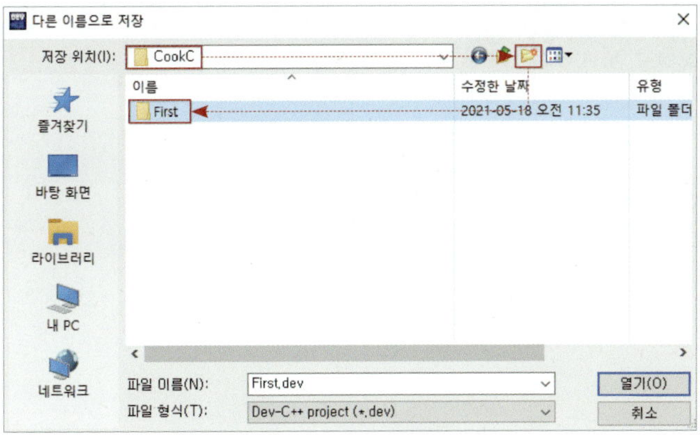

그림 A-13 새 프로젝트 생성 3

06 First 폴더를 더블클릭하여 기본값인 First.dev 파일로 저장한다.

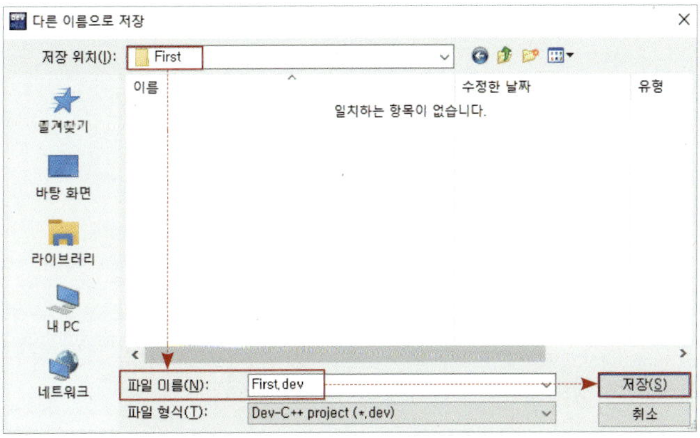

그림 A-14 새 프로젝트 생성 4

C 프로그램 코딩

01 기본적으로 main.c 파일이 프로젝트에 생성되어 있다(아직 파일 이름을 확정한 것은 아니다). 간단하게 다음과 같이 코드를 수정한다.

```
#include <stdio.h>
#include <stdlib.h>

/* run this program using the console pauser or add your own getch, system ("pause") or input loop */

void main(int argc, char *argv[]) {
        printf(" %d ", 100 - 50 );
}
```

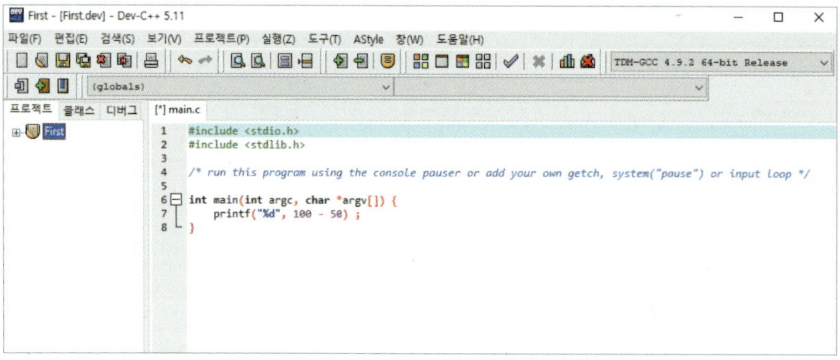

그림 A-15 소스 파일 코딩

02 코딩이 끝나면 메뉴의 [파일]-[저장]을 선택하여 'First.c'로 저장한다.

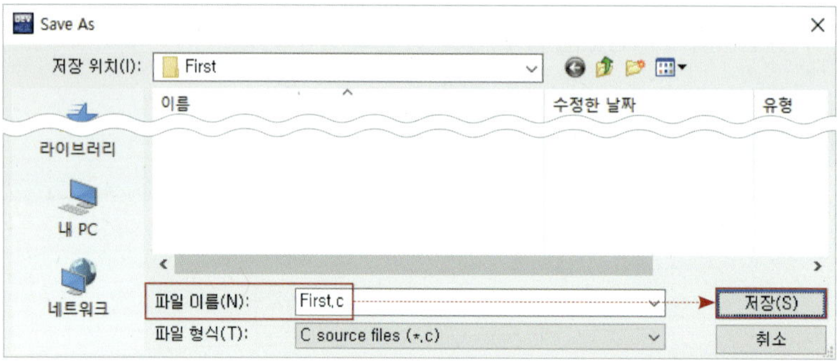

그림 A-16 파일 저장

03 저장이 완료되면 왼쪽 프로젝트 창에 소스 파일명이 보일 것이다.

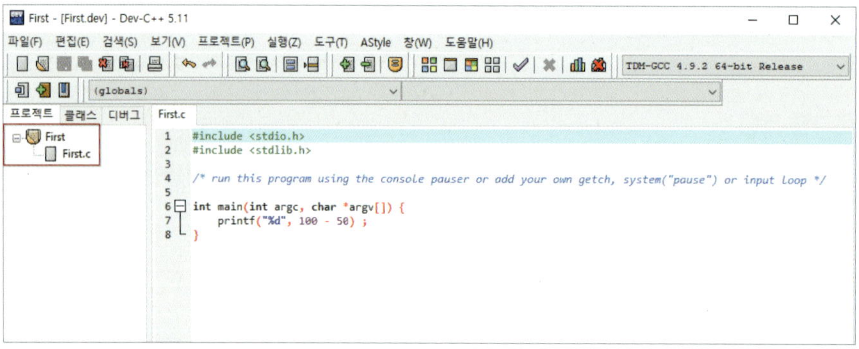

그림 A-17 저장된 C 소스 코드

빌드(컴파일/링크)

01 메뉴의 [실행]-[컴파일 후 실행]을 선택하거나 F11을 누른다.

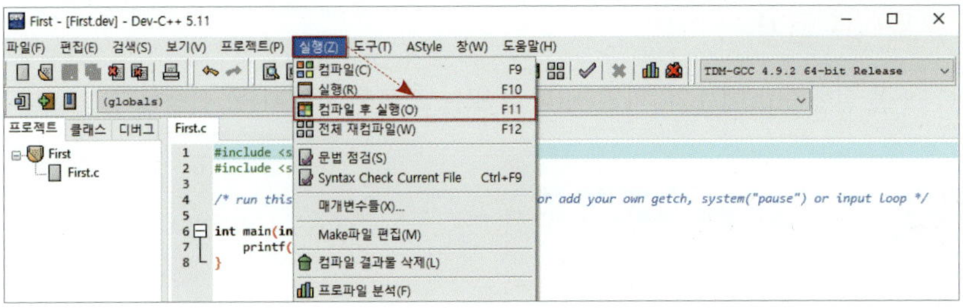

그림 A-18 빌드(컴파일/실행)

02 오류 없이 컴파일이 된다면 아래 창에 Errors가 0으로 나온다.

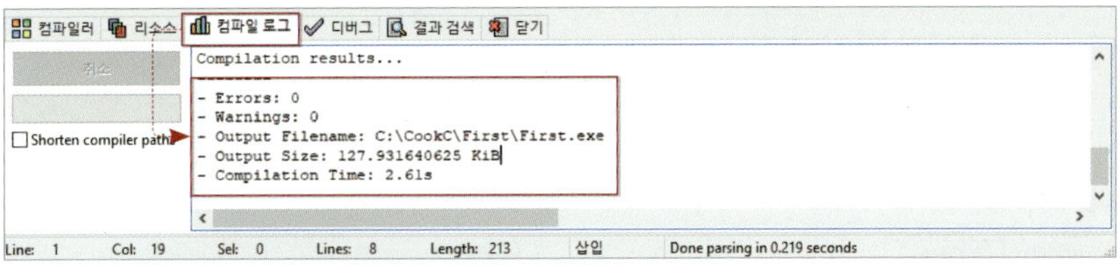

그림 A-19 빌드 결과(이상 없음)

03 코드가 자동으로 실행된 뒤 결과 창에 50이 나온다. 그 아래의 실행 시간 등은 무시해도 된다. 아무 키나 눌러 창을 닫는다.

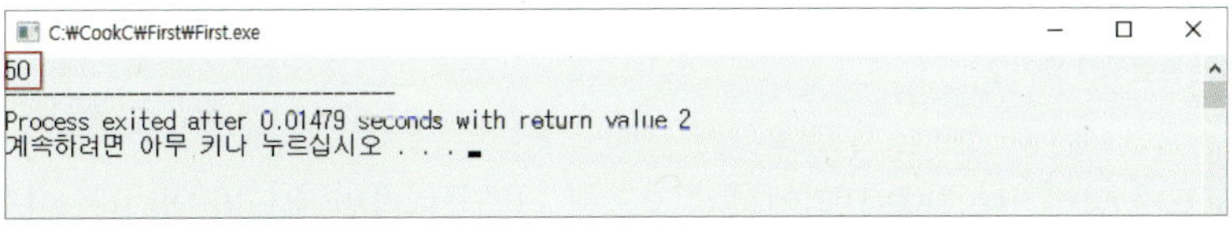

그림 A-20 실행 결과 창 화면

04 프로젝트를 종료하려면 [파일]-[프로젝트 종료]를 선택한다. 저장하겠냐는 메시지가 나오면 〈Yes〉를 클릭한다.

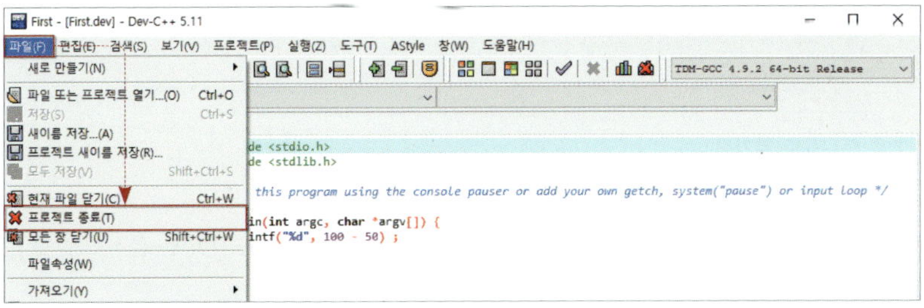

그림 A-21 프로젝트 종료

05 메뉴의 [파일]-[Dev-C++ 종료]를 선택하여 Dev-C++를 종료한다.

3 기존 프로젝트 열기

01 Dev-C++를 실행하고 메뉴의 [파일]-[파일 또는 프로젝트 열기]를 선택한다.

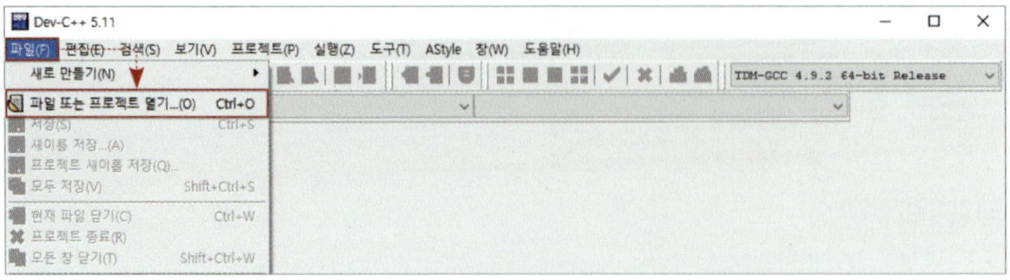

그림 A-22 기존 프로젝트 열기 1

02 [파일 열기] 화면에서 파일 형식으로 'Dev-C++ project (*.dev)'를 선택하고 열고자 하는 프로젝트 파일을 선택한 뒤 〈열기〉를 클릭한다.

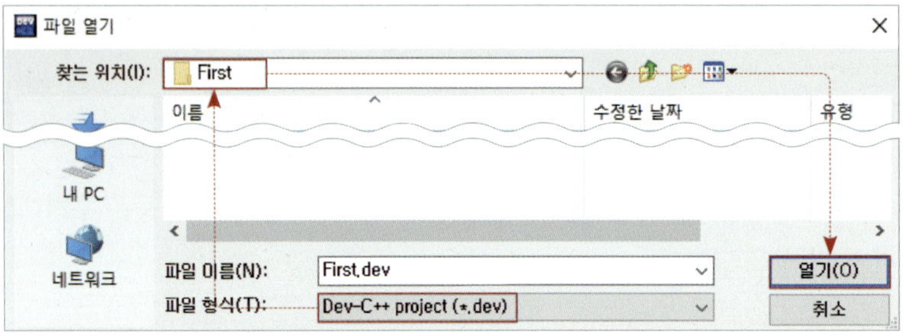

그림 A-23 기존 프로젝트 열기 2

03 기존의 C 코드가 열리거나 왼쪽 트리에서 C 코드를 더블클릭하면 코드가 열린다. 이제 코드를 수정하거나 빌드를 진행할 수 있다.

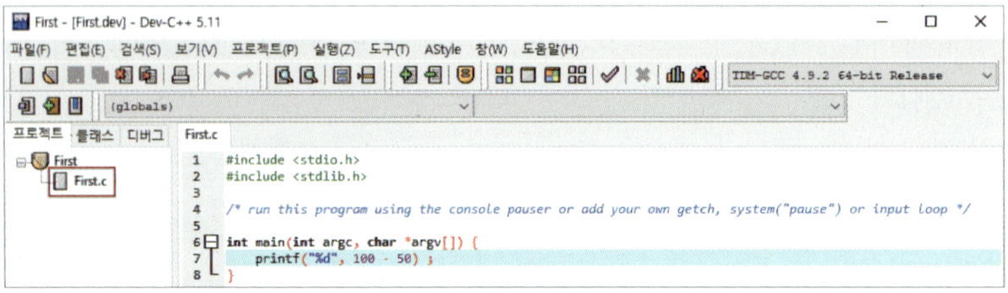

그림 A-24 기존 프로젝트 열기 3

04 작업을 마치면 메뉴의 [파일]-[프로젝트 종료]를 선택하고 [파일]-[Dev-C++ 종료]를 클릭하여 Dev-C++를 종료한다.

이제 이 책의 2장부터 Visual Studio 대신에 Dev-C++로 동일하게 실습을 진행할 수 있다.

SECTION
02 컴파일러로 디버깅하기

디버깅(debugging)은 프로그램의 버그(bug, 논리적 오류)를 찾아내는 작업을 의미한다. 코드에 문법적인 오류가 있다면 아예 컴파일이 안 되기 때문에 오류를 찾는 일은 쉽다. 하지만 문법적인 오류는 없더라도 논리적인 오류가 있다면 실행은 되지만 엉뚱한 결과가 나오거나 프로그램이 강제 종료되기도 한다. 대부분의 컴파일러는 이러한 문제를 해결하기 위한 디버깅 툴을 제공한다. 디버깅 방법은 많은 경험을 통해 프로그래머 스스로 터득하게 되지만 여기서는 Visual Studio와 Dev-C++가 제공하는 간단한 사용법을 살펴본다.

1 Visual Studio에서 디버깅하기

디버깅 실습을 위해 10장의 [응용 10-10]을 사용한다. 이 코드의 변숫값이 어떻게 변하는지 디버깅을 통해 확인해보자.

01 Visual Studio에서 작성한 [응용 10-10]을 열거나 새로운 프로젝트를 만들고 [응용 10-10]의 코드를 코딩한다.

02 중단점(break point)을 설정한다. 중단점은 프로그램의 실행이 멈추는 지점으로, 행 번호 앞의 회색 부분을 클릭하면 빨간 점이 생기고 다시 클릭하면 사라진다. 필자는 5행과 20행에 중단점을 설정했다.

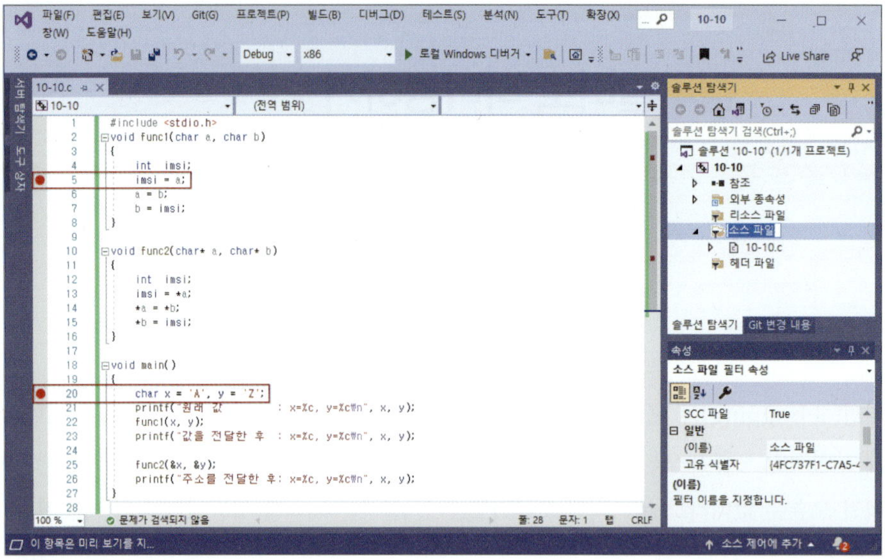

그림 A-25 Visual Studio 디버깅 1

03 메뉴의 [디버그]-[디버깅 시작]을 선택하거나 F5를 눌러 디버깅을 시작한다.

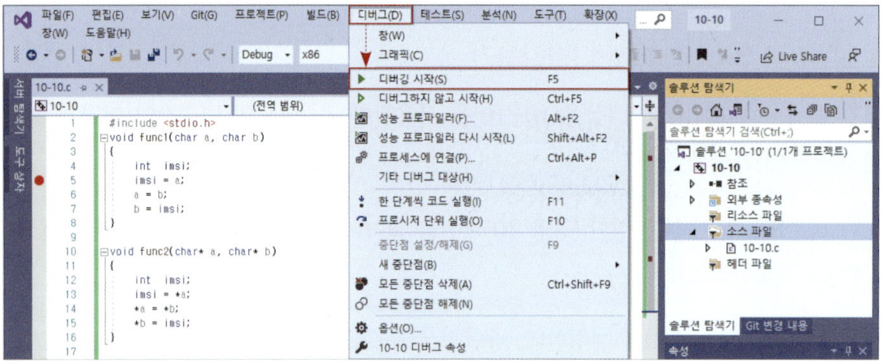

그림 A-26 Visual Studio 디버깅 2

04 중단점에서 실행이 멈춘다. main( ) 함수가 먼저 실행되므로 여기서는 20행에서 멈춘다. 빨간색 원과 함께 노란색 화살표가 보인다. 노란색 화살표는 현재 진행 중인 코드의 행을 표시하는데 아직 20행이 실행되지 않은 상태이다. 아래쪽 [자동]에는 지역변수 x와 y가 있으며 현재 쓰레기 값이 들어 있다.

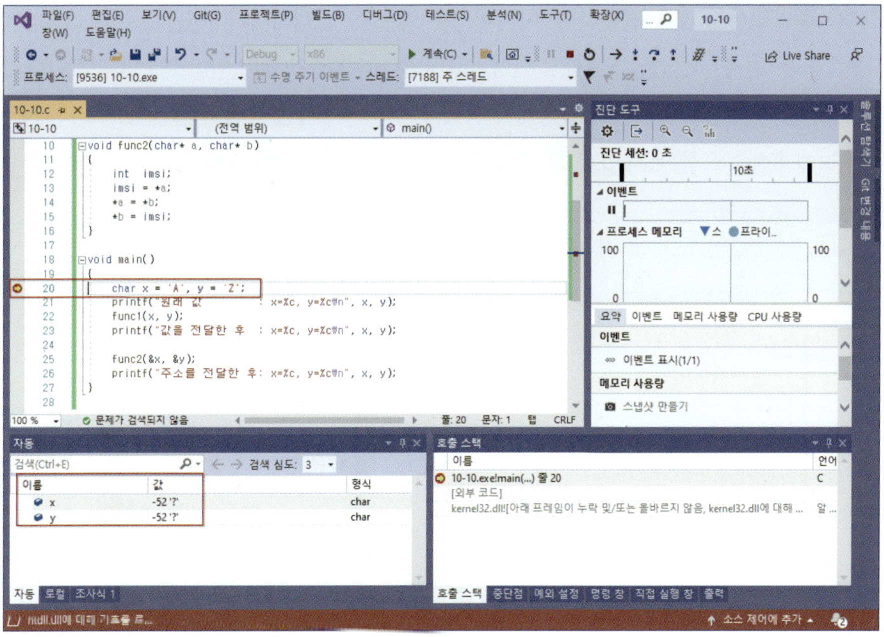

그림 A-27 Visual Studio 디버깅 3

05 다음 행을 실행하려면 메뉴의 [디버그]-[프로시저 단위 실행]을 선택하거나 F10을 누른다. F10을 한 번 눌러보자. 노란색 화살표가 다음 행으로 이동하고 x, y 변수의 값도 대입된 것을 확인할 수 있다.

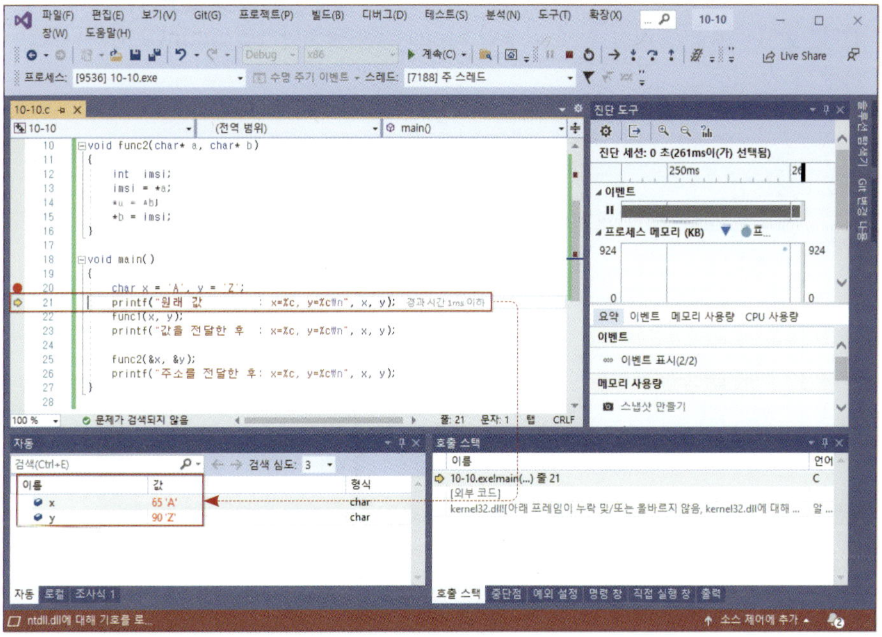

그림 A-28 Visual Studio 디버깅 4

06 다음 중단점까지 계속 진행하려면 [디버그]-[계속]을 선택하거나 F5를 누른다. F5를 한 번 누르면 두 번째 중단점인 5행까지 진행되고 멈출 것이다. 22행의 func1( ) 함수를 만나서 2행의 func1( ) 함수로 들어간 후 5행에서 멈췄다. 아직 5행이 실행되지 않았으므로 아래쪽 지역변수(매개변수 포함)에 대입된 값 중에서 imsi에는 쓰레기 값이 들어 있다.

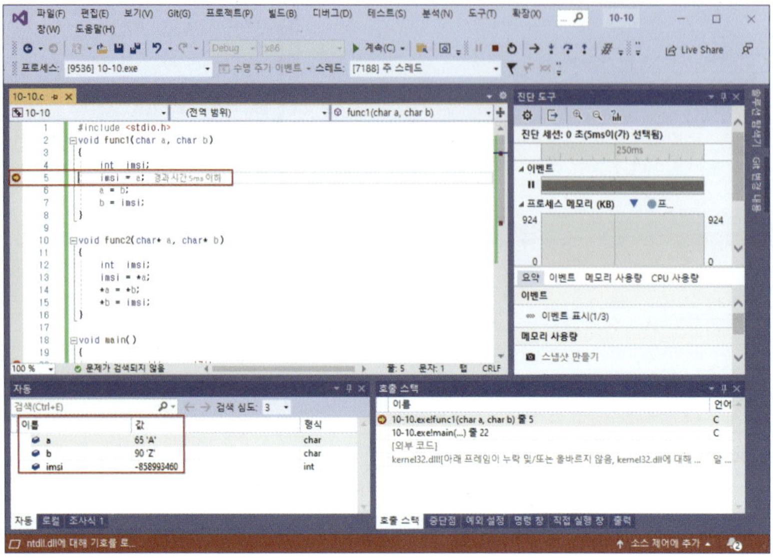

그림 A-29 Visual Studio 디버깅 5

07 메뉴의 [디버그]-[프로시저 나가기]를 선택하거나 Shift+F11을 누르면 현재 함수를 빠져나간다. Shift+F11을 눌러서 현재 함수인 func1( )을 빠져나가면 main( ) 함수의 22행으로 바로 갈 것이다.

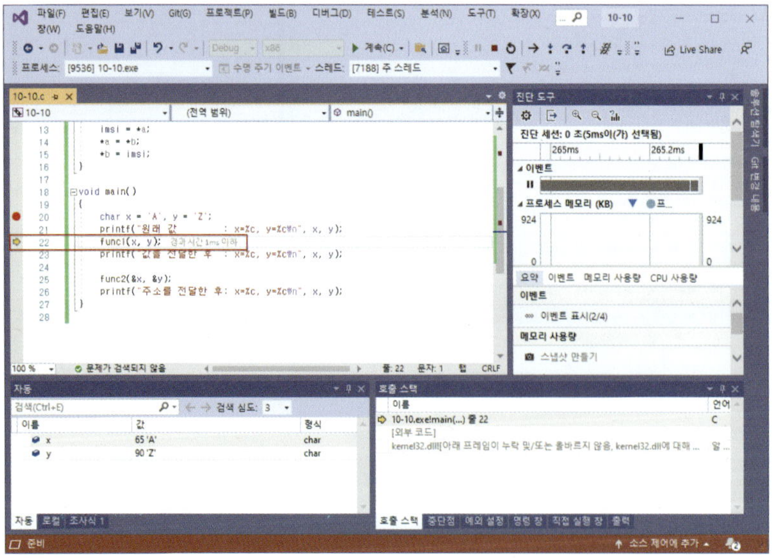

그림 A-30 Visual Studio 디버깅 6

08 F10을 두 번 누르면 func2( ) 함수가 있는 25행으로 커서가 이동한다. 메뉴의 [디버그]-[한 단계씩 코드 실행]을 선택하거나 F11을 누르면 func2( ) 함수 안으로 진입해서 11행으로 들어간다. 즉 F10은 함수를 만나면 들어가지 않고 통째로 행을 실행하고 F11은 함수를 만나면 함수 안으로 진입한다. 그리고 매개변수 a, b가 보이는데 포인터 변수이므로 확장해야 값을 확인할 수 있다.

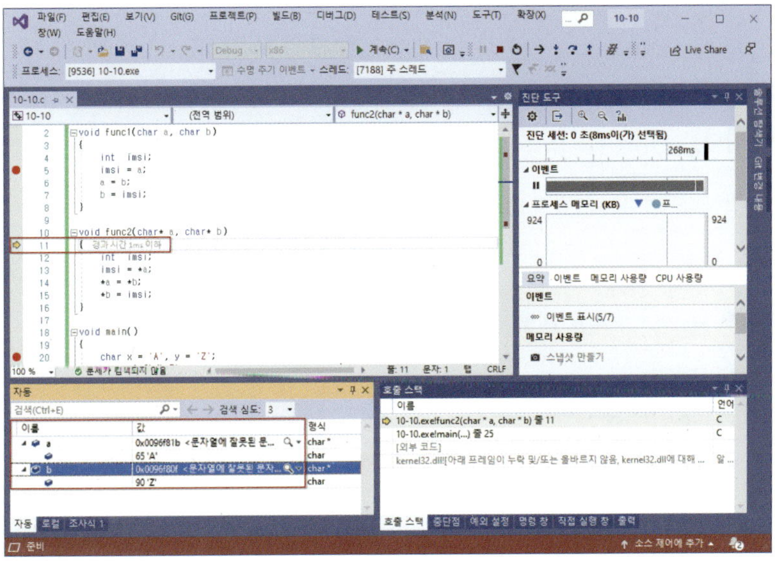

그림 A-31 Visual Studio 디버깅 7

09 함수를 빠져나가려면 Shift+F11을 누른다. 디버깅 자체를 더 이상 하지 않으려면 메뉴의 [디버그]-[디버깅 중지]를 선택하거나 Shift+F5를 누른다. 그러면 다시 원래 화면이 나올 것이다.

10 메뉴의 [디버그]-[모든 중단점 삭제]를 선택하면 설정한 중단점이 모두 삭제된다.

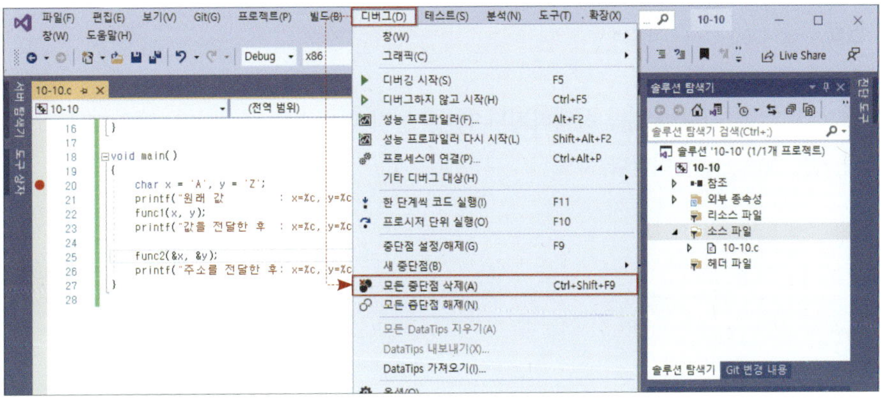

그림 A-32 Visual Studio 디버깅 8

Visual Studio에서 디버깅하는 방법과 변숫값을 확인하는 방법은 버그로 인한 코드의 오류를 찾고자 할 때 유용할 것이다.

2 Dev-C++에서 디버깅하기

이번에도 10장의 [응용 10-10]을 사용해 코드의 변숫값이 어떻게 변하는지 디버깅을 통해 확인해보자.

01 Dev-C++로 작성한 [응용 10-10]을 열거나 새로운 프로젝트를 만들고 [응용 10-10]의 코드를 코딩한다.

02 중단점을 설정한다. 필자는 5행과 20행의 행 번호를 클릭해서 중단점을 설정했다.

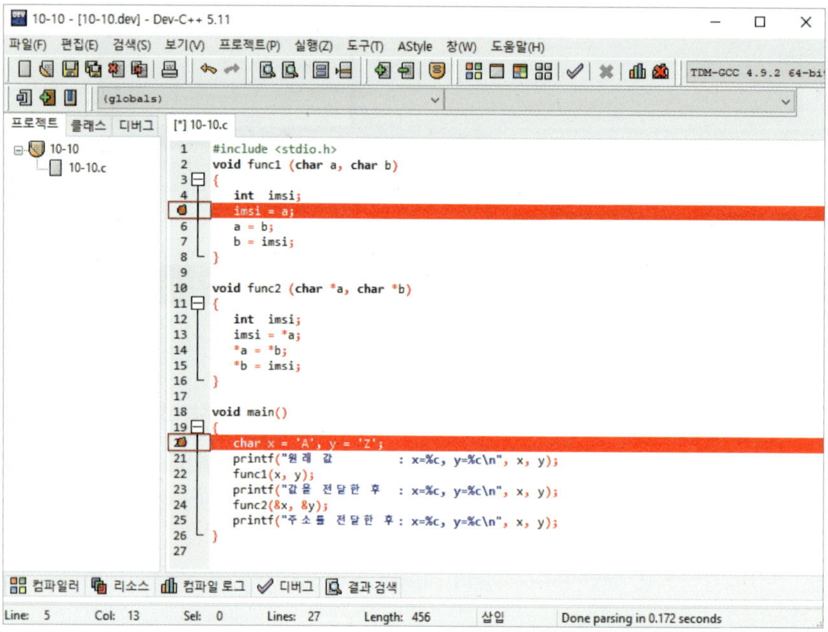

그림 A-33 Dev-C++ 디버깅 1

03 메뉴의 [실행]-[디버그]를 선택하거나 F5를 눌러 디버깅을 시작한다. 만약 메시지 박스가 나오면 〈Yes〉를 클릭한다.

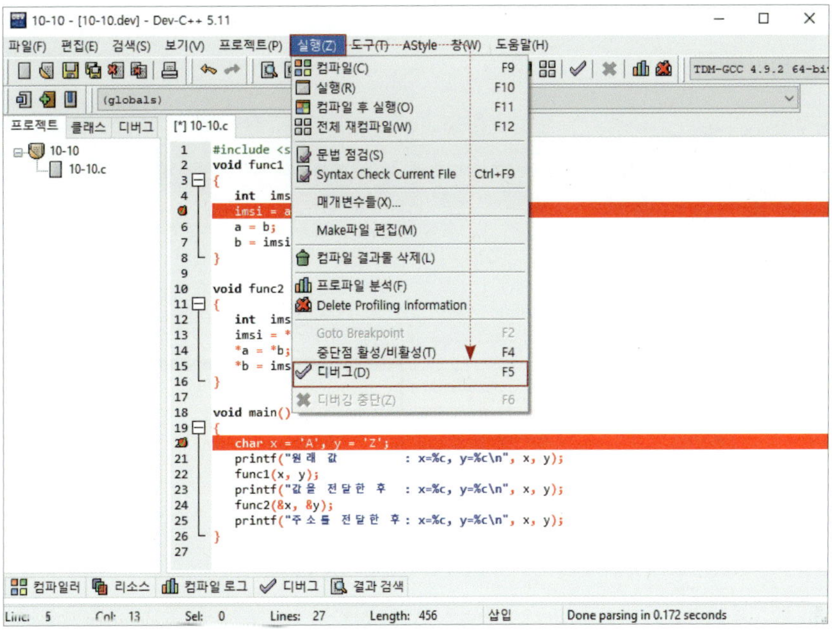

그림 A-34 Dev-C++ 디버깅 2

04 중단점에서 실행이 멈춘다. main( ) 함수가 먼저 실행되므로 여기서는 20행에서 멈춘다. 아래쪽 창의 [디버그] 탭을 클릭하면 다양한 버튼을 확인할 수 있다.

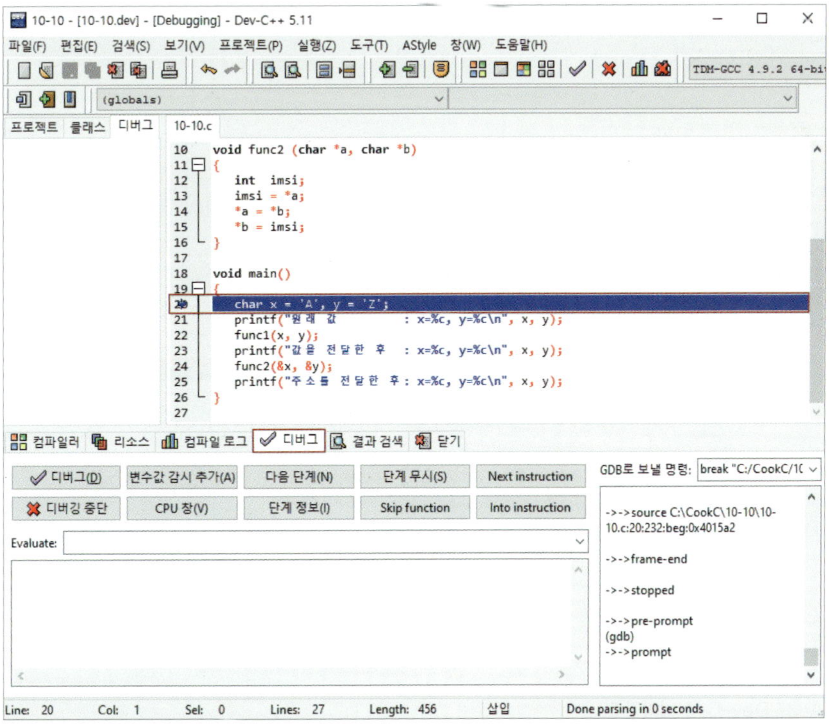

그림 A-35 Dev-C++ 디버깅 3

05 변수의 값을 확인하려면 〈변수값 감시 추가〉를 클릭하고 변수명을 입력한다. 필자는 x와 y 변수를 입력했다.

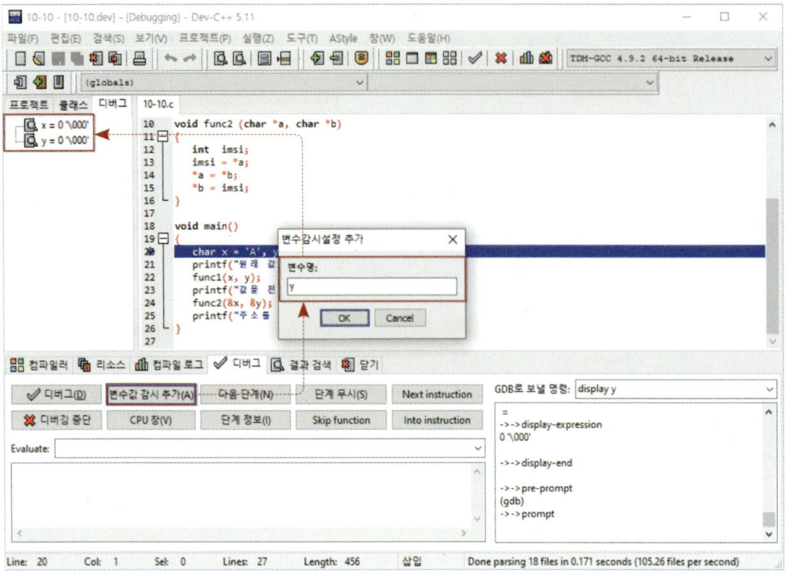

그림 A-36 Dev-C++ 디버깅 4

06 [그림 A-36]에서는 아직 20행이 실행되지 않아서 변숫값에 아무것도 대입되지 않았다. 〈다음 단계〉를 클릭하면 20행이 실행되고 21행으로 넘어간다. 그리고 x, y에 비로소 값이 대입된 것을 확인할 수 있다.

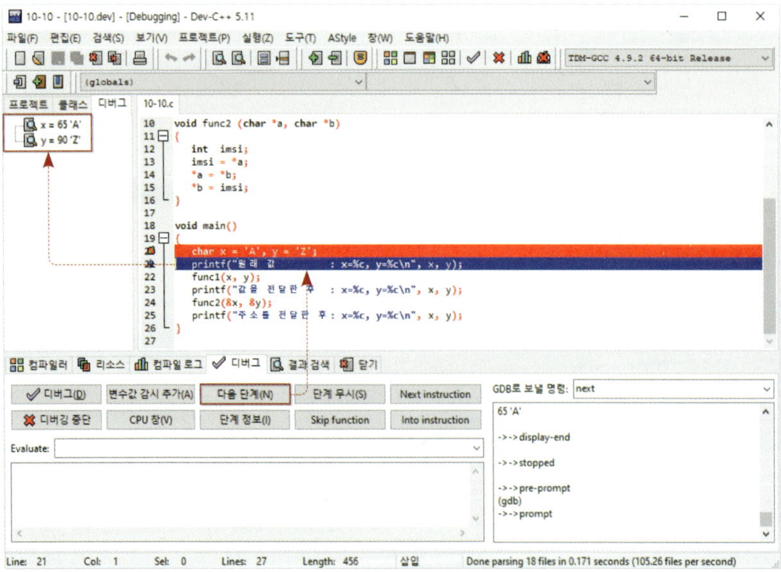

그림 A-37 Dev-C++ 디버깅 5

07 〈단계 무시〉를 클릭하면 멈춤 없이 계속 진행하다가 다음 중단점에서 멈춘다. 여기서는 5행에서 다시 멈춘다.

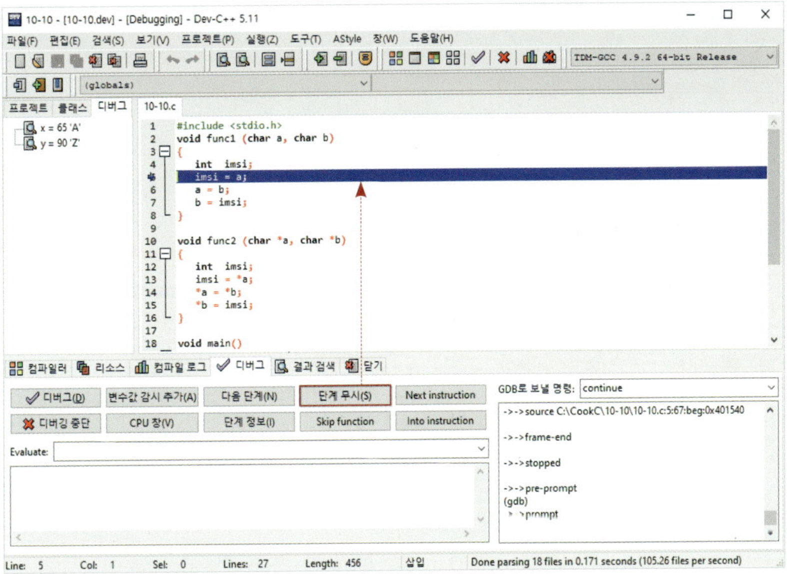

그림 A-38 Dev-C++ 디버깅 6

08 현재 func1( ) 함수의 매개변수와 지역변수를 확인하려면 〈변수값 감시 추가〉를 클릭하여 변수명을 대입한다. 다음은 a, b, imsi를 추가한 결과이다.

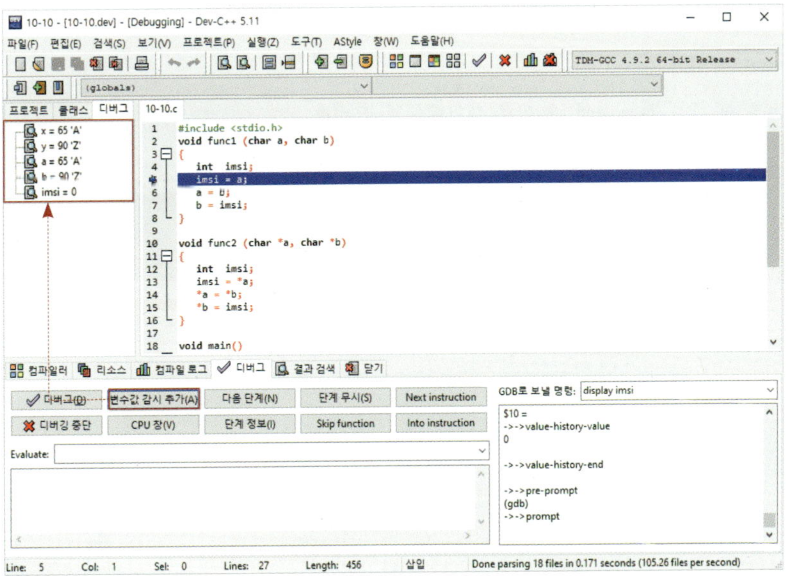

그림 A-39 Dev-C++ 디버깅 7

09 현재 함수를 빠져나가려면 〈Skip function〉을 클릭한다. 다음 그림은 func1( ) 함수를 빠져나가서 23행으로 간 상태이다.

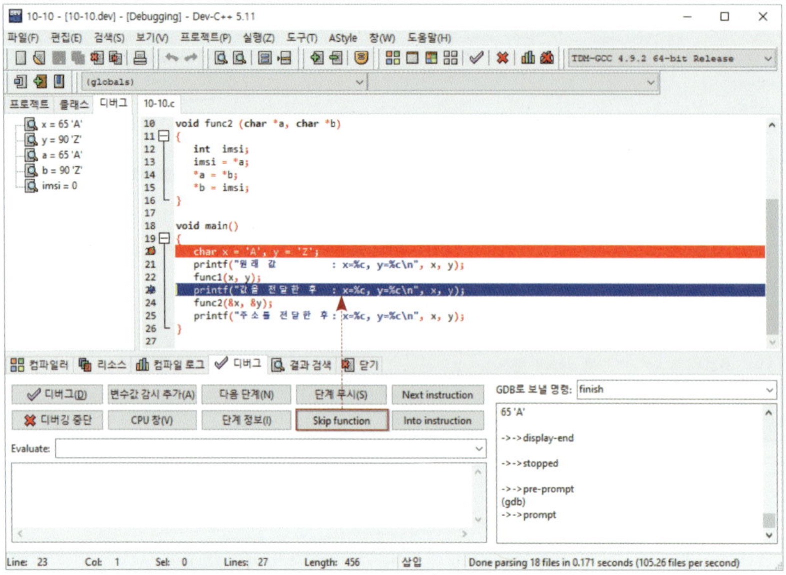

그림 A-40 Dev-C++ 디버깅 8

10 〈다음 단계〉를 클릭하면 다음 행이 진행된다. 원칙적으로는 함수 안으로 들어가지 않는다. 만약 함수 안으로 들어가도록 하려면 해당 함수 안에 중단점을 설정해야 한다. 〈다음 단계〉를 세 번 클릭하면 main( ) 함수의 마지막 행까지 가고 결과 창에서 값을 확인할 수 있다.

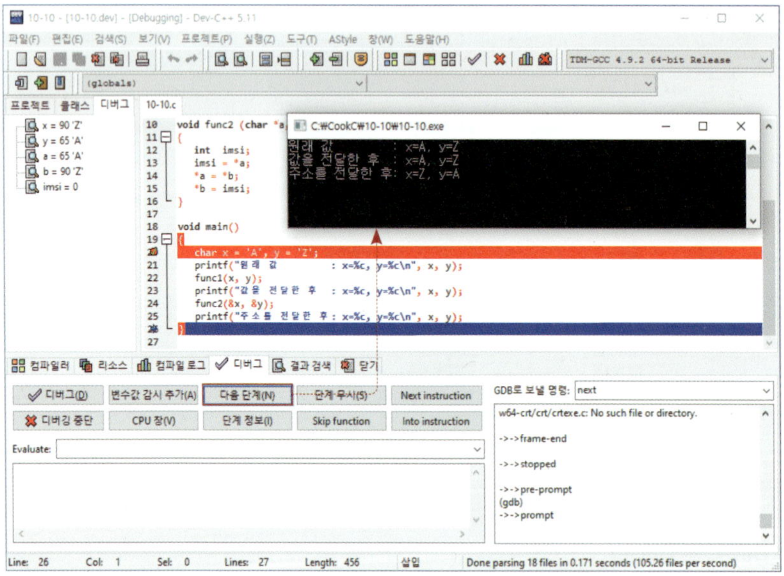

그림 A-41 Dev-C++ 디버깅 9

11 메뉴의 [실행]–[디버깅 중단]을 선택하거나 〈디버깅 중단〉 버튼 또는 F6을 누르면 디버깅이 중단된다. 프로젝트 화면을 보려면 왼쪽의 [프로젝트] 탭을 클릭한다.

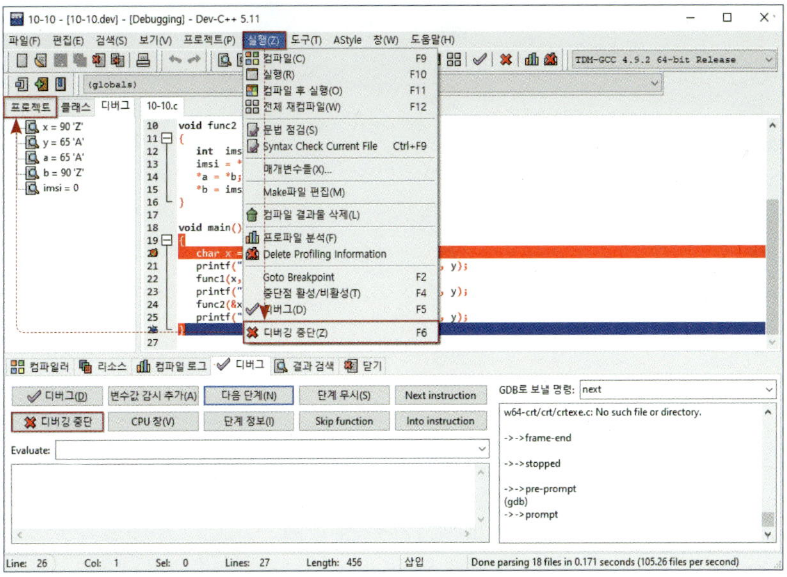

그림 A-42 Dev-C++ 디버깅 10

12 Dev-C++를 종료하면 프로젝트에 설정된 중단점 등이 모두 제거된다.

Dev-C++에서 디버깅하는 방법과 변숫값을 확인하는 방법은 버그로 인한 코드의 오류를 찾고자 할 때 유용할 것이다.

기호

숫자

A B

C

D E

F

G

INDEX